國際商務

主　編◎李　軍、謝長春
副主編◎黃　鶴、溫必坤、潘　靜

前 言

　　本書以國際商務的理論基礎和國際商務實施爲框架，詳細闡述了國際商務理論。本書共有二篇十二章：第一篇國際商務的理論基礎，包括：第一章，國際商務基本形式；第二章，國際貿易理論；第三章，國際貿易政策；第四章，國際收支；第五章，外匯與匯率；第六章，國際貨幣體系與金融市場。第二篇國際商務實施，包括：第七章，國際貨物貿易磋商內容；第八章，國際貨物貿易磋商程序；第九章，國際貨物貿易履行；第十章，國際貨物貿易糾紛類型；第十一章，國際貨物貿易糾紛解決；第十二章，國際市場行銷。

　　本書有三個顯著特徵：第一，系統全面。本書以國際商務的理論基礎、國際商務實施作爲分析邏輯線索，對國際貿易和國際金融的基本理論，國際貨物貿易的磋商、履行、糾紛解決及國際市場行銷做了詳盡的闡述。第二，重點突出。在國際商務理論部分，重點闡述了與國際商務密切相關的國際貿易理論、國際貿易政策、國際收支、外匯與匯率、國際貨幣體系與金融市場等內容；在國際商務實施部分着重介紹了最典型的國際商務行爲——國際貨物貿易的磋商、履行及糾紛的解決。第三，實用性強。本書對國際貨物貿易磋商的內容，包括：商品品種、數量、包裝、裝運、支付、保險、檢驗、索賠、不可抗力、仲裁等 11 項交易條件，以及磋商的程序作了詳盡的介紹，並對國際貨物貿易糾紛的類型、解決方式進行了分析與說明。

　　本書由李軍擬定編寫大綱，具體分工是：黃鶴（第一、二、三章），潘靜（第四、五章），謝長青（第六章），李軍（第七、八、九章）、溫必坤（第十、十一、十二章）。初稿形成後由李軍、謝長青統稿、修改和審定。

編者

2018 年 9 月

目 錄

第一篇　國際商務的理論基礎

第一章　國際商務基本形式 …………………………………………（3）
第二章　國際貿易理論 ………………………………………………（22）
第三章　國際貿易政策 ………………………………………………（45）
第四章　國際收支 ……………………………………………………（67）
第五章　外匯與匯率 …………………………………………………（84）
第六章　國際貨幣體系與金融市場 …………………………………（103）

第二篇　國際商務實施

第七章　國際貨物貿易磋商內容 ……………………………………（121）
第八章　國際貨物貿易磋商程序 ……………………………………（157）
第九章　國際貨物貿易履行 …………………………………………（173）
第十章　國際貨物貿易糾紛類型 ……………………………………（193）
第十一章　國際貨物貿易糾紛解決 …………………………………（219）
第十二章　國際市場行銷 ……………………………………………（239）
參考文獻 ………………………………………………………………（255）

第一篇
國際商務的理論基礎

第一章　國際商務基本形式

現代國際商務基本形式包括了國際商品貿易、國際技術貿易、國際服務貿易、國際資本流動等。

第一節　國際商品貿易

一、國際商品貿易的概念及其發展特點

國際商品貿易即國際貨物貿易，指不同國家的當事人以有形商品作爲標的而開展的交易行爲。

20 世紀 90 年代以來，世界商品貿易的增長速度一直超過世界生產的增長速度。在世界商品貿易中，最具活力的是工業制成品貿易。從近 10 年的情況來看，在世界商品貿易中，工業制成品貿易年均增長 9.8%，而初級產品貿易僅年均增長 2.2%。美、德、日、英、法等國在 1980—2011 年的年均貨物貿易增長率分別爲 6.8%、6.6%、6.0%、5.5%、5.5%。而在同一時期，年均貿易出現高速增長的國家主要包括越南（16.8%）、中國（15.9%）、印度（11.9%）、泰國（11.4%）、韓國（11.2%）等。2013 年，中國進出口總額達到 4.16 萬億美元，超過美國，成爲世界第一貨物貿易大國。2013—2015 年，中國連續三年保持世界第一貨物貿易大國地位。2013 年、2014 年中國國際市場份額提高了 0.7 個和 0.5 個百分點，2015 年中國出口增速遠好於全球和主要經濟體，國際市場份額升至約 13.8%，提高了 1.5 個百分點。

當前國際商品貿易具有以下的特點：

一是從整個國際貿易商品的結構來看，世界貿易中初級產品的比重下降，制成品的比重上升。這主要是因爲：國際分工的加深使得中間產品增多，導致制成品國際貿易發展迅速；初級產品的價格偏低，出口國有意減少初級產品的出口；科學技術的發展使得生產所消耗的初級產品減少，同時由於回收率的不斷提高，使初級產品在國際貿易中的比重不斷下降。

二是新產品大量涌現，產品在世界範圍中更新換代的速度越來越快。隨著科學技術的迅猛發展，平均每 10 年產品的更新率就能達到 80%；同時生活水平的提高，使得人們對新產品的渴求達到前所未有的程度，進一步加速了新產品的出現。

三是在制成品貿易中，機電產品、運輸設備所占的比重上升。同時初級產品內部結構也發生了重大變化，石油所占的比重急劇上升，在整個初級產品中石油占了 55%~60%。

二、商品貿易價格的形成

（一）國際商品價值量的形成

商品國際價值的基礎是國別價值。當商品交換變成世界性交換的時候，抽象的社會勞動便具有普遍的國際性質。使國民勞動具有世界勞動的資格，最重要的條件就是以國際分工為聯繫的世界市場的發展和形成。

商品存在國別價值和國際價值的差異。各國商品的國別價值之所以不同，主要是因為各國勞動生產率和勞動強度的差異。

1. 勞動生產率

國際價值量受勞動生產率影響，隨勞動生產率的改變而改變。勞動生產率和勞動創造的價值成反比。勞動生產率越高，單位時間內生產的商品越多，則生產單位所需要的社會必要勞動時間便越少，單位商品的價值量便越小；反之，勞動生產率越低，單位商品的價值量便越大。

勞動生產率的高低，取決於多種因素，其中主要的因素有：勞動者的熟練程度，生產資料，特別是生產工具的裝備水平、勞動組織和生產組織的狀況，科學技術的發展和應用程度，原料和零部件的優劣，以及各種自然條件等。

2. 勞動強度

它是指勞動的緊張程度，即同一時間內勞動力消耗的程度。國際價值量受各國勞動強度的影響。

（二）世界商品價格的形成與類別

1. 供求關係決定世界商品價格

世界市場上的商品價格由商品的供求關係決定。當世界市場需求擴大時，商品價格趨漲；當市場需求萎縮時，商品價格趨跌；當商品供給減少時，商品價格趨漲；當商品生產過剩時，商品價格趨跌；當商品需求擴大，供給同時減少時，價格急劇上升；當商品需求下降，供給同時增加時，價格急劇下跌。

2. 供求變動的主要因素

（1）壟斷。包括了壟斷組織對市場的控制，使用直接和間接的辦法控制世界市場價格；以及國家壟斷。

（2）經濟發展週期。具體指總體經濟活動沿着經濟增長的總體趨勢而出現的有規律的擴張和收縮。在經濟復蘇和繁榮階段，產量不斷地提高，市場需求旺盛，居民收入和消費水平都有不同的提高。在經濟衰退和收縮階段，反之。

（3）生產者和消費者的收入與需求。生產者本身既是商品生產者，也是各種生產資料的需求者。消費者的需求取決於他們的收入水平和需求偏好。

（4）各國匯率的變化。匯率變化對一國貿易帶來重要影響。如果本幣對外幣貶值，會使該國貨物出口供給增加，貨物進口需求減少，但可以刺激國內服務貿易的發展；相反，如果本幣對外幣升值，則出口供給將會下降，而進口需求將會增加，但會刺激對外投資。

（5）各國政府採取的政策措施。各國政府經常採取的支持本國經濟貿易發展的措施主要有：支持價格政策、出口補貼政策、進出口管制政策、外匯政策、税收政策、戰略物資收購及抛售政策等。

（6）商品銷售中的各種因素。商品銷售中的各種因素包括：定價技巧、付款條件的難易、運輸交貨是否適時、銷售季節的提前與錯後、是否名牌、使用貨幣的幣種、成交數量的多少、商品的質量和包裝、地理位置的遠近、廣告宣傳的效果、服務質量、電子商務的運用和國際物流的管理等。

三、國際商品貿易的主要衡量指標

（一）總貿易體系與專門貿易體系

貿易體系是貿易國家記錄和編制出口貨物統計的一種方法，大部分國家只根據其中一種進行記錄和編制。中國當前採用的是總貿易體系。

1. 總貿易體系

總貿易體系（General Trade System）又稱一般貿易體系，是指以貨物通過國境作爲統計和劃分進出口的標準。凡進入本國國境的貨物一律列爲進口；凡離開本國國境的貨物一律列爲出口。總進口和總出口相加，稱爲總貿易額。

2. 專門貿易體系

專門貿易體系（Special Trade System）又稱特殊貿易體系，是指以貨物通過關境作爲統計和劃分進出口的標準。凡是通過海關結關進入境内的貨物列爲專門進口；凡是通過辦理海關手續出口的貨物列爲專門出口。專門進口額和專門出口額相加稱爲專門貿易額。

3. 兩者之間的關係

（1）相同點：總貿易體系和專門貿易體系都是貿易各國用來登記進出口貨物的統計方法；總貿易體系與專門貿易體系均不包括服務貿易和技術貿易，只適用於貨物貿易統計。

（2）不同點：總貿易體系説明一國在國際貨物流通中的地位和作用；專門貿易體系説明一國作爲生産者和消費者在世界貨物貿易中的地位和作用。

（二）貨物貿易額

進口貨物貿易額是指一定時期内一國從國外進口貨物的全部價值；出口貨物貿易額是指一定時期内一國向外出口貨物的全部價值。進口貨物貿易額與出口貨物貿易額相加即爲貨物進出口貿易額，一般以國際貨幣來表示，是反應一國對外貨物貿易規模的重要指標之一。將世界上的所有國家以國際貨幣表示的進口貨物額或出口貨物額相加，稱爲世界貨物貿易額，一般用世界貨物貿易出口額來表示。

（三）對外貿易或國際貿易結構

1. 廣義的對外貿易或國際貿易結構

廣義的對外貿易或國際貿易結構是指貨物、服務在一國總進出口貿易或國際貿易中所占的比重。

2. 狹義的對外貿易或國際貿易結構

狹義的對外貿易或國際貿易結構是指貨物貿易或服務貿易本身的結構比較，可分為對外貨物貿易結構與對外服務貿易結構。其中，對外貨物貿易結構是指一定時期內一國或世界進出口貨物貿易中以百分比表示的各類貨物的構成；對外服務貿易結構是指一定時期內一國或世界進出口服務貿易中以百分比表示的各類項目的構成。

3. 對外貿易或國際貿易結構的意義

廣義和狹義的對外貿易或國際貿易結構可以反應出一國或世界的經濟發展水平、產業結構的變化和服務業的發展水平等。

第二節　國際技術貿易

一、國際技術貿易概述

1. 概念

國際技術貿易是指不同國家的企業、經濟組織或個人之間，按照一般商業條件，向對方出售或從對方購買軟件技術使用權的一種國際貿易行為。它由技術出口和技術引進兩方面組成。簡言之，國際技術貿易是一種國際上的以純技術的使用權為主要交易標的商業行為。

國際技術貿易是商業性的國際技術轉讓。所謂技術轉讓是指關於製造產品、應用生產方法或提供服務的系統知識的轉讓，但不包括貨物的單純買賣或租賃。技術轉讓的標的物一是技術知識，另一方面是隨技術一起轉讓的機器設備。

2. 特點

國際技術貿易與國際商品貿易相比，具有以下特點：

（1）貿易標的物內容不同。國際技術貿易是一種以無形的技術知識，即知識產權作為貿易的標的物進入市場進行轉讓的貿易活動。國際商品貿易的標的物是有形商品。

（2）貿易標的物的使用權和所有權不同。國際技術貿易是一種標的物使用權和所有權相分離貿易。國際商品貿易是一種標的物使用權和所有權一起轉移的貿易。

（3）從貿易雙方當事人關係看兩者存在的差異。國際技術貿易的雙方當事人在轉讓技術使用方面組成了長期的技術合作和技術限制、反限制的關係。國際商品貿易的雙方當事人的關係簡單，不存在技術限制、反限制的關係。

（4）貿易標的物作價原則存在差異。國際技術貿易標的物作價與利潤有關，採用利潤分成的方法進行作價。國家商品貿易作價與利潤高低不一定成正比，是以成本加利潤來作價的。

（5）從貿易所涉及的法律看兩者存在的差異。國際技術貿易所涉及的法律包括專利法、商標法等，較商品貿易更加廣泛，更為複雜。

（6）進出口限制不同。國際貨物貿易是獎出限入，國際技術貿易是鼓勵進口，限制出口，尤其是高精尖技術和國家機密技術，限制出口。

二、國際技術貿易的內容

1. 專利權

專利（patent）是政府主管機構授予發明人在一定時期內對其發明所享有的一種專有權。取得專利權的人稱爲專利權人，他在專利有效期內，享有對專利的實施、交換、繼承、轉讓和放棄的權利，並受到法律保護。專利權人的義務是將發明內容公開，按時交納專利年費。

專利有三層意思：一是指專利證書這種專利文件；二是指專利機關給發明本身授予的特定法律地位，技術發明獲得了這種法律地位就成了專利發明或專利技術；三是指專利權，即獲得法律地位的發明的發明人所獲得的使用專利發明的獨占權利，它包括專有權（所有權）、實施權（包括制造權和使用權）、許可使用權、銷售進口權利和放棄權。

專利權的特點有：①獨占性。也稱專有性，指同一發明只能授予一次專利權，只有專利權人才有權享有或使用該項權利。②地域性。指一個國家授予的專利權，只能在該國的領土範圍內有效，受到該國法律保護，而不受其他國家法律的保護。③時間性。專利權是一種有時間限制的權利，一般專利保護期爲 10-20 年，期限屆滿，權利即告終止。

2. 商標權

商標，是指能夠將不同的經營者所提供的商品或者服務區別開來，並可爲視覺所感知的標記。商標是商品生產者、經營者、服務提供者使用於商品或者服務項目的標記；是一種可視性標誌；可由文字、圖形、字母、數字、三維標誌、顏色組合構成。

商標權是商標的使用者依法申請並經主管部門核準所授予的專用權利，受《商標法》的保護，經註冊核準的商標，是商標所有人的財產。商標權包括獨占使用權、禁止權、轉讓權、許可使用權等。

3. 專有技術使用權

專有技術（know-how）又稱技術秘密、技術訣竅，是一種沒有公開的生產技術知識、經驗以及技能和經營管理的方法、手段。

專有技術的特點是：①知識性。專有技術是腦力勞動的產物，是無形的，非物質的。②保密性。專有技術是不公開的。③實踐性。專有技術必須是實用技術。④可傳授性和可轉讓性。專有技術必須能以言傳身教或以圖紙、配方、資料等形式傳授給他人。

三、國際技術貿易的方式

20 世紀 60 年代中期國際技術貿易額每年約爲 30 億美元，70 年代中期增至 100 多億美元，80 年代中期增至 500 多億美元，1990 年已達 1 000 多億美元，1995 年達到 2 500 億美元。1965 年至 1995 年，國際技術貿易的增長率爲 15.82%，大大高於同期國際商品貿易 6.3%的增長率。2002 年國際技術貿易額已達近萬億美元。目前國際技術貿易包括了五種形式：許可貿易、技術諮詢服務、工程承包、國際合作生產、BOT。

(一) 許可貿易

1. 概念

許可貿易有時稱爲許可證貿易。它是指知識產權或專有技術的所有人作爲許可方，通過與被許可方（引進方）簽訂許可合同，將其所擁有的技術授予被許可方，允許被許可方按照合同約定的條件使用該項技術，制造或銷售合同產品，並由被許可方支付一定數額的技術使用費的技術交易行爲。

2. 種類

（1）普通許可合同

普通許可合同（又稱爲非獨占許可合同），是指在合同規定的時間和地域範圍內，許可方在授予引進方使用某個商標，或者某種技術生產、制造和銷售該技術項下產品的權利的同時，自己仍然保留繼續使用該商標，以及使用該技術生產、制造和銷售合同產品的權利，也可以將該技術再轉讓給第三方使用。

（2）排他許可合同

排他許可合同（也稱全權許可合同），是指在合同規定的時間和地域範圍內，許可方在授予引進方使用某個商標，或者某種技術生產、制造和銷售該技術項下產品的權利的同時，自己仍然保留繼續使用該商標，以及使用該技術生產、制造和銷售合同產品的權利，但不再將該技術再轉讓給第三方使用，即排除第三方使用的權利。

（3）獨占許可合同

獨占許可合同（exclusive license contract）是指在合同規定的時間和地域範圍內，許可方給予引進方使用某個商標，或者某種技術生產、制造和銷售技術項下產品的獨占的權利，自己不得在該地域內繼續使用該商標，以及使用該技術生產、制造和銷售合同產品，也不得將該技術再轉讓給第三方使用。

獨占許可合同主要涉及以下幾方面的問題：①所限定的地域範圍可以是一個國家或幾個國家，也可以是指一個特定的區域，例如日本、美國、歐共體國家或東南亞地區等；②獨占許可合同的客體可以是專利、商標或專有技術；③許可方授予引進方獨占許可時，向引進方索取的技術使用費要大大高於普通許可使用費；④國際許可貿易工作者協會公布的資料表明，獨占許可合同的使用費要比普通許可合同的使用費高60%～100%。

（4）分許可合同

分許可合同（sub-license contract）也叫從屬許可合同，是指在合同規定的時間和地域範圍內，許可方允許引進方將其從許可方得到的權利再部分或全部轉讓給第三方。被許可人可在其被許可的地域內和時間內，以自己的名義與第三者簽訂再許可合同，獲取技術轉讓費。

具體操作是：出讓這種分許可的企業是跨國公司或壟斷集團的子公司或其駐海外的機構。這些跨國公司或壟斷集團由於某種原因不能直接出讓許可給第三者時，就將技術先出讓給其子公司或海外機構，然後，由它們與第三方簽訂這種分許可合同進行技術的出讓。

(5) 交叉許可合同

交叉許可合同（cross license contract）又稱交換許可合同，是指許可方和引進方雙方將各自擁有的技術使用權提供給對方使用，其實質就是雙方均對對方的技術感興趣，在互利互惠的基礎上，相互交換技術的使用權和產品的銷售權。

(二) 技術服務和諮詢

1. 概念

技術服務和諮詢（technical service and consulting service）是指獨立的專家或專家小組或諮詢機構作為服務方應委託方的要求，就某一個具體的技術課題向委託方提供技術分析、論證、預測和評價，提供技術報告，並由委託方支付一定數額的技術服務費的活動。

2. 技術服務與技術諮詢的區別

技術服務和技術諮詢是相互聯繫的，一般很難徹底分開，它們的共同特點是以知識為雇主服務。但它們之間也存在一些不同，其不同點主要表現為以下幾點：

(1) 成果形式不同。技術服務是以專業技術知識、解決某一技術問題並實現受方所期望的結果；技術諮詢則是為受方解決某項技術問題提供參考性意見，其成果形式是諮詢報告。

(2) 責任不同。技術服務，供方不僅是傳授技術知識和經驗，還必須使受方的技術問題得到圓滿解決，如開發一項新產品、產品更新換代、降低原材料和能源消耗，如達不到規定的技術指標，供方應承擔賠償責任。技術諮詢則不同，供方僅負責提供方案、建議等參考性意見，並不負責方案、建議的實施，即使受方按諮詢的方案、建議實施，結果造成失敗或損失，供方一般也不承擔責任，除非供方在諮詢過程中未遵循職業道德、未恪盡職守或故意行為所致。

(3) 適用的範圍不同。技術服務適用於單項具體技術課題，如產品質量控制、產品設計、材料鑒定、工程計算等；技術諮詢則適用於工程項目的新建、擴建、技術改造，以及項目可行性研究等大中型項目。

3. 技術諮詢與服務的形式

技術諮詢與服務的形式多種多樣，如項目的可行性研究、技術方案的制定與審核、工藝和產品的改進、人員培訓、項目實施的監督與指導、設備的採購與安裝指導、投標和招標文件的擬定等。

(三) 國際工程承包

國際工程承包（turnkey project）是指一個國家的政府部門、公司、企業或項目所有人（一般稱工程業主或發包人）委託國外的工程承包人負責按規定的條件承擔完成某項工程任務。國際工程承包既是國際商品貿易的一種方式，又是國際勞務合作的一種方式，還是國際技術貿易的一種方式。

工程承包的方式主要適用於大型的新建項目，如大型發電站的建設、現代化機場的修建，以及機械製造或化工廠等成套生產線的新建或擴建。其項目的特點是：第一，項目規模大，投資多；第二，項目的內容複雜。有設備採購、技術引進、土建施工、技術服務和設備安裝等環節。第三，與技術有直接關係。大部分項目都是採用了新工藝或新技術，目的是爲了促進產品的更新換代，填補某一行業的空白，因此，會涉及技術轉讓的問題。第四，貿易的性質。工程承包是一種綜合性極強的經濟活動，既有商品出口，又有技術轉讓，還有勞務輸出等多種方式。

(四) 合作生產

1. 概念

國家間的企業根據共同簽訂的協議，分別生產同一產品的不同零部件，然後由一方或雙方裝配成產品出售，也可以分別制造對方所需的零部件，互相交換，各自組裝成產品出售，或者一方按另一方的要求進行生產。

合作生產具有如下主要法律特點：①合作生產是兩個或兩個以上的法人實體之間建立在合同基礎上的權利和義務關係，這種關係應該體現平等互利、協商一致的原則。②合作生產的各方當事人只在生產過程中才發生權利和義務關係，一般不參與項目的籌資和建廠。③合作生產的當事人雙方的權利和義務主要表現在交換技術、提供勞務和生產成果上。

2. 基本形式

（1）當事人雙方分別生產不同的部件，由一方或雙方裝配成完整的成品出售。這種方式通常是在生產的部件方面按各自的特長或技術力量強弱加以分工，一般由技術力量較強的一方生產關鍵性的部件，並提供全套圖紙和技術指導。然後相互提供各自生產的部件，分別組裝成完整的成品出售，相互提供的部件分別計算價格。

（2）技術較強的一方提供關鍵部件和圖紙，並在其指導下，由較弱的一方生產次要部件並組裝完整產品，在本國或國外市場銷售。技術較強一方不收取圖紙資料費，其報酬從出售的關鍵部件中得到補償。而技術力量較弱的一方可以在合作生產的過程中達到引進技術的目的。

（3）雙方簽訂長期合作生產合同，由一方提供生產技術或設備，按各自的專業分工制造某種零部件、配套件或生產某種產品。在這種合作方式下，技術與設備需按技術轉讓辦法和買賣關係處理。

（4）合作承包是合作生產的另外一種形式，是由外國公司在技術上總負責，雙方分工制造機器、設備，如化工、煉油、電站、冶金等成套工程項目的建設，或一些大型機械設備的制造，多採用這種方式。

(五) 國際 BOT 方式

1. 概念及發展歷史

BOT 是英文 Build-Operate-Transfer 的縮寫，中文的意思是"建設—經營—轉讓"。它的含義是指：建設方承擔一個既定的工業項目或基礎設施的建設，包括建設、經營、維修和轉讓，在一個固定的期限內運營並且被允許在該期限內收回對該項目的投資、運營與維修費用以及一些合理的服務費、租金等其他費用，在規定的期限屆滿後，將該項目轉讓給項目方的政府。

2. 基本形式

世界銀行在《1994 年世界發展報告》中指出，BOT 包含有三種基本形式，即 BOT、BOO 和 BOOT。

（1）BOT（Build-Operate-Transfer），這是最基本的形式，狹義上的 BOT，指的是項目公司沒有項目的所有權，只有建設和經營權。

（2）BOO（Build-Own-Operate），即"建造—擁有—經營"投資者根據政府賦予的特許權，建設並經營某項目，但是不將此項目移交給公共部門，而是繼續經營。此目的主要是鼓勵項目公司從項目全壽命期的角度合理建設和經營設施，提高項目產品/服務的質量，追求全壽命期的總成本降低和效率的提高，使項目的產品/服務價格更低。

（3）BOOT（Build-Own-Operate-Transfer），即"建造—擁有—經營—移交"指項目在建成後，政府允許在一定的期限內由項目公司擁有項目的所有權，並由項目公司對項目進行運營，在特許經營期滿後將項目免費移交給政府。與基本的 BOT 主要不同之處是，項目公司既有經營權又有所有權，但特許期一般比基本的 BOT 稍長。

(六) 特許專營

特許專營（franchising）一般是指由一家已經取得成功經驗的企業，將其商標、商號名稱、服務標誌、專利、專有技術以及經營管理的方法或經驗轉讓給另一家企業的一項技術轉讓，在收取一定金額的特許費的前提下，允許其使用。

特許專營合同是一張長期合同，其合同的雙方經營同樣的行業、出售同樣的產品、提供同樣的服務，使用同樣的商號名稱和商標或服務標誌，甚至商店的門面裝潢、用具、職工的工作服、產品的製作方法、提供服務的方式都完全一樣。

特許經營的特點是：①適用於授權人的產品或服務不能出口到目標市場，企業又不願在目標市場投資生產，但其生產過程較易轉移給對方的獨立企業。②多見於餐飲業、連鎖經營等服務業。如麥當勞、肯德基、可口可樂、假日酒店等。③它可以適用於商業和服務行業，也可以適用於工業。

第三節　國際服務貿易

一、國際服務貿易的概述

1. 概念

國際服務貿易的狹義定義是指傳統的為國際貨物貿易服務的運輸、保險、金融等無形貿易。廣義定義還包括現代發展起來的新的貿易活動，如承包勞務、衛星傳送等。一般意義上來說，一國或一個地區的勞動力向另一國或另一地區的消費者包括法人和自然人提供服務，獲得報酬就形成服務的進口；反之，就是服務出口。

《服務貿易總協定》中的服務貿易包括四種類型：

（1）第一類國際服務貿易主要是指"跨境交付"。這裡跨越國境的只是服務本身，没有人員、資金的流動，所以服務提供者和服務消費者都不移動，如電信服務、諮詢服務、衛星影視等。

（2）第二類服務貿易一般是通過接受服務的消費者的過境移動來實現的，這類國際服務貿易方式一般被稱爲"境外消費"。這是因爲服務消費者移動到提供者境內享用服務。最典型的是旅遊服務，另外還有教育培訓、健康服務等。

（3）第三類服務貿易主要涉及市場準入和直接投資，即在一締約方境內設立機構，通過提供服務取得收入，從而形成貿易活動，這種情況通常被稱爲"商業存在"。如在境外設立金融服務機構、律師及會計師事務所、維修服務站等。與第二類不同的是，它強調通過生產要素的流動到消費者所在地提供服務。

（4）第四類服務貿易主要是締約方的自然人（服務提供方）跨境移動，在其他締約方境內提供服務形成貿易，這種方式通常被稱爲"自然人流動"。最常見的這類服務貿易是建築設計與工程承包以及所帶動的服務人員勞務輸出，即承包公司通過雇用他國的服務人員，向第三國的消費者提供服務。

綜上所述，一般認爲國際服務貿易指的是不同國家之間所發生的服務買賣與交易活動。服務的提供國稱爲服務的出口國，服務的消費國稱爲服務的進口國，各國的服務出口額之和構成國際服務貿易額。

2. 國際服務貿易的特點

（1）貿易標的一般具有無形性；

（2）交易過程與生產和消費過程的同步性和國際性；

（3）服務貿易市場具有高度壟斷性；

（4）貿易保護方式更具有隱蔽性和靈活性；

（5）服務貿易管理具有更大的難度和複雜性。

1990年全球服務業占全球GDP的比重已超過60%，到2004年，這一比重進一步上升到68%。其中，發達國家從65%上升到72%，美國更高達77%；發展中國家也從45%上升到了52%。服務業在世界經濟中的比重不斷上升，標誌着世界已進入以服務貿易爲主的時代。2015年世界服務進出口總額92 450億美元，進出口規模前五位國家爲：美國、中國、英國、德國、法國；出口規模前五位國家爲：美國、英國、德國、法國、中國；進口規模前五位國家爲：美國、中國、德國、法國、英國。中國服務貿易世界排名於2012年首次進入前三位，2014年上升至第二位。2015年中國服務進出口總額繼續保持世界第二，其中服務出口居第五位，服務進口居第二位。中國服務進出口額7 130億美元，占世界服務進出口額比重爲7.7%，較上一年提升1.4個百分點。伴隨著服務型經濟的發展全球服務貿易呈現出以下特徵：第一，國際服務貿易持續快速增長。第二，新興服務貿易所占的比重不斷增大。第三，以發達國家爲主導發展中國家地位不斷上升。第四，國際服務貿易全球化、自由化與貿易保護並存。

3. 國際服務貿易迅速發展的原因

服務業在各國經濟中的地位上升是服務貿易迅速發展的主要原因是：第一，科學技術革命的發展使服務業日益專業化。一個生產企業在世界市場上保持競爭地位的關鍵是保持上遊，中遊和下遊三個階段服務的反饋，以保持其生產產品的接受性和銷售的擴大。第二，世界貨物貿易的增長和貿易自由化促進了服務貿易的發展。第三，跨國公司的迅速發展，促進了國際服務貿易的發展。根據聯合國《2016年世界投資報告》統計，跨國公司國外分支的國際化生產活動在 2015 年擴張得較爲明顯。銷量總體上升了 7.4%，估值總體上升了 6.5%。且跨國公司國外分支創造的就業價值達到了 7,950 萬美元。跨國公司的迅速發展，加強了服務的國際化，促進了國際服務貿易的發展。第四，國際服務合作的擴大促使服務貿易擴大，具體包括了：①承包外國各類工程，即工程設計服務與施工服務等；②勞務輸出；③各種技術性服務出口或生產技術合作；④向國外出租配有操作人員的各種大型機械；⑤向國外提供諮詢服務。第五，國際旅遊業的興起與迅猛發展加快服務貿易發展。第六，發展中國家積極發展服務貿易。第七，各國政府的支持是國際服務貿易的迅速發展的催化劑。

4. 國際服務貿易的分類

《服務貿易總協定》中關於國際服務貿易的分類。服務貿易分爲 12 大類：

（1）商業性服務：①專業性（包括諮詢）服務；②計算機及相關服務；③研究與開發服務；④不動產服務；⑤設備租賃服務；f. 其他服務。

（2）通訊服務。

（3）建築服務。

（4）銷售服務。

（5）教育服務。

（6）環境服務。

（7）金融服務：①銀行及相關服務；②保險服務。

（8）健康及社會服務。

（9）旅遊及相關服務。

（10）文化、娛樂及體育服務。

（11）交通運輸服務。

（12）其他服務。

二、國際服務貿易政策

服務貿易政策是指一國政府對服務交易活動在宏觀上做出的原則性規定。它明確了該國在一定時期內其服務貿易管理的工作方針和目標，並通過相關的法律程序加以貫徹實施。國際服務貿易政策主要分爲兩大類：自由貿易政策和保護貿易政策。

（一）國際服務貿易自由化政策

國際服務貿易自由化體現在多個方面，具體是：第一，《服務貿易總協定》通過最惠國待遇、透明度、發展中國家更多參與、一體化以及商業管理等原則，運用市場準入、國民待遇等具體承諾及執行條款，使得各締約方逐步削減和降低貿易壁壘。第二，多邊性國際公約或協定的簽署，其中大部分屬於國際服務貿易的技術性規範，而且主要集中在國際運輸部門。第三，區域服務貿易發展。第四，各國政府做出了開放市場的具體承諾。第五，各國服務貿易壁壘有所降低。第六，以美國爲首的發達國家積極倡導服務貿易自由化。

國際服務貿易自由化的原因有以下幾個：

第一，經濟全球化的推動。服務業已成爲各國經濟發展的重要組成部分。國際服務貿易已經成爲各國進行商品生產和銷售，實現商品價值，進行擴大再生產的不可或缺的環節，成爲世界市場存在和發展的樞紐。

第二，貨物貿易發展的需要。貨物貿易的發展促進了與貨物貿易相關的服務，如航運、港口服務和商業保險的發展；跨國公司推動服務國際化，極大地推動了服務貿易向更廣闊、更深入的方向發展。反過來，服務貿易的發展也能夠促進貨物貿易的發展。如集裝箱和航空運輸成本的下降，大大促進了世界貨物貿易的發展。

第三，服務成爲競爭優勢的重要因素。在當今世界經濟迅速發展、技術水平不斷提高、競爭日益激烈的情況下，獲取低廉的有效服務，已成爲公司、企業參與市場競爭的重要因素。

第四，發達國家的倡導與推動。發達國家在服務業上具有絕對優勢和比較優勢，爲了發揮這些優勢，提高競爭力，它們積極提倡服務貿易自由化。

國際服務貿易自由化的效益有：①促進競爭機制發揮作用。一方面，通過競爭可以提高服務質量，改進管理，降低成本；另一方面，有利於引進先進技術和管理經驗，提高服務的專業水平。②有利於各國具有比較優勢的服務部門發揮效益，在全球範圍內實現規模效益。③有助於服務提供者充分考慮消費者的需要，提高服務質量，使廣大消費者受益。④促進服務業的發展，以產生更多的就業機會。⑤加強各國政策法規增加透明度和預測性，有利於提高資本的利用率。⑥提高貿易過程的便利化，促進整個國際貿易的發展。

服務貿易自由化政策對促進發展中國家經濟發展與技術進步、管理水平等有積極作用，但是，服務貿易自由化政策也會產生一些負面影響。印度學者 V. 潘查姆斯基將服務貿易自由化對發展中國家的負面影響概爲以下幾個方面：

（1）服務貿易自由化縮小了發展中國家經濟政策的選擇範圍。

服務貿易自由化會使發展中國家喪失其對經濟政策的自主選擇權，維護國家安全，發展中國家對外國服務提供者與服務產品實行限制政策，服務貿易自由化使得發展中國家政策選擇的自主權受到限制，可能影響發展中國家的宏觀調控能力。

（2）服務貿易自由化加劇發展中國家經濟對外依賴與風險。

首先，服務貿易自由化將進一步加深發展中國家對發達國家的經濟依賴，使其喪失執行符合本國利益的國內政策的權力；其次，服務貿易自由化使發達國家金融機構憑借其在金融服務和國際貨幣發行領域的優勢，削弱發展中國家政府在金融貨幣管理領域的作用；再者，在服務貿易自由化發展過程中，發展中國家一旦放棄服務貿易的控制權，它們的新興服務業如銀行、保險、電信、航運和航空等將直接暴露於發達國家廠商的激烈競爭中；最後，信息服務跨國流動不僅導致一國對外依賴加劇，而且可能損害國家主權。在信息服務貿易自由化過程中，發展中國家對發達國家的信息服務貿易依賴性不斷加強，其政治、經濟或其他方面會受到發達國家控制。

（3）服務貿易自由化會影響發展中國家國際收支平衡與就業。

一方面，服務貿易自由化導致國外服務產品進口的大量增加，造成外匯外流，進而造成國際收支不平衡；另一方面，服務貿易自由化可能對發展中國家幼稚服務業造成毀滅性打擊，影響勞動力就業，進而會影響其社會穩定。

(4) 服務貿易自由化會影響發展中國家安全。

實行服務貿易自由化，取消了對外國投資的某些限制，可能會對發展中國家金融服務市場穩定和安全構成潛在威脅，進而可能影響會社會與國家政局的穩定。此外，服務貿易自由化可能會威脅發展中國家文化產業安全，影響其民族文化的獨特性和創造性。

正因為如此，發展中國家在制定對外服務貿易政策時，應該做到趨利避害，在積極利用國際服務貿易自由化的好處的同時，最大限度地減弱自由化的消極影響。具體做到以下幾個方面：

(1) 服務貿易的政策制定應有利於促進本國經濟發展。

發展中國家應當特別重視生產性服務的發展，把服務業的發展與有形產品的生產發展有機地結合起來，相互促進，相互支持，讓服務業在經濟發展中發揮積極作用。這樣，一方面，生產性服務的發展可以提高有形商品出口的競爭力；另一方面，生產性服務自身競爭力的提高又可以改善服務出口結構，減少對外國服務產品的依賴。

(2) 科學認識自身勞動力成本優勢。

隨著社會生產力和科學技術的發展，人類進入了以信息、文化和知識為主要生產手段的時代。發展中國家勞動力成本低，但是，其人力資本較為稀缺，只能從事勞動密集型的低附加值服務產品產生。雖然發達國家勞動力成本較高，但是，他們從事的是高附加值的知識、技術密集型服務，創造的價值較高，所以，發展中國家必須努力提高勞動力的素質，為將來提高服務的技術含量與附加值創造條件。

(3) 提高服務的技術水平。

在服務貿易自由化過程中，對發展中國家經濟安全和國家主權衝擊最大的是通信、金融、計算機服務等高技術信息化領域，而發展中國家又最需要引進這類服務。因此，發展中國家在引進技術的同時，更應促進自己高技術服務業的發展。

(二) 國際服務貿易保護政策

國際服務貿易壁壘是指一國政府對國外生產的服務銷售所設置的有障礙作用的政策措施；服務貿易壁壘以非關稅壁壘為主。國際服務貿易壁壘的特點是：隱蔽性強；保護性強；靈活性強；與投資壁壘聯繫密切；互動性強。

《服務貿易總協定》下的非關稅壁壘主要體現在市場準入和國民待遇兩個方面：第一，市場準入方面抬高門檻，限制服務提供主體的進入。(a. 服務生產者開業權的壁壘；b. 股權的限制；c. 經營方面的限制；d. 信息限制；e. 技術標準的限制。) 第二，國民待遇方面的歧視性規定。(a. 稅收歧視；b. 政府補貼；c. 國家壟斷或政府購買；d. 外匯管制。)

(三)《服務貿易總協定》

《服務貿易總協定》(General Agreement on Trade in Services，GATS) 是世界貿易組

織管轄的一項多邊貿易協議，是 WTO 服務貿易法的基本規範和核心規範。《服務貿易總協定》由三大部分組成：一是協定條款本身，又稱為框架協定；二是附件或稱部門協議；三是各成員的具體承諾表（包括：市場準入和國民待遇的承諾單）。

《服務貿易總協定》的宗旨是在透明度和逐步自由化的條件下，擴大全球服務貿易，並促進各成員的經濟增長和發展中國家成員服務業的發展。協定考慮到各成員服務貿易發展的不平衡，允許各成員對服務貿易進行必要的管理，鼓勵發展中國家成員通過提高其國內服務能力、效率和競爭力，更多地參與世界服務貿易。

《服務貿易總協定》規定國際服務貿易具體包括四種類型：①跨境交付（Cross-border Supply）；②境外消費（Consumption Abroad）；③商業存在（Commercial Presence）；④自然人流動（Movement of Natural Persons）。

《服務貿易總協定》列出服務行業包括以下 12 個部門：商業、通訊、建築、銷售、教育、環境、金融、衛生、旅遊、娛樂、運輸、其他，具體分為 160 多個分部門。協定規定了各成員必須遵守的普遍義務與原則，磋商和爭端解決的措施步驟。

根據協定的規定，WTO 成立了服務貿易理事會，負責協定的執行。

第四節　國際資本流動

一、國際資本流動的含義及原因

國際資本流動（international capital flow），是指跨越國界的資本流動。簡言之，是指資本在國際上轉移，或者說，資本在不同國家或地區之間作單向、雙向或多向流動，具體包括：貸款、援助、輸出、輸入、投資、債務的增加、債權的取得、利息收支、買方信貸、賣方信貸、外匯買賣、證券發行與流通等。

引起國際資本流動的原因很多，歸結起來主要有以下幾個方面：

1. 過剩資本的形成或國際收支大量順差

過剩資本是指相對的過剩資本。隨著資本主義生產方式的建立，資本主義勞動生產率和資本積累率的提高，資本積累迅速增長，在資本的特性和資本家唯利是圖的本性的支配下，大量的過剩資本就被輸往國外，追逐高額利潤，早期的國際資本流動就由此而產生了。隨著資本主義的發展，資本在國外獲得的利潤也大量增加，反過來又加速了資本積累，加劇了資本過剩，進而導致資本對外輸出規模的擴大，加劇了國際資本流動。近 20 年來，國際經濟關係發生了巨大變化，國際資本、金融、經濟等一體化趨勢有增無減，加之現代通信技術的發明與運用，資本流動方式的創新與多樣化，使當今世界的國際資本流動頻繁而快捷。總之，過剩資本的形成與國際收支大量順差是早期也是現代國際資本流動的一個重要原因。

2. 利用外資策略的實施

無論是發達國家，還是發展中國家，都會不同程度地通過不同的政策和方式來吸引外資，以達到一定的經濟目的。美國目前是全球最大的債務國。而大部分發展中國家，經濟比較落後，迫切需要資金來加速本國經濟的發展，因此，往往通過開放市場、提供優惠稅收、改善投資軟硬環境等措施吸引外資的進入，從而增加或擴大了國際資本的需求，引起或加劇了國際資本流動。

3. 利潤的驅動

增值是資本運動的內在動力，利潤驅動是各種資本輸出的共有動機。當投資者預期一國的資本收益率高於他國，資本就會從他國流向這一國；反之，資本就會從這一國流向他國。此外，當投資者在一國所獲得的實際利潤高於本國或他國時，該投資者就會增加對這一國的投資，以獲取更多的國際超額利潤或國際壟斷利潤，這些也會導致或加劇國際資本流動。在利潤機制的驅動下，資本從利率低的國家或地區流往利率高的國家或地區。這是國際資本流動的又一個重要原因。

4. 匯率的變化

匯率的變化也會引起國際資本流動，尤其 70 年代以來，隨著浮動匯率制度的普遍建立，主要國家貨幣匯率經常波動，且幅度大。如果一個國家貨幣匯率持續上升，則會產生兌換需求，從而導致國際資本流入；如果一個國家貨幣匯率不穩定或下降，資本持有者可能預期到所持的資本實際價值將會降低，則會把手中的資本或貨幣資產轉換成他國資產，從而導致資本向匯率穩定或升高的國家或地區流動。

在一般情況下，利率與匯率呈正相關關係。一國利率提高，其匯率也會上浮；反之，一國利率降低，其匯率則會下浮。例如，1994 年美元匯率下滑，為此美國連續進行了 7 次加息，以期穩定匯率。雖然加息能否完全見效，取決於各種因素，但加息確實已成為各國用來穩定匯率的一種常用方法。當然，利率、匯率的變化，伴隨著的是短期國際資本（遊資或熱錢）的經常或大量地流動。

5. 通貨膨脹的發生

通貨膨脹往往與一個國家的財政赤字有關係。如果一個國家出現了財政赤字，該赤字又是以發行紙幣來彌補，必然增加了對通貨膨脹的壓力，一旦發生了嚴重的通貨膨脹，為減少損失，投資者會把國內資產轉換成外國債權。如果一個國家發生了財政赤字，而該赤字以出售債券或向外借款來彌補，也可能會導致國際資本流動，因為，當某個時期人們預期到政府又會通過印發紙幣來抵債務或徵收額外賦稅來償付債務，則又會把資產從國內轉往國外。

6. 政治經濟及戰爭風險的存在

政治、經濟及戰爭風險的存在，也是影響一個國家資本流動的重要因素。政治風險是指由於一國的投資氣候惡化而可能使資本持有者所持有的資本遭受損失。經濟風險是指由於一國投資條件發生變化而可能給資本持有者帶來的損失。戰爭風險，是指可能爆發或已經爆發的戰爭對資本流動造成的可能影響。例如波灣戰爭，就使國際資本流向發生重大變化，在戰爭期間許多資金流往以美國為主的幾個發達國家（大多為軍費）。戰後安排又使大量資本湧入中東，尤其是科威特等國。

7. 國際炒家的惡性投機

所謂惡性投機，可包含這兩種含義：第一，投機者基於對市場走勢的判斷，純粹以追逐利潤為目的，刻意打壓某種貨幣而搶購另一種貨幣的行為。這種行為的普遍發生，毫無疑問會導致有關國家貨幣匯率的大起大落，進而加劇投機，匯率進一步動蕩，形成惡性循環，投機者則在"亂"中牟利。這是一種以經濟利益為目的的惡性投機。第二，投機者不是以追求盈利為目的，而是基於某種政治理念或某種社會制度的偏見，動用大規模資金對某國貨幣進行刻意打壓，由此阻礙、破壞該國經濟的正常發展。但無論哪種投機，都會導致資本的大規模外逃，並會導致該國經濟的衰退，如1997年7月爆發的東南亞金融危機。

8. 其他因素

如政治及新聞輿論、謠言、政府對資本市場和外匯市場的干預以及人們的心理預期等因素，都會對短期資本流動產生極大的影響。

二、國際資本流動的方式

(一) 國際直接投資

1. 概念

國際直接投資（International Direct Investment）是指一國的自然人、法人或其他經濟組織單獨或共同出資，在其他國家的境內創立新企業，或增加資本擴展原有企業，或收購現有企業，並且擁有有效管理控制權的投資行為。

2. 特點

國際直接投資與其他投資相比，具有實體性、控制性、滲透性和跨國性的重要特點。具體表現在：

（1）國際直接投資是長期資本流動的一種主要形式，它不同於短期資本流動，它要求投資主體必須在國外擁有企業實體，直接從事各類經營活動。

（2）國際直接投資表現為資本的國際轉移和擁有經營權的資本國際流動兩種形態，即有貨幣投資形式又有實物投資形式。

（3）國際直接投資是取得對企業經營的控制權，不同於間接投資，他通過參與、控制企業經營權獲得利益。當代的國際直接投資又有以下幾個特點：規模日益擴大、由單向流動變為對向流動、發展中國家國際直接投資日趨活躍、區域內相互投資日趨擴大、國際直接投資部門結構的重大變化、跨國併購成為一種重要的投資形式等。

3. 考慮因素

外國直接投資者在東道國投資時，要對以下各種因素進行分析與論證：

（1）國家資源狀況。

國家資源狀況主要包括：①自然資源，包括原料、能源、水的供應和土地使用權；②人力資源，包括經理人選、熟練工人、勞動力實際成本和生產率；③財力資源，包括獲得當地和外部的融資渠道和資信等級。

（2）東道國合作夥伴的合作能力及當地產業鏈的配合。

①當地投資公司或工業合夥人策劃和執行項目的能力。

②現有工業的結構。其中包括：a. 縱向、橫向聯合的可能性；b. 執行項目的便利條件；c. 零配件及補給品的供應狀況。

（3）國家投資環境。

國家投資環境主要包括：①政治、經濟和社會是否穩定；②當地購買力，即產品在當地有多大市場；③基礎設施和地理位置；④服務和服務業的基礎設施狀況，其中包括銀行、保險、海關的效率；⑤外國人的生活條件是否完備。

（4）法規設置狀況。

法規設置狀況主要包括：①法律體系；②外國投資法規的完備性；③執法力度。

4. 方式

（1）從子公司與母公司的生產經營方向是否一致看，可分為三種類型：

①橫向型投資：同樣或相似的產品，一般運用於機械制造業、食品加工業。

②垂直型投資：可以是同一行業的不同程序的產品，多見汽車、電子行業。也可是不同的行業有關聯的產品，多見資源開採、加工行業。

③混合型投資：生產完全不同產品，目前只有少數巨型跨國公司採取這種方式。

（2）從投資者是否新投資創辦企業的角度，可分為：

①創辦新企業：又稱綠地投資，分兩種方式：獨資、合資。

②控制外國企業股權兩種形式，外國投資者通過一定程序、通路，購買當地國企業的股票達到一定比例，從而控制企業的權利。

（3）從投資者對外投資的參與方式的不同，可分為：合資企業、合作企業、獨資企業三種形式。

（二）國際證券投資

國際證券投資（International Portfolio Investment）是數以億萬計的國際資金成為許多國家發展資金的主要來源。國際證券投資亦稱國際間接投資。在國際債券市場購買中長期債券，或在外國股票市場上購買企業股票的一種投資活動。從一國資本流出和流入的角度來看，購買國際證券意味著資本流出，發行國際證券則意味著資本流入。

進行國際證券投資的動機是：①獲取定期金融性收益；②利用各國經濟週期波動不同步性和其他投資條件差異，在國際範圍內實現投資風險分散化。當然，也有不少證券購買者真實目的是利用證券交易進行投機，這些人本質上是投機者而非投資者。國際證券投資增長迅猛，發揮著重要的作用：為了進行國際證券投資，貿易順差國大量吸收美元，用於購買美國國庫券，這就保持了匯率體系相對穩定；通過國際證券投資，促進了長期資本在國際範圍內的流動，從而加強對發展中國家投入。

（二）國際貸款

1. 概念及發展歷史

國際貸款（international loan），是指國際上的資金借貸，即由一國、數國或國際金融機構向第三國政府、銀行或企業提供資金融通。國際上借貸資本轉移的一種重要形式。

在資本主義生產方式建立以前，國際貸款就已出現，但只限於政府之間的貸款和為擴大國際貿易提供的一些周轉性信貸。18世紀下半葉—19世紀40年代，英國首先完成了產業革命，資本積累迅速增長，除向各國政府貸款外，並開始向外國工商業提供信貸。19世紀70年代，資本主義制度在西歐和美國確立，但那時國際貸款主要仍是爲了擴大出口貿易，以爭奪世界市場。20世紀初，資本主義發展到壟斷階段，壟斷資本集團形成，建立起金融資本統治的世界經濟體系。它們積極擴大資本輸出，國際貸款在廣度與深度上都獲得長足的發展。20世紀初期，主要的資本輸出國是英國和法國，其中英國占當時國際貸款債權總額的41%，主要的債務國是歐洲、南美和北美諸國。德國和美國對外輸出資本較晚，但增長較快。俄國和日本也有少量的資本輸出。

　　第一次世界大戰後，美國成爲長期資本的主要供應者和世界最大的債權國。20年代中期，在美國發行的外國有價證券比戰前增加三倍，超過了英國。第二次世界大戰後初期，美國的經濟實力空前狀大。美國通過政府雙邊協定貸款的形式向西歐和日本輸出資本，同時通過世界銀行對亞洲和非洲國家發放貸款，並向拉丁美洲國家提供發展基金。50年代上半期，美國提供的借貸資金已占國際借貸市場資金總額的78.4%，60年代中期，西歐和日本隨著經濟的恢復和實力的增長，擴大了對發展中國家的貸款，美國的信貸比重縮小到44%。60年代以後，國際貸款的規模日益擴大。資金來源及貸款形式也更加多樣化。過去，對發展中國家的貸款一向爲西方大國所壟斷，後來蘇聯及個別發展中國家也向其他發展中國家甚至發達國家發放貸款。隨著國際信貸資金需求的擴大，50年代末形成的歐洲美元市場逐漸發展爲歐洲貨幣市場，並涌現出許多新的國際金融市場，如歐洲的盧森堡、亞洲的新加坡、中國香港和巴林國際金融市場。還有一些專營離岸業務的境外貨幣市場，如巴哈馬和開曼群島等。這些金融市場的出現使國際資金流通渠道更加多元化，從而便利了資金的融通。

　　2. 種類

　　（1）貿易信貸

　　貿易信貸是爲便利進出口貿易而提供的貸款，主要是出口信貸。這是資本主義國家政府爲支持本國商品的出口，增強在國際市場上的競爭力，鼓勵本國的商業銀行或出口商向外國進口商提供利率優惠的貸款，利差由政府從預算中撥出專款補貼。其他還有"福費廷"信貸、商品抵押貸款、銀行承兌匯票和賒購貿易等。

　　（2）資本信貸

　　資本信貸是國際上的中長期貸款。它主要包括：

　　①銀行貸款，即銀行之間的信貸往來，分爲雙邊貸款和銀團貸款兩種。雙邊貸款是國際上銀行與銀行之間的信貸往來，包括短期資金拆放及中長期貸款等，也指銀行向跨國公司和外國工商企業提供的用於彌補短期資金周轉不足或辦理固定資產更新、擴建和新建的中長期貸款。銀團貸款是由數家或更多的銀行聯合向借款國政府、銀行、企業或某項工程項目提供的長期巨額貸款。

　　②債券，是一種借款憑證，其持有人可以按期取得利息，並在債券到期時或在將來的某一日期向債券發行者收回本金。它是籌措中期和長期資本的傳統方式。發行者通常爲工商企業、地方政府、團體、銀行以及國際金融機構等。在歐洲市場上發行的以第三國貨幣表示的債券稱爲歐洲債券，在別國金融市場上發行的以市場所在國貨幣表示的債券稱爲外國債券，兩者統稱國際債券。

　　③工程項目貸款，是銀團或信貸機構爲某項工程項目籌措資金，用該項目所創造

的收益來償還的貸款。

④租賃，是資本設備的所有者將其資本設備出租給租用人，由租用人按期支付租金使用這些設備。期滿後租用人可選擇將設備留購或繼續租用。由於租用人只付租金不付貨款就可獲得資本設備的使用權，實際是擴大了租用人的投資能力。

⑤政府貸款，即政府通過財政預算，每年撥出一定款項，在雙邊基礎上直接貸給外國政府。這種貸款屬於援助的性質，利率很低，有的是無息貸款或贈款。

⑥國際金融機構貸款，是國際貨幣基金組織、世界銀行及其所屬國際開發協會、國際金融公司以及其他地區性金融機構，如亞洲開發銀行等對其成員國提供的貸款(見國際金融機構貸款)。

3. 國際貸款的影響

國際貸款推動了生產的國際化，同時爲調節各國國際收支、促進國際貿易和建設項目的發展以及資源的開拓提供了金融便利。此外，國際貸款也是不少國家穩定本國貨幣匯率的手段和資金來源。但從國際市場上借用資金須支付一定的利息或受一定條件的限制和約束，因此會受到一定程度的剝削和控制，特別是70年代後期以來，許多發展中國家由於負債過重，爲了償還外債，不得不實行緊縮政策，造成經濟增長減緩、失業人數增加、通貨膨脹加劇、對外貿易不振、外匯儲備短缺、市場供應緊張甚至政局不穩的局面，進而延緩國際貿易和世界經濟的發展。

第二章　國際貿易理論

第一節　西方傳統國際貿易理論

西方傳統國際貿易理論主要包括重商主義、絕對優勢理論、比較優勢理論和要素稟賦理論。

一、重商主義

(一) 重商主義產生的背景及主要內容

重商主義 (Mercantilism)，也稱作商業本位，產生於 16 世紀中葉，盛行於 17—18 世紀中葉，後爲古典經濟學取代。它建立在這樣的信念上：即一國的國力基於通過貿易的順差，即出口額大於進口額，所能獲得的財富。重商主義是封建主義解體之後的 16 至 17 世紀西歐資本原始積累時期的一種經濟理論，是反應資本原始積累時期商業資產階級利益政策體系。

該理論認爲一國積累的金銀越多，就越富強。主張國家干預經濟生活，禁止金銀輸出，增加金銀輸入。重商主義者認爲，要得到這種財富，最好是由政府管制農業、商業和制造業；發展對外貿易壟斷；通過高關稅率及其他貿易限制來保護國內市場；並利用殖民地爲母國的制造業提供原料和市場。

(二) 重商主義的發展階段

1. 早期重商主義（15 世紀至 16 世紀中葉）

早期重商主義叫作貨幣差額論，也叫作重金主義，主要代表人有英國的海爾斯和斯坦福德等。他們的觀點是把增加國內貨幣積累，防止貨幣外流視爲對外貿易政策的指導原則。他們認爲國家採取行政手段，直接控制貨幣流動，禁止金銀輸出，在對外貿易上遵循少買（或不買）多賣的原則，使每筆交易和對每個國家都保持順差，就可以使金銀流入國內。

2. 晚期重商主義（16 世紀下半葉至 17 世紀）

晚期重商主義叫作貿易差額論，也叫作重工主義，主要代表人物是英國的托馬斯·孟。他們反對國家（政府）限制貨幣輸出，認爲那樣做不但是徒勞的，而且是有害的。他們認爲對外貿易能使國家富足，但必須謹守進出口貿易總額保持順差的原則。

晚期重商主義的觀點是：

(1) 強調多賣，主張允許貨幣輸出國外，認爲只要購買外國商品的貨幣總額少於出售本國商品所得的貨幣總額，就可以獲得更多的貨幣。晚期重商主義重視的是長期的貿易順差和總體的貿易順差。他們允許某些地區有貿易逆差，只要對外貿易的總額保持出口大於進口（順差）即可。這就是被稱爲貿易差額論的原因。

（2）積極主張國家干預貿易。重商主義者提出了一系列政策以鼓勵本國商品出口限制外國商品進口。

（3）晚期重商主義者還積極鼓勵擴大出口商品的生產，扶植和保護本國工場手工業的發展。如關稅與非關稅壁壘，即對輸入本國的外國商品徵收高額關稅或者禁止進口本國不需要的商品，以達到保護本國工業和保持貿易順差的目的；進口替代等。

早晚期重商主義的差別反應了商業資本不同歷史階段的不同要求。重商主義促進了商品貨幣關係和資本主義工場手工業的發展，爲資本主義生產方式的成長與確立創造了必要的條件。重商主義的政策、理論在歷史上曾促進了資本的原始積累，推動了資本主義生產方式的建立與發展。

(三) 對重商主義的評價

重商主義有其局限性，備受人們詬病。首先，重商主義的政策結論僅在某些情況下站得住腳，並非在一般意義上能站得住腳。其次，重商主義把國際貿易看作一種零和遊戲的觀點顯然是錯誤的。一方得益必定使另一方受損，出口者從貿易中獲得財富，而進口則減少財富。這種思想的根源是他們只把貨幣當作財富而沒有把交換所獲得的產品也包括在財富之內，從而把雙方的等價交換看作一得一失。最後，重商主義把貨幣與真實財富等同起來也是錯誤的。正是基於這樣一個錯誤的認識，重商主義才輕率地把高水平的貨幣積累與供給等同於經濟繁榮，並把貿易順差與金銀等貴金屬的流入作爲其唯一的政策目標。

重商主義理論研究的是流通領域里的表面經濟現象，其理論基礎是重商主義的財富觀，因此只研究如何從國外得到金銀，沒能進一步探討國際貿易產生的原因，以及是否能爲參加國帶來貿易利益。但不可否認，它爲18世紀末和19世紀初形成的國際貿易理論奠定了基礎。

二、絕對優勢理論

(一) 絕對優勢理論的提出者和產生背景

絕對優勢理論（Theory of Absolute Advantage），又稱絕對成本說（Theory of Absolute Cost）、地域分工說（Theory of Territorial Division of Labor）。該理論將一國內部不同職業之間、不同工種之間的分工原則推演到各國之間的分工，從而形成其國際分工理論。絕對優勢理論是最早主張自由貿易的理論，由英國古典經濟學派主要代表人物亞當·史密斯創立

亞當·史密斯(1723—1790)是自由貿易理論的首先倡導者。他是英國產業革命前夕工場手工業時期的經濟學家。產生絕對優勢理論的大背景是產業革命。產業革命是指從工場手工業轉向機械大工業的過渡，在這一過程中封建主義和重商主義是實現這一變革的障礙。亞當·史密斯代表工業資產階級的要求，在他 1776 年出版的代表作《國

民財富的性質和原因的研究》（簡稱《國富論》）中反對重商主義，要求自由放任，系統的提出了絕對優勢理論。

絕對優勢理論中最重要的概念就是絕對成本。所謂絕對成本，是指某兩個國家之間生產某種產品的勞動成本的絕對差異，即一個國家所耗費的勞動成本絕對低於另一個國家。

(二) 絕對優勢理論的主要內容

亞當·史密斯的絕對成本說主要闡明了如下內容

1. 分工可以提高勞動生產率，增加國民財富

史密斯認為 交換是出於利己心並為達到利己目的而進行的活動，是人類的一種天然傾向。人類的交換傾向產生分工，社會勞動生產率的巨大進步是分工的結果。他以制針業為例說明其觀點。根據斯密所舉的例子，分工前，一個工人每天至多能製造 20 枚針；分工後，平均每人每天可製造 4 800 枚針，每個工人的勞動生產率提高了幾百倍。由此可見，分工可以提高勞動生產率，增加國民財富。

2. 分工的原則是成本的絕對優勢或絕對利益

史密斯進而認為，分工既然可以極大地提高勞動生產率，那麼每個人專門從事他最有優勢的產品的生產，然後彼此交換，則對每個人都是有利的。即分工的原則是成本的絕對優勢或絕對利益。他以家庭之間的分工為例說明了這個道理。他說，如果購買一件東西所花費用比在家內生產的少，就應該去購買而不要在家內生產，這是每一個精明的家長都知道的格言。裁縫不為自己做鞋子，鞋匠不為自己裁衣服，農場主既不打算自己做鞋子，也不打算自己縫衣服。他們都認識到，應當把他們的全部精力集中用於比鄰人有利地位的職業，用自己的產品去交換其他物品，會比自己生產一切物品得到更多的利益。

3. 在國際分工基礎上開展國際貿易，對各國都會產生良好效果

史密斯由家庭推及國家，論證了國際分工和國際貿易的必要性。他認為，適用於一國內部不同個人或家庭之間的分工原則，也適用於各國之間。國際分工是各種形式分工中的最高階段。他主張，如果外國的產品比自己國內生產的要便宜，那麼最好是輸出在本國有利的生產條件下生產的產品，去交換外國的產品，而不要自己去生產。他舉例說，在蘇格蘭可以利用溫室種植葡萄，並釀造出同國外一樣好的葡萄酒，但要付出比國外高 30 倍的代價。他認為，如果真的這樣做，顯然是愚蠢的行為。每一個國家都有其適宜於生產某些特定產品的絕對有利的生產條件，如果每一個國家都按照其絕對有利的生產條件（即生產成本絕對低）去進行專業化生產，然後彼此進行交換，則對所有國家都是有利的，世界的財富也會因此而增加。

4. 國際分工的基礎是有利的自然稟賦或後天的有利條件

史密斯認為 有利的生產條件來源於有利的自然稟賦或後天的有利條件。自然稟賦和後天的條件因國家而不同，這就為國際分工提供了基礎。因為有利的自然稟賦或後天的有利條件可以使一個國家生產某種產品的成本絕對低於別國而在該產品的生產和交換上處於絕對有利地位。各國按照各自的有利條件進行分工和交換，將會使各國的

資源、勞動和資本得到最有效的利用，將會大大提高勞動生產率和增加物質財富，並使各國從貿易中獲益。這便是絕對成本說的基本精神。

（三）絕對優勢理論的例子

1. 理論假設

（1）生產過程中只投入一種生產要素：勞動力；
（2）世界上只有兩個國家；
（3）這兩個國家生產兩種產品；
（4）給定生產要素（勞動力）供給；
（5）規模報酬不變；
（6）商品市場和勞動市場是完全競爭市場；
（7）無運輸成本；
（8）兩國之間的貿易是平衡的。

2. 舉例

假設世界上只有兩個國家：中國和美國。這兩個國家都只生產兩種產品：小麥和布，在沒有國際貿易的情況下，兩國的勞動力投入情況如表 2-1 所示：

表 2-1　　　　　　　　貿易前中美兩國勞動力投入情況

	美國	中國
小麥	1	6
布	4	2

中美兩國分別在哪種產品上具有絕對優勢呢？

勞動生產率（labor productivity）是指勞動者在一定時期內創造的勞動成果與其相適應的勞動消耗量的比值。勞動生產率水平可以用同一勞動在單位時間內生產某種產品的數量來表示，單位時間內生產的產品數量越多，勞動生產率就越高；也可以用生產單位產品所耗費的勞動時間來表示，生產單位產品所需要的勞動時間越少，勞動生產率就越高。在此例子中，勞動力投入的情況指的是第二種情況。

也即是美國生產 1 單位小麥需要投入 1 個單位的勞動力；1 單位布匹需要投入 4 個單位的勞動力。中國生產 1 單位小麥需要投入 6 個單位的勞動力，1 單位布匹需要投入 2 個單位的勞動力。可見，美國在生產小麥上具有絕對優勢，中國在生產布匹上具有絕對優勢。根據絕對優勢理論，美國應該生產並出口小麥並進口布匹，中國應該生產並出口布匹並進口小麥。

（四）絕對優勢與貿易利益

如果本國與外國均能依照絕對優勢的指向，進行國際分工，從事自由貿易，那麼，自由貿易的結果是本國和外國的利益均獲得改善。史密斯對此深信不疑 他認爲自由貿易不僅會帶來國民福利水平的改善，而且會自動實現國際收支的均衡。

(五) 絕對優勢理論的評價

絕對優勢說是科學成分與非科學成分的混合，其正確的方面，是深刻指出了分工對提高勞動生產率的巨大意義。各國之間根據各自的優勢進行分工，通過國際貿易使各國都能得利。其錯誤主要表現在，認爲交換引起分工，而交換又是人類本性所決定的。事實上，交換以分工爲前提，在歷史上分工早於交換。

絕對優勢說解決了具有不同優勢的國家之間的分工和交換的合理性。但是，這只是國際貿易中的一種特例，該理論無法解決當一個國家在任何產品生產都無法占有絕對優勢時，是否還應該參與國際貿易的問題。而這個問題在比較優勢中能得到較好的解釋。

三、比較優勢理論

(一) 比較優勢理論的提出者和產生背景

比較優勢理論的提出者是大衛·李嘉圖。他是英國古典政治經濟學的主要代表之一，也是英國古典政治經濟學的完成者。李嘉圖早期是交易所的證券經紀人，後受亞當·史密斯《國富論》一書的影響，激發了他對經濟學研究的興趣，其研究的領域主要包括貨幣和價格，對稅收問題也有一定的研究。李嘉圖的主要經濟學代表作是1817年完成的《政治經濟學及賦稅原理》，書中闡述了他的稅收理論和比較優勢理論。1819年他曾被選爲上院議員，極力主張議會改革，支持自由貿易。李嘉圖繼承並發展了斯密的自由主義經濟理論，並認爲限制政府的活動範圍、減輕稅收負擔是增長經濟的最好辦法。

1815年英國政府爲維護土地貴族階級利益而修訂實行了穀物法。穀物法頒布後，英國糧價上漲，地租猛增，它對地主貴族有利，卻嚴重地損害了產業資產階級的利益。昂貴的穀物，使工人貨幣工資被迫提高，成本增加，利潤減少，削弱了工業品的競爭能力；同時，昂貴的穀物，也擴大了英國各階層的吃糧開支，而減少了對工業品的消費。穀物法還招致外國以高關稅阻止英國工業品對他們的出口。爲了廢除穀物法，工業資產階級採取了多種手段，鼓吹穀物自由貿易的好處。而地主貴族階級則千方百計維護穀物法，他們認爲，既然英國能夠自己生產糧食，根本不需要從國外進口，反對在穀物上自由貿易。這時，工業資產階級迫切需要找到穀物自由貿易的理論依據。李嘉圖適時而出，他在1817年出版的《政治經濟學及賦稅原理》，提出了著名的比較優勢原理。他認爲，英國不僅要從外國進口糧食，而且要大量進口，因爲英國在紡織品生產上所占的優勢比在糧食生產上優勢還大。故英國應專門發展紡織品生產，以其出口換取糧食，取得比較利益，提高商品生產數量。

(二) 比較優勢理論的主要內容

比較優勢理論是在絕對成本理論的基礎上發展起來的。根據比較優勢原理，一國在兩種商品生產上較之另一國均處於絕對劣勢或絕對優勢，但只要處於劣勢的國家在兩種商品生產上劣勢的程度不同，處於優勢的國家在兩種商品生產上優勢的程度不同，則處於劣勢的國家在劣勢較輕的商品生產方面具有比較優勢，處於優勢的國家則在優勢較大的商品生產方面具有比較優勢。兩個國家分工專業化生產和出口其具有比較優勢的商品，進口其處於比較劣勢的商品，則兩國都能從貿易中得到利益。這就是比較優勢原理。也就是說，兩國按比較優勢參與國際貿易，通過兩利取重，兩害取輕，兩國都可以提升福利水平。

(三) 比較優勢理論的例子

1. 假設條件

(1) 假定貿易中只有兩個國家和兩種商品（X 與 Y 商品），這一個假設的目的是為了用一個二維的平面圖來說明這一理論。

(2) 兩國在生產中使用不同的技術。技術的不同導致勞動生產率的不同進而導致成本的不同。

(3) 模型只假定在物物交換條件下進行，沒有考慮複雜的商品流通，而且假定 1 個單位的 X 產品和一個單位的 Y 產品等價（不過他們的生產成本不等）。

(4) 在兩個國家中，商品與要素市場都是完全競爭的。

(5) 在一國內要素可以自由流動，但是在國際上不流動。

(6) 分工前後生產成本不變。

(7) 不考慮交易費用和運輸費用，沒有關稅或影響國際貿易自由進行的其他壁壘。但是，在貿易存在的條件下，當兩國的相對商品價格完全相等時，兩國的生產分工才會停止。如果存在運輸成本和關稅，當兩國的相對價格差小於每單位貿易商品的關稅和運輸成本時，兩國的生產分工才會停止。

(8) 價值規律在市場上得到完全貫徹，自由競爭，自由貿易。

(9) 假定國際經濟處於靜態之中，不發生其他影響分工和經濟變化。

(10) 兩國資源都得到了充分利用，均不存在未被利用的資源和要素。

(11) 兩國的貿易是平衡的，即總的進口額等於總的出口額。

2. 判斷國家比較優勢的方法

每一個國家不一定要生產各種商品，而應集中力量生產那些利益較大或不利較小的商品，然後通過國際交換，在資本和勞動力不變的情況下，生產總量將增加，如此形成的國際分工對貿易各國都有利。核心原則：兩優取其重，兩劣取其輕。

(1) 方法一：比較優勢（comparative advantage）可以用相對勞動生產率進行衡量，相對勞動生產率是不同產品勞動生產率的比率，或兩種不同產品的人均產量之比。用公式表示則可寫成：

$$\text{產品 A 的相對勞動生產率（相對於產品 B）} = \frac{\text{產品 A 的勞動生產率}}{\text{產品 B 的勞動生產率}}$$

如果一個國家某種產品的相對勞動生產率高於其他國家同樣產品的相對勞動生產率，該國在這一產品上就擁有比較優勢。反之，則只有比較劣勢。

(2) 方法二：比較優勢（comparative advantage）可以用所謂相對成本，指的是一個產品的單位要素投入與另一產品單位要素投入的比率。用公式表示：

產品 A 的相對成本（相對於產品 B）= $\dfrac{\text{單位產品 A 的要素投入量（aLA）}}{\text{單位產品 B 的要素投入量（aLB）}}$

如果一國生產某種產品的相對成本低於別國生產同樣產品的相對成本，該國就具有生產該產品的比較優勢。

3. 舉例

假設世界上只有兩個國家：中國和美國。這兩個國家都只生產兩種產品，小麥和布，在沒有國際貿易的情況下，兩國的勞動力投入情況如表2-2所示：

表2-2　　　　　　　　　　貿易前兩國勞動力投入情況

勞動力成本（小時）	中國	美國
布料（米）	4 hours	3 hours
小麥（千克）	8 hours	1 hours

布料生產在中國的機會成本是1/2千克小麥，而在美國的機會成本是3千克小麥。中國布料比美國布料的機會成本要低，我們稱中國布料具有比較優勢。中國小麥的機會成本為2米布料，美國小麥的機會成本為1/3米布料，美國小麥比中國小麥的機會成本要低，我們說美國小麥具有比較優勢。

假設中國和美國的總勞動力都為100，即美國和中國的生產可能性邊界可見圖2-1。中國和美國的無差異曲線與生產可能性邊界相交於點A和A*。這說明在沒有貿易的情況下，中國會在點A進行生產和消費，而美國會在點A*進行生產和消費。

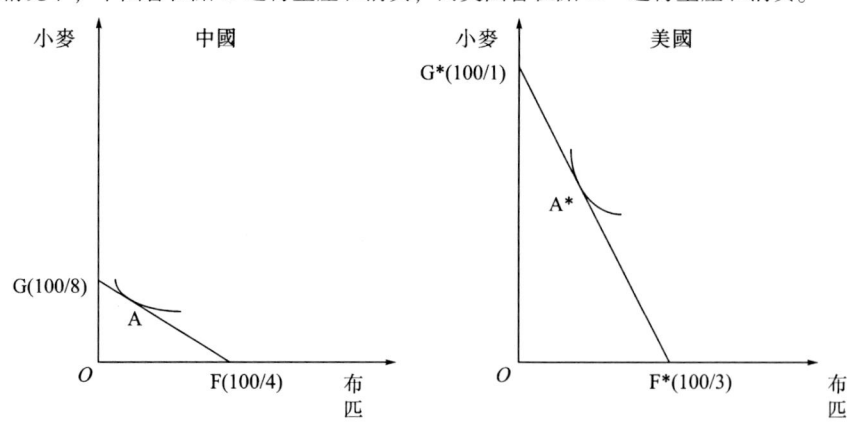

圖2-1　貿易前兩國生產可能性邊界

根據比較優勢理論，即使一國在兩種商品的生產上較之另一國均處於劣勢（即無絕對優勢），仍有可能有互利貿易，一國可以專門生產、出口他的絕對劣勢相對小一些的商品（即具有比較優勢的產品），同時進口其絕對劣勢相對大的商品（即具有比較劣勢的商品）。也就是中國古訓所云："兩利相權取其重，兩弊相權取其輕。最有效和最有利的國際分工就是各國集中生產比較有利的產品。不管一國在兩種產品的生產成本上都具絕對優勢還是絕對劣勢，都可以通過勞動成本的相對比較，按"兩優取其重，兩劣取其輕"的原則進行國際分工，通過對外貿易獲得比自己以等量勞動所能生產的更多的產品。因此，在本例子中，中國應生產並出口布匹，從美國進口小麥，美國應生產並出口小麥，從中國進口布匹。

這種貿易模式將會給兩國帶來什麼樣的變化呢？請看下圖2-2：

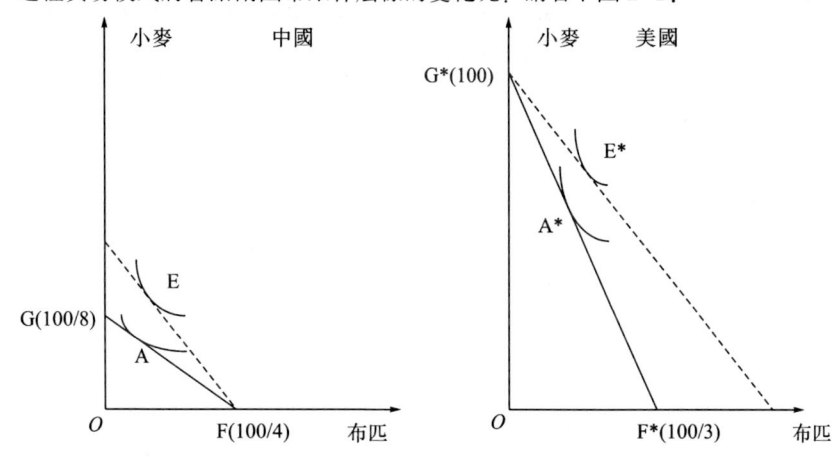

圖2-2 貿易後兩國的生產可能性邊界

不管中國還是美國，在專業生產並且出口有比較優勢的產品後，可以獲得比原來更高的無差異曲線，這說明兩個國家人們的福利水平都上升。國際貿易給兩個國家帶來好處。

(四) 比較優勢理論的評價

1. 該理論的科學性

(1) 爲自由貿易政策提供了堅實的理論基礎。在商業完全自由的制度下，各國都必然把資本和勞動用於最有利於本國的用途上。這種個體利益的追求很好地和整體的普遍幸福結合在一起。

(2) 說明價值規律在國際市場上的作用形式發生了變化。不同經濟發展水平的國家都可找到自己的相對優勢參與國際競爭，而不致淘汰。這為發展中國家對外開放提供了理論指導。

2. 該理論的局限性

(1) 所依賴的前提條件過於嚴格，必須基於前文提到的11個假設條件。

(2) 把多變的經濟形態抽象成靜態的狀態，忽視了動態分析。該理論主張按當前的比較成本格局進行分工，而沒有看到比較成本、比較優勢是可變的。他是從一定時點的國際比較生產力結構出發論證貿易的可能性，是一種靜態均衡理論。

(3) 有可能存在比較優勢陷阱。有的學者認爲這幾乎是一個先進國家的學者規勸後進國家加入國際分工體系的學說：你們國家雖然一切都落後，但你們也能從貿易中獲益。因此，你們加入進來吧，經濟結構的改進沒有必要。

四、要素稟賦理論

(一) 要素稟賦理論的提出者和產生背景

要素稟賦理論,也稱爲要素比例學説 (Factor Proportions Theory),或者赫克歇爾—俄林理論 (Heckscher-Ohiln theory,簡稱 H-O theory),屬於新古典貿易主義理論。該學説由赫克歇爾首先提出基本論點,由俄林系統創立。伊·菲·赫克歇爾 (Eli F Heckscher, 1879—1959),瑞典人,生於斯德哥爾摩的一個猶太人家庭。著名的經濟學家,新古典貿易理論最重要部分——要素稟賦論就是他和他的學生貝蒂·俄林 (Bertil Ohlin) 最早提出來的,並命名爲赫克歇爾—俄林理論。該理論主要通過對相互依存的價格體系的分析,用生產要素的豐缺來解釋國際貿易的產生和一國的進出口貿易類型。

俄林批判地繼承了大衛·李嘉圖的比較成本説,他認爲,李嘉圖只用勞動支出這一因素的差異來解釋國際貿易是片面的,在生產活動中,除了勞動起作用外,還有資本、土地、技術等生產要素,各國產品成本的不同,必須同時考慮到各個生產要素。爲此,他向英國古典經濟學派提出了挑戰。他在 1933 年出版的《區域貿易和國際貿易》一書中系統地提出了自己的貿易學説,標誌着要素稟賦説的誕生。

俄林以要素稟賦代替大衛·李嘉圖的勞動成本,用生產要素的豐缺來解釋國際貿易的產生和一國的進出口貿易類型。根據資源稟賦學説,在各國生產同一種產品的技術水平相同的情況下,兩國生產同一產品的價格差別來自於產品的成本差別,這種成本差別來自於生產過程中所使用的生產要素的價格差別,這種生產要素的價格差別則取決於各國各種生產要素的相對豐裕程度,即相對稟賦差異,由此產生的價格差異導致了國際貿易和國際分工。新古典的要素稟賦理論,從要素稟賦結構差異以及由這種差異所導致的要素相對價格在國際上的差異方面來尋找國際貿易發生的原因,克服了李嘉圖模型中關於一種生產要素投入假定的局限。

(二) 要素稟賦理論的主要內容

1. 主要概念

(1) 生產要素:是指生產過程中使用的各種資源。它包括勞動、資本、土地、企業家才能等。

(2) 要素報酬:生產商品所要支付的要素費用。例如勞動的報酬是工資、資本的報酬的利息、土地的報酬是地租。

(3) 要素稟賦 (factor endowments):指的是生產要素的供給狀況。例如有的地區勞動力充裕,有的地區資本量雄厚,有的地區土地資源豐富。同樣是自然資源豐富或自然條件良好,礦藏、水源、氣温、濕度、日照、降雨等方面又會有眾多差別。

若一國擁有的資本數量爲 TK,勞動數量爲 TL,則其要素稟賦爲 (TK/TL)。若 A 國的要素稟賦爲 (TK/TL) A,B 國的要素稟賦爲 (TK/TL) B,且有:(TK/TL) A< (TK/TL) B

則稱 A 國是勞動豐裕國家,B 國是資本豐裕的國家。

(4) 要素密集度 (Factor Intensity) 是指生產某種產品所投入的兩種生產要素的

比例；

若生產 X 產品的資本與勞動投入比例為：(K/L) X，生產 Y 產品的資本與勞動投入比例為：(K/L) Y，且有：(K/L) X＞(K/L) Y

則 X 就是資本密集型產品，Y 是勞動密集型產品。

2. 假設條件

（1）假定只有兩個國家、兩種商品、兩種生產要素（勞動和資本）。這一假設目的是為了便於用平面圖說明理論。

（2）假定兩國的技術水平相同，即同種產品的生產函數相同。這一假設主要是為了便於考察要素禀賦，從而考察要素價格在兩國相對商品價格決定中的作用。

（3）假定 X 產品是勞動密集型產品，Y 產品是資本密集型產品。

（4）假定兩國在兩種產品的生產上規模經濟利益不變。即增加某商品的資本和勞動使用量，將會使該產品產量以相同比例增加，單位生產成本不隨著生產的增減而變化，因而沒有規模經濟利益。

（5）假定兩國進行的是不完全專業化生產，儘管是自由貿易，兩國仍然繼續生產兩種產品，即無一國是小國。

（6）假定兩國的消費偏好相同，若用社會無差異曲線反應，則兩國的社會無差異曲線的位置和形狀相同。

（7）在兩國的兩種商品、兩種生產要素市場上，競爭是完全的。這是指市場上無人能夠購買或出售大量商品或生產要素而影響市場價格。也指買賣雙方都能掌握相等的交易資料。

（8）假定在各國內部，生產諸要素是能夠自由轉移的，但在各國間生產要素是不能自由轉移的。這是指在一國內部，勞動和資本能夠自由地從某些低收入地區、行業流向高收入地區、行業，直至各地區、各行業的同種要素報酬相同，這種流動才會停止。而在國際上，卻缺乏這種流動性。所以，在沒有貿易時，國際上的要素報酬差異始終存在。

（9）假定沒有運輸費用，沒有關稅或其他貿易限制。這意味着生產專業化過程可持續到兩國商品相對價格相等為止。

3. 主要觀點

要素禀賦理論認為：生產要素禀賦差異是國際貿易發生的主要原因，一國應生產和出口較密集地使用其較豐裕的生產要素生產的產品，進口較密集地使用其較稀缺的生產要素生產的產品。

(三) 要素禀賦理論的評價

（1）要素禀賦理論是對比較優勢學說的重大發展，從生產要素禀賦的角度解釋國際貿易發生的原因。

（2）其正確地分析了生產要素在各國進出口中的作用。

（3）該理論是建立在系列假定條件基礎上，而這些假定是靜態的，忽視了動態變化。

(四) 要素禀賦理論的延伸

1. 要素均等化理論

1948 年，美國經濟學家保羅·薩繆爾森（1976 年諾貝爾經濟學獎獲得者）在 H-O 定理的基礎上，得出了要素價格均等化的命題，並對此進行了論證。由於它是 H-O 定理的引申，因此又被稱爲 H-O-S 定理。

這一理論基於要素禀賦理論的推理：①商品價格的差異是國際貿易產生的直接原因；②價格的差異是由生產同種產品時的成本差別造成的；③成本差異不同是由生產要素的價格不同造成的；④生產要素的價格差是由各國生產要素的供給差異造成的；⑤生產要素供給的差異是由兩國的要素禀賦決定的。

要素均等化理論的意義在於使我們認識到，國際貿易的商品流動，可以在一定程度上代替生產要素在國際上的流動，從而彌補生產要素缺乏流動性的問題。但是，要素價格均等化是一種趨勢，由於各種假設條件不存在，因此，完全均等化，最後貿易停止是不可能的。該定理只是預測了國際貿易會縮小或消除同質要素收入的國際上差異，但並沒有提及國際貿易是否會縮小人均收入的差異。

2. 要素比例變化理論

該理論的代表人物：里比兹恩斯基，英國人。該理論內容是：第一，要素比例是可以變化的，出口結構也可以變化。第二，商品生產所使用的要素比例也可以改變。

例如：日本在 20 世紀 50 年代主要出口紡織服裝（37.3%），機器設備（12.4%），70 年代出口鋼鐵，80 年代初出口汽車，80 年代末出口半導體，1994 年出口紡織品（2.1%），機器設備（76%）。又例如，中國在 1980 年，初級產品出口（14.4%），工業制成品（85.6%）。在 1995 年，初級產品出口（50.3%），工業制成品（49.7%）

3. 里昂惕夫之謎

里昂惕夫（Wassily Leonitief, 1906—1999）是美國著名經濟學家，是投入—產出經濟學創始人。1953 年經濟學家里昂惕夫（1973 年諾獎得主）在美國《經濟學與統計學雜誌》上發表了一篇文章，利用美國 1947 年進出口行業所用資本存量與工人人數的數據來檢驗 H-O 模型，其結果引發了持續一代人富有成效的爭論。

里昂惕夫的邏輯是：如果 H-O 理論正確：即各國應該出口密集使用其充裕要素的產品，進口密集使用其稀缺要素的產品；則美國作爲資本豐裕的國家應該出口資本密集型產品，進口勞動密集型產品。這意味著：美國出口行業的資本勞動比率應該大於進口行業的資本勞動比率，即：$(K/L)_X / (K/L)_M > 1$。

但是實證結果令人困惑：在 1947 年美國向其他國家出口的是勞動密集型產品，而進口的是相對資本密集型產品，關鍵比率 $(K/L)_X / (K/L)_M$ 只有 0.77，而根據 H-O 理論它應遠大於 1。這就是著名的"里昂惕夫"之謎。H-O 實證檢驗如表 2-3 所示。

表 2-3　　　　　　　　H-O 模型的實證檢驗：美國數據

學者	數據年份	$(K/L)_X (K/L)_M$（H-O 預測：>1）
Leontief, 1954	1947	0.77

表2-3(續)

學者	數據年份	$(K/L)_X/(K/L)_M$（H-O 預測：>1）
Leontief，1956	1947—1951	0.94（或不包括自然資源行業，1.14）
Whitney，1968	1899	1.12
Baldwin，1971	1958—1962	0.79（或不包括自然資源行業，0.96）
Stern & Maskus，1981	1972	1.05（或不包括自然資源行業，1.08）

資料來源：轉自海聞、P. 林德特等. 國際貿易. 上海：上海人民出版社，2003：1996.

對里昂惕夫之謎的解釋：

(1) 勞動力不同質論

里昂惕夫在《生產要素比例和美國的貿易結構：進一步的理論和經濟分析》中解釋道，謎的原因在於各國勞動生產率的差異。他在計算時把美國的勞動力的實際人數乘以3，謎就消失了。乘以3後，美國的勞動就是倍加的勞動，這樣，與其他國家相比，美國就成了勞動力豐裕而資本相對稀缺的國家，所以，美國出口勞動密集型產品，進口資本密集型產品。他還認為，美國勞動生產率高的原因在於科學的管理、高水平教育、優良的培訓、可貴的進取精神等。

(2) 熟練勞動說

基辛（D. B. Keesing）等人把熟練勞動和簡單勞動分開。1965年和1966年基辛分別發表了《勞動技能與國際貿易：用單一方法評價多種貿易》和《勞動技能與比較利益》。他認為，由於美國熟練勞動這個生產要素比較豐裕，所以出口熟練勞動密集型產品具有比較優勢，而發展中國家非熟練勞動比較豐裕，出口非熟練勞動密集型產品具有比較優勢。

(3) 人力資本論

人力資本（Human Capital）是指對人的智能的投資，這種投資能夠提高勞動力文化水平、勞動熟練程度、勞動技巧、管理才能和健康等，它同物質資本一樣，能夠取得大於投資的收益。各國人民的天賦是相近的，人的智能的差別是後天人力投資的結果，主要是對教育投資的結果。

(4) 三要素論

凡尼克（J. Vanek）認為，里昂惕夫計算時僅考慮資本和勞動兩種要素，如果把美國非常依賴的自然資源產品的進口考慮進來，這些自然資源產品在國內生產是資本密集型的，那麼，美國進口品中資本/勞動比率就會提高。里昂惕夫本人在後來進行再一次驗證時，考慮了自然資源要素，計算時在投入產出矩陣中減掉19種資源密集型產品，結果解開了謎。

(5) 市場不完全論

這一解釋認為，謎產生的原因是由市場不完全引起的，由於關稅等貿易壁壘的存在，赫─俄模型所揭示的規律的實現受到限制。鮑德溫認為，美國的關稅結構保護了國內勞動密集型產業，從而在進口品中增加了資本密集型產品的比重。

(6) 需求逆轉

當某一國對於某一商品享有生產上的比較優勢，但因其國民在消費上又特別地偏好該商品時，將會使得原來依據 H-O 定理所決定的進口方向發生改變，即發生了需求逆轉（demand reversal）。

里昂惕夫之謎和赫克歇爾—俄林模型在理論原則上是一致的，它們之間的矛盾體現在赫俄模型的假定前提與現實不符。首先，對各國勞動生產率相同的修正。勞動力不同質論、熟練勞動說、人力資本論等都是對這一前提的修正，反應了二次戰後科學技術對國際貿易的影響較大。其次，對兩要素模式的修正。三要素論把自然資源作爲一個要素從資本中獨立出來，是對兩要素（資本、勞動）模式的修正。最後，對完全競爭、需求偏好一致前提的修正。

第二節　當代國際貿易理論

國際貿易在不斷發生變化，體現在：知識密集型產品在國際貿易總量中的比重不斷上升；發達國家之間相互貿易的比重迅速上升；產業內貿易越來越成爲貿易的主要形式。當代國際貿易理論，也被稱爲新國際貿易理論，包括了技術差距理論、產品生命週期理論、產業內貿易理論、國家競爭優勢理論。

一、技術差距理論

技術差距理論（Technological Gap Theory），又稱技術差距模型（Technological Gap Model）是把技術作爲獨立於勞動和資本的第三種生產要素，探討技術差距或技術變動對國際貿易影響的理論。由於技術變動包含了時間因素，技術差距理論被看成是對 H-O 理論的動態擴展。技術差距理論如圖 2-3 所示。

(一) 技術差距理論的主要內容

（1）國際貿易與技術差距是相聯繫的。技術領先的國家，具有較強開發新產品和新工藝的能力，在技術上處於領先優勢，於是出口某類高技術領先產品，導致了該技術產品的國際貿易。

（2）隨著貿易的擴大，技術可能通過專利權轉讓、技術合作、對外投資等多種途徑和方式傳播，被其他國家引進和模仿，於是與其他國家技術差距縮小，貿易量下降。

（3）當技術引進國能生產出滿足國內需求數量的產品時，兩國間的國際貿易就會終止，技術差距最終消失。

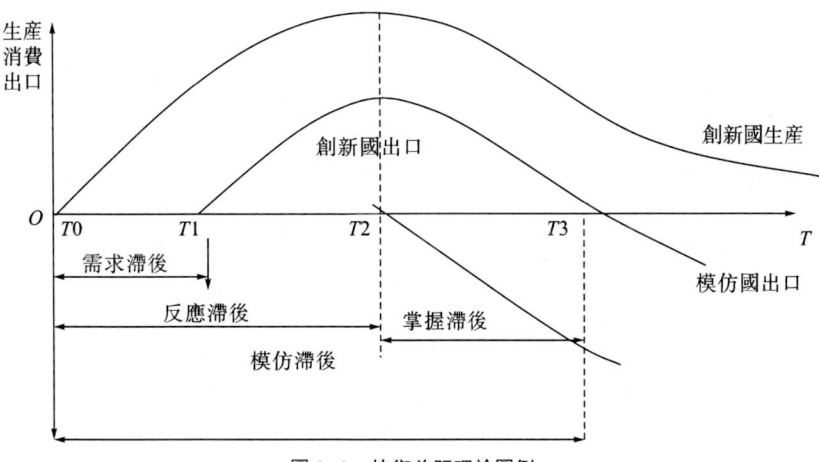

圖 2-3　技術差距理論圖例

（二）基本概念

（1）模仿滯後：創新國製造出新產品──模仿國能完全仿製這種產品。由反應滯後和掌握滯後兩個階段所構成。

（2）反應滯後：創新國生產──模仿國決定自行生產。

（3）掌握滯後：模仿國開始生產──模仿國達到創新國的同一技術水平並停止進口。

（4）需求滯後（反應滯後的初級階段）創新國出現新產品──其他國家消費者產生需求開始進口。

（三）技術差距理論的前提

（1）最初的技術進步必須建立在某國經濟中的一系列制度性內生變量的基礎之上。

所謂制度性內生變量（Systematic and Endogenous Variables），是指一國同他國相比能夠引發技術進步的諸多他國所不具備的因素。

（2）技術成果的國際傳遞受多方面因素的制約難以順利進行。所以，在一定時期內，能率先完成某項技術創新的國家，即技術創新國，能較為穩定地保有技術創新帶來的技術差距比較優勢。

（四）技術差距理論的評價

在現實中，技術成果之所以難以在國際上迅速地傳遞，一般說來是基於以下三方面的原因：

（1）由於技術成果本身是獲得巨額利潤的源泉，因此在完成某項技術創新以後，技術創新國必然採取技術壟斷和技術封鎖等多種措施，充分地享受該項技術創新的創利效益，直到該項技術創新從某種意義上說來已經成為一種相對成熟的技術以後，技術創新國才有可能願意考慮該項技術成果的轉讓問題。

（2）技術成果本身同時又是耗費巨大的現實資源投入（包括人力、物力和財力）

的產物，而且，技術創新投資從本質意義上看是一種高風險投資。所以，在國際上進行技術轉讓的過程中，技術成果作爲一種特殊的商品，也體現着使用價值與價值的統一。其使用價值表現爲技術成果創造利潤的能力，其價值表現爲研究完成該項技術成果的過程中全部投入和所承擔風險的價值總和，以及該項技術創利能力的價值表現。因此，技術成果的價格既要包括研制過程中的全部現實投入和風險投資及其回報，又要包括該項技術成果轉讓後在剩餘的使用年限內繼續爲其所有者創造利潤能力的一定比例。所以，以專利轉讓費或生產特許權轉讓費的形式出現的技術成果的轉讓價格一般相當昂貴。這就從需求的方面制約着技術成果的迅速轉讓。

（3）與上述兩方面因素相聯繫，非技術創新國也可能試圖通過自身的研究與開發取得某項技術成果，實現變相的技術轉移。但極有可能受到該國自身的諸多制度性內生變量的制約，遇到多方面的困難和障礙，使其在短期內難以實現掌握某項技術成果，並將之用於現實生產的目的。

二、產品生命週期理論

產品生命週期理論是美國哈佛大學教授雷蒙德·弗農（Raymond Vernon）1966年在其《產品週期中的國際投資與國際貿易》一文中首次提出的。產品生命週期（product life cycle），簡稱 PLC，是產品的市場壽命，即一種新產品從開始進入市場到被市場淘汰的整個過程。弗農認爲：產品生命是指市場上的行銷生命，產品和人的生命一樣，要經歷形成、成長、成熟、衰退這樣的週期。就產品而言，也就是要經歷一個開發、引進、成長、成熟、衰退的階段。而這個週期在不同的技術水平的國家裡，發生的時間和過程是不一樣的，期間存在一個較大的差距和時差。正是這一時差，表現爲不同國家在技術上的差距，它反應了同一產品在不同國家市場上的競爭地位的差異，從而決定了國際貿易和國際投資的變化。

(一) 產品生命週期的階段

1. 引入期

指產品從設計投產直到投入市場進入測試階段。新產品投入市場，便進入了產品介紹時期。此時產品品種少，顧客對產品還不瞭解，除少數追求新奇的顧客外，幾乎無人實際購買該產品。生產者爲了擴大銷路，不得不投入大量的促銷費用，對產品進行宣傳推廣。該階段由於生產技術方面的限制，產品生產批量小，製造成本高，廣告費用大，產品銷售價格偏高，銷售量極爲有限，企業通常不能獲利，反而可能虧損。

2. 成長期

當產品進入引入期，銷售取得成功之後，便進入了成長期。成長期是指產品通過試銷效果良好，購買者逐漸接受該產品，產品在市場上站住腳並且打開了銷路。這是需求增長階段，需求量和銷售額迅速上升。生產成本大幅度下降，利潤迅速增長。與此同時，競爭者看到有利可圖，將紛紛進入市場參與競爭，使同類產品供給量增加，價格隨之下降，企業利潤增長速度逐步減慢，最後達到生命週期利潤的最高點。

3. 成熟期

成熟期指產品進入大批量生產並穩定地進入市場銷售，經過成長期之後，隨著購買產品的人數增多，市場需求趨於飽和。此時，產品普及並日趨標準化，成本低而產量大。銷售增長速度緩慢直至轉而下降，由於競爭的加劇，導致同類產品生產企之間不得不加大在產品質量、花色、規格、包裝服務等方面的投入，在一定程度上增加了成本。

4. 衰退期

衰退期是指產品進入了淘汰階段。隨著科技的發展以及消費習慣的改變等原因，產品的銷售量和利潤持續下降，產品在市場上已經老化，不能適應市場需求，市場上已經有其他性能更好、價格更低的新產品，足以滿足消費者的需求。此時成本較高的企業就會由於無利可圖而陸續停止生產，該類產品的生命週期也就陸續結束，以致最後完全撤出市場。

(二) 產品週期理論和國際貿易

表 2-4　　　　　　　　　產品週期與國際貿易關係概述

產品生產階段	特點與比較優勢	技術創新國家（美國）	其他發達國家或地區	發展中國家
產品創新階段	新產品、新技術的開發階段，產量小，成本高，是技術密集型產品，依靠技術比較優勢競爭	在國內生產和銷售，收入彈性高。對外少量出口	少量進口並開始模仿	無進口
產品成長、成熟階段	生產日益擴大，並達到適度規模，是資金密集型產品，依靠規模比較優勢競爭	大量出口，技術擴散，競爭加劇	大量進口並模仿生產	少量進口
產品衰退階段	產品高度標準化，生產成本下降，是勞動密集型產品，依靠價格優勢競爭	壟斷優勢喪失，品牌競爭讓位於價格競爭。根據比較成本原則，停產，從國外進口，產品生產週期在創新國結束	大量出口，技術進一步擴散	大量進口，並開始模仿生產

在產品生命週期的第一階段，創新國（美國）企業發明並製造出新產品。這時的新產品實際上是一種科技知識密集型產品，由於它壟斷了製造技術，因而美國廠商就壟斷了這種產品的世界市場。因為沒有其他競爭者，新產品開始只能在美國或其他創新國生產，因為新產品需要大量的研究和開發以及大量技術熟練的工人。新產品一般比較昂貴，其消費者也只能是美國等高收入國家的國民。其產品出口，也是首先出口到創新國以外的其他工業發達的高收入國家。

在產品生命週期的第二階段，其他發達國家的廠商開始生產原來只從創新國進口的新產品。美國等創新國的新產品在發達國家打開銷路以後，吸引了大量消費者。潛在的市場為這些發達國家的廠商開始生產這種產品提供了前提條件。無須花費創新國必需的大量科技開發費用以及無須支付國際運費及關稅，使發達國家生產成本降低。這一階段，產品由技術知識密集型變成技能或資本密集型。許多生產技術由於標準化而變得容易學會。因此，這些國家開始大量生產新產品。原進口國生產了這種產品並占領了國內市場，創新國的新產品對這些國家的出口減少甚至停止。創新國以外的國家成爲該產品的淨出口國，參加與創新國的出口競爭。因爲這些產品在這些國家成本低，在國際市場上有競爭力。隨著這些國家出口的擴大，創新國逐漸喪失了國外市場。

最後，新產品仿製國的廠商由於國內外市場的擴大，有條件進行大批量生產，以取得規模經濟效益，大幅度地降低了產品成本，以致可以把產品打進創新國市場。這就是產品生命週期的第三階段，創新國成了該產品的淨進口國。新產品在創新國的生命週期宣告結束。產品生命週期與貿易方向變動情況如圖2-4所示。

隨著生產過程已經標準化，操作也變得簡單，甚至生產該產品的機器本身也成爲標準化的產品而變得比較便宜。因此到了這一階段，技術和資本已逐漸失去了重要性，而勞動力成本則成爲決定產品是否具有比較優勢的重要因素。發展中國家勞動費用低廉，地價便宜，生產標準化產品極具競爭力。當生產過程標準化和創新國的技術專利失效後，生產便轉移到發展中國家進行了。這些國家最終會成爲該產品的淨出口國，把產品出口到創新國和其他發達國家。

收音機就是產品生命週期理論的一個很好的例子。當真空管收音機剛在美國發明時，其市場前景並不確定，它並沒有吸引許多顧客，生產規模也較小，價格非常昂貴並且具有手工藝的特點，因而需要大量技術性工人。經過最初試錯的階段之後，收音機成爲適應大規模生產的成功產品，隨著電臺的發展以及收音機的有用性對消費者越來越明顯，收音機的需求不斷增長，不久其成爲出口商品。二戰後，隨著生產技術的普及，日本利用其廉價的勞動力擴大收音機的生產，使得日本占領了這一市場的很大份額。

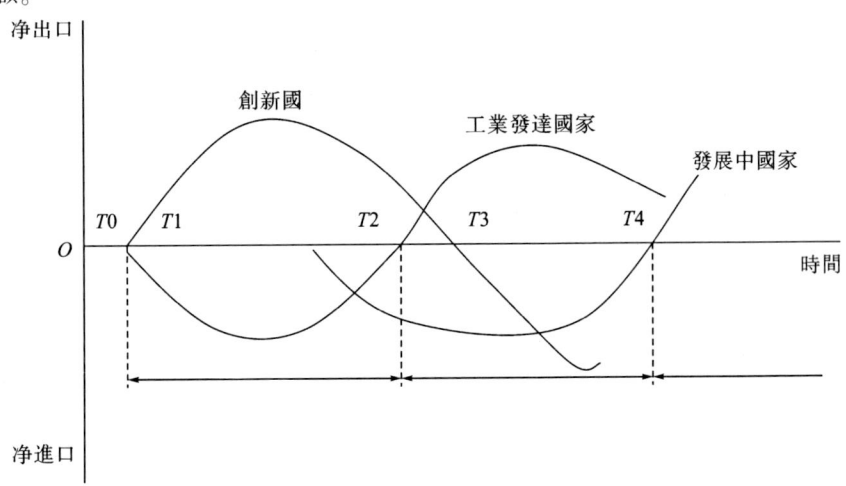

圖2-4 產品生命週期與貿易方向變動情況

美國研制開發了半導體收音機，並在幾年內成功地與仍在使用舊技術生產的日本廠商進行競爭，後來日本又學會了半導體技術並利用勞動力優勢擠占美國市場份額，美國廠商又研制開發小型半導體技術，使美國又獲得技術優勢，但是這個技術最終再次爲日本學去，日本再次控制收音機的世界市場。現在，日本成爲這一領域的創新者，用最新的技術生產收音機，用比較過時的技術生產收音機的工廠已轉移到亞洲其他工資較低的國家，但工廠常常由日本廠商所擁有。

（三）產品生命週期的評價

（1）對國際貿易有着很大的影響。引導企業通過產品的生命週期的把握，正確制定對外貿易的產品戰略和市場戰略。

（2）對國際投資、跨國公司的生產和經營也有着很大的影響。揭示出比較優勢是不斷在轉移的，每一國在進行產品創新、模仿引進、擴大生產和跨國經營時，要把握時機，利用不同階段的有利條件，長久保持比較優勢。

（3）反應出企業在當代國際競爭中取勝的重要因素之一在於創新能力和模仿能力。

（4）產品週期理論使得比較利益、生產要素稟賦說從靜態發展爲動態，把管理、科技、外部經濟因素等引入了貿易模型，比傳統理論更進了一步。但是由於經濟生活中存在着各種不確定性因素，各國面臨的產業發展方向和環境不同，因此，產品生命週期的循環並不是國際貿易的普遍和必然現象。而且這種動態創新與模仿者的地位卻有着某種程度的固定。

（5）產品生命週期理論與國際投資、技術轉讓等生產要素的國際轉移結合起來，不僅對國際貿易，而且對其他國際經濟領域都有着很大的影響。

三、產業內貿易理論

產業內貿易理論是近代國際經濟學界的新理論。傳統的國際貿易理論，主要是國與國、勞動生產率差別較大的和不同產業之間的貿易。產業內貿易理論，主要針對國際貿易大多發生在發達國家之間，合並既進口又出口同類產品的現象。產業內貿易理論，有其理論的假設前提、相應的理論解釋。對產品的同質性、異質性與產業內貿易現象進行解釋，並提出了產業內貿易指數的計算方式。

自20世紀60年代以來，國際貿易實踐中也出現了許多新趨勢，工業國家之間的許多貿易活動用傳統的比較優勢理論無法予以適當的解釋，主要體現在：①里昂惕夫之謎；②世界貿易的絕大部分是在要素稟賦相似的工業化國家之間進行的，且大部分貿易是產業內貿易，即相似產品的雙向貿易；③不完全競爭市場的普遍發展。這種新的貿易傾向顯然不能用傳統的國際貿易理論來解釋，而需要對其理論框架進行擴展或重構。於是一批經濟學家從貿易實踐出發，利用新的分析工具，尤其是借鑒了產業組織理論的重要模型，對國際貿易理論進行了新的發展，提出了一些有別於前人的貿易理論。他們將貿易理論與產業組織理論聯繫起來，從而從根本上把規模經濟納入了貿易產生的原因當中，並把不完全競爭作爲理論的核心。典型理論有規模報酬遞增說、產業內貿易理論、技術差距論、產品生命週期說、國家競爭優勢說等。

(一) 產業內貿易理論的基本概念

1. 產業間貿易（Inter-industry Trade）是各國之間的貿易是不同產業部門之間的貿易。例如，從產品内容上看，可以把國際貿易分成兩種基本類型：一種是國家進口和出口的產品屬於不同的產業部門，比如出口初級產品，進口制成品。

2. 產業内貿易（Intra-industry Trade）是一國同時出口和進口同類型的產品。因此這種貿易通常也被稱爲雙向貿易（two way trade）或重叠貿易（over-lap trade）。產業内貿易理論中所指的產業必須具備兩個條件：一是生產投入要素相近。二是產品在用途上可以相互替代。

符合上述條件的產品可以分爲兩類：同質產品和異質產品，也稱作相同產品或差異產品。

（1）同質產品的產業内貿易。同質產品或相同產品是指產品間可以完全相互替代，也就是説產品有很高的需求交叉彈性，消費者對這類產品的消費偏好完全一樣。這類產品的貿易形式，通常都屬於產業間貿易，但由於市場區位、市場時間等的不同，也會發生產業内貿易。

（2）異質產品的產業内貿易。差異產品又可以分成三種：水平差異產品、技術差異產品和垂直差異產品。不同類型的差異產品引起的產業内貿易也不相同，分别爲水平差異產業内貿易、技術差異產業内貿易和垂直差異產業内貿易。

①水平差異產業内貿易。水平差異是指由同類產品相同屬性的不同組合而產生的差異。烟草、服裝及化妝品等行業普遍存在着這類差異。

②技術差異產業内貿易。技術差異是指由於技術水平提高所帶來的差異，也就是新產品的出現帶來的差異。從技術的產品角度看，是產品的生命週期導致了產業内貿易的產生。技術先進的國家不斷地開發新產品，技術落後的國家則主要生產那些技術已經成熟的產品。因此，在處於不同生命週期階段的同類產品間產生了產業内貿易。

③垂直差異產業内貿易。垂直差異就是產品在質量上的差異。汽車行業中普遍地存在着這種差異。爲了占領市場，人們需要不斷提高產品質量，但是，一個國家的消費者不能全部追求昂貴的高質量產品，而是因個人收入的差異存在不同的消費者需要不同檔次的產品。爲了滿足不同層次的消費需求，高收入水平的國家就有可能進口中低檔產品來滿足國内低收入階層的需求；同樣，中低收入水平的國家也可能進口高檔產品滿足國内高收入階層的需求，從而產生產業内貿易。

(二) 產業内貿易理論的假設前提

產業内貿易理論的假設前提有：
（1）從静態出發進行理論分析；
（2）分析不完全競争市場，即壟斷競争；
（3）經濟中具有規模收益；
（4）考慮需求相同與不相同的情况。

(三) 產業内貿易指數

產業内貿易程度可用產業内貿易指數來衡量。產業内貿易指數的計算公式：

Ai = 1 − ｜Xi−Mi｜／（Xi+Mi）

Ai 爲一國 i 產品的產業內貿易指數；Xi 爲一國 i 產品的出口額；Mi 指該國 i 產品的進口額。

從一個國家的角度來看，產業內貿易指數由各種產品的產業內貿易指數加權平均數求得，它表示一國產業內貿易在對外貿易總額中的比重。

$$A = 1 - \frac{\sum_{i=1}^{n} |Xi - Mi|}{\sum_{i=1}^{n} Xi + \sum_{i=1}^{n} Mi}$$

A 爲某國所有產品綜合產業內貿易指數；n 爲該國產品的種類。

A 會隨著產業範圍的大小不同而不同，範圍越大，一國越有可能出口該產業的差異產品，A 就越大。

（四）產業內貿易的解釋

1. 規模經濟説

實證研究發現產業內貿易主要發生在要素禀賦相似的國家，產生的原因是規模經濟（導致壟斷競争性市場）和產品差異之間的相互作用。大規模的生產可以充分利用自然資源、交通運輸及通信設施等良好環境，提高廠房、設備的利用率和勞動生產率，從而達到降低成本的目的，形成了"規模經濟"。

20 世紀 70 年代，格雷和戴維斯等人對發達國家之間的產業內貿易進行了實證研究，從中發現，產業內貿易主要發生在要素禀賦相似的國家，產生的原因是規模經濟和產品差異之間的相互作用。

這是因爲，一方面，規模經濟導致了各國產業內專業化的產生，從而使得以產業內專業化爲基礎的產業內貿易得以迅速發展；另一個方面，規模經濟和產品差異之間有着密切的聯繫。正是由於規模經濟的作用，使得生產同類產品的衆多企業優勝劣汰，最後由一個或少數幾個大型廠家壟斷了某種產品的生產，這些企業逐漸成爲出口商。

2. 不完全競争市場論

在不完全的競争市場上，國家之間即使不存在資源禀賦、技術水平的差異或者差異很小，也完全可以因爲需求偏好、規模經濟以及產品差異化而從事產業內貿易。這也爲國家進行貿易干預提供了理由，在不完全市場上，政府實行貿易保護，從而使本國的壟斷企業獲得規模經濟效益和壟斷利潤。

例如，在國際電影市場中，一個持續多年的格局是美國市場一家獨大，稱霸全球。在北美電影市場，從市場份額來看，2009 年美國電影占據了 91.8% 的份額，加拿大占據了 0.8%，其他電影則爲 7.4%；北美票房收入中，六大公司的票房收入占到北美市場 80.5% 的份額，六大公司以外的獨立電影公司中，排名前六名的公司要占據 15.7% 的市場份額，這 12 家公司之外的衆多更小的公司只能去争奪剩下的 3.8% 的份額。美國電影產業處於不完全競争（壟斷競争）的狀態，好萊塢占據主導地位的是六大公司，它們都是實行了制片、發行和放映垂直整合的壟斷企業，其突出競争優勢是具有强大的發行能力，所以被稱爲六大發行商。在不完全競爭市場上，美國政府會動用包括貿易政策在内的多種政治經濟手段不遺餘力地支持其電影的世界性傳播。

3. 需求偏好相似說（Theory of Demand Preference Similarity）

瑞典經濟學家林德（S. B. Linder）提出了偏好相似理論。偏好相似理論主要從需求的角度分析國際貿易的原因，認爲產業内貿易是由需求偏好相似導致的。林德認爲，影響一國的需求結構的主要因素是人均收入。人均收入越相似的國家，其消費偏好和需求結構越相近。如果兩國人均收入水平相近，則需求偏好就相似，相互需求就越大，兩國之間貿易的可能性也越大；如果兩國之間人均收入水平有較大差異，那麼需求偏好也會產生差異，兩國之間的貿易可能性就小。

第三節　新新國際貿易理論

繼新國際貿易理論之後，21世紀國際貿易理論的最新進展主要體現爲異質企業貿易模型（trade models with heterogeneous firms，簡稱HFFM）和企業内生邊界模型（endogenous boundary model of the firm）在國際貿易中的廣泛使用。目前，國際學界對貿易模式和貿易流量的解釋，已經日漸進入到企業層次的微觀研究，這些研究將原來的CES偏好假設放鬆爲異質企業的假設，並且運用企業層面數據展開實證分析。這些理論也被稱爲新新國際貿易理論。

一、新新國際貿易理論的分支

（一）異質企業貿易模型

哈佛大學教授梅里兹（Marc Melitz，2003）提出異質企業貿易模型來解釋國際貿易中企業的差異和出口決策行爲。該理論模型以Hopenhayn（1992）一般均衡框架下的壟斷競爭動態產業模型爲基礎，並擴展了Krugman（1980）的貿易模型，同時引入企業生產率差異。在同一產業内部，不同企業擁有不同的生產率非常普遍，不同企業在進入該產業時面臨不可撤銷投資的初始不確定性也各不相同，進入出口市場也是有成本的，企業在瞭解生產率狀況之後才會做出出口決策。Melitz的研究結果顯示貿易能夠引發生產率較高的企業進入出口市場，而生產率較低的企業只能繼續爲本土市場生產甚至退出市場。國際貿易進一步使得資源重新配置，流向生產率較高的企業。產業的總體生產率由於資源的重新配置獲得了提高，這種類型的福利是以前的貿易理論沒有解釋過的貿易利得。一個產業部門的貿易開放將會提高工資和其他要素價格，驅使生產率最低的企業被迫退出市場。生產率最高的企業將能夠承擔海外行銷的固定成本並開始出口，生產率居於中游的企業將繼續爲本土市場生產。利益分配將有利於那些生產率較高的企業，因爲這些企業既爲本土市場生產也爲出口市場生產，而生產率最低的企業已經退出市場，其結果是整個產業的生產率因爲國際貿易而得到提升。當削減關稅、降低運輸成本或增加出口市場規模時，整個產業的生產率也會得到相應提高，這些貿易措施都將提高本土和出口市場銷售的平均生產率。

(二) 企業內生邊界模型

　　Antras 結合交易成本理論和產權理論，提出了企業內生邊界模型，用來解釋企業在進入國際市場時選擇的方式。該理論的跨國公司產權模型中，假設貿易是無成本的，國與國之間的要素價格不存在差別，均衡時會出現跨國公司，其公司內貿易與目前國際貿易的現狀相吻合。Antras（2003）在文中揭示了兩種公司內貿易的類型，在產業數據分析中，公司內進口占美國進口總額的比重非常高，而出口產業的資本密集度更高；在國家數據分析中，公司內進口占美國進口總額的比重非常高，出口國家的資本－勞動比例更高。Antras 模型界定了跨國公司的邊界和生產的國際定位，並能夠預測企業內貿易的類型。計量檢驗表明該模型與數據的質和量的特徵相一致。

　　通過對美國進口行業的實證分析發現，公司內部進口占美國進口的比例很大，出口企業往往有着較高的資本和技術密集度且在國際貿易中有着獨特的技術或組織優勢。而對美國出口行業的調查發現，企業內出口占美國出口的比例也很龐大，美國出口企業的資本技術密集度相比進口企業而言更高。這表明企業的異質性（資本、技術和契約制度）在企業國際化過程決策中發揮着重要作用。實際上，出口企業尤其是跨國公司採用企業邊界內貿易的重要原因還是在於降低市場交易成本。當然也可以認爲是出於保持技術或管理優勢的壟斷或規避風險和管制需要。

二、新新貿易理論的貿易基礎和貿易利益

　　新新貿易理論認爲，由於企業的異質性存在，貿易會導致市場份額在產業內企業間的重新配置，市場份額向高生產率企業靠近，而那些最低生產率的企業被迫退出，從而提高行業生產率，使得那些在封閉經濟中本可以繼續生產的企業被迫退出市場。

　　因爲貿易會導致市場份額在產業內企業間的重新配置進而可以提高行業生產率，所以它可以提高社會福利水平，即使可能導致國內企業的減少，但也不影響國內消費者的福利，因爲國外市場可以提供價格更低且種類更豐富的產品。

三、新新貿易理論的政策意義

　　首先，根據新新貿易理論，貿易或自由貿易可以提高行業生產率水平和社會福利
　　其次，新新貿易理論還指出，在不提高單個企業生產率水平的情況下，一國仍然可以通過貿易和開放來提高一個產業甚至全國的生產率水平。

四、國際貿易理論的比較

表 2-5　　　　　　　　　國際貿易理論比較概述

	傳統貿易理論	當代貿易理論（新貿易理論）	新新貿易理論
基本假設	同質企業、同質產品、完全競爭市場、無規模經濟	同質企業、產品差異化、不完全競爭市場、規模經濟	企業異質性、產品差異、不完全競爭市場、規模經濟
主要結論	貿易是按照比較優勢和資源稟賦差異進行的；解釋了產業間貿易的情況	市場結構差異和規模經濟存在以及產品差異化擴大了貿易；解釋了產業間貿易的情況	企業的異質性導致企業的不同貿易決策選擇；主要解釋公司內貿易和產業間貿易，也解釋了產品間貿易
對現實的解釋力	傳統貿易理論解釋了不同國家之間依據比較優勢（即產品機會成本的差異）的商品流動，生產率差異（"李嘉圖"比較優勢）或跨產業的要素密集度差異與跨國家的要素豐裕度的結合（"赫克歇爾-俄林"比較優勢）是比較優勢產生的原因	新貿易理論認爲福利收益產生於消費者能夠消費範圍更廣的多樣性產品。克魯格曼將傳統貿易理論與新貿易理論進行了整合，將水平產品差異性和規模收益遞增納入以要素稟賦爲特徵的比較優勢模型中	新新貿易理論對傳統貿易理論和新貿易理論提出了挑戰，其主要關註了國際貿易與微觀企業生產率之間的關係，基本結論是出口企業比不出口企業有更高的生產率

第三章　國際貿易政策

第一節　國際貿易政策的概述

一、國際貿易政策的含義、目的及構成

國際貿易政策是一定時期內一國政府在其社會經濟發展目標引導下，對進出口貿易進行管理和調節的經濟、法律和行政行爲。它是一國總經濟政策的重要內容，是爲一國經濟和政治總政策服務的。

各國的國際貿易政策因其經濟體制、經濟發展及本國產品的競爭能力而有所不同，同時隨著其經濟實力的變化而不斷調整。雖然如此，但是各國制定國際貿易政策的目的是大致相同的，歸納起來主要有兩點：

第一，促進本國經濟發展與穩定。具體包括保護本國市場，防止外國產品的傾銷；開拓國外市場，促進本國產品的出口；引進國外先進技術，管理方法、資本等，提高生產力；獲得規模經濟效應；促進本國的生產和產業結構的完善，提高企業的競爭力，實現利潤最大化。

第二，維護本國對外經濟關係，改善政治環境。一國選擇國際貿易政策必須考慮其所在的世界貿易體制，所參與的經濟組織的各項決議和貿易夥伴之間的經濟和政治關係。

國際貿易政策的構成一般包括了以下內容：

1. 對外貿易總政策

對外貿易總政策是一國在一個較長的時期內，根據本國國民經濟的情況和在世界經濟環境中的地位而制定實施的政策。例如，中國近年來實施傾向於開放型的公平和保護的對外貿易總政策。這成爲中國整個對外貿易政策的基本立足點。美國由於2008年金融危機的影響，其對外貿易總政策也從自由貿易向公平貿易轉變。

2. 進出口商品政策

進口商品政策是一國在對外貿易總政策的指導下，根據國內產業結構和產品的供求狀況而制定的政策。具體表現爲關稅稅率、課稅手續、配額制度等方面的差異。例如，中國在2012—2013年對稀土出口實施嚴格的配額制度以限制該類自然資源的流失和減少其無度開採帶來的環境壓力。但是中國對於其他出口產品（例如汽車）則實施截然不同的做法，允許並鼓勵其較多的出口。

3. 國別對外貿易政策

國別對外貿易政策是一國在對外貿易總政策的指導下，根據對外政治和經濟關係

的需要制定的國別和地區政策。中國在對外貿易方面根據所締結或者參加的國際條約和協定而實施的主要國別政策包括了最惠國待遇和國民待遇。

二、國際貿易政策的類型

1. 自由貿易政策

自由貿易政策是指國家不直接干預進出口貿易活動，讓商品和生產要素在國家之間自由流動，在市場上自由競爭。實施的具體方法包括：國家取消對進出口貿易的限制和障礙，取消各種特權和政策等。自由貿易政策是一個相對的概念，迄今為止沒有一個國家實施完全的自由貿易政策。但一般情況下，經濟實力強大、經濟發展迅速、貿易競爭力強的國家傾向於採用自由貿易政策。

2. 貿易保護政策

貿易保護政策是指國家利用各種限制進口的措施以保護國內市場免受外國的競爭，並且對本國的出口給予各種優惠和補貼。通常經濟處於不發達或者衰退時期的國家傾向於採用貿易保護政策。例如在歷史上，每當出現經濟危機或者經濟發展緩慢的時候（20世紀70年代兩次經濟危機），美國就傾向於採用貿易保護政策。

3. 公平貿易政策

公平貿易政策是指國家遵守國際貿易規則，相互提供互惠對等的貿易待遇，並對外國不公平的貿易行為（主要指傾銷和補貼）予以相應的制裁與報復。公平貿易政策的根本目的是為了促進自由貿易和市場開放，但目前其被濫用已被認為是一種貿易保護的行為。發達國家傾向於採用公平貿易政策，而發展中國家也認識到公平貿易政策的意義，運用公平貿易政策維護本國的合法權益。

三、國際貿易政策的制定與執行

(一) 國際貿易政策的制定

一國的立法機構負責制定和修改該國的國際貿易政策。這里國際貿易政策包括了較長時期的對外貿易總政策，也包括一些具體的措施以及行政機關的特定權限。中國的人民代表大會擁有立法權，可以制定和修改中國的對外貿易政策。國務院及其對外經濟貿易部是國際貿易具體措施制定的主要機構。除此外，各省、市、自治區的對外經濟貿易局也是重要的國際貿易政策行政管理機構。

(二) 國際貿易政策的執行

國家通過對外貿易立法來執行其所制定的國際貿易政策。例如《中華人民共和國對外貿易法》在1994年5月12日第八屆全國人民代表大會常務委員會第七次會議通過，於2004年進行修改並實施。該法律主要包括了第一章總則，主要規定了中國進行對外貿易所遵循的基本原則；第二章規定了對外貿易經營者主體的範圍和其基本權利義務；第三和第四章規定了貨物和技術進出口貿易，國際服務貿易；第五章規定了與對外貿易有關的知識產權保護，其目的主要是為了執行世界貿易組織的有關規定以及與世界其他國家的制度進行接軌；第六到八章規定了對外貿易秩序、調查和救濟；第九章規定了各種促進對外貿易的具體措施；第十章規定了違反對外貿易法的法律責任。

第二節　進口保護政策

國際貿易的進口保護政策可以分爲關稅和非關稅保護政策。下面介紹進口保護政策的具體內容。

一、關稅

(一) 關稅的含義和種類

關稅（Customs Duties or Tariff）是指一國的海關對經過本國關境的進出口商品徵收的稅。關稅是國家稅收中的一種，除了和其他稅收一樣具有強制性、無償性和法定性之外，還具有以下特點：①關稅的徵稅對象是進出關境的貨物和物品，即國內生產並銷售的商品不徵收關稅。②徵稅主體是一國海關。海關根據本國法律的規定，監督和管理進出關境的貨物、金銀等並徵收相應的關稅。③關稅的目的不僅包括增加本國財政收入，還可能包括保護國內產業和市場。以前者爲目的徵收的關稅也稱爲財政關稅，以後者爲目的徵收的關稅稱爲保護關稅。

徵收關稅的形式有很多，按照不同標準可以分爲以下幾類：

1. 根據商品流向分類

（1）進口關稅

進口關稅（Import Duty/Import Tax）是指一國海關對進入一國關境的進口商品徵收的稅收，也稱爲正常關稅或進口正稅。進口稅就是保護關稅的主要形式。一般所說的關稅壁壘就是指進口稅稅率設置過高，以提高進口產品的成本，削減該產品的競爭力，達到限制進口的目的。但是現在由於國家之間簽訂的各種單邊或者多邊條約，關稅壁壘的運用受到很大的制約。目前進口稅的稅率一般可以分爲四種：

第一，最惠國稅率。該稅率是指簽訂具有最惠國待遇貿易協定國家所執行的稅率。最惠國待遇（Most-favored-nation Treatment，簡稱 MFNT）是指締約國雙方承諾現在和將來給予第三國的貿易優惠或特權，同樣給予締約對方。該待遇體現在關稅上就是最惠國稅率。中國的最惠國稅率適用於三類產品：原產世界貿易組織成員國或地區的進口貨物；原產於與我國簽訂有相互給予最惠國待遇條款的雙邊貿易協定的國家或地區的進口貨物；原產於中國境內的進口貨物。

第二，特定優惠稅率。特定優惠關稅也稱爲特惠稅，是針對特定國家的進口產品所徵收的排他性的優惠關稅。目前中國的特惠稅率主要運用於來自 40 個聯合國認定爲最不發達的國家（例如埃塞俄比亞、緬甸和柬埔寨等）的部分進口產品。

第三，普惠制（Generalized System of Preferences，簡稱 GSP）稅率。這種稅率主要是發達國家對於進口原產於發展中國家的部分產品給予的優惠稅率。它並不是互惠的，而是單向的。一般是基於最惠國稅率的一定百分比進行徵收。中國是發展中國家，屬於普惠制的受惠國。但是隨著中國國際貿易實力的增強，有的發達國家已經開始取消中國享有普惠制的待遇。例如加拿大就計劃在 2014 年把中國從普惠制受惠國的名單中剔除。

第四，普通稅率，也稱爲一般稅率。主要是針對那些來自於沒有和本國簽訂任何經濟互惠的協議的國家的進口產品。

以日本限制外國農產品進口爲例，日本採取高關稅、浮動關稅、差額關稅和特惠關稅等措施對農產品進口進行調節。以大米爲例，日本大米進口量只占日本市場的 5%，進口關稅一度高達 490%。

（2）出口關稅

出口關稅是指一國海關對本國產品輸往國外時對其徵收的稅收。目前大多數國家絕大多數產品是不徵收出口稅的。但是也有例外，譬如中國目前就稀土及其相關產品的出口徵收出口稅，並且有不斷提高的趨勢。

（3）過境關稅

過境關稅，也稱爲通過關稅或轉口關稅，是一國海關對經過本國關境再轉運國外的商品徵收的稅收。目前大多數國家對過境貨物不徵收過境關稅，只徵收少量的手續費用。

2. 根據常規和臨時劃分

（1）法定關稅

法定關稅是指關稅相關法律規定的進出口商品的關稅稅率。

（2）臨時附加關稅

臨時附加稅是指海關除了法定關稅以外，對進出口商品還額外加徵的關稅。這種關稅往往是臨時的，達到預期目的之後就會撤銷。通常，臨時附加關稅是針對進口產品的。進口附加稅是限制商品進口的重要手段，主要有以下兩大類別：

第一種是反傾銷稅（Anti-dumping Duties）。它是指一國政府對實行傾銷的進口貨物所徵收的一種臨時的進口附加稅。傾銷在國際貿易中是比較常見的，指的是一國的出口企業以一個低於正常價格（一般是指本國市場同類產品的價格）向另外一國銷售的行爲。傾銷的目的往往是爲了開拓國際市場，打擊競爭對手。而受到傾銷侵害的進口國家爲了保護其國內相同產品的產業，對傾銷商品徵收反傾銷稅予以報復。

根據世界貿易組織的《反傾銷協議》的規定，進口國使用反傾銷稅必須滿足三個條件：傾銷、損害、傾銷和損害之間的因果關係。只有滿足這三個條件，進口國才能採取反傾銷措施。商品傾銷存在的判定具體來說，是看這一產品的價格是否符合以下任何一個條件：低於相同產品在出口國正常情況下用於國內消費時的可比價格；或如果沒有這種國內價格，則低於：a. 相同產品在正常貿易情況下向第三國出口的最高可比價格；或 b. 產品在原產國的生產成本加上合理的管理費、銷售費等費用和利潤。如果符合其中任何一個條件，則傾銷存在，否則不算傾銷。而確定傾銷對進口國國內工業的損害要從三方面來認定：產品在進口國數量的相對和絕對增長；產品價格對國內相似產品價格的影響；對產業的潛在威脅和對建立新產業的阻礙。

第二種是反補貼稅（Countervailing Duties），也稱爲反津貼稅、抵消稅等。它是指進口國爲了抵消某種進口商品接受的直接或者間接的補貼而徵收的一種進口附加稅。補貼就是出口國爲了鼓勵本國商品的出口，增加其國際經濟競爭力而對出口商品提供的財政資助、稅收優惠等幫助。徵收反補貼稅的目的就是為了削弱進口商品的競爭力，提高其價格，抵消其所享有的補貼金額。根據世界貿易組織的《補貼與反補貼措施協議》的規定，不是所有的補貼都是禁止性補貼或者可訴補貼。有一些補貼，例如研究和開發補貼、貧困地區補貼、環保補貼等，都是屬於不可訴補貼。

要實施反補貼稅，政府必須提供足夠的證據來證明：補貼確定存在；同類或相同產業已受到實質損害；補貼與損害間存在因果關係。只有滿足了這三個條件，進口國政府才可以對出口補貼採取反補貼措施，即向受到補貼的進口產品徵收反補貼稅。這種反補貼稅的總額不超過進口產品在原產地直接或間接得到的補貼。

目前隨著關稅壁壘發揮的作用越來越弱，各國越來越傾向於利用反傾銷稅和反補貼稅來對進口產品進行傾銷或者補貼的調查，徵收高額的反傾銷或反補貼稅來限制進口。反傾銷稅和反補貼稅也是實施公平貿易政策的重要手段。

(二) 關稅的徵收

一國的海關根據關稅稅則徵收關稅。關稅的徵收方法有以下幾種：

1. 從量稅

從量稅是指以課稅對象的計量單位作為標準計稅的關稅。這裡的計量單位可以包括重量、數量、長度、容量和面積等。

從量關稅的計算公式是：關稅稅額＝商品計量單位數×從量關稅稅率

從量稅的計算公式是從量稅手續簡單，計算方便，可以有效防止偷漏稅，但是稅率缺乏靈活性，沒有辦法隨著物價的變動而變化。這一局限性使二戰之後很多國家都放棄了完全按照從量計稅方法徵收關稅。

2. 從價稅

從價稅是指以課稅對象的價值作為徵收標準的關稅，具體表現為從價稅的稅率是貨物價格的百分比。

從價關稅的計算公式是：關稅稅額＝商品價格×從價關稅稅率

從價稅的稅負比較合理，能夠隨著物價的變化而變化，適用範圍廣，但是手續比較複雜，增加海關的工作負擔。

3. 複合稅

複合稅是指在徵收關稅的同時適用從量和從價兩種計稅方法。複合稅可以結合從量關稅和從價關稅的優點，根據物價的具體情況進行調整，但是徵收成本比較高，手續繁雜。

二、非關稅壁壘

(一) 非關稅壁壘的含義和產生

非關稅壁壘（Non-tariff Barriers，簡稱 NTBs）是指一國政府採用了除關稅以外的限制進出口的措施。隨著關稅稅率的下降，關稅壁壘在限制國際貿易的作用越來越弱，許多國家開始從非關稅壁壘方面入手以限制進口、保護國內市場。

非關稅壁壘是在 20 世紀 30 年代才快速發展起來的。那時由於發生了 1929—1933

年的經濟危機，各國普遍實行超貿易保護政策，在紛紛提高關稅的同時，也採用了限制進口數量等方式的非關稅壁壘。隨著關稅與貿易總協定的談判，關稅壁壘不斷下降。於是在20世紀70年代世界經濟危機爆發時，各國主要轉向以非關稅壁壘作爲主要手段來實施新貿易保護政策。

非關稅壁壘具有靈活性、有效性、隱蔽性和歧視性的特點，其主要目的是爲了加強本國產品的競爭、保護國內市場以及保護環境和國民健康。首先，非關稅壁壘具有靈活性。各國關稅稅率的制定必須通過立法程序，並要求具有一定的連續性；稅率的調整直接受到世界貿易組織的約束，而制定和實施非關稅壁壘措施通常採用行政手段，達到限制進口的目的。其次，與關稅壁壘相比，非關稅壁壘更加有效。關稅壁壘的實施旨在通過徵收高額關稅提高進口商品的成本，它對商品進口的限制是相對的。而有些非關稅壁壘對進口的限制是絕對的，比如用進口配額等預先規定進口的數量和金額，超過限額就禁止進口。再次，非關稅壁壘具有隱蔽性。關稅稅率必須在《海關稅則》中公布，毫無隱蔽性可言。非關稅壁壘則完全不同，其措施往往不公開，或者規定極爲煩瑣複雜的標準和手續，使出口商難以對付和適應。最後，非關稅壁壘具有歧視性：因爲一國只有一部關稅稅則，因而關稅壁壘像堤壩一樣限制了所有國家的進出口。而非關稅壁壘可以針對某個國家或某種商品相應制定，因而更具歧視性。

(二) 傳統的非關稅壁壘

1. 配額

配額（quotas）是指一國政府在一定時間內對某些進出口商品的數量或金額進行直接限制。配額可以分進口配額和"自願"出口配額。而進口配額又有絕對配額和關稅配額兩種類型。

（1）絕對配額

絕對配額（absolute quotas）是指一定時期內，對某些進口商品規定一個最高的數量或最高金額，達到這個限額後，便不準進口。絕對配額有兩種實施的方式：一是在全世界範圍內的絕對配額，也稱爲全球配額。這種配額是不區分國別或地區，由進口商競爭配額的數量。二是按照國別或者地區分配給固定的配額，也稱爲國別配額。這種配額則有很強的選擇性和歧視性。可以是由進口國單方面強制規定配額數量，也可以是由進出口國雙方達成協議來確定配額的。

（2）關稅配額

關稅配額（tariff quotas）是指在一定時期內，對規定配額內的進口商品採取免稅或者低稅待遇，對於超過配額的進口商品採取高關稅、進口附加稅或罰款。關稅配額並沒有對商品進口數量做直接限制，但將徵收關稅和配額相結合來限制進口。

（3）自願出口配額

自願出口配額（voluntary export quotas），也稱爲自動出口配額，指的是出口國在進口國的要求和壓力下，自願對出口到該國的商品進行出口限制。自願配額與前面兩種不同之處有：配額的控制是由出口國掌握；獲得配額的企業往往是出口國國內的幾個或一個大出口商；"自願"出口配額的時間往往比進口配額的時間要長。例如，1975

年，日本就曾經"自願"把向西歐出口的鋼材限制在120萬噸以內。

2. 輸入許可證

輸入許可證（import license）是指進口國家規定某些商品要進入關境必須要申領許可證，否則一律不準進口。這是進口國採用的行政管理手續，它要求進口商向有關行政管理機構呈交申請書或其他文件，作爲貨物進口至海關邊境的先決條件。即進口商在進口商品時必須憑申請到的進口許可證進行，否則一律不予進口的貿易管理制度。見圖3-1所示：

中华人民共和国进口许可证

IIMPORT LICENCE OF THE PEOPLE'S REPUBLIC OF CHINA

No.

1. 进口商 Importer	3. 进口许可证号 Import licence No.			
2. 进口用户 Consignee	4. 进口许可证有效截止日期 Import licence expiry date			
5. 贸易方式 Terms of trade	8. 出口国（地区） Country/region of exportation			
6. 外汇来源 Terms of foreign exchange	9. 原产地国（地区） Country/Region of origin			
7. 报关口岸 Place of clearance	10. 商品用途 Use of goods			
11. 商品名称 Description of goods	商品编码（H.S.） Code of goods		设备状态 Status of	
12. 规格、型号 Specification	13. 单位 Unit	14. 数量 Quantity	15. 单价（ ） Unit Price	16. 总值（ ） Amount	17. 总值折美元 Amount in USD
18. 总计 Total					
19. 备注 Supplementary details	20. 进口用户所在地区(部门)意见:(签章) Issuing authority's stamp & signature				
	21. 发证日期 License date				

对外贸易经济合作部监制

圖3-1 中華人民共和國進口許可證

國際商務

　　進口許可證可以分爲兩種：第一種是與配額相結合，稱爲有定額的進口許可證。進口國預先規定了商品的進口數量或金額，在配額範圍內發給進口商進口許可證，超出配額則停止發放許可證。第二種不與配額相結合，只是由進口國主管部門掌握許可證的發放，也稱爲無定額的進口許可證。此類許可證隱蔽性更強，不利於國際貿易自由。例如，2007年阿根廷就曾經對來自中國的針織衫、毛衫產品實施進口許可證措施，以達到控制中國產品數量的目的。

　　按許可證有無限制，進口許可證可分爲公開一般許可證和特種進口許可證。第一是公開一般許可證（open general licence）。它對進口國別或地區沒有限制，凡列明屬於公開一般許可證的商品，進口商只要填寫此證，即可獲準進口。第二是特種進口許可證（specific licence）。進口商必須向政府有關當局提出申請，經政府有關當局逐筆審查批準後才能進口。

　　根據進口許可證和進口配額的關係，進口許可證可分爲有定額的進口許可證和無定額的進口許可證。有定額的進口許可證是指即先規定有關商品的配額，然後在配額的限度內根據商人申請發放許可證。無定額的進口許可證是根據臨時的政治的或經濟的需要發放。

　　根據是否自動適用，進口許可證分爲自動許可證和非自動許可證。自動許可證不限制商品進口，設立的目的也不是對付外來競爭，它的主要作用是進行進口統計。非自動許可證是須經主管行政當局個案審批才能取得的進口許可證，主要適用於需要嚴格控制數量和質量的商品。非自動許可證的具體作用有：管制配額項下商品的進口；連接外匯管制的進口管制；連接技術或衛生檢疫管制的進口管制。只有取得配額、取得外匯或者通過技術檢查和衛生檢疫，才能取得許可。

　　3. 外匯管制

　　外匯管制（foreign exchange control），也稱爲外匯管理，指的是一國政府通過法令限制國際結算和外匯買賣，從而平衡國際收支和維持本國貨幣的匯率的一種制度。在外匯管制之下，出口商必須按照進口國的官方匯率將其出口所得外匯收入結售給外匯管理機構，而進口商也必須按照官方匯率向外匯管理機構申請進口用匯。

　　外匯管制的機構一般由政府授權財政部、中央銀行或另外成立專門機構作爲執行外匯管制的機構。如1939年英國實施外匯管制後指定英國財政部爲決定外匯政策的權力機構，英格蘭銀行代表財政部執行外匯管制的具體措施。

　　外匯管制的對象分爲對人和對物兩種。對人包括對法人和自然人。根據法人和自然人在外匯管制國家內外的不同劃分爲居民和非居民。對居民和非居民的外匯管制待遇不同。由於居民的外匯支出涉及居住國的國際收支問題，故管制較嚴；對非居民的管制則較寬。對物的管制主要涉及國際支付手段如貨幣、鑄幣、黃金、有價證券和票據等。

　　實施外匯管制的作用是防止資本外逃；維持匯率穩定；維護本幣在國內的統一市場不受投機影響；便於實行貿易上的差別待遇；保護民族工業；有利於國計民生；提高貨幣幣值，穩定物價。

4. 進口押金制

進口押金（advanced deposit）制也稱為進口存款制，進口商在進口商品時，必須預先按進口金額的一定比率，在規定的時間裡在指定的銀行無息存儲一筆現金 。這種制度主要為了加重進口商的負擔，影響其資金流轉，達到限制進口的目的。例如，義大利政府從 1974 年 5 月 7 日到 1975 年 3 月 24 日，曾對 400 多種進口商品實行進口押金制度。政府規定，凡項下商品進口，無論來自哪一個國家，進口商必須先向中央銀行交納相當於進口貨值半數的現款押金，無息凍結 6 個月。據估計，這項措施相當於徵收 5%以上的進口附加稅。又如，巴西政府曾經規定，進口商必須先交納與合同金額相等的為期 360 天的存款才能進口。

5. 進口最低限價

最低限價（minimum price）制，是指一國政府規定某種進口商品的最低價格。如果進口商品低於此價格，就必須加徵進口附加稅或禁止其進口。例如，美國在 1977 年就曾經啓動過最低限價制，對進口到其國內的鋼材及部分鋼製品進行限價。

6. 政府採購歧視

20 世紀 80 年代大蕭條後，在凱恩斯宏觀經濟思想的影響下，各國政府在經濟中的影響與作用都變得非常重要。政府採購已成為一國消費的重要組成部分，而成為影響國際貿易的因素之一或用來進行貿易保護的政策工具之一。政府採購歧視是指一國政府在採購商品時候優先購買本國商品。這種方式可以表現在法律法規之中，也可以體現在政府的慣例中。實際上，這種做法是歧視外國進口商品，達到限制進口的目的。具體做法包括：①優先購買本國產品與服務；②強調產品與服務中的國產化程度；③偏向國內企業的招標；④直接授標。美國 1993 年的《購買美國貨物法案》就是典型的政府採購歧視的例子。

7. 海關程序

海關程序就是指進口貨物通過海關的程序，具體包括了申報、徵稅、查驗及放行四個環節。不少國家為了保護本國市場，打擊進口商品，從而濫用海關程序達到限制進口的目的。海關可以對申報的表格或者單證（例如商業發票、原產地證書、保險單等）提出嚴格的要求；將商品從低稅率的稅目歸入高稅率的稅目之下；通過任意估價提高進口商品的稅收；以及在商品查驗上拖延時間等。這些做法都能夠達到限制進口的目的。

(三) 新興的非關稅壁壘

1. 技術性貿易壁壘

技術性貿易壁壘（Technical Barriers to Trade，TBT）是指一國政府為了國家安全、國民健康、動植物的健康、保護環境或者防止欺詐行為等目的而對進口商品設置技術法規、衛生檢疫、合格評定標準等。這種壁壘一般是體現在法律法規之中，涉及的範圍非常廣泛，形式複雜多樣，不易分辨是否正當。在 20 世紀 90 年代後技術性貿易壁壘已經稱為最主要的非關稅壁壘之一。在 2008 年美國金融危機和 2011 年歐洲主權國家債務危機的影響下，中國的出口承受巨大壓力。根據國家質檢總局統計，2011 年中國因爲技術性貿易措施被國外扣留、銷毀、退貨的直接損失達 622.6 億美元，同比增加 40.2 億美元。

2. 綠色貿易壁壘

綠色貿易壁壘（Green Barriers to Trade，GBT）是指一國政府爲了保護人類、動物或植物的安全或健康，對進出口的農、畜、水產品採取的衛生措施。一般來說，綠色貿易壁壘的表現形式包括技術標準、環境標誌、包裝要求、衛生檢疫制度等。例如美國規定凡是在美國銷售的魚類都必須有來自美方的無污染證明，否則不能出售。

3. 藍色貿易壁壘

藍色貿易壁壘（Blue Barriers）是指一國爲了保護本國勞動者的勞動環境和生存權利而採取的貿易保護措施，具體涉及勞動者的待遇、勞工權利、勞工標準等。藍色貿易壁壘最核心的內容就是 SA8000 標準，也稱爲社會責任標準。SA8000 標準在強迫性勞動、組織工會、工作時間、工資、健康和安全方面都制定了最低要求。進口國通常對違反 SA8000 標準或者其他勞工標準的國家進口產品徵收附加稅或者禁止進口。

第三節　出口鼓勵政策

國家除了利用各種關稅和非關稅壁壘限制進口以外，還採取各種各樣鼓勵出口的措施來擴大本國產品的出口。兩類措施是相輔相成的，都是爲了同一個目的：保護本國產業。鼓勵出口的政策有很多，具體表現爲以下幾種方式：

一、出口信貸

（一）概念

出口信貸（Export Credit）是一國銀行應政府的要求，對本國出口商或者外國進口商提供優惠利率的貸款以鼓勵商品的出口，加強商品的國際競爭力。通常將 1-5 年期限的出口信貸列爲中期，將 5 年以上者列爲長期。中、長期出口信貸大多用於金額大、生產週期長的資本貨物，主要包括機器、船舶、飛機、成套設備等。出口國官方機構、商業銀行爲支持該國出口向該國出口商提供的信貸不屬於國際出口信貸範圍。

在國際貿易中出口信貸是壟斷資本爭奪市場、擴大出口的一種手段。第二次世界大戰後，出口信貸發展迅速。20 世紀 70 年代初，主要資本主義國家提供的出口信貸約爲 110 億美元，到 70 年代末已增至 320 億美元以上。其產品的國際貿易額增長得也最爲迅速。例如，1955—1971 年國際貿易總額約增長 2 倍，而機器設備的貿易則增長 34 倍以上。生產和貿易的迅速增長，要求資金融通規模也相應擴大，而市場問題的尖銳化更促使主要資本主義國家加緊利用出口信貸來提高自己的競爭能力。機器設備的國際貿易，除了在發達資本主義國家之間有了很大增長外，發展中國家以及前蘇聯、東歐國家也是機器設備的大買主，它們也都有增加利用出口信貸的需要。因此出口信貸在戰後國際貿易中的作用大爲提高。

（二）出口信貸的種類

1. 賣方信貸（Supplier's Credit）

賣方信貸是出口方銀行給本國出口商提供的貸款。其方式是由出口商向國外進口商提供的一種延期付款的信貸方式。一般做法是在簽訂出口合同後，進口方支付5%～10%的定金，在分批交貨、驗收和保證期滿時再分期付給10%～15%的貨款，其餘的75%～85%的貨款，則由出口廠商在設備製造或交貨期間向出口方銀行取得中、長期貸款，以便周轉。在進口商按合同規定的延期付款時間付訖餘款和利息時，出口廠商再向出口方銀行償還所借款項和應付的利息。所以，賣方信貸實際上是出口廠商由出口方銀行取得中、長期貸款後，再向進口方提供的一種商業信用。

出口賣方信貸的特點是：第一，相對於打包放款、出口押匯、票據貼現等貿易融資方式，出口賣方信貸主要用於解決該國出口商延期付款銷售大型設備或承包國外工程項目所面臨的資金周轉困難，是一種中長期貸款，通常貸款金額大，貸款期限長。如中國進出口銀行發放的出口賣方信貸，根據項目不同，貸款期限可長達10年。第二，出口賣方信貸的利率一般比較優惠。一國利用政府資金進行利息補貼，可以改善該國出口信貸條件，擴大該國產品的出口，增強該國出口商的國際市場競爭力，進而帶動該國經濟增長。所以，出口信貸的利率水平一般低於相同條件下資金貸放市場利率，利差由出口國政府補貼。第三，出口賣方信貸的發放與出口信貸保險相結合。由於出口信貸貸款期限長、金額大，發放銀行面臨着較大的風險，所以一國政府爲了鼓勵該國銀行或其他金融機構發放出口信貸貸款，一般都設有國家信貸保險機構，對銀行發放的出口信貸給予擔保，或對出口商履行合同所面臨的商業風險和國家風險予以承保。

2. 買方信貸（Buyer's Credit）

買方信貸是指出口方銀行對外國進口商或者進口商銀行提供的貸款。但是這類貸款一般都有附加條件，就是必須購買債權國的產品。1994年7月中國正式成立了中國進出口銀行，其基本的任務就是提供出口信貸，改善中國出口商品結構，促進商品升級。出口買方信貸主要有兩種形式：一是出口商銀行將貸款發放給進口商銀行，再由進口商銀行轉貸給進口商；二是由出口商銀行直接貸款給進口商，由進口商銀行出具擔保。貸款幣種爲美元或經銀行同意的其他貨幣。貸款金額不超過貿易合同金額的80%～85%。貸款期限根據實際情況而定，一般不超過10年。

買方信貸具體的方式是：出口方銀行直接向進口商提供的貸款，而出口商與進口商所簽訂的成交合同中則規定爲即期付款方式。出口方銀行根據合同規定，憑出口商提供的交貨單據，將貨款付給出口商。同時記入進口商價款帳戶內，然後由進口方按照與銀行訂立的交款時間，陸續將所借款項償還出口方銀行，並付給利息。所以，買方信貸實際上是一種銀行信用。

3. 混合信貸（Mixed Loan）

混合信貸是出口國銀行發放賣方信貸或買方信貸的同時，從政府預算中提出一筆資金，作爲政府貸款或給予部分贈款，連同賣方信貸或買方信貸一並發放。由於政府貸款收取的利率比一般出口信貸要低，這更有利於出口國設備的出口。賣方信貸或買方信貸與政府信貸或贈款混合貸放的方式，構成了混合信貸。

西方發達國家提供的混合信貸的形式大致有兩種。一是對一個項目的融資，同時提供一定比例的政府貸款（或贈款）和一定比例的買方信貸（或賣方信貸）。二是對一個項目融資，將一定比例的政府信貸（或贈款）和一定比例的買方信貸（或賣方信貸）混合在一起，然後根據贈予成分的比例計算出一個混合利率。如英國的ATP方式。

4. 福費廷（Forfaiting）

福費廷是指在延期付款的大型設備貿易中，出口商把經進口商承兌的、期限在半年以上到五六年的遠期匯票無追索權地售予出口商所在地的銀行，提前取得現款的一種資金融通形式，它是出口信貸的一個類型。

福費廷業務的主要內容是：①出口商與進口商在洽談設備、資本貨物的貿易時，若要使用福費廷，應該先行與其所在地銀行約定。②進出口商簽訂貿易合同言明使用福費廷，進口商提供擔保。③進出口商簽訂合同。④出口商發運貨物後，將全套貨運單據通過銀行的正常途徑寄給進口商以換取進口商銀行承兌的付有銀行擔保的匯票。⑤進口商將經承兌的匯票寄交出口商。⑥出口商取得經進口商銀行的附有銀行擔保的匯票後，按照事先的約定，出售給出口地銀行，辦理貼現手續。

二、出口信用保險

出口信用保險（Export Credit Guarantee），也稱為出口信貸國家擔保，指的是一國為了擴大出口，為本國出口商或商業銀行向國外進口商或銀行提供的信貸，由國家政府設立的機構出面擔保。這屬於國家政策性保險，不以盈利為目的，而是國家替出口商承擔風險，鼓勵出口貿易，提高出口產品的競爭力。

出口信用保險誕生於19世紀末的歐洲，最早在英國和德國等地萌芽。1919年，英國建立了出口信用制度，成立了第一家官方支持的出口信貸擔保機構——英國出口信用擔保局（ECGD）。緊隨其後，比利時於1921年成立出口信用保險局（ONDD），荷蘭政府於1925年建立國家出口信用擔保機制，挪威政府於1929年建立出口信用擔保公司，西班牙、瑞典、美國、加拿大和法國分別於1929年、1933年、1934年、1944年和1946年相繼建立了以政府為背景的出口信用保險和擔保機構，專門從事對本國的出口和海外投資的政策支持。

為統一各國出口信用保險業務規範，共享風險信息，促進出口信用保險的健康發展，世界出口信用保險機構於1934年成立了名為《國際出口信用保險和海外投資保險人聯盟》的國際性組織，由於首次會議在瑞士的伯爾尼召開，故該機構的簡稱為"伯爾尼協會"。伯爾尼協會對促進和維護世界貿易和投資的發展起着重要的作用。中國出口信用保險公司是伯爾尼協會的正式會員。二戰後，世界各國政府普遍把擴大出口和資本輸出作為本國經濟發展的主要戰略，而對作為支持出口和海外投資的出口信用保險也一直持官方支持的態度，將其作為國家政策性金融工具大力扶持。1950年，日本政府在通產省設立貿易保險課，經營出口信用保險業務。20世紀60年代以後，眾多發展中國家紛紛建立起自己的出口信用保險機構。

出口信用保險承保的對象是出口企業的應收帳款，承保的風險主要是人爲原因造成的商業信用風險和政治風險。商業信用風險主要包括：買方因破產而無力支付債務、買方拖欠貨款、買方因自身原因而拒絕收貨及付款等。政治風險主要包括：因買方所在國禁止或限制匯兌、實施進口管制、撤銷進口許可證、發生戰爭、暴亂等買賣方均無法控制的情況，導致買方無法支付貨款。而以上這些風險，是無法預計、難以計算發生概率的，因此也是商業保險無法承受的。

三、出口補貼

出口補貼（Export Subsidy）是一國政府給予出口商現金補助或者財政上的優惠，以促進本國商品出口，增強其國際競爭力。

出口補貼包括兩種：一是直接補貼，即是對出口商的財政資助，具體包括直接給予資金補貼、優惠貸款、減免社會福利費用等直接補貼。其目的是彌補出口商品的國際市場價格低於國內市場價格所帶來的損失。有時候，補貼金額還可能大大超過實際的差價，這已包含出口獎勵的意味。這種補貼方式以歐盟對農產品的出口補貼最爲典型。據統計，1994年，歐盟對農民的補貼總計高達800億美元。二是間接補貼，是指政府對某些商品的出口給予財政上的優惠。間接補貼如退還或減免出口商品所繳納的銷售稅、消費稅、增值稅、所得稅等國內稅，對進口原料或半制成品加工再出口給予暫時免稅或退還已繳納的進口稅，免徵出口稅，對出口商品實行延期付稅、減低運費、提供低息貸款、實行優惠匯率以及對企業開拓出口市場提供補貼等。例如，很多國家都採取出口退稅（Export Rebates）的措施，即只要商品最終出口到國外，政府即將關稅、部分商品間接稅都退回出口廠商。其目的仍然在於降低商品成本，提高國際競爭力。

世界貿易組織中的《補貼與反補貼協議》將出口補貼分爲禁止性補貼、可申訴補貼和不可申訴補貼三種。禁止性補貼是不允許成員政府實施的補貼，如果實施，有關利益方可以採取反補貼措施；可申訴補貼指一成員所使用的各種補貼如果對其他成員國內的工業造成損害，或者使其他成員利益受損時，該補貼行爲可被訴諸爭端解決；不可申訴補貼即對國際貿易的影響不大，不可被訴諸爭端解決，但需要及時通知成員。實施不可申訴補貼的主要目的是對某些地區的發展給予支持，或對研究與開發、環境保護及就業調整提供的援助等。

四、商品傾銷

商品傾銷（Dumping）是一國出口廠商以低於本國國內市場價格在國外市場出售商品，以打擊競爭對手，擴大銷售，壟斷市場。根據世界貿易組織的《反傾銷協議》，商品傾銷屬於不公平貿易，允許各成員國對此類商品的出口商進行反傾銷。

根據商品傾銷的目的和實施的時間不同，可以將其分爲以下幾種類型：①偶然性傾銷（Sporadic Dumping），指的是由於銷售旺季已過，或者公司改變業務，導致有大量剩餘貨物，於是以一個較低的價格在國外市場上銷售。這種做法一般都是被各國允許的。②間歇性或掠奪性傾銷（Intermittent or Predatory Dumping）指的是以擊垮競爭對手，強占外國市場爲目的而以低於本國國內市場價格在外國市場上銷售商品。③持續性傾銷（persistent dumping）則是無限期地、持續地以低於國內市場的價格在外國市場上銷售商品。後面兩種傾銷對國外市場的衝擊和危害性比較大。一般出口廠商將競爭對手擠出市場，形成壟斷之後，就會提高價格，彌補之前低價的損失。因此，各國一般都會對後兩種傾銷採取反傾銷措施。

商品傾銷的目的有：①爲打擊或摧毀競爭對手，擴大或壟斷某種產品的銷路；②爲了在國外建立新的銷售市場；③爲了阻礙出口國同種產品或類似產品的發展，以維持壟斷地位；④爲了推銷過剩產品，轉嫁經濟危機；⑤對發達國家來說，商品傾銷是爲了打擊發展中國家的民族經濟，以達到從經濟上、政治上控制發展中國家的目的。

五、外匯傾銷

外匯傾銷（Exchange Dumping）是一國採用本國貨幣對外貶值的手段來達到擴大出口和提高出口商品競爭力的目的。貨幣貶值能夠起到促進出口和限制進口雙重目的。這是因爲本國貨幣貶值後，出口商品用外國貨幣表示價格降低，提高了該國商品在國際市場上的競爭力，有利於擴大出口；而因本國貨幣貶值，進口商品的價格上漲，削弱了進口商品的競爭力，限制了進口。但是使用外匯傾銷也具有一定風險，一方面有損國家的國際形象，影響投資者的信心，另一方面容易受到其他國家的報復。

外匯傾銷不能無限制和無條件地進行，只有在具備以下條件時，外匯傾銷才可起到擴大出口的作用。

第一，貨幣貶值的程度要大於國內物價上漲的程度。一國貨幣的對外貶值必然會引起貨幣對內貶值，從而導致國內物價的上漲。當國內物價上漲的程度趕上或超過貨幣貶值的程度時，出口商品的外銷價格就會回升到甚至超過原先的價格，即貨幣貶值前的價格，因而使外匯傾銷不能實行。

第二，其他國家不同時實行同等程度的貨幣貶值。當一國貨幣對外實行貶值時，如果其他國家也實行同等程度的貨幣貶值，這就會使兩國貨幣之間的匯率保持不變，從而使出口商品的外銷價格也保持不變，以致外匯傾銷不能實現。

第三，其他國家不同時採取另外的報復性措施。如果外國採取提高關稅等報復性措施，那也會提高出口商品在國外市場的價格，從而抵銷外匯傾銷的作用。

六、國際貿易經濟特區措施

經濟特區（Economic Zone）是指以一國國家或者地區在其管轄地域內關境以外的地方劃出一定範圍，實施特殊的經濟政策，以吸引外商從事貿易和出口加工等業務。建立經濟特區是一國實施對外開放政策和鼓勵出口的重要手段。經濟特區的主要形式是以下幾種：

(一) 自由港和自由貿易區

自由港（Free port），也稱爲自由口岸，指的是對於全部或者大多數外商商品豁免關稅的港口。這是最早的世界性經濟特區形式。自由港一般具有其自身的地理優勢和港口條件，能承擔貨物轉運的功能。德國的漢堡、丹麥的哥本哈根、葡萄牙的波爾、新加坡和中國香港都是世界著名的自由港。自由貿易區（Free Trade Zone）是由自由港發展起來的，將範圍擴大到自由港附近地區。它的功能和自由港是相似的，以促進對外貿易，發展出口導向的加工業為目的。自由港和自由貿易區都設在經濟發達的國家和地區。

（二）保稅區

保稅區（Bonded Area）是指由海關設置或批準設置的特定地區和倉庫。外國商品可以免稅存入保稅區，可以免稅再出口，但是如果要進入本國境內就必須辦理手續，繳納進口稅。保稅區的範圍比自由港和自由貿易區小，但其作用和功能是類似的。中國在 1990 年上海外高橋爲保稅區，1992 年又在大連、海南的洋浦等設立保稅區。

（三）出口加工區

出口加工區（Export Processing Zone），也稱為加工出口區，指的是一國或地區在交通物流便利的地方，劃出一定區域，新建和擴建碼頭、車站、公路、倉庫和廠房等，並提供減免稅收等優惠政策，以鼓勵外商在該區投資建廠，生產出口為主的商品。出口加工區與自由港、自由貿易區和保稅區有所不同。前者面向工業，以取得工業利益為目標，後者主要面向貿易，以提供貿易便利，取得商業利益為目標。台灣的楠梓出口加工區和印度孟買的聖克魯斯電子工業加工區都是典型的例子。

（四）科學工業園

科學工業園（Science-based Industrial Park），也稱為工業科學園，指以開拓國際市場為目的，將知識、技術、人才、資金集中起來的科技資源開發區。科學工業園最早形成於 20 世紀 50 年代，直到 80 年代各國紛紛開始興辦。世界有名的科學工業園有美國的矽谷、英國的劍橋科學園區、日本的築波科學城 及 台灣的新竹科學工業園區等。

（五）自由邊境區和過境區

自由邊境區（Free Perimeter）一般是指在本國邊境地區內使用的生產設備、原材料和消費品可以免稅或者減稅進口。一般這種設置只限於拉丁美洲少數國家。過境區（Transit Zone）是指一國對於過境貨物簡化海關程序，免徵或者收取少量過境費。

（六）綜合型經濟特區

綜合型經濟特區是指一國在其港口或港口附近區域劃出一定範圍，給予該地區稅收和財政優惠政策，建立一個多功能多行業的經濟區域。中國改革開放初期設立的經濟特區就是屬於這一類型。

七、出口管制措施

出口管制措施不屬於出口促進措施的，但在國際貿易中也不少見。所謂出口管制（Export Control）是指國家通過法令和行政措施等手段管理和控制一國的出口貿易。一般需要貿易管制的商品包括了軍事設備、武器、先進電子計算機、國內緊缺的自然資源、歷史文物等。出口管制主要有兩種形式：第一種是單方出口管制，即單獨一個國家對本國某些商品的出口實施審批和頒發出口許可證等貿易管制措施。例如中國近年來對稀土就實施了單方的出口管制。第二種是多方出口管制，即多個國家政府通過簽訂協議等方式建立國際性的多邊出口管制機構，協商管制的貨單、出口管制國別、管制的辦法等。過去的巴黎統籌委員會就是典型的國際性多邊出口管制機構。

第四節　貿易政策效應的經濟學分析

一、關稅的經濟學分析

　　對關稅的經濟學分析分爲大國和小國兩種情況。在經濟學中，貿易小國是指某種商品的貿易中，由於該國的貿易量在世界貿易中所占的比重太小，一國的進出口數量的變化不會影響該種商品的國際市場價格。在完全競爭市場上，該國只能是"價格的接受者"，而不能影響該種商品的國際市場價格，即世界價格不變。貿易大國是指由於該國的貿易量在世界貿易中所占的比重較大，其進出口額足以影響國際市場價格的經濟體，是"價格決定者或設立者"。

　　關稅的經濟效應是指一國徵收關稅對其國內價格、貿易條件、生產、消費、貿易、稅收、再分配及福利等方面所產生的影響。即徵收關稅會引起進口商品的國際價格和國內價格的變動，從而影響到出口國和進口國在生產、貿易和消費等方面的調整，引起收入的再分配。關稅對進出口國經濟的多方面影響稱爲關稅的經濟效應。當然，國家有大有小，同樣幅度的進口關稅，對小國和大國可以產生不同的經濟效應。本節僅從局部均衡的角度分別討論小國和大國徵收關稅所產生的經濟效應，僅限於商品價格和稅收所導致的成本與收益分析。

　　1. 小國的關稅分析

　　假定進口國是貿易小國，即該國某種商品的進口量占世界進口量的很小一部分，因此，該國進口量的變動不會影響世界市場價格，如同完全競爭的企業，該國只是價格的接受者。在這種情況下，該國徵收關稅後，進口商品國內價格上漲的幅度等於關稅稅率，關稅全部由進口國消費者負擔。

　　假設圖3-2中的 D 爲國內需求曲線，S 爲國內供給曲線；P^* 爲自由貿易下的國際價格（也是國內價格），S_0D_0 爲進口量；P 爲徵收關稅後的國內價格（等於國際價格加關稅額），S_1D_1 爲進口量。貿易小國對某種進口商品徵收關稅後，將產生的經濟效應如下：

　　（1）價格效應（Price Effect）

　　價格效應是指徵收關稅對進口國價格的影響。進口國徵收關稅將引起國內價格由 P^* 上漲到 $P+t^*$。

圖 3-2　小國徵收關稅的經濟效應

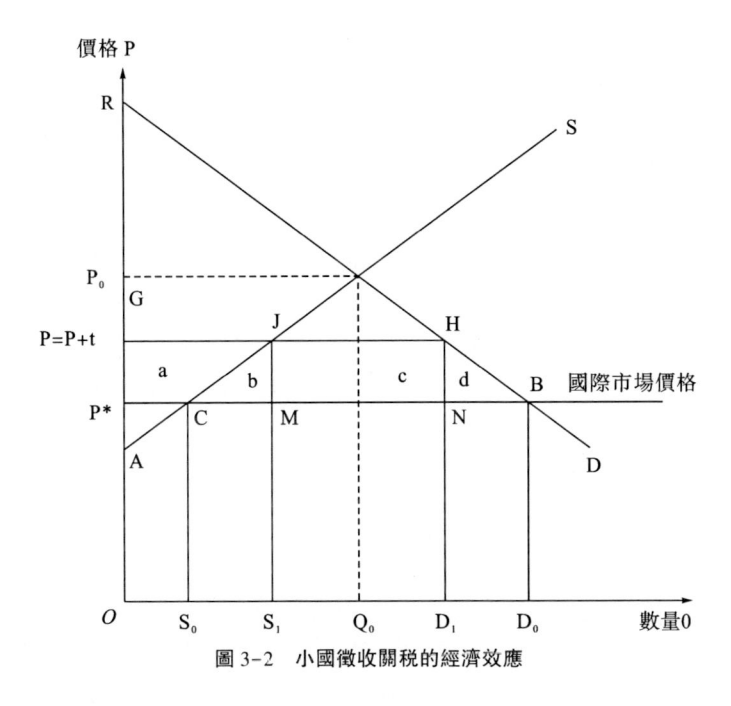

(2) 貿易效應 (terms-of-trade Effect)

貿易效應是指徵收關稅對進口國貿易調價的影響。小國對進口商品徵收關稅是該商品的國內價格上升，從而使其國內消費減少，進口縮減。但小國的進口量的減少並不會對國際市場的供求關係產生顯著的影響，因而不能影響該商品的國際價格，故小國的關稅貿易條件效應並不存在。

(3) 消費效應 (Consumption Effect)

消費效應是指徵收關稅對可進口品消費的影響。徵收關稅降低了該商品的國內消費量。徵收關稅前，國內需求量為 D_0，徵收關稅後引起價格上漲，需求量減少到 D_1。由於徵收關稅，引起國內消費量的減少，就是關稅的消費效應。關稅給消費者帶來損失，其損失為 a+b+c+d 的面積。由於徵收關稅，國內消費者減少消費，從而降低了物資福利水平。

(4) 生產效應 (Production Effect)

生產效應是指徵收關稅對進口國替代品生產的影響。徵收關稅增加了該商品的國內產量。徵收關稅前，國內供給量為 S_0，徵收關稅後引起價格上漲，供給量增加到 S_1。由於徵收關稅，刺激國內供給量的增加，就是關稅的生產效應。關稅給生產者帶來利益，其利益為 a 的面積。由於徵收關稅，一些國內資源從生產更有效率的可出口商品轉移到生產較缺乏效益的可進口商品，由此造成了該國資源配置效率的下降。

(5) 貿易效應 (Trade Effect)

貿易效應是指徵收關稅引起的進口量變化。徵收關稅減少了該商品進口量。徵收關稅前，該國進口量為 S_0D_0，徵收關稅後，進口量減少到 S_1C_1。由於徵收關稅，導致進口量的減少，就是關稅的貿易效應。

(6) 財政收入效應（Revenue Effect）

財政收入效應是指徵收關稅對國家財政收入發生的影響。徵收關稅給國家帶來了財政收入。只要關稅不提高到禁止關稅的水平，它會給進口國帶來關稅收入，這項收入等於每單位課稅額乘以進口商品數量，其數額為 c 的面積。

(7) 收入再分配效應（Income-redistribution Effect）

徵收關稅使消費者的收入再分配。徵收關稅後，生產者增加了面積為 a 的利益，這是由消費者轉移給生產者的；國家財政收入增加了面積為 c 的利益。

(8) 淨福利效應（Welfare Effect）

徵收關稅後，各種福利效應的淨值為-（b+d）。它意味著對貿易小國而言，關稅會降低其社會福利水平，其淨損為（b+d）。這部分損失也稱為保護成本或無謂損失（Deadweight Loss）。其中，b 為生產扭曲（Production Distortion），表示徵稅後國內成本高的生產替代原來來自國外成本低的生產，而導致資源配置效率下降所造成的損失。d 為消費扭曲（Consumption Distortion），表示徵稅後因消費量下降所導致的消費者滿意程度降低，是消費者剩餘的淨損。

以上各種效應的大小取決於徵稅商品的供給與需求彈性及關稅稅率的高低。相同的關稅稅率，需求曲線越富有彈性，消費效應越大；供給曲線越富有彈性，生產效應越大。因此，一國對某種商品的供給與需求越富有彈性，關稅的貿易效應越大，而財政效應越小。關稅負擔決定於進口需求與出口供給的彈性大小，彈性越大者，關稅的負擔越輕；彈性越小者，關稅的負擔越重。由於小國進口面對的出口彈性無限大，因此小國課徵進口關稅，關稅完全由其本國消費者負擔，而關稅收入全部由小國的政府獲得。

2. 大國的關稅分析

如果進口國是一個貿易大國，即該國某種商品的進口量占了世界進口量的較大份額，那麼該國進口量的變化就會引起世界價格的變動。因此，大國徵收關稅雖然也有上述小國的種種關稅經濟效應，但由於大國能影響世界價格，因此從局部均衡分析所得的徵收關稅的代價和利益對比的淨效果，就不同於小國情況。大國徵收關稅的經濟效應如圖 3-3 所示。

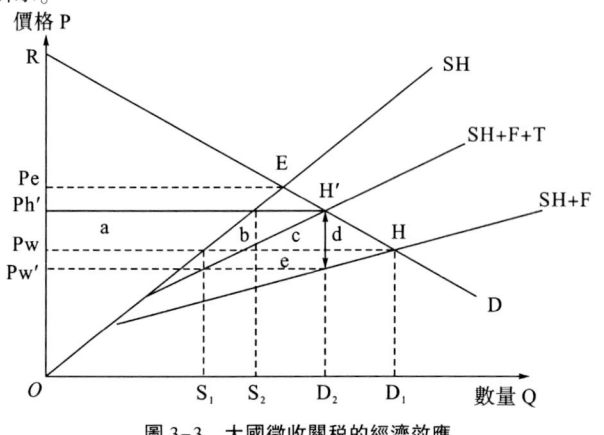

圖 3-3 大國徵收關稅的經濟效應

(1) 消費效應：-（a+b+c+d）的面積，只是此時的（a+b+c+d）的面積小於小國模型中的（a+b+c+d）的面積。

(2) 生產效應：+a 的面積。

(3) 財政收入效應：+（c+e）的面積。則淨福利效應爲：e-（b+d）。它意味着對貿易大國而言，關稅是增加還是降低其社會福利水平是不確定的。e>（b+d）時，大國徵收關稅將增加其社會福利水平，e<（b+d）時將降低其社會福利水平。(b+d) 同樣是無謂損失，e 相當於外國出口商承擔的關稅部分。

大國徵收關稅所產生的各種效應大小也取決於課稅商品的供給與需求彈性及所徵關稅稅率的高低。在一定的供給和需求條件下，一國政府可通過徵收最適關稅以使福利最大化。

大國徵收關稅後，是國內價格提高，並使國際價格降低，表示關稅由進出口國共同負擔。關稅的負擔的大小決定於進出口國進口需求與出口供給彈性的大小。進口需求彈性越小，國內價格上漲幅度越大，則進口國的關稅負擔越重，出口國負擔越輕；出口供給彈性越大，國際價格下跌幅度越小，則出口國的關稅負擔越輕，進口國的負擔越重。

3. 小國和大國效應的小結

(1) 價格效應。進口大國因爲進口量大而擁有的市場談判力量，可能迫使該商品的進口價格下降。這就是說，大國進口商品價格上漲的幅度不是等於關稅稅率，而是低於關稅稅率。大國徵收關稅，進口商品國內價格從 P_w 上漲到 P_h'；同時國際市場價格從 P_w 下跌到 P_w'。價格上漲部分和下跌部分加在一起才等於進口關稅稅額。大國進口商在進口商品時支付的進口關稅，不是全部由進口國的消費者負擔的，而是由進口國消費者和出口國的生產者（通過出口商）共同負擔的。大國向出口國轉嫁了部分關稅。

(2) 貿易條件效應。由於徵收關稅，大國進口商品的國際價格下降，如果該國出口價格不變，則該國貿易條件得到了改善，其利益爲面積 e。但與小國相比，在其他條件不變的前提下，大國關稅對本國生產者的保護作用相對較小。這是由於大國關稅引起的價格上漲，部分地被出口國下降的價格所抵消了，因此進口的數量下降不像小國情況那麼多。

一般說來，小國從徵收關稅中遭受的淨損失，永遠等於面積爲 b+d 的保護成本，因爲外國出口價格或世界價格不受其影響。而大國徵收關稅對該國淨福利的影響，則要把關稅的保護成本 b+d 與貿易條件改善而獲得的利益 e 相比較：如果該國貿易條件改善利益 e 超過關稅保護的代價 b+d，則意味着從徵收關稅中獲得了淨利益；如果貿易條件改善利益 e 與保護成本 b+d 相等，那該國從關稅中既未獲得收益，也未遭受損失；最後，貿易條件改善的利益 e 比保護成本 b+d 小，該國仍會從徵收關稅中遭受淨損失。

本節的分析考察的只是關稅的局部均衡效應，其分析帶有短期、靜態的特徵，未考慮分工，本國工業，就業等其他重要的經濟變量的中長期利弊得失。事實上，關稅還會帶來種種動態影響。比如關稅對幼稚產業的保護，能夠保護國內就業，國內經濟的穩定等。關稅對國內經濟也會產生消極影響，如過度保護使得國內企業不思進取，技術進步緩慢，勞動生產率低下等。因此考慮關稅的經濟效應和關稅對本國淨福利的影響，必須結合經濟發展的動態來看。

二、配額的經濟學分析

配額所規定的進口量通常要小於自由貿易下的進口量，所以配額實施後進口會減少，進口商品在國內市場的價格要上漲。如果實施配額的國家是一個小國，那麼配額只影響國內市場價格，對世界市場價格沒有影響；如果實施配額的國家是一個大國，那麼配額不僅導致國內市場價格上漲，而且還會導致世界市場價格下跌。這一點與關稅的價格效應一樣。同樣，配額對國內生產、消費等方面的影響與關稅也大致相同。

1. 小國的配額效應分析

假設實施配額的是一個小國，因而配額不會影響世界價格，請看圖3-4。

在自由貿易下，國內外價格相同，均為 P_w，國內生產和消費分別為 OQ_1、OQ_2，進口為 Q_1Q_2。現對進口設置一限額，假定限額為 Q_3Q_4，而且 $Q_3Q_4<Q_1Q_2$。於是，國內價格由原來的 P_w 上漲為 P_Q，國內生產增加至 OQ_3，國內消費減少至 OQ_4。

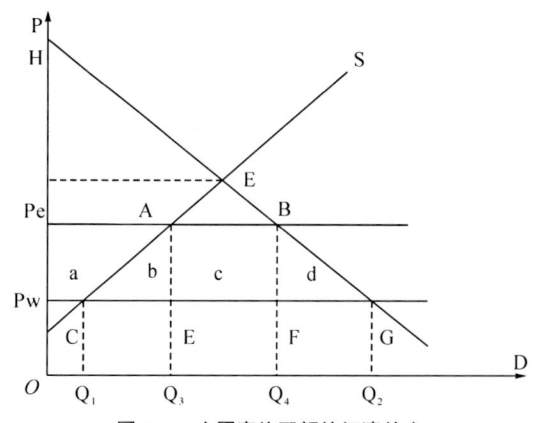

圖 3-4 小國實施配額的經濟效應

實施配額之後，生產者剩餘增加了，a 為增加部分，而消費者剩餘減少了，損失為 (a+b+c+d)。與關稅不同的是，實施配額不會給政府帶來任何財政收入。綜合起來，配額的淨福利效應＝生產者增加－消費者剩餘損失＝a－(a+b+c+d)＝－(b+c+d)。其中，b、d 分別為生產扭曲和消費扭曲，(b+d) 為配額的淨損失。至於 C，在關稅情形下我們知道它表示政府的關稅收入，因此可被抵消，這裡則稱為配額收益（Quota Revenue）或配額租金（Quota Rent）。它實際上是一種壟斷利潤，它的去向視政府分配配額的方式而定。

2. 配額的分配方式

小國進口配額制的實施有利於國內生產者、進口配額的受惠者，不利於國內消費者和社會福利。政府受益與否與如何分配配額有關。配額租金 C 的三種去向：

第一種是固定受惠對象。配額租金 C 轉讓給得到進口配額的進口商，帶有壟斷性質。它是政府將固定的份額分配給某些企業的方法。通常的方式是根據現有進口某種產品的企業上一年度在進口該商品總額的比重來確定。這種方法比較簡便。其問題是政府不再有來自稅收人或拍賣許可證的收入。而且這種方式帶有某種壟斷性，它意味着新增的企業難以獲得此種商品進口的特權。因此這種分配方式不利於打破壟斷，實現資源的有效配置。

第二種是資源使用申請程序，容易產生腐敗。這是指在一定的時期內，政府根據進口商遞交進口配額管制商品申請書的先後順序分配進口商品配額的方法。這種方法形成了申請人獲得所需進口品的自然順序，即按照先來後到獲得所需商品。其缺點是可能給管理部門留有利用職權獲取賄賂的機會，相應地可能導致企業的"尋租"（Rent-seeking）行爲，以期借助管理部門的不公正行爲獲取某種額外利潤。

第三種是競爭性拍賣，配額租金 C 的收入等於關稅條件下的政府收入。進口國政府通過拍賣的形式來確定哪些進口商獲得進口配額，而拍賣所得則成爲進口國政府收入。

三、出口補貼的經濟學分析

1. 小國條件下的出口補貼

圖 3-5（a）展示了國內需求曲線 D 和供給曲線 S，世界價格 P^* 不變。自由貿易下，國內需求是 C_0，國內供給是 Y_0，因此出口是 $X_0 = Y_0 - C_0$。圖 3-4（b）國內出口供給曲線圖表示爲 $X = S - D$。沿固定價格 P^* 的一條水平的進口需求曲線與曲線 X 相交於 X_0 點。

假設國內企業得到每單位出口產品 s 美元的補貼，則企業出口每單位產品價格爲 $P^* + S$ 美元，國內價格也上升爲 $P^* + S$。國內需求降至 C_1，供給上升到 Y_1，出口增長爲 $X_1 = Y_1 - C_1$。對應於圖（b）中國內出口供給曲線右移，從 X 到 X'，因爲在給定的國際價格 P^* 下，出口增長從 X_0 到 X_1。

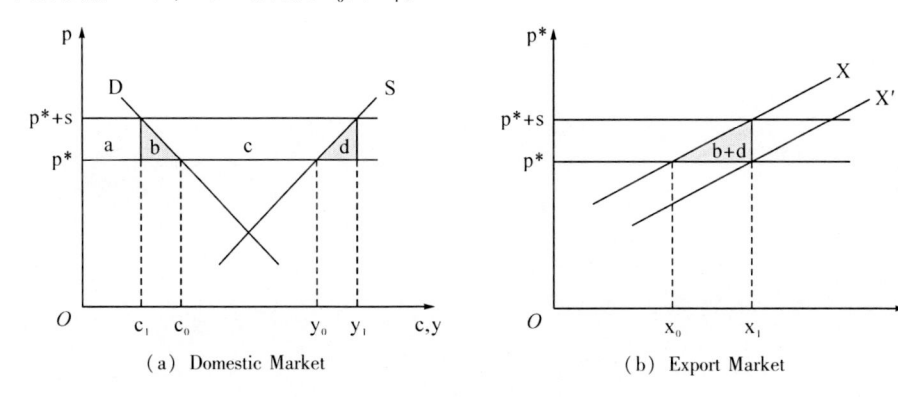

(a) Domestic Market

(b) Export Market

圖 3-5 小國條件下的出口補貼分析

補貼的福利效應爲：消費者剩餘損失 -(a+b)，生產者剩餘損失 +(a+b+c)，補貼成本-（b+c+d），三者相加爲-（b+d），即爲補貼淨損失，對應於圖（b）中的三角形陰影部分。

2. 大國條件下的出口補貼

國內出口供給曲線向右移動，從 X 到 X′。因爲這個國家相對於世界市場上是一個大型生產商，面臨着一個向下傾斜的需求曲線 D^*。因此，出口供給曲線向右移動導致價格下降，從 P^* 到 P′。出口國其貿易條件惡化，這會導致進一步的福利損失。在圖3-6中，出口補貼淨損失爲三角形區域（b+d），而貿易損失爲所示的矩形（e）。出口補貼會導致明確的福利損失。

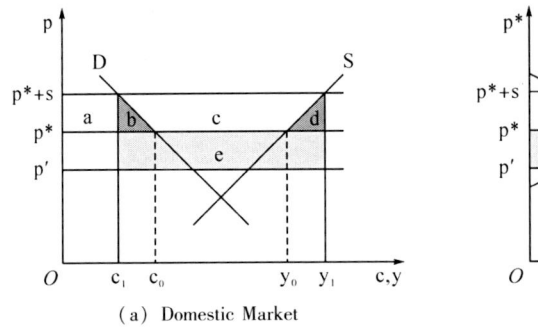

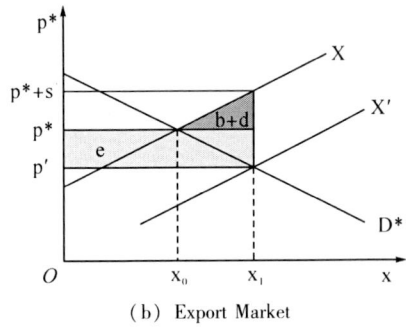

(a) Domestic Market

(b) Export Market

圖3-6　大國條件下的出口補貼

第四章　國際收支

在經濟全球化背景下，國際經濟往來日益密切，國際經濟交易形式日趨多元。在國際經濟交易過程中，必然產生不同國家、地區之間的交易收支和結算問題，這需要對國際收支的統計和國際收支調節機制做分析。通過本章的學習，旨在瞭解國際收支和國際儲備的概念，運用國際收支平衡表對國際收支進行核算，理解國際收支平衡的內涵、國際收支調節理論等。

第一節　國際收支的概念

國際收支的內涵和外延隨著國際經濟交易活動的變化而不斷演進。國際收支（Balance of Payments）的概念有狹義和廣義之分。

一、狹義的國際收支

國際收支在不同時期有不同的含義。最初的國際收支被描述為一個國家對外貿易的差額。後來，在國際經濟交易中需頻繁用到貨幣來結清交易，此時，國際收支被描述為一個國家的外匯收支。

狹義的國際收支等同於外匯收支，是指一國（或地區）在一定時期內（例如一年）由於各種對外經濟交往而發生的、必須與其他國家立即以外匯結清的各種到期收付的差額。狹義的國際收支所包含的經濟交易是以現金支付為基礎的。而那些不引起現金支付的交易，如補償貿易、易貨貿易、實物形式的無償援助以及清算支付協定下的記帳貿易等並沒有包括在外匯收支內。

第二次世界大戰後，國際經濟交易的內容和範圍不斷擴大，外匯收支已不足以涵蓋國際收支的全部內容，國際收支的內涵不斷擴大，由此引申出廣義的國際收支的概念。

二、廣義的國際收支

根據國際貨幣基金組織（IMF）的提法，一國的國際收支是指一國（或地區）的居民在一定時期內（例如一年）與非居民之間的經濟交易的系統記錄。這里描述的國際收支是以交易為基礎的，它涵蓋全部的國際經濟交易，是廣義的國際收支的概念。

國際收支概念中的經濟交易包含五個方面的內容：①金融資產與商品（或勞務）之間的交換，即以貨幣為媒介的商品（或勞務）交易；②商品（或勞務）與其他商品

（或勞務）之間的交換，即物物交換；③金融資產和其他金融資產之間的交換；④無償的、單向的商品（或勞務）轉移；⑤無償的、單向的金融資產轉移。可見，經濟交易所涵蓋的範圍比國際貿易要廣。

國際收支概念中的"居民"包括個人、企業、政府以及非營利組織。國際貨幣基金組織把居民劃分為自然人居民和法人居民。自然人居民是指在本國居住時間達一年以上的個人。法人居民是指在本國從事經濟活動的企業、政府機構和非營利組織。但有兩點例外：官方外交使節、駐外軍事人員等是所駐國的非居民；聯合國等國際性機構等都是任何國家的非居民。

值得註意的是，國際收支是一個流量的概念，描述的是一定時期內的發生額。國際收支與國際借貸不同。國際借貸（Balance of International Indebtedness）是指在某個時點上一國居民對外資產和對外負債的匯總。國際借貸是一個存量的概念，描述的是某個時點上的對外債券、債務餘額。國際經濟交易中的贈予、戰爭賠償等類似無償的交易不包括在國際借貸中，但包括在國際收支中。

第二節　國際收支平衡

要瞭解一國的國際收支情況，需借助國際收支平衡表這個分析工具。運用國際收支平衡表對國際收支項目進行核算，然後分析國際收支平衡與失衡情況，這有助於政府、企業、民眾掌握國際經濟交易的概貌，也便於貨幣當局採取相應的調控措施。

一、國際收支平衡表

國際收支平衡表是核算和分析一國國際收支的重要工具，其涉及不同的帳目內容和編制方法。

(一) 國際收支平衡表概況

國際收支平衡表是一國對其在一定時期（例如一年）內的國際經濟交易，分類設置科目和帳戶進行系統性記錄的報表。國際收支平衡表可以反應一個國家與其他國家進行國際經濟交易過程中所發生的貿易、非貿易、資本往來等情況以及一國的國際收支平衡狀況、收支結構變動情況。它是國際收支核算的重要工具。

各國國際收支平衡表的具體格式會有所不同，但都會包括經常帳戶和資本帳戶兩大部分，並按復式簿記方法劃分為貸方和借方。對於國際收支平衡表貸方和借方的編寫原則，簡單來說，在國際收支平衡表的貸方記錄的是本國從外國取得收入的交易，借方記錄的是本國向外國支付的交易。具體而言，記入貸方的是貨物和勞務的出口（向國外銷售或提供實際資產）、資本流入（本國對外金融資產減少或本國對外負債增加）；記入借方的是貨物和勞務的進口（從國外購買或取得實際資產）、資本流出（本國對外金融資產增加或本國對外負債減少）。

(二) 國際收支平衡表的基本內容

根據國際貨幣基金組織出版的《國際收支和國際投資頭寸手冊（第六版）》，國際收支平衡表標準格式如表 4-1 所示。

表 4-1　　　　　　　　　　國際收支平衡表標準格式簡表

	貸方（+）	借方（-）
1. 經常帳戶	經常帳戶收入	經常帳戶支出
1.1　貨物與服務		
1.1.1　貨物		
1.1.2　服務		
1.2　初次收入		
1.2.1　雇傭報酬		
1.2.2　投資收益		
1.2.3　其他初次收入		
1.3　二次收入		
1.3.1　對所得、財富等徵收的經常性稅收		
1.3.2　社會保障繳款與社會福利		
1.3.3　經常性國際合作		
1.3.4　其他經常轉移		
2. 資本帳戶與金融帳戶	資本流入	資本流出
2.1　資本帳戶		
2.1.1　資本轉移		
2.1.2　非生產非金融資產的取得/處置		
2.2　金融帳戶		
2.2.1　直接投資		
2.2.2　證券投資		
2.2.3　其他投資		
2.2.4　儲備資產	儲備資產減少	儲備資產增加

1. 經常帳戶

國際收支平衡表中，經常帳戶反應一國與他國之間的實際資產的轉移，是國際收支中最重要的帳戶，其顯示的是一國居民與非居民之間貨物、服務、初次收入和二次收入的流量情況，並對應下設貨物、服務、初次收入和二次收入科目。發生經常帳戶收入記爲貸方，發生經常帳戶支出記爲借方。

（1）"貨物"科目記錄的是一國的貨物出口和進口值，又稱有形貿易。其貸方記錄出口值，借方記錄進口值。

（2）"服務"科目記錄的是服務的輸出和輸入，又稱無形貿易。其貸方記錄服務輸出值，借方記錄服務輸入值。

（3）"初次收入"科目記錄的是因生產要素在國際上流動而引起的要素報酬收支，反應一國允許他國暫時使用其勞動力、金融資源或非生產非金融資產的回報金額。它下設雇員報酬、投資收益、其他初次收入三個細目。其貸方記錄雇員報酬收入、投資收益收入，借方記錄雇員報酬支出、投資收益支出。

（4）"二次收入"科目記錄的是收入再分配情況以及非對等償付的單方面支付。收入再分配方面主要涉及對所得、財富等徵收的經常性稅收，社會保障繳款、社會福利等細目。非對等償付的單方面支付稱爲"經常轉移"，例如經常性國際援助等。其貸方記錄本國從外國取得的單方轉移收入，借方記錄本國向外國的單方面轉移支出。

2. 資本帳戶與金融帳戶

資本帳戶與金融帳戶反應金融資產在一國與他國之間的轉移，即國際資本流動情況。資本流入記爲貸方，資本流出記爲借方。資本流入發生在本國對外金融資產減少或本國對外負債增加，資本流出發生在本國對外金融資產增加或本國對外負債減少。與經常帳戶不同的是，資本帳戶與金融帳戶的各科目通常不按貸方發生總額、借方發生總額來記錄，而是按貸方淨額、借方淨額來記錄。

（1）資本帳戶

資本帳戶記錄的是資本轉移以及非生產非金融資產的取得或處置情況。資本轉移是指一國居民實體向非居民實體無償提供金融產品或服務。非生產非金融資產的取得或處置是指專利、版權、經銷權、租賃等無形資產及其他轉移。

（2）金融帳戶

金融帳戶反應經濟體對外資產和負債所有權變更的所有權交易，記錄的是金融資產和負債的獲得和處置淨額。金融帳戶所涉及的交易包括直接投資、證券投資、其他投資、儲備資產四類。直接投資指投資者通過在國外投資新建企業等方式對非居民企業的經營管理取得有效控制權。證券投資是指購買非居民政府的長期債券、非居民公司的股票和債券等。其他投資是指不包括直接投資、證券投資、儲備資產的其他資本交易。儲備資產是指國際儲備，是一國貨幣當局（通常是中央銀行）所擁有的、可以用於滿足國際收支平衡需要的對外資產，例如貨幣性黃金、特別提款權（SDR）等。儲備資產的減少記入貸方，儲備資產的增加記入借方。

二、國際收支平衡

國際收支平衡一般是指經常帳戶與資本帳戶餘額相等的情形。然而，在運用國際收支平衡表做經濟分析時，由於我們所關註的交易範疇不同，而着重分析國際收支平衡表中的不同的局部差額。針對不同的局部差額，國際收支平衡又涉及不同的具體內容。

（一）局部差額

國際收支平衡表根據會計核算編制，其在帳面可得到貸方總額等於借方總額。但是國際收支平衡表的每個具體帳戶、科目的貸方額和借方額往往是不相等的，這種差額稱爲局部差額。常見的局部差額有貿易差額、經常帳戶差額、基本差額、官方結算差額、綜合差額等。表4-2描述了常見的幾種國際收支局部差額及其關係。

表 4-2　　　　　　　　　幾種國際收支局部差額及其關係

商品出口 －商品進口
＝貿易差額 ＋應收收入 －應付收入
＝經常帳戶差額 ＋長期資本流入 －長期資本流出
＝基本差額 ＋私人短期資本流入 －私人短期資本流出
＝官方結算差額 ＋官方借款 －官方貸款
＝綜合差額 －儲備增加 ＋儲備減少
＝零

　　貿易差額是商品（勞務）的出口值和進口值的差額。經常帳戶差額是商品（勞務）出口及應收收入之和與商品（勞務）進口及應付收入之和之間的差額，即在貿易差額的基礎上加上應收的初次收入和二次收入，扣除應付的初次收入和二次收入。基本差額是在經常帳戶差額的基礎上加上長期資本流入與流出的淨值，它反應的是一國國際收支的長期趨勢。官方結算差額是在基本差額的基礎上加上私人短期資本流入與流出的淨值。綜合差額是在官方結算差額的基礎上加上官方借款，扣除官方貸款。綜合差額所反應的經濟交易內容最為全面。

(二) 國際收支平衡與失衡

　　在運用國際收支平衡表做經濟分析時，我們較註重國際收支平衡表中某個帳戶、科目的交易所形成的局部差額，或者註重某幾個帳目、科目交易加總所形成的局部差額。為了分析我們所關註某種局部差額，我們通常在國際收支平衡表中的某個位置畫一條水平線，在這水平線以上的交易被稱為線上交易，在這水平線以下的交易被稱為線下交易。這樣我們便可分析所涉及的線上交易的局部差額。由於國際收支平衡表在帳面上總有貸方總額與借方總額相等，所以當線上交易的貸方總額大於借方總額時，線下交易的貸方總額必然小於借方總額。

　　線上交易所形成的差額是否為零是判斷一國國際收支是否平衡的標準。當線上交易差額為零時，則國際收支處於平衡（balance）狀態；當線上交易差額不為零時，則國際收支處於失衡狀態。如果線上交易的貸方總額大於其借方總額，則國際收支處於盈餘（Surplus）狀態，以"＋"號表示；如果線上交易的貸方總額小於其借方總額，則國際收支處於赤字（deficit）狀態，以"－"表示。一般而言，國際收支平衡是指經常帳户與資本帳户餘額相等的情形；國際收支失衡是指經常帳户與資本帳户餘額不等的情形。

當貿易差額爲盈餘時，意味着貿易順差；當貿易差額爲赤字時，意味着貿易逆差。當經常帳户差額爲盈餘時，需通過資本的淨流出或官方儲備的增加來平衡；當經常帳户差額爲赤字時，需通過資本的淨流入或官方儲備的減少來平衡。當國際收支基本差額爲盈餘時，需通過私人短期資本的淨流出或官方儲備的增加來平衡；當國際收支基本差額爲赤字時，需通過私人短期資本的淨流入或官方儲備的減少來平衡。當官方結算差額爲盈餘時，需通過增加官方儲備或者本國貨幣當局向外國貸款來平衡；當官方結算差額爲赤字時，需通過減少官方儲備或者本國貨幣當局向外國借款來平衡。當綜合差額爲盈餘時，需通過增加官方儲備來平衡；當綜合差額爲赤字時，需通過減少官方儲備來平衡。

第三節　國際收支調節

國際收支調節是使國際收支的構成與國際收支平衡目標保持一致。國際收支調節理論是國際金融理論的主要組成部分，國際收支調節理論研究的是國際收支調節内在機理，該理論有助於各國政府用以分析國際收支不平衡的原因並採用適時調節政策，以便保持國際收支平衡。本節將分析國際收支調節理論的演進、國際收支失衡的原因、國際收支自動調節機制以及國際收支調整政策。

一、國際收支調節理論的演進

國際收支調節理論的發展可以劃分爲三個階段，分別是早期國際收支調節理論、現代國際收支調節理論、當代國際收支調節理論。

(一) 早期國際收支調節理論

對國際收支的論述最早體現在重商主義和古典政治經濟學之中。作爲古典政治經濟學的代表人物之一的大衛·休謨在1752年提出價格—鑄幣流動機制。該機制論述了在金本位制下國際收支失衡的影響以及國際收支自動調節達到平衡的機理。價格—鑄幣流動機制被認爲是最早形成的較爲系統的國際收支調節理論。

在1929—1933年資本主義經濟危機之後，關於國際收支平衡問題研究的代表人物主要有馬歇爾、威克塞爾、俄林、凱恩斯等。馬歇爾對貿易差額產生的原因、資本和勞務流動的國際收支效應、信用波動和利率變動對國際收支的影響、國際收支與微觀商業活動等進行分析，並推導得出國際收支平衡等式。威克塞爾指出一個完整的國際收支平衡表不應只包括貿易平衡的内容，還應包括資本項目。如果國際收支出現逆差，可以通過將外國的超額債權作延期，這等同於與外國制定一個借款契約，以便重新實現國際收支平衡。俄林認爲商品交易、無形項目這兩個因素能夠對國際收支起持久的平衡作用；短期資本流動、黃金流動這兩個因素能夠對國際收支起暫時的平衡作用；

而長期資本流動對國際收支幾乎不起平衡作用。凱恩斯認為國家必須利用貨幣政策和財政政策來調節經濟，才能達到國際收支平衡的目標。

(二) 現代國際收支調節理論

在 20 世紀 30 年代的資本主義經濟危機和金本位制的崩潰的背景下，價格—鑄幣流動機制已不適用於對各國國際收支進行分析，亟須發展新的國際收支理論。現代國際收支調節理論正是在這樣的背景下產生並不斷完善，現代國際收支調節理論主要包括國際收支調節的彈性理論、吸收理論、貨幣理論等。

1. 國際收支調節的彈性理論

國際收支調節的彈性理論主要從微觀角度分析價格變動如何引起國際收支調整，其基本思路是貨幣貶值通過影響國內外相對價格體系，繼而對國際收支發生作用。由於這一方法側重於對外貿市場進行分析，圍繞進出口商品的供求彈性展開，所以稱為彈性理論。

2. 國際收支調節的吸收理論

國際收支調節的吸收理論從宏觀角度進行分析。該理論以凱恩斯宏觀經濟理論為基礎，認為國際收支與整個國民經濟相關聯，它從國民收入的產出及支出的關係出發，考察貿易收支失衡問題。美國經濟學家亞歷山大曾將國民收入恒等式中的支出部分（消費、投資、政府購買）之和稱為"吸收"，所以稱為吸收理論。

3. 國際收支調節的貨幣理論

國際收支調節的貨幣理論由貨幣學派創立，是二戰後貨幣主義經濟學在國際金融領域的延伸。該理論從宏觀角度進行分析，強調國際收支不平衡的貨幣性質，認為國際收支的任何失衡都是貨幣市場中貨幣供求量不均衡的結果，即提出國際收支本質上是貨幣現象的觀點。

(三) 當代國際收支調節理論

20 世紀 60 年代以來，國際收支危機頻頻爆發。針對國際收支危機問題，薩蘭特、亨德森、克魯格曼等人提出了國際收支危機理論。薩蘭特、亨德森從理論上論證了黃金價格穩定機制具有內在的不穩定性，且極易遭受毀滅性的投機衝擊。克魯格曼創立了理性投機攻擊模型，分析在固定匯率制下，基本面的失衡致使國際儲備枯竭，繼而造成固定匯率制崩潰的貨幣危機。奧伯斯菲爾德等人在克魯格曼提出的第一代國際收支危機模型的基礎上拓展，建立第二代貨幣危機模型，論證了貨幣危機的發生完全是一種自我實現的危機。

以往的國際收支理論主要圍繞經濟對外平衡的目標，討論國際收支的自動調節機制。而在 20 世紀 60 年代產生了政策配合理論，該理論將國際收支的調整置於一個內外部平衡的綜合框架之內進行分析，論證了國際收支調節實際上是一個政策搭配的過程。這方面論述的代表性的理論有米德衝突、丁伯根原則、蒙代爾分派原則等。

二、國際收支失衡的原因

國際收支是本國和世界各國之間經濟交易的反應。經過國際上的商品和資本流動，國內外商品市場之間、金融市場之間連為一體，相互影響。一國的商品市場和金融市場發生供求失衡，會通過國際收支途徑傳遞到國外；外國商品市場和金融市場發生供求失衡，也會通過國際收支途徑傳遞到國內。國際收支的變動受到國內外商品市場、金融市場的震盪和衝擊影響。引起國際收支失衡的因素主要有以下五個方面：

（一）週期性因素

由週期性因素造成的國際收支失衡稱為週期性失衡（Cyclical Disequilibrium），這說明國際收支失衡是由各之間經濟週期所處的階段不同而造成的。當本國經濟處於繁榮階段，貿易夥伴國的經濟處於衰退階段，那麼本國對外國產品的需求大於外國對本國產品的需求，這容易造成本國貿易收支赤字。反之，當本國經濟處於衰退階段，貿易夥伴國的經濟處於繁榮階段，那麼外國對本國產品的需求相對大於本國對外國產品的需求，這容易造成本國貿易收支盈餘。當主要國家的經濟週期趨於同步，由週期性因素所造成的國際收支失衡也有所減輕。

（二）結構性因素

由一國經濟結構失衡造成的國際收支失衡稱為結構性失衡（Structural Disequilibrium），這說明國際收支失衡是由產品供求結構失衡或要素價格結構失衡而造成的。在產品供求結構方面，如果本國產品的供求結構無法跟上國際市場產品供求結構的變化，本國國際收支將發生失衡。例如，當國際市場對本國的出口品需求減少，或者在國際市場上本國進口品的供給減少，而本國無法改變這種貿易結構，那麼本國的國際收支將出現赤字。在要素價格結構方面，如果本國要素價格變動使得本國出口品在國際市場上所具有的比較優勢發生變化，本國國際收支也會發生失衡。例如，本國原是勞動力資源豐富，其勞動力密集型的產品具有比較優勢，當本國工資上漲程度大於勞動生產率提高的程度時，本國勞動力不再是較為便宜的生產要素，本國的勞動力密集型出口品不再具有比較優勢，那麼本國的國際收支將出現赤字。

（三）貨幣性因素

由一國價格水平、匯率、利率等貨幣性因素變動所造成的國際收支失衡稱為貨幣性失衡（Monetary Disequilibrium）。如果一國貨幣發行量過多，該國的物價普遍上漲，這會導致出口減少、進口增加；同時，該國利息率也會下降，造成資本淨流出增加，使得國際收支出現赤字。

（四）投機性因素

國際金融市場上存在巨額的遊資，這些資金在各國之間頻繁流動，以追求投機利潤。這些短期資本流動造成一國國際收支的不穩定，使得國際收支失衡。

（五）偶發性因素

國內外的突發事件等偶發性因素常常會對一國進出口收支差額造成影響，而造成該國國際收支的失衡。例如，由於氣候驟然變化使得國內農產品產量下降，這會造成該國出口供給減少、進口需求增加；同時，貿易夥伴國的類似突發事件也會帶來進口供給減少，這兩方面因素作用使得貿易條件惡化，從而導致本國國際收支赤字。

三、國際收支自動調節機制

在國際收支調節理論中，國際收支自動調節機制是其主要理論。當國際收支發生失衡後，政府有時無須採取措施進行干預，經濟體中本身存在某種機制，可以使得國際收支失衡在某種程度上得到緩和，例如國際收支赤字減少或國際收支盈餘減少，乃至自動恢復國際收支平衡。在不同的貨幣制度下，國際收支自動調節機制的具體作用路徑有所不同。下文我們分別分析在金本位制度、在紙幣本位的固定匯率制度、在浮動匯率制度下的國際收支自動調節機制。

（一）在金本位制度下的國際收支自動調節機制

在金本位制度下的國際收支自動調節機制也就是大衛·休謨提出的"價格——鑄幣流動機制"。在金本位制度下，當一國出現國際收支失衡時，存在自動調節機制使得國際收支重新恢復平衡。該自動調節機制的作用過程如圖4-1所示，表述如下：

在金本位制度下，當一國國際收支出現赤字，便意味著本國黃金淨輸出。當黃金外流，國內黃金存量下降，則本國貨幣供給量會減少，從而引起國內物價水平下降。在國內物價水平下降之後，本國商品在國外市場上的競爭力會提高，而外國商品在本國市場的競爭力會下降，於是本國的出口會增加，進口會減少，繼而國際收支赤字減少直至重新達到國際收支平衡。反之，當一國國際收支盈餘，意味著黃金內流，國內黃金存量提高，則本國貨幣供給量會增加，從而引起國內物價水平上升。國內物價上漲將促使出口減少，進口增加，繼而國際收支盈餘減少直至重新達到國際收支平衡。

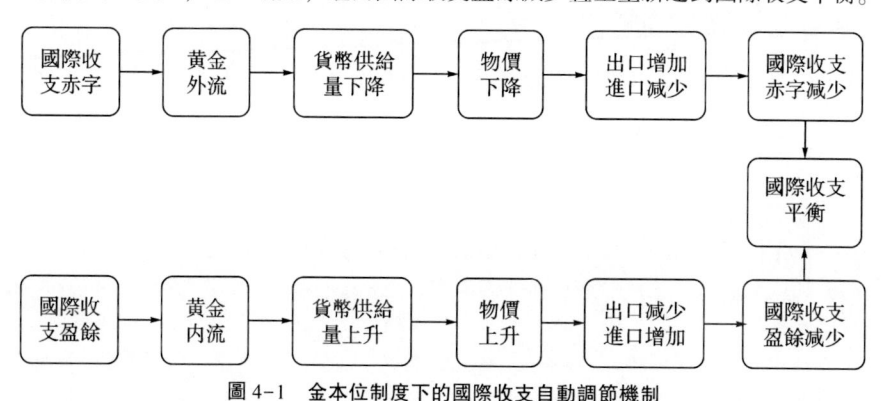

國際收支赤字 → 黃金外流 → 貨幣供給量下降 → 物價下降 → 出口增加進口減少 → 國際收支赤字減少 → 國際收支平衡 ← 國際收支盈餘減少 ← 出口減少進口增加 ← 物價上升 ← 貨幣供給量上升 ← 黃金內流 ← 國際收支盈餘

圖4-1　金本位制度下的國際收支自動調節機制

（二）在紙幣本位的固定匯率制度下的國際收支自動調節機制

紙幣本位的固定匯率制度是指一國貨幣當局通過調整貨幣供給量干預外匯市場來維持匯率不變的制度。在紙幣本位的固定匯率制度下，當一國出現國際收支失衡時，也存在自動調節機制使得國際收支重新恢復平衡。該自動調節機制主要通過影響資金流向、居民消費、物價水平三個途徑發生作用。其作用過程如圖4-2所示，表述如下：

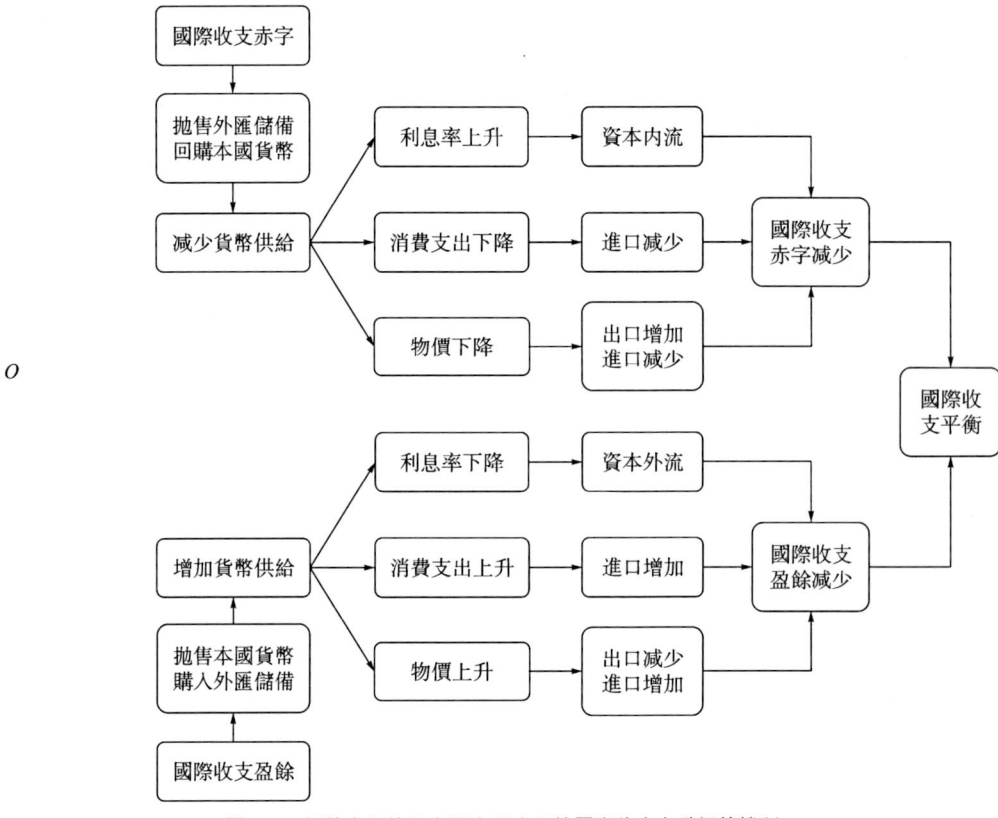

圖 4-2　紙幣本位的固定匯率制度下的國際收支自動調節機制

當一國國際收支赤字時，在紙幣本位的固定匯率制度下，一國貨幣當局需要干預外匯市場，通過拋售外匯儲備，回購本國貨幣，使得本國貨幣供給量減少，以便維持固定匯率。

首先，在該國國際收支赤字，本國貨幣供給量減少的情況下，會使得市場銀根緊縮，利息率上升，於是本國資本外流減少，外國資本流入增加，繼而使得資本帳戶收支得到改善，國際收支赤字減少直至恢復國際收支平衡。

其次，在該國國際收支赤字，本國貨幣供給量減少的情況下，民眾一方面爲了保持現金餘額的水平，便會減少消費支出，另一方面貨幣供給量減少會使得利息率上升，這也會促使民眾減少消費支出。而消費支出的其中一部分是用於進口的，當消費支出下降時，用於進口的支出也相應地減少，即進口需求減少，繼而國際收支赤字減少直至消除。

最後，在該國國際收支赤字，本國貨幣供給量減少的情況下，會使得本國物價水平下降，那麼，本國產品的相對價格下降，外國產品的相對價格上升，使得出口增加，進口減少，繼而國際收支赤字減少直至恢復國際收支平衡。

反之，當一國國際收支盈餘時，一國貨幣當局通過拋售本國貨幣，購入外匯，使得本國貨幣供給量增加，以便維持固定匯率。本國貨幣供給量增加，一是使得利息率下降，資金外流；二是使得民眾增加消費支出，其中進口需求也相應增加；三是使得本國物價水平上漲，導致出口減少，進口增加。這三個機制最終導致國際收支盈餘減少直至恢復國際收支平衡。

（三）在浮動匯率制度下的國際收支自動調節機制

在浮動匯率制度下，一國貨幣當局無須對外匯市場進行干預，無須通過外匯儲備的增減來影響外匯的供給和需求，而任由市場調節外匯供求並決定匯率的變化。浮動匯率制度下的國際收支自動調節機制的作用過程如圖4-3所示，表述如下：

在浮動匯率制度下，當一國國際收支赤字，則外匯需求會大於外匯供給，此時匯率會上升。匯率上升，意味着本幣貶值，造成本國商品相對價格下降，外國商品相對價格上升，這將引起出口增加，進口減少，繼而國際收支赤字會減少直至重新達到國際收支平衡。反之，當一國國際收支盈餘，則外匯需求會小於外匯供給，此時匯率會下降。匯率下降，意味着本幣升值，造成本國商品相對價格上升，外國商品相對價格下降，這將引起出口減少，進口增加，繼而國際收支盈餘會減少直至重新達到國際收支平衡。

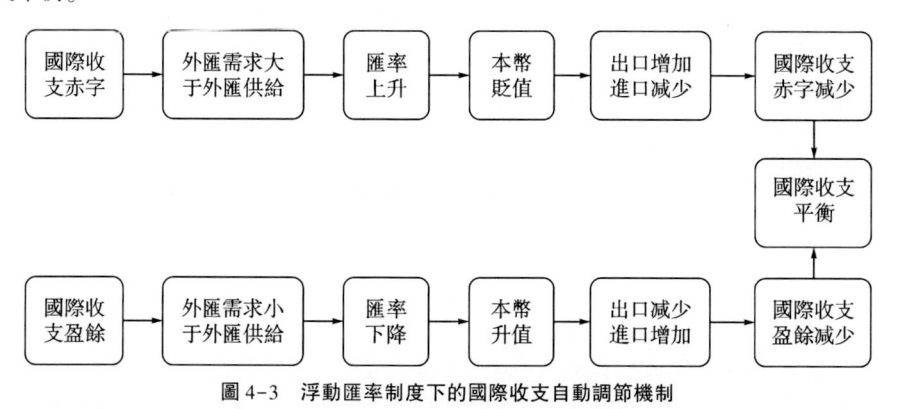

圖4-3　浮動匯率制度下的國際收支自動調節機制

四、國際收支調整政策

國際收支失衡雖然能夠通過自動調節機制恢復均衡，但是國際收支自動調節存在一些不足：自發調節的過程往往需要犧牲國內其他宏觀經濟目標；需要以一些難以實現的客觀經濟環境爲條件；也需要相當長的時間過程才能自動恢復均衡。對此，當出現國際收支失衡時，一國政府往往不能只是依靠經濟體系自動調節機制使國際收支恢復均衡，而需要主動採取一些適當的政策措施，引導經濟體系運作實現國際收支均衡。

當一國出現國際收支失衡時，政府可用來調節國際收支的政策主要有融資或彌補、財政政策、貨幣政策、匯率政策、直接管制等。

(一) 融資或彌補

　　融資（Financing）或彌補（Accommodation）是指一國政府運用官方儲備的變動或臨時向外籌借資金來抵消國際收支失衡所造成的超額外匯需求或外匯供給。

　　一國的官方儲備主要包括外匯儲備和貨幣性黃金儲備。對於國際貨幣基金組織的成員國，官方儲備還包括特別提款權和在國際貨幣基金組織的儲備頭寸。當國際收支赤字時，外匯市場上將出現外幣的供不應求和本幣的供過於求。這樣的供求缺口會造成本幣匯率貶值或下浮的壓力。如果該國政府不能或不願下調本幣匯率的話，就必須動用官方儲備來彌補超額外匯需求，保持匯率的穩定。

　　當發生國際收支赤字，如果一國政府官方儲備不足時，該國政府還可以通過借款來彌補外幣與本幣供求缺口。政府可以在國際金融市場上通過發行外幣債券或通過銀行貸款來籌借所需外匯；也可以向外國政府或國際金融機構申請貸款。

(二) 財政政策

　　當一國國際收支失衡時，政府可以採用緊縮性或擴張性財政政策加以調節。對於國際收支赤字，應採用緊縮性財政政策；對於國際收支盈餘，應採用擴張性財政政策。

　　財政政策的工具主要有變動財政支出和稅收。當一國國際收支赤字時，該國政府應該採用緊縮性財政政策，實施減少財政支出或增加稅收的政策。緊縮性財政政策通過乘數效應減少國民收入，使得本國居民消費支出下降，也包括降低本國的進口支出，進而減少國際收支赤字。當一國國際收支盈餘時，該國政府應該採用擴張性財政政策，實施增加財政支出或減少稅收的政策。擴張性財政政策通過乘數效應增加國民收入，使得本國居民消費支出增加，也包括增加本國的進口支出，進而減少國際收支盈餘。

(三) 貨幣政策

　　當一國國際收支失衡時，政府可以採用緊縮性或擴張性貨幣政策加以調節。對於國際收支赤字，應採用緊縮性貨幣政策；對於國際收支盈餘，應採用擴張性貨幣政策。

　　貨幣政策的工具主要有調整再貼現率、存款準備金率和在公開市場買賣政府債券。當一國國際收支赤字時，該國政府應該採用緊縮性貨幣政策，實施提高再貼現率、提高存款準備金率或在公開市場上售出政府債券的政策。緊縮性貨幣政策通過本國利息率的上升，吸引資金從國外淨流入來改善資本帳戶收支，進而減少國際收支赤字。當一國國際收支盈餘時，該國政府應該採用擴張性貨幣政策，實施降低再貼現率、降低存款準備金率或在公開市場上買進政府債券的政策。擴張性貨幣政策通過本國利息率的下降，減少資金的淨流入，進而減少國際收支盈餘。

(四) 匯率政策

　　匯率政策通過匯率的變動來糾正國際收支失衡。匯率政策在不同的制度環境下有不同的調節國際收支的方式。

　　一是匯率制度的變更。如果一國原本採用固定匯率，當國際收支出現巨額赤字時，政府改變為採用浮動匯率制，允許匯率由市場供求自行決定，此時，便讓匯率來糾正國際收支赤字。

二是外匯市場干預。在匯率由市場決定的制度下，政府當局可以參與外匯市場交易。當出現國際收支赤字，政府可以通過在外匯市場上購入外幣、售出本幣的方式，操縱本幣匯率貶值，使得出口增加、進口減少，繼而減少國際收支赤字。

三是官方匯率貶值。在實行外匯管制的國家，匯率由政府規定，而非由市場供求決定。當出現國際收支赤字，政府可以通過公布官方匯率貶值，直接運用匯率調節，減少國際收支赤字。

（五）直接管制

直接管制包括外匯管制和貿易管制。外匯管制是指國家通過頒布外匯管理規定，對外匯買賣、外匯匯率等直接加以管制，以控制外匯供給和需求，調節國際收支。當國際收支赤字時，該國政府一般會加強外匯管制，通過限制私人持有和購買外匯、限制資本輸出等方式，減少貿易逆差，以便使國際收支恢復均衡。當國際收支盈餘時，該國政府一般會放鬆外匯管制，減少貿易順差。貿易管制是指通過對商品進出口實行管制，以便改善國際收支。當國際收支赤字時，一國政府一般會採用進口配額、進口許可證等方式限制進口，減少貿易逆差。

直接管制的具體措施可分為數量性管制和價格性管制。數量性管制主要包括進口配額、進口許可證、外匯管制等各種進口非關稅壁壘。價格性管制主要包括進口關稅、出口補貼、出口信貸優惠等。

採用直接管制的方式調整國際收支，一般能在較短時間內產生效果，但不能從根本上解決國際收支失衡問題，只是將顯性收支赤字變為隱性赤字。一旦取消管制，除非經濟結構得到相應的改善，否則國際收支赤字仍會重新出現。另外，直接管制容易引起貿易夥伴國的報復。因此，大多數國家對採用這項措施一般比較謹慎。

第四節　國際儲備

國際收支失衡的調整手段之一是運用國際儲備彌補國際收支差額。本節將介紹國際儲備的概念、作用以及一國當局如何對國際儲備進行有效管理，以滿足彌補國際收支差額、干預外匯市場等經濟調控的需要。

一、國際儲備的概念

國際儲備（International Reserve）是指一國政府所持有的，備用於彌補國際收支赤字，維持本國貨幣匯率的國際上可以接受的一切資產。任意一個國家的國際儲備一般有貨幣性黃金和外匯儲備兩種類型。國際貨幣基金組織成員國的國際儲備除以上兩種類型外，還包括在 IMF 的儲備頭寸和特別提款權。

（一）貨幣性黃金（Monetary Gold）

貨幣性黃金是指一國貨幣當局所持有的作為金融資產的黃金。顯然，非貨幣用途的黃金不屬於國際儲備。在金本位制下，黃金是全世界最主要的國際儲備資產。但由於黃金的開採量受自然條件限制，工業和藝術用途的黃金需求量不斷增長，黃金日益難以滿足世界貿易和國際投資的擴大對國際儲備的需要。因此，能自由兌換成黃金的貨幣，如美元等，就取代黃金成為當代主要的國際儲備資產。目前，各國貨幣當局在動用國際儲備時，並不能直接以黃金實物對外支付，而需在黃金市場上出售黃金，換成可兌換的貨幣。

(二) 外匯儲備 (Foreign Exchange Reserves)

外匯儲備是指一國貨幣當局所持有的外匯資產，主要包括本國在國外的銀行存款和其他可以在國外兌現的支付手段，如外國有價證券、外國銀行的支票、期票、外幣匯票等。

一國貨幣充當國際儲備貨幣，必須具備三個特點：一是變現性，該貨幣要能夠自由兌換成其他貨幣或黃金；二是穩定性，該貨幣的內在價值要相對穩定；三是普遍接受性，該貨幣能被世界各國普遍接受作為國際計價手段和支付手段。目前，美元是最主要的國際儲備貨幣。

(三) 在 IMF 的儲備頭寸 (Reserve Position at IMF)

在 IMF 的儲備頭寸是指在國際貨幣基金組織普通帳戶中成員國可自由提取使用的資產，具體包括成員國向 IMF 繳納份額中的外匯部分和 IMF 用去的本國貨幣持有量部分。

根據《國際貨幣基金協定》，IMF 在成員國遭受國際收支困難時可向成員國提供短期融通資金。成員國份額中 25% 用黃金、美元或特別提款權認購，其餘 75% 用本國貨幣認購。25% 額度範圍的貸款稱為儲備檔貸款。成員國使用這 25% 額度的貸款時無須 IMF 批準，成員國可以用本國貨幣購買，這是一種國際儲備資產。另外 75% 額度的部分是可供 IMF 為滿足其他會員國的資金要求而使用掉的本國貨幣。這部分是對 IMF 的債權，IMF 隨時可向成員國償還，也就是說成員國可以無條件用來支付國際收支赤字。

(四) 特別提款權 (Special Drawing Rights)

特別提款權是 IMF 對成員國根據其份額分配的、可用於歸還 IMF 貸款和成員國政府之間償還國際收支赤字的一種帳面資產。因為它是國際貨幣基金組織原有的普通提款權以外的一種補充，所以稱為特別提款權。IMF 分配的、尚未使用完的特別提款權就構成一國國際儲備的一部分。

與其他儲備資產相比，特別提款權具有如下特點。第一，特別提款權不具有內在價值，是 IMF 人為創造的、純粹帳面上的資產。第二，特別提款權是由 IMF 按份額比例無償分配給各成員國的，這並不像貨幣性黃金儲備、外匯儲備那樣通過貿易或非貿易交往獲得，也不像儲備頭寸那樣以 IMF 成員國所繳納的份額為基礎。第三，特別提款權只能在 IMF 及各國政府之間發揮作用，而不能由私人企業所持有，也不能直接用於貿易或非貿易的支付。

二、國際儲備的作用

國際儲備具有以下作用：

(一) 清算國際收支差額，維持對外支付能力

這是持有國際儲備的首要作用。當一國發生國際收支困難時，通過動用外匯儲備，在國際市場上變賣黃金，或者減少在 IMF 的儲備頭寸和特別提款權持有額，可以彌補國際收支赤字所造成的外匯供給缺口，使得國內經濟免受不利影響。對於短期性國際收支赤字，可以通過動用外匯儲備來解決。但對於長期性國際收支赤字，動用國際儲備只能起到一定的緩衝作用，仍需採用財政政策、貨幣政策等來調節，以實現國內宏觀經濟目標。

(二) 干預外匯市場，維持本國匯率穩定

國際儲備可用於干預外匯市場，影響外匯供求，將匯率維持在一國政府所希望的水平。當本國貨幣匯率在外匯市場上發生變動，尤其是因非穩定性投機因素引起本國貨幣匯率波動時，政府可以動用儲備來緩和匯率波動，甚至改變其波動的方向。通過出售儲備購入本幣，可使本國貨幣匯率上升；反之，通過購入儲備拋出本幣，可增加市場上本幣的供應，從而使本國貨幣匯率下浮。因此，運用國際儲備干預外匯市場能在短期內起到穩定匯率的積極作用。

值得註意的是，外匯干預只能在短期內對匯率產生有限的影響，而無法從根本上改變匯率變動的長期趨勢。另外，國際儲備作爲干預資產的功能，要以本國貨幣的完全自由兌換爲前提。對於大部分發展中國家來說，匯率由官方制定，這些國家面對外匯供求缺口，主要是通過外匯管制加以控制，而不是動用國際儲備。對於這類型國家，國際儲備基本不具備干預資產的功能。

(三) 充當對外舉債的保證

國際儲備充足，可以提升一國的資信水平，吸引外國資金流入，促進經濟發展。國際金融機構和銀行對外貸款時，一般需事先調查借債國的償還債務的能力。一國所持有的國際儲備狀況是評價該國資信能力和國家風險的重要指標之一。國際儲備是一國向國外借款和還付本息的重要保證。

三、國際儲備的管理

一國政府對國際儲備的管理，一方面需要使國際儲備的供應保持在最適度國際儲備量的水平或區間上，這是國際儲備總量管理的要求；另一方面需要保持一個適當的國際儲備結構，使各種儲備貨幣的構成能夠滿足本國宏觀經濟發展和抵御金融風險的需要，這是國際儲備結構管理的要求。

(一) 國際儲備的總量管理

由於儲備頭寸和特別提款權是 IMF 根據各成員國份額予以分配的，一國無法增加其持有額。因此，可供一國政府進行總量管理的國際儲備主要是貨幣性黃金和外匯儲

備。一國政府通過增減貨幣性黃金和外匯儲備量使國際儲備總量保持在適度的國際儲備量水平。

1. 貨幣性黃金儲備量的調整

對於儲備貨幣發行國來說，通過用本國貨幣在國際黃金市場上購買黃金，可以增加其國際儲備量。但對於大部分的非儲備貨幣發行國來說，由於本國貨幣在國際上支付不爲人們接受，在國際市場購買黃金只能使用國際上可接受的貨幣，即儲備貨幣，用儲備貨幣換取黃金。在這種情況下，國際儲備總量並沒有因此改變，改變的只是外匯儲備和貨幣性黃金儲備之間的比例而已。非儲備貨幣發行國增加貨幣性黃金儲備的另一種途徑是黃金的貨幣化（Monetization of Gold），即用本國貨幣在國內收購黃金，將黃金從非貨幣用途轉至貨幣用途。由於一國私人持有的黃金量有限，且黃金產量受自然條件限制，所以通過黃金貨幣化的途徑增加國際儲備量十分有限。因此，世界各國的黃金儲備基本上保持不變。

2. 外匯儲備量的調整

調整外匯儲備量的常用方式是外匯干預，這也是增減國際儲備的主要渠道。一國貨幣當局要增加外匯儲備可以通過在外匯市場上拋售本國貨幣、購入外國貨幣，換取新增的外匯。反之，當一國貨幣當局向外匯市場提供外匯時，本國的外匯儲備便減少。除外匯干預外，一國貨幣當局可以直接從國際金融市場或國際金融機構借入貸款來補充外匯儲備。另外，儲備貨幣的發行國還可以通過互換貨幣協議相互提供外匯儲備。

(二) 國際儲備的結構管理

一國政府對國際儲備的管理需要保持一個適當的國際儲備結構，具體包括對儲備貨幣種類結構和儲備資產流動性結構兩個方面做出合理安排。

1. 儲備貨幣種類結構的安排

儲備貨幣種類結構的安排需要確定各種儲備貨幣在一國外匯儲備額中的比例。之所以要確定一個合理比例構成，是因爲貨幣當局希望通過各種儲備貨幣的有效組合使得資產配置在預期收益率下實現風險最小化。預期收益率等於名義利率加上該資產的預期升值率。名義利率容易確定，而一種資產對另一種資產的預期升值率在浮動匯率制下難以確定。外匯儲備的收益不確定的風險表現爲一國當局將持有的儲備資產轉化爲其他資產使用時面臨購買力下降的可能性。

爲減少匯率風險，一種辦法是一國設立與彌補赤字和干預市場所需用的貨幣保持一致的儲備貨幣結構。具體而言，確定儲備貨幣種類結構可參考以下原則：第一，持有儲備的目的之一是支付進口大於出口的部分，因此，一國外匯儲備所面臨的匯率風險主要在於該國進口大於出口的那些國家的貨幣，應當將儲備集中在這些幣種上。第二，當計算貿易赤字的貨幣構成時，進口應當包括預期以各種貨幣清償的還本付息支出淨額。對此，一國以各種貨幣表示債務淨額（債務大於債權的部分）也是確定外匯儲備結構的依據。第三，儲備的日常職能是充當外匯干預貨幣，支持本國貨幣的匯率。爲此，一國貨幣當局必須確定一種干預貨幣，並在儲備中保有足夠的干預貨幣。這既可以避免兌換產生的交易成本，又可減少因兌換而產生的匯率風險。

爲減少匯率風險，另一種辦法是實行儲備貨幣多樣化。根據托賓的投資組合選擇理論，把各種相互獨立的不同資產混合搭配進行投資，所承擔的風險一般要低於投資任何一種資產所承擔的風險。這也是"不要將所有雞蛋放在同一個籃子中"的道理。因此，一國當局應當保有多種幣種的儲備貨幣，使儲備貨幣風險分散化。

2. 儲備資產流動性結構的安排

儲備貨幣構成的安排除了考慮種類結構以外，還需考慮儲備資產的流動性結構，需要權衡流動性與盈利性之間的關係。一般來說，流動性高的資產，其盈利性較低；而盈利性高的資產，其流動性又較低。

根據流動性，儲備資產可劃分爲三個檔次：一級儲備（流動儲備資產），指流動性非常高的資產，如活期存款、短期票據等；二級儲備，指收益性高於一級儲備而流動性略低於一級儲備的資產，如中期國庫券等；三級儲備（高收益儲備資產），指收益率很好但流動性很低的資產，如長期公債等。除考慮外匯儲備資產的流動性結構以外，一國對儲備資產進行配置還需考慮貨幣性黃金、儲備頭寸、特別提款權的流動性。從流動性來看，成員國在 IMF 的儲備頭寸隨時可以動用，類似於一級儲備。特別提款權的使用必須向 IMF 申請，並由 IMF 安排接受特別提款權，提供給可兌換外匯的國家，這過程需要一定時期。因此，特別提款權可視爲二級儲備。黃金投機性最強，一國貨幣當局往往只有在合適的價位才願意出售，換取所需的儲備貨幣。因此，貨幣性黃金可看作高收益低流動性的三級儲備資產。

各國需視具體情況對不同流動性儲備資產的比例進行配置。一般而言，如果一國擁有足夠多的一級儲備，隨時可動用，能夠滿足國際儲備的交易性需求，那麼貨幣當局可以對二級儲備、三級儲備進行組合投資，以便在保持一定的流動性基礎上獲得較高的收益率。

第五章　外匯與匯率

貨幣的一個重要功能是便於經濟主體支付款項以便購買產品和服務。企業或民衆在本國進行經濟交易時支付款項很直接，中國企業或民衆在國內可用人民幣支付完成交易，美國企業或民衆在美國可用美元支付完成交易。但是，如果一個中國企業需要向一個美國企業付款，或者一個美國商人需向一個德國商人付款，該怎麽辦？中國企業需把手持的人民幣兌換爲美元向美國企業付款，美國商人需把手持的美元兌換成歐元向德國商人付款。人民幣、美元、歐元等貨幣被認爲是外匯的形式之一。那麽，中國企業與美國企業之間、美國商人與德國商人之間又是按什麽比率兌換貨幣，這是匯率問題。外匯及外匯制度解決了國際上支付款項的問題，使得跨國企業、銀行、政府、民衆間的國際經濟交易變得更爲便捷。本章將介紹外匯與匯率的概念、決定和影響匯率的因素、匯率制度以及人民幣匯率制度等內容。

第一節　外匯與匯率的基本概念

由於各國有獨立的貨幣和貨幣制度，當國與國之間進行經濟交易、清償債權和債務時，人們需要將本國貨幣兌換成外國貨幣，或將外國貨幣兌換成本國貨幣。人們有使用外匯進行國際結算的實際需要。本節將介紹外匯與匯率的基本概念。

一、外匯

(一) 外匯的概念

外匯（Foreign Exchange）是國際匯兌的簡稱，有廣義和狹義之分。

1. 廣義的外匯

廣義的外匯是泛指可以清償對外債務的一切以外國貨幣表示的資產或債權。

根據我國 2008 年 8 月 1 日修訂的《中華人民共和國外匯管理條例》第一章第三條，外匯是以外幣表示的可以用作國際清償的支付手段和資產，外匯的形式有：①外幣現鈔，包括紙幣、鑄幣；②外幣支付憑證或者支付工具，包括票據、銀行存款憑證、銀行卡等；③外幣有價證券，包括債券、股票等；④特別提款權；⑤其他外匯資產。

本國貨幣及本幣存款等本幣資產不是外匯，因爲它們不是對外資產。

外匯的持有人可能是官方或私人。一國貨幣當局所持有的外匯資產，稱爲外匯儲備。

2. 狹義的外匯

狹義的外匯是指以外幣表示的，可以直接用於國際債券債務關係清算的支付手段。狹義的外匯的主要形式包括在國外銀行的外幣存款、銀行匯票、支票等。狹義的外匯涉及兩個前提條件：一是以外幣表示資產。而空頭支票、拒付的匯票因爲不是在國外能夠得到補償的債券，所以不能算作狹義的外匯。二是可直接用於國際結算。而外國鈔票也不能算作狹義的外匯，因爲正常國際交易使用的是銀行存款，不用現鈔，外國鈔票只有携帶回發行國並存入銀行才能用於國際結算。

（二）外匯的種類

1. 根據可否自由兌換，外匯分爲自由外匯和記帳外匯

自由外匯（Free Convertible Exchange）是指無須貨幣發行國批準便可隨時動用，或可以自由兌換成其他貨幣，向第三國辦理支付的外匯。自由外匯依託於可兌換貨幣。可兌換貨幣在國際金融市場上可自由兌換成其他國家貨幣，可兌換貨幣也就是我們常説的硬通貨（Hard Currency）。美元、英鎊、歐元、日元等硬通貨強勁而穩定，可在全世界通用，在國際商務中被普遍使用。自由外匯因爲其穩定性和強勢性而成爲世界各國普遍接受的支付手段。記帳外匯（Exchange of Account），也稱協定外匯，是指未經貨幣發行國批準不能自由兌換成其他貨幣或對第三國進行支付的外匯。

2. 根據外匯來源的不同，外匯分爲貿易外匯和非貿易外匯

貿易外匯是通過貨物進出口取得的外匯。非貿易外匯是通過對外提供運輸、保險等勞務、匯回利息、利潤、股息等投資收益等途徑取得的外匯。

3. 根據外匯交易的交割日期不同，外匯分爲即期外匯和遠期外匯。

即期外匯又稱現匯，是指在買賣成交後的兩個營業日內辦理交割手續的外匯。遠期外匯又稱期匯，是指買賣的雙方先按商定的匯率和數量簽訂買賣合同，約定到期辦理交割手續的外匯。

二、匯率

（一）匯率的概念

匯率（Exchange Rate）是兩種貨幣的兌換比率，是一國貨幣以另一國貨幣表示的價格。匯率表示兩個國家貨幣之間的互換關係。匯率把不同國家的貨幣聯繫起來，國際交易的買賣雙方才能比較國際市場上的價格、成本和收益。

當一國貨幣相對於另一國貨幣的價格發生變動，在國際商務活動中會引發匯率風險。如果某國外供應商所屬國貨幣相對本國貨幣升值，那麽本國企業需要支付更多的本國貨幣才能購買既定數額的貨物。如果本國企業的客户所屬國的貨幣相對本國貨幣貶值，假設銷售價格是以客户所屬國的貨幣來支付，那麽本國企業所獲得的收入以本國貨幣計算就會有所減少。

（二）匯率的標價方法

要表示兩種貨幣的兌換比率，首先需確定以本國貨幣還是外國貨幣作爲標準，標

準不同繼而產生不同的匯率標價方法。常見的匯率標價方法有兩種，分別是直接標價法和間接標價法。

1. 直接標價法（Direct Quotation System）

直接標價法是用一單位的外國貨幣作爲標準，折算爲一定數額的本國貨幣來表示匯率。採用直接標價法也就是說以本國貨幣表示外國貨幣的價格。採用直接標價法，當一單位外國貨幣折算的本國貨幣量增加，即匯率上升，這說明外國貨幣幣值上升（外幣升值），或本國貨幣幣值下降（本幣貶值）；反之，當一單位外國貨幣折算的本國貨幣量減少，即匯率下降，這說明外幣貶值，或本幣升值。在直接標價法下，外幣幣值上升或下跌的方向與匯率值變化的方向相同。

除美國和英國外，目前包括中國在內的世界上絕大多數國家採用的是直接標價法。

例如，我國人民幣市場匯率，期初爲 1 美元 = 6.3 人民幣元，期末爲 1 美元 = 6.8 人民幣元，這說明美元幣值上升，人民幣幣值下降。

又如，東京外匯市場匯率，期初爲 1 歐元 = 120 日元，期末爲 1 歐元 = 110 日元，這說明歐元幣值下降，日元幣值上升。

2. 間接標價法（Indirect Quotation System）

間接標價法是用一單位的本國貨幣作爲標準，折算爲一定數額的外國貨幣來表示匯率。採用間接標價法也就是說以外國貨幣表示本國貨幣的價格。採用間接標價法，當一單位本國貨幣折算的外國貨幣量增加，即匯率上升，這說明本國貨幣幣值上升（本幣升值），或外國貨幣幣值下降（外幣貶值）；反之，當一單位本國貨幣折算的外國貨幣量減少，即匯率下降，這說明本幣貶值或外幣升值。在間接標價法下，外幣幣值上升或下跌的方向與匯率值變化的方向相反。

目前，美國和英國採用間接標價法。美元除了與英鎊、歐元兌換時採用直接標價法外，美元兌換其他貨幣的匯率一般採用間接標價法。

例如，倫敦外匯市場匯率，期初爲 1 英鎊 = 11 港幣元，期末爲 1 英鎊 = 10 港幣元，這說明港幣幣值上升，英鎊幣值下降。

又如，紐約外匯市場匯率，期初爲 1 美元 = 32 泰銖元，期末爲 1 美元 = 35 泰銖元，這說明泰銖幣值下降，美元幣值上升。

按照以上兩種標價法，如果我們得知某種外幣的直接標價，只要取其"倒數"，即用 1 除以這個標價，便可得到該外幣的間接標價，反之亦然。

表 5-1 列出了 2016 年某天人民幣與其他抽樣貨幣的兌換匯率。以人民幣作爲本國貨幣，在美元兌換人民幣的匯率表示中，把 1 美元兌換 6.669 人民幣元理解爲直接標價，則用間接標價表示的匯率即爲 1 人民幣元兌換 0.150（= 1/6.669）美元。

表 5-1　　　　　　　人民幣與其他抽樣貨幣的兌換匯率

	用人民幣表示 1 單位他國貨幣的價格	用他國貨幣表示 1 人民幣元價格
美元	6.669	0.150
英鎊	8.760	0.114

表5-1(續)

	用人民幣表示1單位他國貨幣的價格	用他國貨幣表示1人民幣元價格
歐元	7.465	0.134
日元	0.066	15.15
澳大利亞元	5.042	0.198
加拿大元	5.131	0.195
瑞士法郎	6.825	0.147
港幣	0.860	1.163
新臺幣	0.211	4.739
澳門元	0.835	1.198
韓元	0.006	166.9
新加坡元	4.910	0.204
盧布	0.103	9.709

(三) 匯率的種類

匯率主要有以下幾種分類方法：

1. 按是否考慮兩個國家的價格水平，匯率分爲名義匯率和實際匯率

名義匯率（Nominal Exchange Rate）並沒有考慮兩個國家的價格水平，它是現實中的貨幣兌換比率。實際匯率（Real Exchange Rate）是在名義匯率基礎上用兩國價格水平調整後得到的匯率，它反應兩國產品的相對價格，是本國商品國際競爭力的體現。

名義匯率與實際匯率的關係可以表示爲：

實際匯率＝名義匯率×物價水平比率

設 e 代表名義匯率，ε 代表實際匯率，P 代表本國價格水平，P_f 代表外國價格水平。

在直接標價法下，實際匯率爲：$\varepsilon = e \cdot \left(\dfrac{P_f}{P}\right)$

在間接標價法下，實際匯率爲：$\varepsilon = e \cdot \left(\dfrac{P}{P_f}\right)$

例如，設想美國和德國都生產同一款汽車，這款汽車在美國市場名義標價爲3萬美元，同一款汽車在德國市場名義標價爲2萬歐元。爲了比較這款汽車在兩國市場的實際價格，我們需要換算實際匯率。

假如把美國看作本國，把德國看作外國。在直接標價法下，名義匯率是1.2美元/歐元；在間接標價法下名義匯率是0.833歐元/美元。

該例子中在直接標價法下實際匯率的計算爲：

$$\text{實際匯率} = \frac{(1.2\,\text{美元}/\text{歐元}) \times (2\,\text{萬歐元}/\text{德國汽車})}{(3\,\text{萬美元}/\text{美國汽車})}$$

$$= 0.8(\text{美國汽車}/\text{德國汽車})$$

這説明德國市場這款汽車實際價格只相當於美國市場同款汽車實際價格的 0.8 倍，也就是德國市場這款汽車相對便宜。換言之，在美國市場買 4 輛汽車的花費足以用於在德國市場買 5 輛同款汽車。

該例子中在間接標價法下實際匯率的計算爲：

$$實際匯率 = \frac{(0.833\ 歐元/美元) \times (3\ 萬美元/美國汽車)}{(2\ 萬歐元/德國汽車)}$$

$$= 1.25(德國汽車/美國汽車)$$

這説明美國市場這款汽車實際價格相當於德國市場同款汽車實際價格的 1.25 倍，也就是美國市場這款汽車相對昂貴。同樣可以得出，在美國市場買 4 輛汽車的花費足以用於在德國市場買 5 輛同款汽車。

2. 按制定匯率的方法不同，匯率分爲基本匯率和套算匯率

外國貨幣的種類繁多，如果制定或報出本國貨幣與每一種外國貨幣之間的匯率，會不方便。因此，有必要選擇一種與本國對外往來關係最爲緊密的貨幣（關鍵貨幣），制定或報出其匯率。本幣與這種關鍵貨幣之間的匯率稱爲基本匯率（Basic Rate）。關鍵貨幣通常是可自由兌換的、在該國國際收支中使用最多的、在該國外匯貯備中比重最大的貨幣。大多數國家把美元當作關鍵貨幣，把本幣與美元之間的匯率作爲基本匯率。

套算匯率（Cross Rate），又稱交叉匯率。套算匯率有兩種含義：一是指各國在制定基本匯率後，參考主要外匯市場行情，推算出的本國貨幣與非關鍵貨幣之間的匯率；二是指基於西方外匯市場報價時普遍採用的美元標價法，通過各種貨幣兌換美元的匯率進行套算得到其他各國貨幣之間的匯率。

3. 從銀行買賣外匯的角度，匯率分爲買入匯率、賣出匯率和現鈔匯率

買入匯率（Buying Rate），又稱買入價，是指銀行從同業或客户買入外匯時所使用的匯率。賣出匯率（Selling Rate），又稱賣出價，是指銀行向同業或客户賣出外匯時所使用的匯率。外匯銀行低價買入外匯，而高價賣出外匯，買入價與賣出價之間的差價構成外匯銀行的收益。銀行買入價與賣出價的算術平均值即爲中間匯率（Middle Rate）。

現鈔匯率（Back Notes Rate）是指銀行買賣外國鈔票的價格。由於外國鈔票不能在本國流通，也不能直接用於對外支付，銀行買入外國鈔票後必須運送到發行國轉換爲存款才能使用，途中花費一定的運費、保險費，損失一些利息等，因而銀行的現鈔匯率通常比一般外匯買入價略低。

4. 按外匯交易交割日不同，匯率分爲即期匯率和遠期匯率

即期匯率（Spot Rate），又稱現匯匯率，是指買賣雙方成交後，在兩個營業日內辦理交割手續所使用的匯率。遠期匯率（Forward Rate），又稱期匯匯率，是指買賣雙方成交時，約定在未來某一時間進行交割所使用的匯率。

第二節　匯率決定的基礎和影響匯率變化的因素

匯率決定理論討論的是一國貨幣的匯率水平受什麼因素決定和影響。根據匯率決定理論，本節將分析匯率決定的基礎、影響匯率變化的因素以及匯率變動對經濟的影響。

一、匯率決定的基礎

一般認為匯率由貨幣供求關係決定，具體而言，不同的學說認為匯率由不同的因素決定，包括物價水平、利率、國際收支等，下面重點介紹貨幣供求關係決定匯率理論以及基於匯率與物價水平關係的購買力平價理論。

（一）貨幣供求關係決定匯率理論

在自由貨幣市場中，匯率相當於貨幣的價格，是由外匯需求與外匯供給共同決定的。

1. 外匯需求與外匯供給

外匯需求和外匯供給共同決定匯率的高低。

（1）外匯需求

對外匯的需求產生於本國對外國商品、勞務和外國資產的需求，本國的進口支出和資金外流形成外匯需求。本國的進口支出增加或資金外流將導致對外匯需求增加。

進口支出主要取決於本國國民收入、國內與國外物價的相對水平等因素。當本國國民收入提高，對進口品的需求會增多。當本國物價水平相對國外物價水平越高，本國居民越願意從外國進口商品。

對外幣資產的需求主要取決於國內外利率的相對水平、匯率預期等。當本國利率相對於外國利率下降，為了追逐更高的投資收益，將有更多的資金流向國外，形成資金外流，繼而對外幣資產需求增加。當市場預期直接標價法下的匯率將上升，意味着外幣將升值，那麼將有更多的資金流向國外，形成資金外流，繼而對外幣資產需求增加。

（2）外匯供給

對外匯的供給產生於外國對本國商品、勞務和本幣資產的需求，本國的出口收入和資金內流形成外匯供給。本國的出口支出增加或資金內流將導致對外匯供給增加。

出口收入主要取決於外國國民收入、國內與國外物價的相對水平等因素。當外國國民收入提高，對本國出口品的需求會增多。當外國物價水平相對本國物價水平越高，外國居民越願意從本國進口商品，即本國的出口會增加。

對外幣資產的供給主要取決於國內外利率的相對水平、匯率預期等。當本國利率相對於外國利率上升，為了追逐更高的投資收益，將有更多的外國資金流向本國，形成資金內流，繼而對外幣資產供給增加。當市場預期直接標價法下的匯率將下降，意味着本幣將升值,那麽將有更多的資金流向國內,形成資金內流,繼而對外幣資產供給增加。

2. 均衡匯率的決定

在自由貨幣市場中,匯率是由外匯需求和外匯供給決定的。均衡匯率正好使得外匯市場上外匯的需求量等於外匯的供給量。

圖 5-1 給出了外匯的供給曲線和需求曲線。外匯供給曲線 S 向右上方傾斜,這說明如果外匯匯率上升,外匯的供給量會上升。外匯需求曲線 D 向右下方傾斜,這說明如果外匯匯率下降,外匯的需求量會上升。兩條曲線的交點 E 爲外匯市場均衡點,得到均衡匯率 e,此時外匯的供給量和需求量相等。

例如,在外匯市場上,假如只有歐元和美元這兩種貨幣的兌換活動。我們關註歐元兌換美元的匯率,1 歐元兌換多少美元構成歐元的價格。如果歐元的價格上升,即 1 歐元可以兌換更多的美元時,將有更多的歐元持有者願意將歐元兌換成美元,這構成歐元供給量的增加。如果歐元的價格下降,即 1 歐元兌換更少的美元時,將有更多的美元持有者願意將美元兌換成歐元,這構成歐元需求量的增加。當達到匯率水平 e,即歐元的價格爲 e 時,歐元的供給量恰好等於歐元的需求量,外匯市場達到均衡。

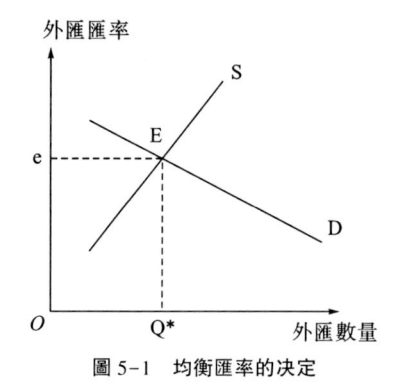

圖 5-1 均衡匯率的決定

3. 均衡匯率的變化

按照均衡匯率決定的分析框架,各種影響外匯需求和外匯供給的外在因素將使得外匯需求曲線和外匯供給曲線發生移動,導致均衡匯率發生變化。

(1) 本國和外國國民收入的變化對均衡匯率的影響

當本國國民收入上升(或下降)時,本國進口的增加(或減少)將使得外匯需求曲線向右(或向左)移動,導致均衡匯率上升(或下降)。當外國國民收入上升(或下降)時,本國出口的增加(或減少)將使得外匯供給曲線向右(或向左)移動,導致均衡匯率下降(或上升)。

(2) 本國和外國物價水平的變化對均衡匯率的影響

當本國物價水平相對於外國物價水平上升時,本國進口將增加,出口將減少。這同時使得外匯需求曲線右移和外匯供給曲線左移,導致均衡匯率上升。當本國物價水平相對於外國物價水平下降時,本國進口將減少,出口將增加。這同時使得外匯需求曲線左移和外匯供給曲線右移，導致均衡匯率下降。

(3) 本國和外國利率水平的變化對均衡匯率的影響

當本國利率相對於外國利率上升時，產生資金內流，使得外匯供給曲線右移，導致均衡匯率下降。當本國利率相對於外國利率下降時，產生資金外流，使得外匯需求曲線右移，導致均衡匯率上升。

(4) 市場預期匯率的變化對均衡匯率的影響

當市場預期在直接標價法下外匯匯率將出現上升，這將引起資金外流，使得外匯需求曲線右移，導致均衡匯率隨即上升。當市場預期在直接標價法下外匯匯率將出現下降，這將引起資金內流，使得外匯供給曲線右移，導致均衡匯率隨即下降。這也是"預期自我實現"金融市場道理的體現。

(二) 購買力平價理論

一價法則（Law of One Price）告訴我們：在無運輸成本、無貿易壁壘的競爭性市場中，在不同國家出售相同產品，其價格被表示爲相同的貨幣時，必須按相同的價格來出售。

例如，如果美元與人民幣之間的匯率爲1美元=6人民幣元，一件襯衫在中國的零售價爲120人民幣元，那麽，在美國這件襯衫的零售價應是20美元（120/6）。如果襯衫在中國賣90人民幣元（即15美元）時會發生什麽？這時會使得有公司在中國購買襯衫，然後在美國把它賣出而獲利。在中國以90人民幣元（15美元）買入，而在美國以每件20美元賣出，這樣每件襯衫可以賺得5美元的利潤。但是，在中國對襯衫需求的增長會抬高其價格，在美國襯衫供給的增加會使本地襯衫的價格降低，直到兩地價格相等爲止。

根據一價法則，推導得出購買力平價理論。購買力平價（Purchasing Power Parity）理論認爲：兩國貨幣之間的匯率取決於兩國貨幣的購買力之比。購買力平價可以表示爲：

$E = P_a / P_b$

其中，E爲匯率，指1單位B國貨幣以A國貨幣表示的價格，P_a爲A國的一攬子特定商品的價格水平，P_b爲B國的同一攬子特定商品的價格水平。

例如，如果一攬子商品在英國值200英鎊，而在中國值2 000人民幣元，那麽，購買力平價理論指出：英鎊/人民幣的匯率應是200英鎊/2 000人民幣元，即0.1英鎊=1人民幣元，或1英鎊=10人民幣元。

倫敦《經濟學人》雜誌發表一種方法闡述購買力平價理論，通過挑選麥當勞的巨無霸作爲一攬子商品的替代，得出巨無霸指數。之所以挑選麥當勞的巨無霸是因爲它在120多個國家或地區都是按照基本相同的方法烹制的。巨無霸PPP（購買力平價）是使漢堡包在每個國家都價格相同的匯率。按照《經濟學人》的說法，將一個國家或地區的實際匯率和建立在巨無霸相對價格基礎上的購買力平價理論所提出的匯率相比較，可以檢驗一國貨幣是否被低估或高估。

購買力平價理論也說明：當相對價格發生變化時，匯率也會發生變化。例如，假定英國沒有通貨膨脹，而中國每年物價上漲10%。在年初，英國一攬子商品價格是200英鎊，中國一攬子商品價格是2 000人民幣元。根據購買力平價理論，年初英鎊兌人民幣的匯率應是：1英鎊＝10人民幣元。到年末，這一攬子商品在英國的價格仍是200英鎊，而在中國是2 200人民幣元。根據購買力平價理論預測年底時英鎊兌人民幣的匯率是：200英鎊＝2 200人民幣，即0.091英鎊＝1人民幣元，或1英鎊＝11人民幣元。由於10%的通貨膨脹，人民幣相對英鎊貶值了10%，1英鎊在年底可以比年初多買10%的人民幣元。

二、影響匯率變化的因素

影響匯率變化的因素主要有以下幾個方面：

（一）國際收支狀況

國際收支狀況是影響匯率變化的一個直接因素。當一國國際收支順差時，該國貨幣有升值趨勢。當一國國際收支逆差時，該國貨幣趨於貶值。

（二）經濟增長

經濟增長是一國生產的產品和勞務的價值的增加。經濟增長通常以每年實際GDP的增長率來衡量。一般而言，經濟增長意味着經濟商業活動的持續增加，消費者對貨幣的需求也相應增加，用以進行更多的經濟商業活動。

本國與外國經濟增長率的差異對匯率變化的影響是多方面的。首先，經濟增長會對商品和勞務的進出口產生影響。當一國的經濟增長率較高時，意味着國民收入的增加，這會刺激進口需求增加；而較高的經濟增長率往往伴隨著勞動生產率的提高，這會使得生產成本降低、本國產品的國際競争力增強，這將有利於刺激出口。這兩者作用對比才能看出經濟增長對進出口的淨效應。如果經濟增長對進口的影響大於出口，這使得外匯需求增加，均衡匯率上升；反之，將導致均衡匯率下降。其次，經濟增長會對資本流動產生影響。當一國經濟增長率較高時，國内對資本的需求較大，國外投資者也熱衷把資本投向該國尋求更高的資本收益，於是資金流入，這使得外匯供給增加，均衡匯率下降。總體而言，在長期内，經濟持續高速的增長會對本幣幣值起到有力的支持作用。

（三）通貨膨脹

通貨膨脹是指一個經濟中大多數商品和勞務的價格在一段時間内持續普遍上漲。通貨膨脹直接影響一國貨幣的幣值。如果通貨膨脹是由貨幣供給的過度增長引起的，在其他條件相同的情況下，該國貨幣代表的價值量下降，即發生貨幣對内貶值。通貨膨脹主要通過兩個機制間接影響匯率。第一，通貨膨脹會影響一國進出口情況。本國相對外國過高的通貨膨脹率會削弱本國商品在國際市場的競争力，使得本國出口減少；同時提高外國商品在本國市場的競争力，使得本國進口增加。這同時引起外匯供給減少和外匯需求增加，導致均衡匯率上升。第二，通貨膨脹會影響人們對匯率的預期。如果一國通貨膨脹率較高，人們會預期該國貨幣的匯率趨於疲軟，而傾向於把手持的該國貨幣轉化爲其他國家的貨幣，使得該國貨幣幣值進一步下降，發生貨幣對外貶值。

(四) 利率

如果本國利率相對於外國利率提高，會刺激國外資金流入增加，使得外匯供給增加，導致均衡匯率下降。反之，如果本國利率相對於外國利率下降，會增加本國資金流出，使得外匯需求增加，導致均衡匯率上升。

(五) 預期因素

外匯市場經濟主體的預期受到政治、經濟等宏觀環境的影響。如果市場上預期某國通貨膨脹率將比別國提高，或者預期某國的實際利率將比別國降低，該國的貨幣將會在外匯市場上被大量拋售，使得該國貨幣幣值下降。反之，將導致該國貨幣幣值上升。

(六) 政府干預

匯率的變動會影響一國宏觀經濟的運行。例如，如果一國貨幣幣值在較長一段時間內一直貶值，消費者和投資者可能會喪失信心。貨幣急劇貶值會削弱該國償還國外貸款的能力，還可能引發經濟危機等。爲了減輕匯率變動對經濟的負面影響或者爲操縱匯率變動以服務於某種經濟政策目的，各國政府一般會對外匯市場進行干預。

例如，當　國的貿易赤字比較嚴重並在較長一段時期內存在時，該國的中央銀行可能會通過在外匯市場買賣貨幣等方式使得本國貨幣貶值，以便阻止該國居民從國外進口商品，從而減少貿易赤字。

(七) 市場心理

外匯市場會受到市場心理的影響。市場心理的表現例如羊群效應、慣性交易等。羊群效應是指投資者具有模仿他人行爲的趨勢。慣性交易是指投資者傾向於買進正在上漲的股票，而拋售正在下跌的股票的行爲。羊群效應、慣性交易等市場心理行爲使得匯率的變化更難以預測。

以上討論的是影響匯率變動的一些主要因素，這些因素交織在一起對匯率產生影響。我們需要通過具體分析各種因素對匯率影響的作用方向和作用強度，才能較爲準確地判斷其對匯率的總體影響。

三、匯率變動對經濟的影響

匯率變動會對一國的國際收支、國內經濟產生影響。

(一) 匯率變動對一國國際收支的影響

1. 對貿易收支的影響

匯率變動會引起進出口商品價格的變化，導致一國進出口貿易發生變化，從而引起貿易收支的變化。如果一國貨幣的匯率下降，即本幣貶值、外幣升值，則有利於該國增加出口，抑制進口。其機制在於：如果該國貨幣匯率下降，則意味着以外幣表示的出口商品價格會下降，當出口商品具有較大價格需求彈性時，就會誘使國外居民增加對該國出口商品的需求，最終使得出口大幅度增加。如果該國貨幣匯率下降，就會使以本幣表示的進口商品的價格上升，購買進口商品變得不經濟，從而使該國居民減少對進口商品的需求，達到抑制進口的效果。相反，如果一國貨幣匯率上升，即本幣升值、外幣貶值，則有利於該國減少出口而擴大進口。

2. 對非貿易收支的影響

一國貨幣匯率變化對該國國際收支經常項目中的旅遊和其他勞務收支的狀況也會產生影響。如果一國貨幣匯率下降，外國貨幣的購買力相對提高，該國的勞務商品價格相對降低，這對外國遊客或客戶增加了吸引力，擴大了非貿易收入的來源。相反，如果一國貨幣匯率上升，外國貨幣購買力相對下降，該國的勞務商品價格相對提高，就會減少非貿易收入的來源。

3. 對資本流動的影響

當一國貨幣匯率存在下降的趨勢時，資本持有者擔心該國貨幣匯率下跌造成損失，便會將資本調出至國外。相反，如果該國貨幣匯率有上升趨勢時，資本持有者爲了取得貨幣匯率上升帶來的收益，就會將資本調入該國。

4. 對外匯儲備的影響

匯率變動對外匯儲備影響表現在兩個方面：第一，匯率變動會引起外匯儲備實際價值的變動。如果儲備貨幣的匯率上升，會增加外匯儲備的折算價值；如果儲備貨幣匯率下降，則會減少外匯儲備的折算價值。第二，匯率變動會引起一國國際收支的變動，從而引起外匯儲備的變動。如果一國貨幣匯率下降後處於偏低的狀態，則有利於出口而抑制該國進口，導致貿易順差，會增加該國外匯儲備。由於該國存在貿易順差，其貨幣有升值的趨勢，就會吸引外資流入，又將導致資本項目的順差，也會增加該國外匯儲備。相反，若一國貨幣匯率由於上升處於偏高的狀態，則會形成貿易項目和資本項目的雙逆差，會減少該國外匯儲備。

(二) 匯率變動對一國國內經濟的影響

1. 對國內物價的影響

在貨幣發行量一定情況下，本幣匯率上升會引起國內物價水平下降。這一方面是因爲本幣匯率上升、外幣匯率下降，就會使以本幣表示的進口商品在國內售價相對便宜，刺激進口增加，並帶動用進口原料生產的本國產品價格下降。另一方面由於本幣匯率上升，以外幣表示的出口商品在國外市場價格升高，降低了出口商品的競爭力，促使一部分出口商品轉內銷，增加國內市場供給量，也會引起國內物價水平的下降。

反之，在貨幣發行量一定的情況下，本幣匯率下降會引起國內物價水平上升。這一方面是因爲本幣匯率下降，有利於本國商品出口，出口商品數量增加會使國內市場供應發生缺口，促使價格上漲。另一方面，進口商品用本幣表示的價格因本幣匯率下跌而上升，促使進口的生產資料價格提高，導致以此爲原料的國產商品價格上漲，同時，進口的消費資料也因本幣匯率的下降而價格上漲，進口商品數量減少，國內市場商品供應相對減少，引起國內物價總水平上漲。

2. 對國內利率水平的影響

在貨幣發行量一定條件下，本國貨幣匯率上升，會使國內利率總水平上升。其機制在於：本幣匯率上升會對商品出口和資本流入產生不利的影響，而對商品進口和資本流出產生有利的影響，引起本國外匯收入減少、外匯支出增加，從而使國內資金總供給減少，引起國內利率總水平上升。反之，本國貨幣匯率下降，會使國內利率總水平上升。其機制在於：本國貨幣匯率下降有利於增加本國外匯收入，國內資金供應增加，導致國內利率總水平下降。

3. 對國內就業和國民收入的影響

在其他條件不變時，本幣匯率下降，有利於出口而不利於進口，從而有利於本國產業的發展，促進國內就業崗位增多和國民收入增加。反之，本幣匯率上升，不利於出口而有利於進口，從而限制了本國產業的發展，減少國內就業量和國民收入。

第三節　匯率制度

匯率制度，又稱匯率安排，是指一國貨幣當局對本國匯率變動的基本方式所做的一系列安排或規定。匯率制度制約着匯率水平的變動。本節將介紹現代匯率制度的演進、現代匯率制度的類型以及世界各國當前的匯率制度。

一、現代匯率制度的演進

金本位制、布雷頓森林體系等是現代匯率制度的前期形式。

(一) 金本位制

金本位制最早源於使用金幣作爲交換媒介、記帳憑證以及價值貯存。金本位制在19世紀70年代開始盛行。到1880年，包括英國、德國、美國、日本在內的大多數貿易國已採用金本位制。金本位制是以黃金爲本位幣的貨幣制度，每單位的貨幣價值等同若干重量的黃金，不同國家使用金本位時，國家之間的匯率由其各自貨幣的含金量之比來決定。

例如，在金本位制下，1美元被定義爲與23.22格令（1格令等於1/4克拉）的純金等值。在理論上，人們可以要求美國政府把1美元兌換成23.22格令黃金。又因爲1盎司黃金有480格令，那麼1盎司黃金值20.67美元（480/23.22）。需要購買1盎司黃金的貨幣量被定義稱爲黃金平價（Gold Par Value）。1英鎊被定義爲等於113格令黃金，換句話說，1盎司黃金值4.25英鎊（480/113）。根據英鎊和美元面值，可以計算出把英鎊兌換成美元的匯率，即1英鎊等於4.87美元。

金本位制的好處是它包含讓所有國家同時達到貿易差額均衡的機制。例如，在金本位制下，當日本有貿易順差時，就會發生黃金從美國淨流入日本。這些黃金的流動自動地減少美國的貨幣供應，增加日本的貨幣供應。貨幣供應增長又和價格通脹聯繫在一起。貨幣供應的增加會提升日本的價格，而美國貨幣供應的減少會降低美國的價格。日本產品價格的提高會降低對其產品的需求，而美國產品價格的下降會增加對其產品的需求。因而日本從美國購買的商品會增加，美國從日本購買的商品會減少。這樣持續到貿易差額均衡為止。

在兩次世界大戰期間，有些國家政府出於籌集軍費的需要，大量印制鈔票，導致通貨膨脹，隨意讓貨幣貶值。人們不再願意持有另一國的貨幣，而把貨幣換成黃金，以提防該國使其貨幣貶值。這對各國的黃金儲備構成壓力，迫使它們延緩黃金的可兌換性。到1939年第二次世界大戰爆發時，金本位制消亡。

(二) 布雷頓森林體系

19世紀初至20世紀20年代期間，國際貿易總體上蓬勃發展。隨後，經濟大蕭條和第二次世界大戰發生導致國際貿易體系面臨崩潰。二戰後，國際上一些國家為了改善國際商業活動，致力於制定框架以穩定國際貨幣金融體系，普遍意見是希望建立一個固定的匯率。1944年，44個國家政府協商簽署了《布雷頓森林協定》。《布雷頓森林協定》以每盎司黃金兌換35美元將美元與黃金掛勾，美國政府同意無限量買賣黃金來確保這一固定比率。每個《布雷頓森林協定》的簽署國同意根據美元確定本國貨幣幣值，並通過中央銀行干預維持相對於美元的固定匯率。這樣，布雷頓森林體系使主要貨幣的匯率維持在一個固定水平並與美元聯繫。

布雷頓森林體系在20世紀60年代末以前一直有效運作。然而，在布雷頓森林體系中，美元作為可兌換成黃金的唯一貨幣以及作為其他貨幣參考點的貨幣，美元在該體系中占據中心位置，任何使得美元貶值的壓力都會對該體系造成破壞。《布雷頓森林協定》的瓦解始於20世紀60年代末期。當時美國政府採用財政赤字來支付越南戰爭和高額的政府項目，持續增長的政府開支刺激了經濟發展，美國人開始更多地購買進口產品，致使美國國際收支惡化，美國對日本、德國和其他歐洲國家都存在貿易赤字。之後，國內外對美元的需求遠遠超出美元的供給，美國政府無法維持足夠的黃金儲備。最終在1971年，美國終止了美元與黃金的固定兌換比率，收回了當初所做出的用黃金兌換美元的承諾。這一行動宣告布雷頓森林體系瓦解。

布雷頓森林體系雖然瓦解，但它也留下了一些遺產。首先，布雷頓森林體系建立了在一個國際制度下實施固定匯率以便降低匯率風險的理念。其次，基於布雷頓森林體系，在1945年建立了國際貨幣基金組織和世界銀行這兩大世界金融機構，IMF的任務是維護國際貨幣體系的秩序，世界銀行的任務是推動總體經濟的發展。最後，布雷頓森林體系也確立了貨幣可兌換的重要性以及不限制貨幣交易、不進行歧視性的貨幣調整的原則。

二、現代匯率制度的類型

現在，黃金由官方定價的制度正式被廢除，各國政府可以自主選擇適合本國需要的匯率制度。當前的匯率制度主要包括兩種形式：固定匯率制和浮動匯率制。自19世紀中期在西方各國確立金本位制、1944年以來確立布雷頓森林體系以來，直到1973年，世界各國的匯率制度基本屬於固定匯率制；1973年以後，世界主要工業國大多改爲實行浮動匯率制。

（一）固定匯率制（Fixed Exchange Rate System）

在固定匯率制下，一國貨幣同他國貨幣的匯率基本固定，其波動限於一定的幅度之內。在固定匯率制下，本國貨幣隨著參考貨幣幣值的上漲或下跌相應地上漲或下跌。固定匯率制度使匯率更加穩定，匯率波動更容易預測，並能幫助穩定一國經濟，但中央銀行必須隨時準備填補貨幣在供給與需求之間的缺口。

固定匯率制包括金本位制下的固定匯率制和紙幣流通條件下的固定匯率制。在金本位制下，固定匯率制是自發形成的，兩國貨幣之間的中心匯率按兩國本位幣含金量決定金平價之比而自行確定，並且按自由兌換、自由鑄造和熔化、自由輸入輸出的原則能保證現實匯率的波動不超過黃金輸送點。在紙幣流通條件下，固定匯率制是通過國際上的協議人爲地建立起來的，各國通過規定虛設的金平價來制定中心匯率，並且通過匯率干預、外匯管制或國內經濟政策等措施將現實匯率維持在規定的狹小範圍內波動。

（二）浮動匯率制（Floating Exchange Rate System）

在浮動匯率制下，一國不規定本國貨幣與他國貨幣的官方匯率，其匯率由外匯市場的供求關係自發地決定。浮動匯率更自然地反應外匯市場中一國貨幣的供給和需求情況。

按政府是否干預，浮動匯率制分爲自由浮動和管理浮動。自由浮動（Free Floating），又稱清潔浮動，是指中央銀行對外匯市場不採取任何干預措施，匯率完全由外匯市場的供求力量自發地決定。管理浮動（Managed Floating），又稱骯髒浮動（Dirty Floating），是指中央銀行對外匯市場進行干預，以使得市場匯率朝着有利於本國的方向浮動。

按浮動的形式，浮動匯率制分爲單獨浮動和聯合浮動。獨立浮動（Independent Floating）是指本國貨幣不與外國任何貨幣發生固定聯繫，其匯率根據外匯市場的供求狀況單獨浮動。聯合浮動（Joint Floating）是指原歐洲貨幣體系各成員國貨幣之間保持固定匯率，而對非成員國貨幣則採取共同浮動的做法。

三、世界各國當前的匯率制度

當前，世界各國採用不同的匯率制度。這些制度從匯率完全由市場自發決定的純粹的"自由浮動"到具有某些固定匯率特徵的"釘住匯率制"不等。世界各國當前的匯率制度有以下幾種常見類型。

（一）自由浮動匯率制（Free Floating Exchange Rate）

世界四大主要交易貨幣——美元、歐元、日元、英鎊採用自由浮動匯率制，這四大交易貨幣都相對於彼此自由浮動。採用自由浮動匯率制的國家，其匯率是由市場力量決定的，其匯率每天都在相互波動。

(二) 釘住匯率制 (Pegged Exchange Rate)

世界上許多發展中國家都將它們的貨幣釘住美元或歐元。釘住匯率制意味着貨幣的價值相對於一種參考貨幣是固定的，例如，對美元，然後這些貨幣與其他貨幣之間的匯率是由參考貨幣的匯率決定的。例如，澳門將其匯率釘住港元，而港元又釘住美元。又如，阿拉伯海灣許多國家長期以來把他們的貨幣釘住美元。

(三) 有管理的浮動匯率制 (Managed Floating Exchange Rate)

許多國家雖然沒有採用釘住匯率，但試圖將它們貨幣的價值保持在相對於一種重要參考貨幣 (如美元) 的範圍內或一攬子貨幣的範圍內。這被稱為有管理的浮動匯率制，或受限制的浮動匯率制。它是一種浮動的體系，在理論上，貨幣的價值是由市場力量決定的，但它是受控制的浮動，貨幣當局在必要時會對匯率進行干預。例如，如果一國的貨幣相對於一種重要參考貨幣貶值太快，該國中央銀行會干預外匯市場以維持其貨幣的價值。中國人民幣採用的是管理浮動匯率制，中國人民幣的價值已經與包括美元、歐元、日元在內的一攬子其他貨幣相鏈接，它相對於個別貨幣的價值也被允許有變動，但仍有一定的限制。

(四) 固定匯率制 (Fixed Exchange Rate)

還有少數國家採用固定匯率制。在固定匯率制下，一組貨幣的價值以共同認可的匯率彼此互相固定。在 2000 年歐元引入之前，歐盟的幾個成員國在歐洲貨幣體系 (European Monetary System，EMS) 內採用固定匯率。

第四節　人民幣匯率制度

基於外匯和匯率的基礎知識，本節將介紹我國人民幣匯率制度的演變、制定人民幣匯率的依據以及人民幣匯率制度改革的方向和方式。

一、人民幣匯率制度的演變

我國人民幣匯率制度經歷了由高度集中的計劃管理模式，轉變為在外匯留成和上繳基礎上的計劃與市場結合的管理模式，然後再轉變為建立在結售匯制基礎上的以供求關係為基礎、市場調節為主的管理模式。我國人民幣匯率制度的演變可以劃分為以下三個時期：

(一) 改革開放以前的人民幣匯率制度 (1949—1979 年)

這一時期，我國的人民幣匯率制度主要分為三個階段：

第一階段 (1949—1952 年)，沒有真正意義上的匯率制度。此時新中國剛剛成立，國內外局勢還不穩定，我國沒有得到資本主義國家的普遍認可，對外經貿尚未正式起步。這一階段的主要特點是人民幣匯率富有彈性，調整頻繁，穩定性弱。

第二階段 (1953—1973 年)，可調整固定匯率釘住制。這一時期國際匯率制度正處於布雷頓森林體系下，實行的是美元與黃金掛勾，國際貨幣基金組織其他成員國的貨幣與美元掛勾的"雙掛勾制度"。這種制度使人民幣匯率具有剛性，人民幣匯率制度不受市場供求和國際貿易的影響，失去經濟槓桿作用。

第三階段（1973—1979年），釘住貨幣籃子制。隨著布雷頓森林體系的瓦解，我國將匯率制度的目標設定為維持人民幣匯率相對穩定，並要求匯率制度要有利於對外貿易的發展。此時，人民幣匯率穩定與效率的權衡決定其制度採用盯住一籃子貨幣。

(二) 向市場經濟轉軌初期的人民幣匯率制度（1979—1993年）

這一時期的人民幣匯率制度為匯率雙軌制，分為兩個階段：

第一階段（1981—1984年），人民幣內部結算價與官方匯率並存時期。改革以前，人民幣匯率長期低於出口創匯成本，但高於國內外消費物價之比。為擴大出口，人民幣需要貶值，但人民幣貶值對非貿易外匯收入不利。從兼顧貿易和非貿易兩方面的需要出發，1979年8月政府決定自1981年1月1日起在官方匯率之外實行貿易內部結算匯率，它以全國出口平均換匯成本加一定幅度的利潤計算出來，明顯低於官方匯率。

第一階段的雙重匯率體制明顯調動了出口企業的積極性，國家外匯儲備也有所增加。但是這種體制存在明顯的問題：第一，IMF將雙重匯率看作是政府對出口的補貼，發達國家威脅要對我國出口商品徵收補貼稅。第二，雙重匯率造成外匯管理工作中的混亂，而且它在外貿部門仍然"吃大鍋飯"的情況下不能有效抑制進口。所以從1985年1月1日起政府取消內部結算價，人民幣又恢復到單一匯價。

第二階段（1985—1993年），官方匯率與外匯調劑市場匯率並存時期。為了配合外貿改革和推行承包制，我國逐步取消財政補貼，從1988年起增加外匯留成比例，普遍設立外匯調劑中心，放開調劑市場匯率，形成官方匯率和調劑市場匯率並存的局面。

(三) 社會主義市場經濟時期的匯率制度（1994年至今）

1994年，中國初步建立社會主義市場經濟體制。此後人民幣匯率制度改革分為兩個階段：

第一階段（1994—2005年7月），匯率並軌與有管理的浮動匯率制度時期。這一階段的制度特點：一是實行以市場供求為基礎、單一的、有管理的浮動匯率制；二是取消外匯留成制度，實行銀行結售匯制；三是建立全國統一的、規範的銀行間外匯交易市場。1996年12月我國實現人民幣經常項目可兌換，從而實現了人民幣自由兌換的重要一步。

1994年以後，我國實行以市場供求為基礎的管理浮動匯率制度，但人民幣對美元的名義匯率除了在1994年1月至1995年8月期間小幅度升值外，始終保持相對穩定狀態。亞洲金融危機以後，由於人民幣與美元脫鉤可能導致人民幣升值，不利於出口增長，中國政府又進一步收窄人民幣匯率的浮動區間。學界分析，中國該階段的匯率體制已演變爲單一盯住制。1999年，IMF對中國匯率制度的劃分也從"管理浮動"轉為"盯住單一貨幣的固定盯住制"。

盯住制保持了人民幣匯率水平的穩定，有力地促進外貿和投資的發展，但也帶來一些問題：第一，對外貿易不平衡狀況加劇，該時期中國雙順差規模持續擴大。第二，雙順差造成中國的外匯儲備迅速增加並帶來貨幣衝銷操作的壓力，貨幣政策的獨立性受到挑戰。

第二階段（2005年7月至今），實行以市場供求爲基礎、參考一籃子貨幣進行調節、有管理的浮動匯率制度。這標誌着人民幣匯率體制進入到一個新的階段，從此轉向更加靈活的匯率制度。

二、制定人民幣匯率的依據

制定人民幣匯率，一般來說，既要考慮影響匯率變動的長期因素和短期因素，又要考慮影響匯率變動的國內和國際經濟環境。具體地說，主要有以下幾方面：

（一）國際收支經常項目的狀況

國際收支是一國國際經濟交往的綜合反應。當我國的國際收支出現大量的順差或逆差時，需研究調整人民幣匯率的必要性和可行性。因爲當一國進口增加或產生較大逆差時，外匯需求增加，會引起該國貨幣匯率下跌；而當一國出口增加或出現較大順差時，外匯供給增加，會使匯率趨於上升。

（二）國家之間通貨膨脹率的差異

在某國發生通貨膨脹時，該國貨幣的實際購買力下降，於是其貨幣對外比價趨於下跌。根據購買力平價理論，如果甲國通貨膨脹率水平高於乙國，這意味着甲國貨幣的購買力下降，甲國貨幣對乙國貨幣應貶值，匯率應相應下調。通貨膨脹對於人民幣匯率有着直接的影響。如果國內物價上漲，那麼會抬高出口商品成本。此時，如果不調整人民幣匯率，那麼便會降低本國商品的國際競爭能力，影響出口。

（三）國家之間經濟增長率的差異

國家之間實際經濟增長的差異會對匯率產生長期影響，這種影響有兩種情形，一般情況下，一國經濟增長率較高時，會增加對外國商品的需求，從而增加對外匯的需求，並促使該國匯率趨於下跌。比如在我國經濟增長較快時，進口需要一般會增加，從而使匯率有下跌的壓力。但是如果一國經濟增長率的增長動力是來自於出口貿易增加，那麼會促使該國匯率趨於上升。

（四）銀行利率

銀行利率的高低會影響一國金融資本的吸引力。本國利率上升會引起資本內流，匯率上升。外國利率上升會引起本國資本流出，匯率下降。我國跨境資本的流動性在日益提高，波動性也將加劇，這需要關註銀行利率變動對人民幣匯率的影響。如果遇上諸如美聯儲加息等國際金融市場利率變動的情形，也需審慎考慮其對人民幣匯率的影響。

（五）資本項目的流動

在市場經濟中，資本自由流動，在外匯市場開放條件下，資本項目成爲影響短期匯率變動重要因素之一。在外匯市場上，金融資本的交易規模遠遠大於商品貿易形成的外匯交易。資本從一國轉到另一國，從一種貨幣流向另一種貨幣，這使得匯率的短期波動產生巨大影響。因此，在制定人民幣匯率時也需考慮資本項目流動的影響。

另外，人民幣匯率的制定也需要考慮人民幣納入特別提款權（SDR）等新形勢，結合我國貨幣政策、財政政策做分析，以便在保持人民幣匯率穩定的同時，更好地促進宏觀經濟的發展。

三、人民幣匯率制度的改革

1979—1984 年我國開始嘗試改革人民幣匯率制度，但沒有形成明確的改革方向和具體的行動計劃。1985 年我國首次認識到匯率應該成爲調節經濟的槓桿，1994 年以後人民幣匯率制度改革的目標逐漸清晰，明確要使人民幣匯率在市場機制中逐步發揮作用，建立合理的匯率水平，逐步使匯率轉化爲經濟槓桿。2005 年 7 月的匯率改革是自 1994 年以來匯率機制的又一次重大改革，標誌着中國事實上已經放棄完全無彈性的固定匯率制度。下面結合歷次人民幣匯率改革的經驗，分析我國人民幣匯率改革的方向和方式。

（一）人民幣匯率制度改革應始終堅持市場化方向

人民幣匯率制度改革的核心是以市場爲導向的匯率形成機制改革，涉及匯率變動的三個方面：匯率水平的確定、匯率波動的參照體系以及匯率波動的幅度。匯率形成機制的市場化在我國是一個漸進的過程，即逐漸弱化、摒棄匯率決定中行政干預的成分，讓市場供求關係成爲決定匯率的基礎。

1988 年以後外匯調劑市場的發展狀大爲人民幣匯率的市場生成奠定基礎。1994 年外匯體制改革的內容之一是建立規範的、全國統一的銀行間外匯市場，增進匯率的市場化形成機制。但當時在外匯銀行、企業、居民不願持有外匯的前提下，匯率形成機制具有封閉性、管制定價、交易品種單一和波幅較小的特徵，因此不是一種完善的市場匯率機制。1997 年亞洲金融危機以後，人民幣匯率制度更是退守單一釘住制，匯率"管而不浮"。

2005 年以來是中國匯率制度市場化措施出臺最密集、進程最快的階段。此次匯率制度改革最重要的內容之一就是從原來釘住單一美元的固定匯率制度轉變至"以市場供求爲基礎、參考一籃子貨幣進行調節、有管理的浮動匯率制度"。"籃子貨幣"的確定是以對外貿易權重爲主，目前，美國、歐元區、日本、韓國等是我國最主要的貿易夥伴，相應地，美元、歐元、日元、韓元等也自然成爲主要的籃子貨幣。不過，由於釋放外匯市場實需供求、建設健全高效的外匯市場不可能在短期內完成，所以建立真正市場化的匯率形成機制依然任重道遠。

（二）人民幣匯率制度改革應使人民幣走向國際化

中國若要成爲世界經濟強國，人民幣必須成爲自由可兌換貨幣，成爲國際儲備貨幣，這就需要將國內金融市場與國外金融市場連成一體，使人民幣國際化。

不可能三角理論指出：一國的制度在固定匯率、獨立貨幣政策、資本自由流動這"三難選擇"中不能同時選擇三項，只能兩兩組合做出如下三種選擇之一：一是固定匯率與獨立貨幣政策；二是固定匯率與資本自由流動；三是獨立貨幣政策與資本自由流動。

人民幣要作爲國際貨幣、走向國際化的目標定位要求三難選擇中的"資本自由流動"一項是不能舍棄的。同時，我國作爲大國，貨幣主權是需堅持的，所以"獨立貨幣政策"一項也是不能舍棄的，否則容易對我國宏觀經濟造成潛在危機。根據不可能三角理論，可以舍棄的只能是固定匯率，這説明人民幣匯率制度改革從長期應走向自由浮動。

這代表一部分學者的觀點。他們從不可能三角理論出發，認爲隨著中國加入WTO、人民幣納入特別提款權（SDR），資本帳户會進一步開放；同時，作爲發展中國家，中央銀行貨幣政策的獨立性又不能喪失，因此完全釘住的匯率制度需要放棄。也有學者從經濟論角度論證中國應採取更靈活、更富彈性的匯率制。人民幣匯率形成機制需要退出單一釘住制而轉向更富彈性匯率制度在理論界基本達成共識，儘管對退出時機選擇和退出路徑説法不一。

（三）人民幣匯率制度改革過程中特別註意改革順序的安排

20世紀80年代至90年代中期，人民幣匯率制度改革的複雜性在於它與價格改革、外貿體制改革和企業改革等是同時進行的。中國當時對這種同時性問題的處理原則是微觀主體優先以及相互銜接、相互交叉地進行各項改革。最初，政府當局意識到貨幣高估是主要的扭曲，因而用貶值的辦法改變匯率阻滯貿易和其他改革的情況。改革全面啓動以後，發揮匯率的經濟槓桿作用成爲可能，他們着手改革匯率政策原則，以確保隨著制度背景的變化調整實際匯率。直到市場機制完全建立起來，中國才正式建立靈活的匯率制度和實現經常項目的可自由兑換。

（四）人民幣匯率制度改革宜採用漸進方式

人民幣匯率制度退出單一釘住制而轉向自由浮動制的改革方式有兩種：漸進式和跳躍式。從實踐來看，中國選擇了漸進式的匯率改革方式，這是符合我國現實狀況的。完全自由浮動匯率制需要發達的金融市場支持，同時投資主體要有回避匯率風險的意識和手段。而我國金融市場尚處於發育階段，外匯市場具有開放性不足、管制定價、交易品種不多等缺陷，投資主體不夠成熟，風險意識和抗風險能力較弱。在微觀層面的金融市場和金融主體發育成熟之前，一步到位轉爲自由浮動匯率制將帶來巨大的金融風險。另外，考慮到變遷成本與路徑依賴，以及中國市場經濟體制整體上屬於漸進式的改革，人民幣匯率制度也應採取漸進式改革的方式。

第六章　國際貨幣體系與金融市場

國際金融環境主要包括：國際貨幣體系、國際金融市場和國際金融機構。由於國際金融市場的開放性，企業可以在國際金融市場上進行投融資活動。國際金融市場可以爲企業提供一個充分利用閒置資本和籌集經濟發展所需資金的重要場所。同時，企業也可以利用國際金融市場規避經營中面臨的匯率風險，從而鎖定收益和成本，促進企業穩定健康的發展。然而，由於本國金融市場相比國際金融市場在制度規則、產品和監管上都存在較大的差異，對於企業而言，深入瞭解國際金融環境顯得尤爲重要。

第一節　國際貨幣體系

隨著國際經濟一體化趨勢的增強，各國之間的經濟往來日益密切，國際上的貿易關係、債務債權清算、資產轉移等活動都涉及匯率制度的規定、貨幣之間的兌換以及國際收支調節等問題。整個國際金融環境需要某些共同的標準或規定來處理相關的問題，這些共同的標準和規定就構成了國際貨幣體系的主要內容。

一、國際貨幣體系內容

國際貨幣體系又稱國際貨幣制度，是指爲適應國際貿易和國際收支的需要，使貨幣在國際範圍內發揮世界貨幣職能，各國政府都共同遵守的有關政策規定和制度安排。國際貨幣體系包含的內容非常廣泛，主要包括國際金融協調的相關制度，即包括了國際上進行各種交易支付所依據的一套準則以及所建立的機構。具體而言，國際貨幣體系主要包括以下幾方面內容。

(一) 各國貨幣比價的確定

國際貨幣體系負責協調和管理在一定時期內各國貨幣之間的比價，貨幣比價確定的依據，貨幣比價波動的界限以及貨幣比價的調整與維持所採取的措施等。

(二) 國際收支的調整具體方式

一國的國際收支情況總體上反應了該國對外經濟交易的狀況。隨著世界經濟的發展，各個國家之間的聯繫也愈發緊密，任何一個國家的國際收支調整，都會在一定程度上影響到與其他國家的經濟關係。因此，國際貨幣體系要對各個國際收支調整的方式進行協調和約束。

(三) 國際儲備資產的確定

為了滿足國際經濟交易和支付的需要，任何國家都需要保持一定量的國際儲備資產。一國政府應使用何種貨幣作為國際支付手段，持有何種貨幣國際儲備資產以確保國際支付順利進行及滿足調解國際支付的需要等，仍需要國際貨幣體系的管理和協調。

二、國際貨幣體系的歷史演變與改革

國際貨幣體系的歷史發展過程，大致經歷了三個時期，包括國際金本位制、布雷頓森林體系和牙買加協議基礎上的現行國際貨幣體系。從國際貨幣體系發展演變的整個過程來看，每一個時期的國際貨幣制度都在不同程度上存在一定的矛盾和缺陷，由此導致各種危機的產生，也從而推動了國際貨幣體系不斷地改革發展。

(一) 國際金本位制

國際金本位制是19世紀初到20世紀上半期，在西方各國普遍實行的一種自發性質的國際貨幣制度，是一種以各國普遍採用金本位制為基礎的國際貨幣體系。英國於1816年率先實行金本位制度，之後許多國家相繼效仿，金本位制度由國內制度變為一種國際制度。

金本位制是指一國法律規定以一定成色和重量的黃金作為本位貨幣而進行流通的貨幣制度。在金本位制下，各國的貨幣都以一定數量的黃金定制，黃金可以在各國之間自由地輸入輸出，價值符號與黃金可以自由兌換，並且一國的貨幣供應量受該國黃金存量的限制。因此，在金本位制下，各國貨幣之間的匯率由各自的含金量決定，匯率固定，並以黃金輸送點為界小幅波動。但是，金本位制有其不可避免的內在問題。一方面，黃金生產量的增長幅度遠遠低於商品生產增長的幅度，黃金不能滿足日益擴大的商品流通需要；另一方面，黃金存量在各國的分配不平衡，1913年年末，美、英、法、德、俄五國占世界黃金儲量的2/3。在1929—1933年的世界經濟大危機的衝擊下，國際金本位制徹底走向崩潰。

(二) 布雷頓森林體系

二戰結束後，根據1944年7月1日在美國新罕布什爾州布雷頓森林公園召開的由44國參加的聯合國國際貨幣金融會議所通過的《國際貨幣基金組織協定》建立起來一種新的國際貨幣制度，即布雷頓森林體系。

布雷頓森林體系建立了以美元為中心的雙掛鉤制度，即美元與黃金掛鉤，規定每盎司黃金等於35美元；各國貨幣與美元掛鉤，並保持固定比價，一般只能在平價基礎上上下各1%的範圍內波動。布雷頓森林體系還建立了國際貨幣基金組織（IMF），負責維持國際金融領域的基本秩序，並對會員方中的國際收支逆差國提供短期信貸資金的資助，促進了世界經濟的發展和快速增長。

但是，1973年各國開始紛紛實行浮動匯率制，布雷頓森林體系走向全面瓦解，這主要是由於其運作機制的內在缺陷所導致的。首先，美國經濟學家特里芬在其1960年出版的《黃金與美元危機》一書中首次提出特里芬難題。在布雷頓森林體系下，美國只有通過長期的國際收支逆差，才能夠滿足世界各國對美元儲備的需求。但是，這樣會導致美元貶值，其他國家的美元儲備過剩，各國政府用美元向美國政府兌換黃金，美國的黃金儲備會大量外流，最終影響美元的聲譽。為了避免上述問題，美國就必須長期保持國際收支順差，但這又會是導致其他國家的美元儲備資產不足，國際清算能力下降。其次，美元作為主要的儲備資產，其他各國貨幣與美元保持固定的比價，導致其他國家貨幣對美元過度依賴，使得美國可以操縱國際金融事務。

(三) 牙買加協議

1976年1月，國際貨幣基金組織成立了專門研究國際貨幣制度改革的機構，即國際貨幣臨時委員會在牙買加首都召開牙買加會議，簽署了牙買加協議，並在基礎上建立了現行的國標國際貨幣體系。

牙買加協議的內容主要包括以下五個方面：第一，承認浮動匯率制度合法化。牙買加協議正式確認了浮動匯率制度的合法化，會員國可根據本國的實際情況自由選擇匯率制度。第二，宣布黃金非貨幣化。牙買加協議宣布黃金與貨幣徹底脫鉤，不再做各國貨幣的定值標準，廢除黃金官價，允許黃金價格隨市場供求變化自由浮動。第三，增加會員國的基金份額。牙買加協議決定增加各會員國應繳納的基本份額，由原來的292億特別提款權增加到390億特別提款權，從而增加了會員國從IMF融資的能力。第四，突出特別提款權的作用。特別提款權取代黃金成為主要儲備資產，並且擴大特別提款權的使用範圍，可使用特別提款權進行借貸以及償還基金組織的債務。第五，擴大對發展中國家的資金融通。牙買加協議決定將會員國交納的部分黃金出售，設立專門的基金向最不發達的國家提供優惠貸款。

第二節　國際金融市場

國際金融市場是國際上資金借貸、證券交易及外匯買賣的市場。與國內金融市場相比，國際金融市場的業務範圍不受國界的限制，交易主要發生在本國居民與非居民或者非居民之間，業務活動也比較自由，很少受到各國法律的制約。

一、外匯市場

(一) 外匯市場的概念

外匯市場是進行外匯交易或外匯買賣的市場。外匯交易既有在規定的交易場所進行的，也有借助於通信網路來實現的。無論哪種交易類型，大多數的外匯交易都是通過銀行及各家交易商的網路進行的。外匯交易的網路化就決定了即遠期外匯市場是一個永不停歇，24小時晝夜不停交易的市場。倫敦、紐約、東京三個外匯市場只有約4個小時是同時關閉的，但在這段時間內，其他外匯市場是處於開放的狀態，如表6-1所示。

表 6-1　　　　　　　　　主要外匯市場的開、收市時間

城市	當地時間		北京時間	
	開市	收市	開市	收市
惠靈頓	9：00	17：00	4：00	12：00
悉尼	9：00	17：00	6：00	14：00
東京	9：00	16：00	8：00	15：00
香港	9：00	17：00	9：00	17：00
法蘭克福	9：00	17：00	15：00	23：00
倫敦	9：00	17：00	17：00	1：00
紐約	9：00	17：00	21：00	5：00

(二) 外匯交易

1. 即期外匯交易

即期外匯交易又稱現匯交易，是指外匯交易達成後，買賣雙方在兩個營業日內辦理交割的外匯業務。如果正常交割日正逢節假日，則依次順延。不同國家和地區的外匯市場中即期交易的交割日選擇有其特殊性。例如，中國香港外匯市場上，美元與港元的即期交易在當天交割；而美元對加拿大元、墨西哥比索，港元對澳元、日元、新加坡元的交易則在成交日的次日交割。伊斯蘭國家的銀行周六、周日是工作日，而周五是休息日。

作為外匯市場上最普遍的一種交易方式，即期外匯交易可以幫助企業和公司滿足臨時性的付款需要，實現購買力的國際轉移。例如，一家中國的公司兩天後需要用美元支付貨款，該公司就可以通過即期外匯交易賣出人民幣，買入美元用來進行支付。

2. 遠期外匯交易

遠期外匯交易也稱期匯交易，是指買賣外匯的雙方簽訂合同，在合同中規定買賣外匯的幣種、數額、匯率和未來交割的時間，到合同規定的交割日期，進行外匯交割的外匯業務。外匯市場中絕大多數的遠期交易期限不超過一年，常見的期限有 1 個月、2 個月、6 個月、9 個月和 12 個月。

雙方在期初簽訂合同時規定的匯率叫作遠期匯率。遠期匯率的標價方法與即期匯率的標價方法有所區別，主要有兩種標價方法，第一種直接標明遠期匯率，即銀行報價時將遠期實際匯率直接標明出來，瑞士、日本等國採用這種標價方法。另外一種方法是間接表明遠期匯率的方法，即標明遠期匯率與即期匯率的差價。例如，即期匯率為 GBP1 = USD1.600 5/1.601 5，3 個月遠期匯率升水為 40/60，意味着 3 個月 GBP 對 USD 的匯率為 GBP1 = USD1.604 5/1.607 5，即 GBP 升水了，相對而言 USD 貼水了。

遠期外匯交易對公司企業來說，其主要作用是風險控制，可以利用遠期外匯交易防範應收應付帳款及債權債務的外匯風險。

3. 外匯期貨交易

期貨（futures）與現貨相對，是指在未來某一個確定的時間按照確定的價格買賣標的的資產。目前，期貨合約的標的資產主要包括農產品、能源、金屬、股票指數以及外匯等。由於期貨屬於場內交易，交易都是在交易所中進行的，因此期貨合約均為標準化的合約，即對交割的數量、標的資產的質量、時間、地點等都有標準化的規定。外匯期貨（foreign exchange futures）也稱貨幣期貨，是在原有的商品期貨交易的基礎上，於 1972 年首先在美國芝加哥商品交易所（CME）的國際貨幣市場（IMM）上出現的。隨後，倫敦於 1982 年 9 月設立了倫敦國際金融期貨交易所（LIFFE）；新加坡 1984 年 9 月設立了新加坡國際貨幣期貨交易所（SIMEX）；另外，荷蘭、日本、加拿大、澳大利亞、臺灣、中國香港等地的期貨交易機構也設立了外匯的期貨交易，從交易上，IMM 和 LIFFE 包含了主要的外匯期貨業務。

外匯期貨交易作為一種場內交易，其合約是標準化的。值得註意的是，並非外匯市場上所有交易的貨幣都有相應的期貨合約，以 IMM 為例，外匯期貨合約包括英鎊期貨、日元期貨、澳大利亞元期貨、墨西哥比索期貨等；交易者只能買賣整數份的標準期貨合約，因此，其交易量是標準期貨合約金額的整數倍。在 IMM 中，一份英鎊期貨合約的金額為 6.25 萬英鎊，一份日元期貨的金額為 1 250 萬日元等；交割日期也是標準化的，IMM 的外匯期貨的交割日一年只有 4 天，分別是 3、6、9、12 月份的第三個星期三；交割時交易者僅需對淨頭寸負責，若交易者在合約到期前進行了平倉，則到期不需要交割，實際交割的外匯期貨合約不到總合約量的 1%。

外匯期貨的交易雙方在期初要按交易量合約的份數向交易所的清算公司繳納初始保證金，清算公司充當交易雙方的交易對手，買方並不直接與賣方訂立期貨合約。例如，IMM 中一份英鎊期貨合約的初始保證金為 2 800 美元，如果某交易者買入了 10 份英鎊期貨合約，他至少要交納 28 000 美元的初始保證金，保證金的作用是避免雙方出現違約風險，因此保證金也可以國庫券、債券等其他有價證券的形式繳納。期貨交易採用逐日盯市制，即清算公司每天按當天期貨的收盤價來結算所有期貨交易者的盈虧。如果交易者盈利，當天就可提取盈餘部分，如果虧損，則不必立即補充保證金，只有當剩餘保證金低於維持保證金要求時，清算公司才會通知交易者追加保證金到初始保證金水平，維持保證金餘額通常為初始保證金額度的 75%。

4. 外匯期權

外匯期權也稱貨幣期權，是指期權的買方向期權的賣方交納一定的期權費後，獲得了在期權到期日或之前按照協定價格買入或賣出一定數量外匯的權利，如果匯率的變動對期權買方不利，買方也可以放棄該權利。

外匯期權最早於 1982 年開始在費城交易所進行交易，其標的外匯的單位是期權合約金額的一半。例如，英鎊期權合約的規模是 31 250 英鎊，日元期權合約的規模是 625 萬日元等。除了費城交易所之外，倫敦股票交易所、國際證券交易所、倫敦國際金融期貨交易所和 NYSE 群島交易所等也進行外匯期貨交易。目前這些期貨交易所除了交易一些發達國家貨幣的期權產品之外，也針對一些新興市場國家的貨幣設計了相應的期權產品。以 CME 集團為例，目前也有相應的人民幣期權產品，以人民幣/美元期權產品爲例，其合約面值爲100萬人民幣，持倉限額爲6 000份期權合約。

除了場內交易外，外匯期權還可以進行場外交易。這些產品的交易由商業銀行和投資銀行主導，場外交易市場可以爲了滿足客户的特殊需要而定制產品，相對比外匯期權場內交易更加靈活。

根據交易性質的不同進行劃分，期權可以分爲看漲期權和看跌期權。企業也可以利用看漲和看跌期權進行套期保值。看漲期權之期權的買方預測未來匯率會上升，因此，向期權的賣方支付一定的期權費，如果在約定的時期內匯率上漲，則期權的買方則以協定匯率從期權賣方那里買入一定數量的外匯。但是若在約定時期內匯率沒有上漲，則期權的買方可以放棄行使該期權。因此，當企業有外幣應付帳款時可以利用看漲期權規避匯率上漲帶來的風險，將買入外幣的最高價格鎖定在協定價格。

看跌期權是指期權的買方預測未來匯率會下降，因此向期權的賣方支付一定的期權費，如果在約定的時期內匯率下降，期權的買方則以協定匯率向期權的賣方出售一定數量的外匯。但是，若在約定時期內匯率沒有下降，則期權的買方可以放棄行使該期權。當企業有外幣應收帳款時，可以利用看跌期權避險，將賣出外幣的最低價格鎖定在協定價格。

(三) 外匯風險管理

外匯風險是指經濟實體以外幣定制或衡量的資產和負債、收入與支出，以及未來的經營活動可望產生現金流的本幣價值因貨幣匯率的波動而產生損失的可能性。外匯風險可以分爲三類：折算風險、交易風險和經濟風險。折算風險，又稱會計風險，是指由於匯率變化而引起海外資產和負債價值的變化，是經濟主體在會計處理和外幣債權、債務結算時，將必須轉換成本幣的各種外幣計價項目加以折算時所產生的風險。交易風險，是指未來現金交易價值受匯率波動的影響而使經濟主體蒙受損失的可能性。經濟風險，又稱經營性風險，是指由於意料之外的匯率波動引起公司或企業未來一定時期的收益或現金流變化的一種潛在風險。

企業在經營中面臨交易風險時，可以採取適當的方法減少或規避交易風險，而使風險程度降到最低。外匯風險管理的基本原則是管理成本一定的情況下，使匯率變動對本幣造成的經濟損失最小化。套期保值作爲管理交易風險的核心手段，是對一個特定的貨幣敞口頭寸進行對衝，即建立一個數額相等、方向相反的頭寸，使由原頭寸產生的損失能夠被新建頭寸的收益完全抵消或部分抵消，以減少企業的損失。在外匯風險的套期保值管理中，主要有三種方法：遠期合約套期保值、期貨合同套期保值和外匯期權套期保值，企業可以根據自身的情況選擇適合自己的方法。

二、國際債券市場

國際債券是借款人在國際金融市場上發行的長期債務憑證。國際債券市場上的主要金融工具是各國政府、各國企業發行的各種債券和抵押憑證。國際債券市場的兩大類型是外國債券市場和歐洲債券市場。

(一) 外國債券市場

1. 外國債券與外國債券市場

外國債券市場是傳統的國際債券市場，是指外國債券發行和交易的場所。所謂外國債券是指由外國投資人發行的、以發行地所在國貨幣標值並還本付息的債券。可見，外國債券涉及兩個主權國家，即債券發行者所屬國家和債券發行地所屬國家。

某些外國債券市場有其常用的名稱，如在美國發行的外國債券被稱爲揚基債券；在日本發行的外國債券被稱爲武士債券；在英國發行的外國債券被稱爲猛犬債券；在瑞士發行的外國債券被稱爲巧克力債券。

2. 外國債券的發行程序

作爲想在國際資本市場上通過發行外國債券進行融資的企業來講，必須瞭解外國債券的發行流程。由於外國債券發行市場的不同，外國債券的發行流程在各個國家也有一定的差別，但是總的來講，其發行的基本步驟如圖 6-1 所示。

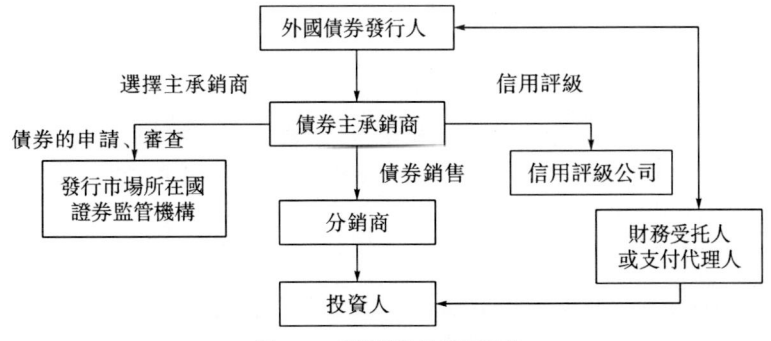

圖 6-1　外國債券的發行程序

外國債券的發行人首先需要在債券發行市場所在國選擇主承銷商，主承銷商可以是專門從事證券發行的投資銀行，也可以是一家銀行的證券業務部，選定好後需要與其就債券發行的一些事項進行確認，如費用的收據、主承銷商對發行數量、價格的建議等。其次，債券主承銷商需要對發行市場所在國的相關部門提出發債申請，如美國的債券交易委員會、日本的大藏省等，經審查合規後，申請生效。與此同時，債券主承銷商還需選擇債券信用評級公司就發行人的財務狀況等進行測定，最終得出該發行人發行債券的風險程度。以上的流程全部合格後，就可以進入債券的銷售階段。

(二) 歐洲債券市場

歐洲債券，又被稱爲離岸債券，或境外貨幣債券，是指承租者在本國之外發行的、以發行所在國以外的可自由兌換的貨幣爲面值的債券。在美國境外發行的以美元標價的債券稱爲歐洲美元債券，在英國境外發行的以英鎊標價的債券稱爲歐洲英鎊債券。歐洲債券的主要計價貨幣爲美元、英鎊、瑞士法郎、日元和歐元等。與歐洲貨幣市場一樣，歐洲債券市場在地理範圍上並不僅僅限於歐洲，除了歐洲金融中心的債券市場外，還包括亞洲等地的國際債券市場。

歐洲債券市場金融創新活躍，新的產品層出不窮。它可以根據供求情況，不斷推出新的或產品中組合，滿足多種融資者和投資者的需求，並有力地推動了國際金融一體化的發展，該市場主要的證券類型包括以下幾種：①普通固定匯率債券。指債券發行時票面利率和到期日都已確定的債券，是歐洲債券的傳統形式。②浮動利率債券。指債券的利率不固定，在每個利息調整日隨市場利率變化和調整的債券。③零息債券，也稱純貼現債券，是指到期前不支付利息、只在到期時進行一次性支付的沒有票面利率的債券。④可轉換債券。指債券持有者可以在一定時期、按照發行時規定的兌換價格，把債券轉換成發債公司或其他公司相應數額的普通股股票的債券。⑤抵押擔保歐洲債券。最早產生於美國，是指以抵押、信託契約或其他債券做擔保的債券。⑥雙重貨幣債券。指以一種貨幣購買而到期時按固定匯率以另一種貨幣償還的債券。⑦附認購權證的歐洲債券。20世紀90年代以來，附認購權的債券在歐洲債券市場得到較快的發展，它是指債券發行時附加一定的認購權證，該權證給予投資者在一定時期按一定的價格購買一定的金融資產的權利，可視爲普通債券與股票或債券的看漲期權多頭的組合。

1. 歐洲債券市場與外國債券市場的比較

（1）發行市場和投資者不同。

歐洲債券的資本市場所在國與標價債券的貨幣的發行國是不一致的，歐洲債券可以同時在多個國家發行；而外國債券的資本市場所在國與標價債券的貨幣的發行國往往是一致的，外國債券的性質決定了它只能在一個國家發行。此外，歐洲債券的投資者一般分屬於不同國家，而外國債券的投資者基本上是債券面值貨幣所在國的社會公衆或投資機構。

（2）受到監管和約束程度不同。

歐洲債券市場是一個完全自由的市場，債券發行較爲自由靈活，既不需要向任何監管機關登記註冊，又無利率管制和發行數額限制，因而可以最大限度地避開各種嚴苛的監督和管制；外國債券則不同，由於外國債券是在籌資國內發行的，因而往往要受到其發行地的各種規章制度的監管和約束。

（3）對利息收入是否納稅的規定及籌集資金使用期限不同。

歐洲債券的利息收入通常免交所得稅；外國債券則往往要按照其發行地的稅率繳納利息收入所得稅。因此，歐洲債券的發行成本較低，此外，歐洲債券一般是中長期債券，期限一般爲3-10年；相比之下，外國債券的期限更長，如日本武士債券的期限爲10-15年，美國揚基債券的期限爲5-20年等。

總之，與外國債券市場相比，歐洲債券市場是具有更強國際性的、自由開放、手續簡便、形式多樣的一個國際性交易的多種貨幣的債券市場。由於歐洲債券的這些特點，目前歐洲債券市場已經成爲國際債券市場的主導類型。1963年歐洲債券首次發行，1984年新發行的國際證券中歐洲債券是外國債券的3倍，是目前世界上最大的國際債券市場。

2. 企業發行歐洲債券需要注意的問題

歐洲債券的發行流程與國外債券的發行流程基本相同，只是在承銷商的構成上有一定的差別。外國債券的承銷商可以由發行市場所在國的某一家投資銀行獨立承擔，但是歐洲債券的發行一般由歐州債券市場的一家或數家大銀行牽頭，聯合多家銀行等金融機構組成承銷團對債券進行全球配售。一般來講，承銷團包括主承銷商、副承銷商和其他承銷團成員構成。

對發行人而言，爲保證歐洲債券的成功發行，選擇合格的主承銷商至關重要。因爲主承銷商主導着債券發行的全部過程。如在債券發出的初級階段，主承銷商要與發行人見面，設計債券的發行規模、貨幣、期限以及利息票等。在推銷階段，主承銷商負責收集投資者需求意見，並在推銷階段結束時決定分配給承銷團各成員的份額。最後在發行階段，主承銷商還要爲穩定債券的價格進行交易。因此，發行人在選擇主承銷商時，需要考慮以下因素：主承銷商要具有成功發行歐洲債券的經驗，並在市場上享有威望；要瞭解市場狀況和發行者的信用品質及市場地位，從而能爲債券選擇合理的定價和發行時機；主承銷商還必須與國際債券市場的主要機構投資者保持聯繫，具有全球配售能力；此外主承銷商還必須有足夠的金融資本以抵禦承銷風險，並具有價格支持能力。

第三節　國際金融機構

一、世界銀行

世界銀行（World Bank）是世界銀行集團的簡稱，由國際復興開發銀行、國際開發協會、國際金融公司、多邊投資擔保機構和國際投資爭端解決中心五個成員機構組成。凡是參加世界銀行的國家必須首先是國際貨幣基金組織的會員國。世界銀行總部設在美國首都華盛頓，有員工 10 000 多人，分布在全世界 120 多個辦事處。狹義的世界銀行僅指國際復興開發銀行（IBRD）和國際開發協會（IDA）。按慣例，世界銀行集團最高領導人由美國人擔任，爲期 5 年。

（一）發展歷程

1945 年 12 月 27 日，世界銀行在布雷頓森林會議後正式宣告成立。1946 年 6 月 25 日，世界銀行開始運行，並於 1947 年 5 月 9 日批準了第一批貸款，向法國貸款 2.5 億美元，轉換後的價值依然是世界銀行提供的數額最大的一批貸款。

1947 年 11 月成爲聯合國的專門機構。一開始世界銀行的目的是幫助歐洲國家和日本在二戰後的重建，此外它還輔助非洲、亞洲和拉丁美洲國家的經濟發展。最初，世界銀行的貸款主要集中於大規模的基礎建設如高速公路、飛機場和發電廠等。在日本和西歐國家達到一定的人均收入水平後，世界銀行完全集中於發展中國家。從 1990 年代初開始世界銀行也逐漸向東歐國家和原蘇聯國家貸款。1980 年，中國恢復世界銀行的成員國地位，次年接受了世界銀行的第一筆貸款。

2010 年，世界銀行發展委員會春季會議 4 月 25 日通過了發達國家向發展中國家轉移投票權的改革方案，這次改革使中國在世行的投票權從 2.77% 提高到 4.42%，成爲世界銀行第三大股東國，僅次於美國和日本。

自 1945 年成立以來，世界銀行已從一個單一的機構發展成爲一個由五個聯繫緊密的發展機構組成的集團。世行的使命已從通過國際復興開發銀行促進戰後重建和發展演變成爲通過其下屬機構（國際開發協會和其他成員機構）推進世界各國的減貧事業。世行其他成員機構包括國際金融公司（IFC）、多邊投資擔保機構（MIGA）和國際投資爭端解決中心（ICSID）。重建仍然是世行工作的重要內容之一，通過實現包容性和可持續的全球化減少貧困仍是世行工作的首要目標。

(二) 宗旨原則

按照《國際復興開發銀行協定條款》的規定，世界銀行的宗旨是：

（1）通過對生產事業的投資，協助成員國經濟的復興與建設，鼓勵不發達國家對資源的開發；

（2）通過擔保或參加私人貸款及其他私人投資的方式，促進私人對外投資。當成員國不能在合理條件下獲得私人資本時，可運用該行自有資本或籌集的資金來補充私人投資的不足；

（3）鼓勵國際投資，協助成員國提高生產能力，促進成員國國際貿易的平衡發展和國際收支狀況的改善；

（4）在提供貸款保證時，應與其他方面的國際貸款配合。

(三) 股份原則與加權投票

1. 股份原則

世界銀行按股份公司的原則建立。成立初期，世界銀行法定資本 100 億美元，全部資本爲 10 萬股，每股 10 萬美元。凡是會員國均要認購銀行的股份，認購額由申請國與世行協商並經世行董事會批準。一般來說，一國認購股份的多少根據該國的經濟實力，同時參照該國在國際貨幣基金組織繳納的份額大小而定。會員國認購股份的繳納有兩種方法：①會員國認購的股份，先繳 20%。其中 2% 要用黃金或美元繳納，18% 用會員國本國的貨幣繳納。②其餘 80% 的股份，當世行催交時，用黃金、美元或世界銀行需要的貨幣繳付。

2. 加權投票

世行和國際貨幣基金組織（IMF）採用加權投票制。《國際復興開發銀行協議條款》規定，世行成員國面向 IMF 的所有成員國開放。申請加入 IMF 的國家須提供其經濟數據以供 IMF 與其他經濟規模類似的成員國的數據進行比較，然後獲得一個相當於向 IMF 認繳額度的配額，該配額決定該國家在 IMF 的投票權重。

世界銀行的重要事項都需會員國投票決定，投票權的大小與會員國認購的股本成正比，與國際貨幣基金的有關投票權的規定相同。世界銀行每一會員國擁有 250 票基本投票權，每認購 10 萬美元的股本即增加一票。美國認購的股份最多，有投票權 226 178 票，占總投票數的 17.37%，對世界銀行事務與重要貸款項目的決定起着重要作用。

世行第二階段投票權改革完成後，IBRD 執行董事會由 25 名執行董事組成，其中 6

名由掌握股份最多的國家美國、日本、中國、德國、法國、英國直接派任，不參加選舉。其餘 20 名執行董事由其他成員國的理事按地區組成 20 個選區，每兩年選舉一次。世界銀行集團各機構的投票權重分布各不相同。IBRD 前 6 大股東國分別爲美國（15.85%）、日本（6.84%）、中國（4.42%）、德國（4.00%）、法國（3.75%）和英國（3.75%）。

3. 資金來源

資金來源有：①各成員國繳納的股金；②向國際金融市場借款；③發行債券和收取貸款利息。

世界銀行向政府或公共企業貸款，不過一個政府（或主權）必須保證貸款的償還。貸款的基金主要來自發行世界銀行債券。這些債券的信用被列爲 AAA（最高），因爲成員國的分享資本支持它們，而且借款人有一個主權的保證。由於世界銀行的信用非常高，它可以以非常低的利率貸款。由於大多數發展中國家的信用比這個貸款的信用低得多，即使世界銀行向受貸人提取約 1% 的管理費，世界銀行向這些國家的貸款對這些國家來說依然是非常有吸引力的。除此之外，世界銀行的國際開發協會向最窮的國家（一般人均年收入少於 500 美元）提供"軟"的貸款，貸款期爲約 30 年，不收利潤。國際開發協會的基金直接來自成員國的貢獻。

（四）主要目標

世界銀行向發展中國家提供長期貸款和技術協助來幫助這些國家實現它們的反貧窮政策。世界銀行的貸款被用在非常廣泛的領域中，從對醫療和教育系統的改革到諸如堤壩、公路和國家公園等環境和基礎設施的建設。除財政幫助外，世界銀行還在經濟發展方面提供顧問和技術協助。

後來，世界銀行開始放棄它一直追求的經濟發展而更加集中於減輕貧窮。也開始更重視支持小型地區性的企業，它意識到乾淨的水、教育和可持續發展對經濟發展是非常關鍵的，並開始在這些項目中投資巨資。私營部門發展是世界銀行的一個戰略，其目的是推助發展中國家的私營化。世界銀行的所有其他戰略都必須與這個戰略相協調。世界銀行爲全世界設定了到 2030 年要實現的兩大目標：一是終結極度貧困，將日均生活費低於 1.25 美元的人口比例降低到 3% 以下。二是促進共享繁榮，促進每個國家底層 40% 人口的收入增長。

（五）主要業務

1. 金融產品與服務

世界銀行是全世界發展中國家獲得資金與技術援助的一個重要來源。世行向發展中國家提供低息貸款、無息貸款和贈款，用於支持對教育、衛生、公共管理、基礎設施、金融和私營部門發展、農業以及環境和自然資源管理等諸多領域的投資。部分世行項目由政府、其他多邊機構、商業銀行、出口信貸機構和私營部門投資者聯合融資。

世行也通過與雙邊和多邊捐助機構合作建立的信託基金提供或調動資金。很多合作夥伴要求世行幫助管理旨在解決跨行業、跨地區需求的計劃和項目。

從 1947 年至 2015 年，世界銀行已經在 173 個國家開展 12 215 個項目；其中在中國開展 384 個項目，累計提供貸款 551.2 億美元。

2. 創新型知識分享

世行通過政策建議、分析研究和技術援助等方式向發展中國家提供支持。分析工作通常爲世行本身的融資決策提供依據，也爲廣大發展中國家自己的投資活動提供借鑒。此外，支持世行爲之服務的國家開展能力建設。通常，世行也主辦或者廣泛參與討論各種發展議題的會議和論壇，這些活動往往是與合作夥伴共同舉辦的。

爲確保各國獲得全球最佳實踐，幫助創造前沿知識，世行不斷尋求完善知識共享和與客戶及廣大公衆保持接觸的途徑。

二、國際貨幣基金組織

1944 年同盟國的主要國家政府領導人在新罕布什爾州的布林頓森林會議會晤，商討如何爲戰後世界創造穩定和發展的經濟環境。會議的成果之一是決定成立國際貨幣基金組織（IMF），1945 年 12 月 27 日該組織正式成立，1947 年 3 月 1 日開始資金運作。

（一）起源與目標

29 個國家簽署了最早的 IMF 條約，至 2009 年 7 月 IMF 共有成員國 186 位，IMF 的主要目標是：確保國際貨幣體系的穩定；推動國際貨幣合作，促進會率穩定；資助國際貿易的狀大和平發展；爲收支平衡出現問題的成員國提供資源。

IMF 在對全球經濟進行監督的同時，會監督單個國家的經濟運行情況，根據需要進行政策調整，提出建議。此外，IMF 還會給予其技術上的援助，並借款給收入平衡出現問題的國家。

《布雷頓森林條約》建立了一個固定匯率體系，在該體系下，各 IMF 成員國根據黃金或美元的價值設定本國貨幣對美元的比率，即貨幣平價。當時黃金價格爲一盎司 35 美元，不論參考黃金價值或是等量美元價值，所得貨幣平價應該是一樣的，這使各個國家貨幣價值有了可比性。各國貨幣兌換美元匯率可以在貨幣平價 1% 的範圍內根據供求上下波動（這個範圍在 1971 年擴展到了 2.25%）。更大程度的浮動以及貨幣平價的正式改ır需要經過國際貨幣基金組織的批準。但是後來 IMF 向更爲靈活的匯率邁進之後，貨幣平價的約束被取消了。

20 世紀四五十年代，由於美元的堅挺和美國持有大量黃金儲備，美元和黃金主宰了 IMF 成員國的貨幣。1947 年美國的黃金儲備量占世界的 70%，因此很多政府干脆買賣美元作爲黃金的替代品，雖然沒有成文的合同，但是美國允許各國用美元按官價向美國購買黃金，於是美元成爲世界貿易的通用貨幣。

（二）今天的 IMF

1. 份額系統

IMF 成員國都要向該組織交納一定量的費用，即份額。份額的大小取決於成員國在全球經濟中所占比例。各國的份額組成 IMF 的資金庫，給有需要的國家提供貸款或援助。各國的份額同時決定了其貸款額度和得到援助的金額大小，以及特別提款權

(SDR)的大小。

份額還決定了該國的投票權。據統計，截至 2009 年 3 月末，IMF 共有 3 250 億 SDR，合 5 030 億美元。美國的份額最大，占總數的 17.19%。接下來的四個國家是日本（6.13%）、德國（5.99%）、法國和英國各占（4.94%）。所以我們可以明顯看出美國在 IMF 中所擁有的權力，以及發達國家在 IMF 中的主導地位。這也是發達國家與發展中國家一直在爭論的一個主要問題，因爲發展中國家更需要 IMF 的幫助以擺脫金融危機。

理事會是 IMF 的最高權力所在，由各個成員國各出一名理事與一名副理事組成。國家所擁有的投票權取決於份額。理事會是處理關鍵問題的最終權力機構，IMF 另有執行董事會成員共 24 名，管理日常事務。

2. IMF 的援助項目

IMF 不僅定義匯率制度，還爲成員國提供大量援助。IMF 和申請援助國協商，只有當申請國同意採取一定措施穩定本國經濟時，IMF 才會同意提供支援。這一協議會以意向書的方式呈給執行董事會，最終委員會通過這一協議後，援助資金會按不同時期發放給申請援助國，以便 IMF 在這一過程中進行監管。比如，2002 年貨幣危機 IMF 幫助阿根廷時，提出了許多批評改進建議。

3. 特別提款權

爲促進國際儲備的增加，1969 年 IMF 創造了特別提款權（SDR）。起初 IMF 印刷貨幣（SDR）是爲了支撐當時固定匯率體系的運營。一個國家如果想在外匯市場保證匯率穩定，那就只能用黃金或美元購買本國貨幣，但是當時並沒有足夠的黃金或美元，IMF 發明了 SDR 來幫助成員國迅速增加儲備以替代美元和黃金，從而增加貨幣的流動性。

SDR 是用以補充 IMF 成員國現有儲備的國際儲備。SDR 是 IMF 的會計單位，用於 IMF 的交易和運作。會計單位是指 IMF 的記帳單位。IMF 的記帳單位是 SDR，而非美元或其他貨幣。

例如，2009 年第三季度，IMF 共有 3 250 億 SDR，相當於 5 030 億美元。SDR 的價值取決於四種貨幣價值的加權平均數。比如，2009 年美元權重 44%，歐元爲 34%，日元爲 11%，英鎊爲 11%。決定這樣的權重比例是因爲他們比較全面地反應了各個貨幣在國際貿易和國際支付中的重要性。1980 年，實行董事會決定，各貨幣權重比例每隔 5 年做一次調整。

三、亞洲基礎設施投資銀行

亞洲基礎設施投資銀行（Asian Infrastructure Investment Bank，簡稱亞投行，AIIB）是一個政府間性質的亞洲區域多邊開發機構，重點支持基礎設施建設，成立宗旨是爲了促進亞洲區域的建設互聯互通化和經濟一體化的進程，並且加強中國及其他亞洲國家和地區的合作。總部設在北京。亞投行法定資本 1 000 億美元。

2013 年 10 月 2 日，習近平主席提出籌建倡議，2014 年 10 月 24 日，包括中國、印度、新加坡等在內 21 個首批意向創始成員國的財長和授權代表在北京簽約，共同決定成立亞洲基礎設施投資銀行。2015年4月15日，亞投行意向創始成員國確定爲57個，其中域內國家37個、域外國家20個。2015年6月29日，《亞洲基礎設施投資銀行協定》簽署儀式在北京舉行，亞投行57個意向創始成員國財長或授權代表出席了簽署儀式。2015年12月25日，亞洲基礎設施投資銀行正式成立，全球迎來首個由中國倡議設立的多邊金融機構。2016年1月16日至18日，亞投行開業儀式暨理事會和董事會成立大會在北京舉行。

亞投行的治理結構分理事會、董事會、管理層三層。理事會是最高決策機構，每個成員在亞投行有正副理事各一名。董事會有12名董事，其中域內9名，域外3名。管理層由行長和5位副行長組成。

(一) 創立背景

1. 背景

亞洲經濟占全球經濟總量的1/3，是當今世界最具經濟活力和增長潛力的地區，擁有全球六成人口。但因建設資金有限，一些國家鐵路、公路、橋梁、港口、機場和通訊等基礎建設嚴重不足，這在一定程度上限制了該區域的經濟發展。

一方面，各國要想維持現有經濟增長水平，內部基礎設施投資至少需要8萬億美元，平均每年需投資8 000億美元。8 000億美元中，68%用於新增基礎設施的投資，32%是維護或維修現有基礎設施所需資金。現有的多邊機構並不能提供如此巨額的資金，亞洲開發銀行和世界銀行也僅有2 230億美元，兩家銀行每年能夠提供給亞洲國家的資金大概只有區區200億美元，都沒有辦法滿足這個資金的需求。由於基礎設施投資的資金需求量大、實施的週期很長、收入流不確定等的因素，私人部門大量投資於基礎設施的項目是有難度的。

另一方面，中國已成爲世界第三大對外投資國，中國對外投資2012年同比增長17.6%，創下了878億美元的新高。而且，經過30多年的發展和積累，中國在基礎設施裝備製造方面已經形成完整的產業鏈，同時在公路、橋梁、隧道、鐵路等方面的工程建造能力在世界上也已經是首屈一指。中國基礎設施建設的相關產業期望更快地走向國際。但亞洲經濟體之間難以利用各自所具備的高額資本存量優勢，缺乏有效的多邊合作機制，缺乏把資本轉化爲基礎設施建設的投資。

2. 倡議

2013年10月2日，中華人民共和國主席習近平在雅加達同印度尼西亞總統蘇西洛舉行會談，習近平倡議籌建亞洲基礎設施投資銀行，促進本地區互聯互通建設和經濟一體化進程，向包括東盟國家在內的本地區發展中國家基礎設施建設提供資金支持。新的亞洲基礎設施投資銀行將同域外現有多邊開發銀行合作，相互補充，共同促進亞洲經濟持續穩定發展。蘇西洛對中方倡議籌建亞洲基礎設施投資銀行做出了積極回應。同月，中華人民共和國國務院總理李克強出訪東南亞時，緊接着再向東南亞國家提出籌建亞投行的倡議。

3. 成立

截至2015年12月25日，包括緬甸、新加坡、文萊、澳大利亞、中國、蒙古、奧地利、英國、新西蘭、盧森堡、韓國、格魯吉亞、荷蘭、德國、挪威、巴基斯坦、約旦等在內的 17 個意向創始成員國（股份總和占比 50.1%）已批準《亞洲基礎設施投資銀行協定》（以下簡稱《協定》）並提交批準書，從而達到《協定》規定的生效條件，即至少有 10 個簽署方批準且簽署方初始認繳股本總額不少於總認繳股本的 50%，亞洲基礎設施投資銀行正式成立。根據籌建工作計劃，亞洲基礎設施投資銀行開業儀式暨理事會和董事會成立大會將於 2016 年 1 月 16-18 日在北京舉行。

（二）主要職能

1. 業務政策

堅持國際性、規範性和高標準，確保專業運營、高效運作、透明廉潔。亞投行將借鑒現有多邊開發銀行在環境及社會框架、採購政策、項目管理、債務可持續性評價等方面好的經驗和做法，制定嚴格並切實可行的高標準業務政策。同時，亞投行將避免其他多邊開發銀行曾走過的彎路，尋求更好的標準和做法，以降低成本和提高運營效率。

2. 投資方向

作爲由中國提出創建的區域性金融機構，亞洲基礎設施投資銀行主要業務是援助亞太地區國家的基礎設施建設。在全面投入運營後，亞洲基礎設施投資銀行將運用一系列支持方式爲亞洲各國的基礎設施項目提供融資支持——包括貸款、股權投資以及提供擔保等，以振興包括交通、能源、電信、農業和城市發展在內的各個行業投資。亞投行成立後的第一個目標就是投入"絲綢之路經濟帶"的建設，其中一項就是從北京到巴格達的鐵路建設。

3. 業務定位

在堅持經濟全球化中的民族主體性，把農村生態城鎮化與城市生態化作爲國內新經濟增長點與穩增長結構、作爲消化我國過量外匯儲備與過剩產能的主渠道的前提下，定位"一帶一路"建設與亞洲基礎設施投資銀行，在人類經濟增長方式轉變、全球金融體制改革的歷史必然性中，設計亞洲基礎設施投資銀行的性質、結構、功能與運作模式。

發端於西方發達資本主義國家的全球性金融危機宣告了舊的以資本主義國家主導的國際金融體制的破產，由中國主導建立新的國際金融秩序具有歷史的必然性，亞投行就是爲這必然性開闢道路的平臺。在全球經濟增長潛力最大的亞洲地區設立區域性投資銀行，通過多種直接投融資手段與途徑牽頭組織大規模基礎設施建設，實現區域經濟乃至全球經濟一體化，是有效疏導化解全球遊資、使全球遊資轉變爲社會生產力，擠掉全球經濟泡沫、使全球虛擬經濟和實體經濟從不對稱復歸對稱，促進全球金融體制改革、使全球金融體制由間接投融資爲主導轉變爲直接投融資爲主導、消除全球金融危機根源的重要途徑。

中國發起設立亞投行的宗旨，應該是通過亞洲基礎設施建設這一平臺引導國際金融體制改革的正確方向，促進國內國際金融體制改革與經濟增長方式轉變。因此，中國決不可以放棄在亞投行的領導權與主導權。中國對亞投行的領導權、主導權、對亞投行機制設計運行規則的制定權除了來源於策劃倡議籌建組織權與控股權以及在此基礎上的人事安排優先權以外，最主要的來源於比其他國家優越的對亞投行的理念、定位、機制、運行模式的頂層設計。中國對亞投行的頂層設計不能僅僅強調與國際慣例國際標準接軌，還應著眼於與國際潮流、歷史趨向合拍，因此是對現有國際金融機構優缺點的揚棄，並且在運作實踐中證明優於現有的國際金融機構，使亞投行成爲建立新的國際金融體制的模本，而不僅僅是對現有國際金融機制的一種補充。建立新機構，制定新規則，引導新潮流，示範引導形成直接投融資爲主導的世界金融新格局，在幫助重建世界金融新體制、使全球經濟進入新常態的過程中爲人類文明做出自己的貢獻，在此基礎上，確立我國負責任的大國地位，應該是我國創立亞投行的真正出發點。

第二篇
國際商務實施

第七章　國際貨物貿易磋商內容

如前所述，現代國際商務基本形式包括國際商品貿易、國際技術貿易、國際服務貿易、國際資本流動等。限於篇幅，本書主要以最典型的國際商務行為——國際貨物貿易作為分析對象來揭示國際商務實施。

國際貨物貿易磋商是買賣雙方對買賣商品的各項條件進行協商，以求達成交易的過程。交易磋商是簽訂合同的基礎，沒有交易磋商就不會有買賣合同。交易磋商的內容就是今後要簽訂的合同的內容。國際貨物貿易磋商的內容包括 11 項交易條件，即：品質條件、數量條件、包裝條件、價格條件、裝運條件、支付條件、保險條件、商檢條件、不可抗力條件、仲裁條件等。

第一節　品質、數量、包裝條件

一、品質條件

商品的品質一般是指商品本質性的質量和它的外觀形態，前者表現為商品的物理和機械性能、化學成分、生物學的特徵等；後者表現為商品的色澤、味覺、造型、圖案等。

(一) 規定品質的方法

1. 憑樣品買賣

憑樣品買賣，即買賣雙方約定以樣品作為交貨品質的依據。表示商品品質的樣品通常稱為標準樣品（Type Sample），它是從一批商品中抽取出來的，或是由生產部門、使用部門設計、加工出來能代表商品品質的少量實物。在國際貿易中，凡是可以寄送樣品的商品，如茶葉、紙張、服裝、工藝品、小型工具等，都可以憑樣品成交。

在憑樣品買賣中，表示商品品質的樣品，可以由賣方提出，也可以由買方提出。根據樣品提供方式不同，憑樣品買賣可分為兩種：一是憑賣方樣品買賣，即憑賣方樣品磋商和訂立合同，並以賣方樣品作為交貨品質的依據，在合同中以"質量以賣方樣品為準（Quality as per Seller's Sample）"表示；另一是憑買方樣品買賣，即憑買方提供的樣品磋商交易和訂立合同，並以買方樣品作為交貨品質的依據，在合同中以"質量以買方樣品為準（Quality as per Buyer's Sample）"表示，習慣上也叫"來樣成交"。

無論是憑賣方樣品買賣，還是憑買方樣品買賣，均有兩項基本要求；一是以樣品作為交貨品質的唯一依據；二是賣方所交貨物必須與樣品完全一致。如所交貨物與樣品不符，除非合同另有規定，否則買方有權提出索賠，甚至可以拒收貨物，撤銷合同。

  2. 憑規格買賣（Sale by Specification）

  商品規格是指用來反應商品品質的一些主要技術指標，如成分、含量、純度、尺寸等，買賣雙方用規格來確定商品的品質，稱爲憑規格買賣。例如：東北大豆：含油量（最低）18%，水分（最高）15%，雜質（最高）1%，不完善粒（最高）9%。這種規定商品品質的方法簡單方便、準確具體，在國際貿易中應用最廣。

  3. 憑等級買賣（Sale by Grade）

  商品的等級是指同一類商品，按其規格上的差異，用大、中、小；甲、乙、丙；一、二、三等文字、數碼所做的分類。憑等級買賣，就是買賣雙方在合同中列明買賣貨物的級別，以此來表示商品的品質。例如：中國綠茶，特珍一級。

  同一類商品等級不同則具體規格不相同，如果買賣雙方已熟悉每個級別的具體規格，就可以只列明等級即可，但對雙方不熟悉的等級內容，則應當明確每一等級的具體規格。

  4. 憑標準買賣（Sale by Standard）

  商品標準是指經政府機關或商業團體統一制定和公布的規格或等級。買賣雙方以標準來確定其商品品質，稱爲憑標準買賣。

  憑標準買賣，必須明確其標準是什麼組織制定和標準的版本名稱及年份。因爲世界各國都有自己的國家標準，如英國爲 BS，美國爲 ANSI，法國爲 NF，德國爲 DIN，日本爲 JIS 等，除國家標準外，各國還有專業性的協會標準。另外，還有國際標準如國際標準化組織 ISO 標準等，不同國家或組織頒布的某類商品的標準往往是不一樣的。同時，由於科學技術、生產技術的發展，對某些標準需要經常修改，同一國家或組織頒布的某類商品的標準往往有不同年份的版本，版本不同，品質標準內容也不盡相同。因此，在用標準表示商品品質時，必須註明版本名稱和年份。例如：利福平：英國藥典 1993 年版。

  5. 憑牌號或商標買賣（Sale by Brand or Trade Mark）

  商品的牌號是工商企業給其制造或銷售的產品所冠以的名稱，商標則是牌號的圖案化，是特定商品的標誌。在國際市場上，一些名牌商品的品質比較穩定，並且已樹立了良好的信譽，買賣雙方在交易時，就可採用這些商品的商標或牌號來表示其品質，稱爲憑商標或牌號買賣。在用此種方法表示商品品質時，若商品規格單一，則只需列明該商品的商標或牌號即可，若商品尚有不同的規格，則在列明牌號或商標的同時，還需規定具體的規格指標。例如：梅林牌辣醬油；又如：蝴蝶牌縫紉機：A-1 型腳踏式，三門，折板。

  6. 憑產地名稱買賣（Sale by Name of Origin）

  有些產品因生產地區的自然條件或傳統加工工藝在產品品質上獨具特色，在買賣雙方簽訂合同時就以商品的產地或制造廠的名稱成交，稱爲憑產地名稱買賣。例如：四川榨菜，紹興花雕酒等。

  7. 憑說明書和圖樣買賣（Sale by Description and Illustration）

  在國際貨物買賣中，有些商品如機械、電器、儀表等，由於其結構和性能複雜，必須用說明書詳細說明其品質，必要時還要輔之以圖樣，以此種方法進行交易，稱爲憑說明和圖樣買賣。例如，在合同中規定"品質和技術數據必須與賣方提供的說明書嚴格相符"。

(二) 合同中品質條款的內容

在憑樣品買賣時，一般應列明樣品的編號或寄送日期，有時還加列交貨品質與樣品一致相符的說明；在憑文字說明買賣時，應對商品規格、等級、標準、牌號等作具體規定；在以說明書和圖樣買賣時，應在合同中列明說明書、圖樣的名稱等內容。

二、數量條件

在國際貨物買賣中，商品的數量條款是合同的主要條款，也是買賣雙方交接貨物的數量依據。

(一) 計量單位

根據買賣商品的種類和性質的不同，合同的數量條款中所採用的計量單位也不相同，主要有以下幾種：

1. 重量單位（Weight）

如噸（公噸 Metril Ton、長噸 Long Ton、短噸 Short Ton）、公斤（Kilogram）、磅（Pound）、盎司（Ounce）等。

2. 個數單位（Number）

如只或件（piece）、雙（pair）、臺或套（set）、打（dozen）、羅（gross）、令（ream）等。

3. 長度單位（Length）

如米（Metre）、英尺（Foot）、碼（Yard）等。

4. 面積單位（Area）

如平方米（Square metre）、平方英尺（Square foot）、平方碼（Square Yard）等。

5. 容積單位（Capacity）

如升（Litre）、加侖（Gallon）、蒲式耳（Bushel）等。

6. 體積單位（Volume）

如立方米（Cubic Metre）、立方英尺（Cubic foot）、立方碼（Cubic Yard）等。

在國際貿易中，除了使用的計量單位不同以外，各國使用的度量衡制度也不相同。因此，同一計量單位表示的實際數量有時會有很大差異。例如重量單位噸，有公噸、長噸、短噸之分，分別等於 1 000 公斤、1 016 公斤、907.2 公斤。多年來，在國際貿易中較爲常用的度量衡制度有公制或米制（Metric System）、美制（U. S System）、英制（British System），此外還有在米制基礎上發展起來的國際單位制（International System of Units）。

(二) 商品重量的計算方法

在國際貨物買賣中，很多商品的數量是以重量來計算的，按重量計算的方法有下列幾種：

1. 毛重（Gross Weight）

毛重是指商品本身的重量加上包裝重量，即加上皮重，一般適用於價值較低的商品。

2. 淨重（Net Weight）

淨重是指商品本身的實際重量，即由毛重減去皮重所得的重量。在國際貨物買賣中，以重量計算的商品，大部分都是以淨重計量並計價的。有些商品因包裝本身不便分別計算，如卷筒白報紙，或價值低廉的商品，如糧食、飼料等，因其包裝材料的價值與商品本身的價值差不多，有時也以毛重計算重量和價格，這種以毛重計算重量並按毛重計價的辦法，稱爲"以毛作淨"。

貨物如按淨重計算時，應將皮重扣除。

3. 公量（Conditioned Weight）

所謂公量是指用科學方法除去商品中所含的實際水分，再另加標準水分所得的重量。這種方法通常適用於經濟價值較高而含水量又不穩定、易吸潮的商品，如羊毛、生絲、棉花等。

4. 理論重量（Theoretical Weight）

有固定規格和尺寸的商品，如馬口鐵、鋼板等，只要規格、尺寸一致，其重量大體相同，根據其件數即可推算出它的重量，謂之理論重量。

(三) 數量機動幅度

在磋商交易和簽訂合同時，一般都應明確規定具體的買賣數量。但有些商品由於自身特點計量不易精確，或受生產、運輸或包裝條件的限制，實際交貨數量往往不能和合同中規定的具體數量完全相符。爲了便於合同的順利履行，避免日後發生爭議，買賣雙方通常都要事先商定並在合同中訂明數量機動幅度，允許賣方交貨數量可以在一定範圍內靈活掌握。

買賣合同中的數量機動幅度一般有兩種規定方法：即規定"溢短裝條款"，或規定"約"數。

1. 溢短裝條款

所謂溢短裝條款就是在規定具體數量的同時，再在合同中規定允許多裝或少裝的一定百分比，賣方交貨數量只要在允許增減的範圍內，即爲符合合同規定。

溢短裝條款包括三項內容：

(1) 允許溢短裝的比率。如 3 000 公噸，10%上下（3 000 Tons with 10% more or less）。按此規定，賣方實際交貨數量如果爲 2 700 公噸或 3 300 公噸，買方不得提出異議。

(2) 溢短裝的決定權。溢短裝一般爲賣方掌握，但在買方租船接貨時，爲了便於與租船合同銜接，也可規定爲買方掌握。在採用租船運輸時，爲了充分利用船艙容積，便於船長根據具體情況，例如輪船的運載能力等考慮裝貨數量，也可授權船方掌握並決定裝運增、減量，在此情況下，買賣合同中應明確由承運人決定伸縮幅度。

（3）溢短裝部分的價格。對溢裝或短裝部分的計價方法有兩種，一種是按合同價格計算，另一種是按交貨時的市場價格計算。採用後一種方法主要是爲了防止在市場價格波動下，有溢短裝選擇權的一方故意多裝或少裝。如果合同中未對溢短裝部分的計價方法做出明確規定，一般按合同價格計算。

2. "約"數

在少數場合下，使用"約"數（Approximately or About）來表示實際交貨數量可有一定機動幅度，即在某一具體數字前加"約"字，例如：約 100 000 碼（About Yards）。由於目前在國際貿易中，對於"約"字的含義尚缺乏統一的解釋，有的認爲可以有 2% 的伸縮，有的則解釋爲 5%，而國際商會制定的《跟單信用證統一慣例》第 34 條規定爲：在增減不超過 10% 限度內準予伸縮。所以，如果買賣雙方一定要使用"約"數時，雙方應事先在合同中明確允許增加或減少的百分比，或在一般交易條件協議中加以規定，否則不宜採用。

（四）合同中的數量條款

合同中數量條款包括成交商品的具體數量和計量單位，以及數量機動幅度。

三、包裝條件

商品的包裝一般是指爲了有效地保護商品的品質完好和數量完整，根據商品特性而採取一定的方法將商品置於適當的容器的一種措施。

（一）包裝種類

在國際貨物買賣中，商品的包裝按其在流通過程中的作用不同，可分爲運輸包裝和銷售包裝兩大類。

1. 運輸包裝

運輸包裝又稱大包裝或外包裝，它的主要作用在於保護商品的品質和數量、便於運輸、節省運費成本；便於儲存，節省倉租；便於計數和分撥等。

2. 銷售包裝

銷售包裝又稱內包裝或小包裝，是指直接接觸商品，隨商品進入零售市場和消費者見面的包裝。銷售包裝除了具有保護商品的作用外，還具有美化和宣傳商品，便於陳列展銷，方便消費者識別、選購、携帶等功能。

（二）包裝方式

包裝方式是指商品包裝所採用的方法和材料，具體包括：用料、尺寸（大小）、每件重量（數量），以及填充物和加固條件等。

在國際貨物買賣合同中，包裝方式的規定依商品的種類及內容的不同而有所不同，具體有以下兩種方法：

（1）明確規定包裝方式，即對包裝所用材料及尺寸，每件的重量或數量等做出具體約定。例如：紙箱裝，每箱 60 聽，每聽 1 000 片（In cartons containing 60 tins of 1 000 tab. each）；又如：布袋裝，內襯聚乙烯袋，每袋淨重 25 公斤（In cloth bags, lined with polythene bags of 25 kg net each）。這種方法明確、具體、便於操作，因而實務中較爲常用。

（2）對包裝方式只作籠統規定，即用一些術語表示包裝方式。例如：按習慣方式包裝（to be packed in the usual way）；按出口標準包裝（to be packed in export standard packing），適合海運包裝（seaworthy packing）。對於這種規定方法，由於其含義比較模糊，除非買賣雙方對包裝方式已有一致認識，否則不宜採用，以免產生爭議。

（三）包裝標誌

包裝標誌是指在商品外包裝上印制的簡單的圖形、數字和文字。它包括運輸標誌、指示性和警告性標誌兩大類。

1. 運輸標誌

運輸標誌（shipping mark），習慣上稱爲"嘜頭"，是指在運輸包裝上用文字、圖形和數字製作的標記，其作用是方便運輸過程中識別貨物，防止錯發錯運，便於收貨人收貨，也利於運輸、倉儲、檢驗和海關查驗。

運輸標誌通常由下列幾部分組成：①收貨人或發貨人簡稱或代號，可用文字、字母及圖形表示，在該項下面，有時根據買方要求加列入合同號或信用證號或許可證號。②目的港或目的地名稱，用來表示貨物運往的目的地。③件號/總件數，指本批每件貨物的順序號和總件數，用分母表示該批貨物的總件數，分子表示該批貨物在整批貨物中的編號。④原產地，用來標明製造生產加工的國別。⑤體積和重量，用來表示每一包裝件的體積和重量，以便計算運費和裝卸。

2. 指示性和警告性標誌

指示性標誌是爲了保護商品安全、指示運輸、裝卸、儲存而印制在商品的外包裝上的簡單、醒目的圖像和文字記號，它主要用來表明商品的性質或說明操作要求。例如：小心輕放（handle with care）、請勿用鈎（use no hook）、此端向上（this side up）、保持干燥（keep dry）等。

警告性標誌，又稱危險品標誌，是指在爆炸品、易燃品、有毒品和放射性物品等危險品的運輸包裝上所使用的文字說明和圖形，以示警告。其作用是提醒有關人員採取防範措施，保護貨物和人身安全。例如："有毒品"（poison）"爆炸品"（explosive）易燃物品（inflammable）等。

（四）包裝費用

包裝費用通常包括在貨價內，因此在包裝條款中不需列入。如果買方對包裝有特殊要求而由他們負擔費用，則應在合同中列明此特殊包裝所需的費用，並規定買方支付費用的時間和方法及逾期支付買方應承擔的責任。

（五）合同中的包裝條款

一般包括包裝材料、包裝方式、包裝標誌和包裝費用的規定。

第二節　價格條件

在國際貿易中，商品的價格條件包括單價和總值，有時還包括佣金和折扣，其中商品單價包括：計量單位、單價金額、計價貨幣和貿易術語。

一、常用的貿易術語

貿易術語（trade terms），亦稱價格術語，是用一個簡短的概念或外文縮寫來表明商品的價格構成，成交貨物的交接地點，買賣雙方各自應負的責任、費用和風險。它是國際貿易商品價格的一個組成部分。

現代貿易中使用的貿易術語，基本上是國際商會在《2010年國際貿易術語解釋通則》（以下簡稱爲《2010年通則》）中歸納整理的11種術語。這11中術語按照所適用的運輸方式劃分爲兩大類：

第一類：適用於任何運輸方式的術語七種：EXW、FCA、CPT、CIP、DAT、DAP、DDP。

　　EXW Ex Works（…named place）工廠交貨（指定地點）

　　FCA Free Carrie（…named place of delivery）貨交承運人（指定交貨地）

　　CPT Carriage Paid To（…named place of destination）運費付至（指定目的地）

　　CIP Carriage and Insurance Paid To（…named place of destination）運費、保險費付至（指定目的地）

　　DAT Delivered At Terminal（…named place of destination）運輸終端交貨（指定目的港或目的地）

　　DAP Delivered At Place（…named place of destination）目的地交貨（指定目的地）

　　DDP Delivered Duty Paid（…named place of destination）完稅後交貨（指定目的地）

第二類：適用於水上運輸方式的術語四種：FAS、FOB、CFR、CIF。

　　FAS Free Alongside Ship（…named port of shipment）裝運港船邊交貨（指定裝運港）

　　FOB Free On Board（…named port of shipment）裝運港船上交貨（指定裝運港）

　　CFR Cost and Freight（…named port f destination）成本加運費（指定目的港）

　　CIF Cost Insurance and Freight（named port of destination）成本、保險費加運費（指定目的港）

其中最爲常用的是FOB、CFR和CIF三種術語，隨著多式聯運的發展，FCA、CPT和CIP三種術語也逐漸得到廣泛應用。現將11種貿易術語分述如下。

（一）適用於水上運輸方式的FOB、CFR和CIF三種術語

　　1. FOB Free On Board（…named port of shipment）裝運港船上交貨（指定裝運港）

這一術語的含義是賣方在指定的裝運港按約定日期將貨物裝上買方指定的船上，

或購買已如此交付的貨物即履行了交貨義務，賣方負擔貨物裝上船前的費用和風險。這一術語僅適用於水上運輸方式。

根據《2010年通則》的規定，按FOB術語達成的交易，買賣雙方各自承擔的義務如下所述。

賣方的義務：

（1）自負風險和費用，取得出口許可證或其他官方文件，並辦理出口所需的一切手續。

（2）負擔在指定裝運港將貨物放置於買方指定船舶上爲止的一切風險和費用。

（3）在合同規定的日期或期限内，將符合合同規定的貨物交至指定的裝運港買方指定的船上，並及時通知買方。

（4）提供商業發票及證明已按合同履行交貨義務的通常單據或相等的電子數據交換資料。

買方的義務：

（1）自負費用，訂立將貨物自指定裝運港運至目的港的運輸合同，並及時通知賣方。

（2）負擔在指定裝運港將貨物放置於買方指定船舶上後的一切風險和費用。

（3）自負風險和費用取得進口許可證或其他官方文件，並辦理貨物進口及必要時經由另一國過境運輸的一切海關手續。

（4）接受符合合同規定的單據和貨物，並按合同規定支付價款。

2. CFR Cost and Freight（…named port f destination）成本加運費（指定目的港）

這一術語的含義是賣方在指定裝運港將貨物裝上船，或採購已如此交付的貨物，支付貨物運至指定目的港的運費，但自貨物在裝運港裝上船時，風險即由賣方轉由買方負擔。這一術語只適用於水上運輸方式。

根據《2010年國際貿易術語解釋通則》，CFR術語買賣雙方各自承擔的義務如下所述。

賣方的義務：

（1）自負費用和風險，取得出口許可證或其他官方文件，並辦理貨物出口所需的一切海關手續。

（2）訂立將貨物從指定裝運港運至目的港的運輸合同，並支付運費。

（3）在合同規定的日期或期限内，將符合合同規定的貨物裝上船，並通知買方。

（4）負擔在裝運港將貨物裝至船舶上爲止的一切風險和費用。

（5）提供商業發票和符合合同規定的運輸單據或相等的電子數據交換資料。

買方的義務：

（1）自負風險和費用，取得進口許可證或其他官方文件，辦理貨物進口及必要時經由另一國過境的一切海關手續。

（2）負擔貨物自裝運港裝上船舶後的一切風險和費用。

（3）接受符合合同規定的單據和貨物，並按合同規定支付貨款。

3. CIF Cost Insurance and Freight（named port of destination）成本、保險費加運費

（指定目的港）

這一術語的基本含義是賣方在指定裝運港將貨物裝上船，支付貨物自裝運港至指定目的港的運費和保險費，但風險自貨物在裝運港裝上船時即由賣方轉移給買方。它適用於水上運輸方式。

CIF 術語買賣雙方的義務與 CFR 術語相似，不同之處是：在 CIF 術語下，賣方自負費用辦理貨物保險，並向買方轉讓保險單；而在 CFR 術語下，是由買方辦理貨物運輸保險，並支付保險費。

（二）適用於任何運輸方式的 FCA、CPT 和 CIP 三種術語

1. FCA Free Carrie（…named place of delivery）貨交承運人（指定交貨地）

這一術語的含義是賣方負責辦理貨物的出口手續，在指定地點將貨物交給買方指定的承運人，即完成交貨義務，賣方應負擔在此之前的一切費用和風險。這一術語適用於任何運輸方式。

按《2010 年國際貿易術語解釋通則》的規定，FCA 術語買賣雙方的義務如下所述。

賣方的義務：

（1）自負風險和費用，取得出口許可證或其他官方文件，並辦理出口所需的海關手續，支付出口關稅和捐稅。

（2）負擔貨物在指定地點交給承運人前的一切風險和費用。

（3）在合同規定的期限內，將符合合同規定的貨物交給買方指定的承運人並通知買方。

（4）提供商業發票和證明已交付貨物的裝運單據或相等的電子數據交換資料。

買方的義務：

（1）自負風險和費用，取得進口許可證或其他官方文件，並辦理貨物進口以及必要時經由另一國過境運輸的一切海關手續。

（2）指定承運人，自負費用訂立自指定地運輸貨物的合同，並及時通知賣方。

（3）負擔貨物在指定地點交給承運人監管後的一切風險和費用。

（4）接受符合合同規定的單據和貨物，並按合同規定支付價款。

2. CPT Carriage Paid To（…named place of destination）運費付至（指定目的地）

這一術語的基本含義是賣方支付貨物運至指定目的地的運費，在出口國的約定地點、規定日期或期限內，將貨物交給承運人，並負擔在此前的費用和風險。這一術語適用於任何運輸方式。

根據《2010 年通則》規定，CPT 術語買賣雙方的義務如下所述。

賣方的義務：

（1）自負風險和費用，取得出口許可證或其他官方文件，並辦理出口所需的一切海關手續。

（2）訂立將貨物從裝運地運至指定目的地的運輸合同，並支付運費。

（3）在規定日期或期限內將符合合同規定的貨物交給承運人，並及時通知買方。

（4）承擔貨物交給承運人爲止的一切風險和費用。

（5）提供商業發票和證明已交貨的運輸單據或相等的電子數據交換資料。

買方的義務：

（1）自負風險和費用取得進口許可證，辦理貨物進口及必要時經由另一國邊境運輸的海關手續。

（2）負擔貨物交給承運人後的一切風險和費用（運費除外）。

（3）接受符合合同規定的單據及貨物。

（4）按合同規定支付價款。

3. CIP Carriage and Insurance Paid To（…named place of destination）運費、保險費付至（指定目的地）。

這一術語的基本含義是賣方自負費用，訂立從裝運地將貨物運至目的地的運輸合同，並辦理貨物運輸保險，而風險自貨物在裝運地交給承運人時，即由賣方轉移給買方承擔。此術語適合於任何運輸方式。

CIP 術語的基本原則與 CPT 術語是一樣的，但採用 CIP 術語，賣方除負有與 CPT 術語相同的義務外，還需辦理貨物運輸保險，支付保險費。

(三) 其他五種貿易術語

1. EXW Ex Works（…named place）工廠交貨（指定地點）

這一貿易術語的含義是指賣方在其所在地指定地點的工廠，在合同規定的日期或期限內，將符合合同規定的貨物交給買方，並承擔貨物交給買方支配前的費用和風險。它適用於任何運輸方式。該術語是 11 種貿易術語中賣方承擔義務最少的術語。

2. FAS Free Alongside Ship（…named port of shipment）裝運港船邊交貨（指定裝運港）

這一術語的含義是賣方應在合同規定的日期或期限內，將貨物交至裝運港買方指定的碼頭的船邊或駁船上，並負擔貨物運至船邊前的費用和風險。這裡的船邊是指買方指定的載貨船上吊鉤所及之處。如果買方指定的載貨輪船不能靠岸，賣方必須自負費用和風險，將貨物用駁船運至船邊。此術語僅適合於水上運輸方式。

3. DAT Delivered At Terminal（…named place of destination）運輸終端交貨（指定目的港或目的地）

這一術語的含義是指賣方須自負費用訂立運輸合同，在規定日期或期限內，將符合合同規定的貨物運往指定目的港或目的地指定運輸終端，從到達運輸工具上卸下交由買方處置時，即完成交貨義務。賣方負擔將貨物運至位於指定目的港或目的地的運輸終端並在該處將貨物卸載的一切風險和費用。按此術語，賣方須自費取得出口許可證，辦理出口手續及必要時經由另一國的過境手續，並支付出口所需的一切費用。而買方則須負擔費用取得進口許可證，辦理進口手續，並支付進口所需的一切費用。此術語中的運輸終端包括任何地方，無論是否有遮蔽（即是否露天），例如碼頭、倉庫、集裝箱堆場或公路、鐵路或航空運輸站。在採用此術語時，必須明確具體的交貨地點。該術語適用於任何運輸方式。

4. DAP Delivered At Place（…named place of destination）目的地交貨（指定目的地）

這一術語的基本含義是指賣方負擔費用訂立運輸合同，將貨物運往指定目的地，在指定目的地，將到達的運送工具上準備卸載的貨物交由買方處置，並承擔在此之前的費用和風險。在此術語下，賣方須負擔費用，訂立運輸合同，取得出口許可證，辦理出口手續及經另一國的過境手續，而進口所需的一切證件或手續及其費用均由買方負責。採用此術語，買賣雙方最好能清楚地列明約定目的地內的地點，因爲至該地點才是雙方風險劃分的界限。該術語適用於任何運輸方式。

5. DDP Delivered Duty Paid（…named place of destination）完稅後交貨（指定目的地）

這一術語的含義是賣方需自負費用訂立運輸合同，在規定的日期或期限內，將符合合同規定的貨物從出口國運到進口國的指定目的地，將已經辦妥進口通關手續仍放置在到達的運送工具上準備卸載的貨物交給買方，並負擔貨物運至指定地的一切費用和風險。按此術語成交，賣方需要辦理進出口通關手續，且承擔關稅和增值稅在內的稅捐。也就是說，賣方承擔了貨物出口、進口以及必要時經另一國過境運輸的一切手續、費用和風險。它適用於任何運輸方式。該術語是 11 種貿易術語中，賣方承擔的責任、費用和風險最大的。

二、傭金和折扣

在磋商價格條款時，往往會涉及傭金和折扣的規定。

（一）傭金

傭金（commission）是中間商介紹交易而從賣方處收取的報酬。

1. 傭金的表示方法

在國際貨物買賣中，傭金可分爲明傭和暗傭兩種。明傭是指在價格中表明的傭金，暗傭是指在價格中未表明的傭金。

凡價格中表明傭金的稱爲含傭價。含傭價的表示方法有兩種，一種是用文字表示，例如：每打 100 英鎊 CIF 倫敦包含傭金 2%（£ 100 per doz. CIF Londen including 2% commission）；另一種是在貿易術語後面加上傭金的英文縮寫字母"C"來表示，例如：每打 100 英鎊 CIFC2%倫敦（£ 100 per doz. CIFC2%London）。

凡價格中不包含傭金的稱爲淨價，在這種情況下，除非雙方事先另有約定，賣方將照收取全部貨款，不另支付傭金。有時，雙方爲了強調成交價格是淨價，可在貿易術語後面加上淨價字樣。例如：每臺 2 000 美元 CFR 淨價舊金山（USD 2 000 per set CFR net San Francisco）。

淨價與含傭價之間的關係是：

含傭價＝淨價÷（1－傭金率）

或 淨價＝含傭價×（1－傭金率）

2. 傭金的計算方法

傭金的計算公式爲：傭金＝計算傭金的基數×傭金率。計算傭金的基數及傭金率各爲多少，買賣雙方在交易磋商時應協商確定。按國際貿易習慣，佣金一般是按交易額（即發票金額）爲基礎確定的。例如，CIF 發票金額爲 20 000 美元，佣金率爲 3%，則佣金爲 600 美元（20 000×3%）或 CFR 發票金額爲 18 000 美元，佣金率爲 3%，佣金爲 540 美元（18 000×3%）。但也有的不管採用何種價格術語成交，均按 FOB 價作爲計算佣金的基礎。從理論上講，採用後者較爲合理。因爲，在 CIF 價和 CFR 價中分別包含有運費、保險費，這些費用是賣方支付給輪船公司和保險公司的，並非賣方的收益，不應在這些費用上再付給買方佣金。

計算佣金是以發票金額還是以 FOB 價值爲基礎，國際上並無統一規定。因此，買賣雙方應在合同中明確計算佣金的基礎。

3. 佣金的支付

在進出口業務中，佣金一般應在賣方收妥全部貨款後，再支付給中間商。因爲，中間商的服務，不僅在於促成交易，還應負責聯繫、督促買方履行合同，協助解決合同履行過程中可能發生的問題，以便合同順利履行。如果先付佣金，中間商對日後合同能否切實得到履行，貨款能否按時收到，往往關心不夠。但是，爲了避免有些中間商於交易達成後即要求賣方付佣，對佣金於貨款全部收妥後才予支付的做法，應由賣方與中間商在雙方建立業務關係之初予以明確，並達成書面協議。

(二) 折扣

折扣（Discount，Rebate）是賣方按原價給予買方的一定百分比的減讓。

1. 折扣的表示方法

折扣的表示方法與佣金類似，既可以用文字表明，例如：每公噸 335 美元 CIF 紐約減折扣 2%（USD 335 per metric ton CIF New York Less 2% discount）。也可在貿易術語後加註"折扣"的英文縮寫字母"R"或"D"表示，例如：每公噸 335 美元 CIFR1% 紐約（USD 335 per metric ton CIFR1% New York）。

2. 折扣的計算方法

折扣的計算和佣金一樣，既可在原價的基礎上計算折扣，也可把原價一律變爲 FOB 價，然後在 FOB 價的基礎上計算折扣，其計算公式爲：折扣＝計算折扣的基數×折扣率。

必須註意的是，在既有折扣，又有佣金的情況下，一般做法是先扣除折扣，再計算佣金。

3. 折扣的支付

折扣一般可由買方在支付貨款時預先扣除。

第三節　　裝運條件

上述的 11 種貿易術語都與裝運條件密不可分，都涉及運輸方式、裝運時間、裝運港（地）、目的港（地）、分批裝運與轉船、裝運通知和運輸單據等內容。這些內容構成裝運條件。

一、運輸方式

國際貨物的運輸方式包括：海洋運輸、鐵路運輸、航空運輸、郵政運輸、多式聯運等，其中海洋運輸最爲常用。因此，本部分只介紹海洋運輸方式的相關內容。

海洋運輸，簡稱海運，它是利用貨船在國內外港口之間，通過一定的航區和航線進行的。在國際貨物運輸中海洋運輸是最主要的一種方式，我國的進出口貨物80%以上是通過海運方式進行的。海洋運輸按船舶經營方式的不同，可分爲班輪運輸和租船運輸兩種。

(一) 班輪運輸

班輪運輸，也稱定期船運輸，它是按固定的航線、固定的船期、既定的港口順序裝卸貨物的船舶的運輸。利用班輪運輸貨物，在裝運時間、數量和卸貨港方面都十分靈活。對於成交數量少、批次多、交貨港口分散的貨物，適於採用班輪運輸。

(二) 租船運輸

租船運輸是指貨主或其代理人向船公司包租整條船舶運載貨物。對於成交數量大、需要艙容多的貨物，如礦產品、糧谷、石油、木材、化肥等，用租船運輸較爲適宜和方便。租船運輸按其經營不同分爲三種：①定程租船（Voyage Charter）：又稱程租船和航次租船。它是根據船舶完成一定的航程（航次）來租賃的，可分爲單程租船、來回程租船和連續航次租船。在這種租船方式下，按租船合同的規定，船方按時到裝運港裝貨後，再駛抵卸貨港卸貨，負責完成貨物運輸任務，並承擔船舶的經營管理和一切開支，包括船員工資、港口使用費、港口代理費、船用燃料和物料費等。租船人則應及時提交貨物，並負擔運費、貨物裝卸費和船舶滯期費。②定期租船（Time Charter）：又稱期租船。它是按期限租賃船舶，在租船期內，租船人支付租金，船舶由租船人經營和管理，租船人可在租船合同規定的航行區域根據自己的需要來安排船舶的營運和調度，由此而產生的燃料費、港口費、裝卸費等皆由租船人負責，船方則負責船員的工資、伙食費等，並保證船舶在租賃期間的適航狀態，但不負責船舶的營運管理。③光船租船（Demise Charter）：即租船人向船公司租賃整條船舶，並支付租金，而船長和船員由租船人自行配備，船舶的經營管理及航行的有關事宜均由租船人負責。在當前國際貨物運輸中，定程租船運用較爲廣泛，而光船租船因其對船方和租船人都有不利而較少採用。

二、裝運時間、裝運港（地）和目的港（地）

(一) 裝運時間

裝運時間是裝運條款的重要內容之一，賣方必須在約定時間將貨物裝上船。因此，在合同中合理地規定裝運時間是很重要的。

買賣合同中的裝運時間，通常有以下幾種規定方法：

133

1. 明確規定裝運時間

採用這種方法，一般不需規定某一具體時期，而只需確定一段時間，常見的有：

（1）規定某月裝。例如：20××年4月裝（Shipment during April）按此規定，賣方可在4月1日至4月30日這段時間內的任何時候裝運出口。

（2）規定某幾個月內裝。例如：20××年3、4月份裝運（Shipment during March/April）按此規定賣方可在3月1日至4月30日這段時期內的任何時候裝運出口。

（3）規定某月某日以前裝。例如：20××年6月15日前裝運（Shipment on or before June 15th）按此規定賣方可以從合同生效日至6月15日這一段時間內的任何時候裝運出口。

以上規定裝運時間的方法，較爲明確具體，即可使賣方有一定時間進行加工備貨和安排運輸，也可使買方預先掌握貨物的裝運時間。做好支付貨款和接收貨物的準備。因此，這種方法在國際貿易中使用最廣。

2. 規定在收到信用證後一定時間內裝運

對某些外匯管制較嚴的國家和地區，或交易的商品是專爲買方特製的，或對買方的資信不夠瞭解，爲了防止生產、包裝後買方不如期付款，使我方遭受損失，可採用收到信用證一定時間內裝運的規定方法，以保障我方利益。例如：收到信用證後50天內裝運（Shipment within 50 days after receipt of L/C）

在採用此種規定時，賣方的裝運期是以買方開出信用證爲前提的，如買方故意拖延或拒絕開證，賣方即處於無法履行合同的被動地位。因此，在採用此種方法時，必須同時規定信用證的開到日期。例如：買方最遲於某月某日前將有關信用證開抵賣方（The relevant L/C must reach the Seller not later than ××）

3. 採用一些術語表示。

如立即裝運（Immediate Shipment）、即期裝運（Prompt Shipment）、盡速裝運（Shipment as soon as possible）。由於這些術語在國際上並無統一的解釋，使用這些術語時極易引起爭議和糾紛，因而在國際貿易中，除非買賣雙方有一致理解，一般應避免使用。

(二) 裝運港（地）和目的港（地）

在海洋運輸方式下，合同中規定的裝運港和目的港是買賣雙方交接貨物的地點，通常裝運港由賣方提出經買方同意後確定，以便於賣方安排貨物的裝運；目的港由買方提出經賣方同意後確定，以便買方接貨和轉售。

在進出口交易中，對於裝運港和目的港的規定方法有三種：

1. 規定一個裝運港和目的港

如：裝運港：上海，目的港：倫敦

2. 規定兩個或兩個以上的港口，或規定某一航區爲裝運港和目的港

如：裝運港：上海、廣州，目的港：倫敦、漢堡；或裝運港：中國港口，目的港：歐洲主要港口

3. 規定選擇港

所謂選擇港就是在兩個或兩個以上的港口或某一航區的港口中，允許買方在訂約一定時期後再確定卸貨港口。

如目的港：倫敦、漢堡、鹿特丹，任選，選港附加費由買方負擔。

(三) 分批裝運和轉船問題

1. 分批裝運

分批裝運就是對一次成交的貨物分成若干批次裝運，但同一船只、同一航次裝運的貨物即使裝運港不同，裝運日期不同，一般不作分批裝運。

國際商會 600 號出版物《跟單信用證統一慣例》規定："除非信用證另有規定，允許分批支款及/或裝運"。按此規定，在信用證業務中，除非信用證明確規定不準分批裝運，賣方有權分批裝運。但有些國家的法律卻規定，如果合同中沒有明確準許分批裝，即是不允許分批裝運。因此，爲了避免爭議，對於能否分批裝運應在合同中訂明。

關於分批裝運問題，在買賣合同中有以下幾種處理方法：

(1) 不準分運（Partial shipment not to be allowed）。

(2) 準許分運（Partial shipment to be allowed），具體又有兩種做法。

①只規定允許分運，對於分批的時間、批次和數量均不作限制。如：10月份裝運，允許分批和轉運（Shipment during Oct., with partial shipment and transhipment allowed）。採用這種規定方法，賣方可以根據貨源和運輸情況，在合同規定的裝運期內靈活掌握裝運的具體批次、時間及數量，對賣方較爲有利。

②規定允許分運，並具體訂明批次、每批裝運的時間和數量。如：20××年 1/2 月份分兩次裝（Shipment during Jan. /Feb., 20××in two lots），20××年 1/2 月份分兩次大約平均裝運（Shipment during Jan. /Feb. 20××in two about equal lots）。這種規定方法對買方來說比較主動，他可以根據對進口貨物的使用或轉售的需要來確定裝運的批次、時間及數量。特別是在進口成套設備等重要的物資時，這種規定更有必要。它可以避免國外供貨方將急需的物品後裝，不急需的物品先裝，打亂用貨部門的生產安排。但這種方法對賣方的限制嚴格，他必須按時、按量、按品名裝運，如果任何一期未按時、按量、按品名裝運，則該期及以後各期賣方均不能憑裝運收匯。因此，賣方在接受限時、限量分批裝運條款時，應慎重考慮貨源及運輸條件的可能性，以免造成被動。

2. . 轉船

轉船是指在裝運港和卸貨港之間的海運過程中，貨物從一條船只上卸下，再裝上另一條船只的行爲。

關於轉船問題，在買賣合同中有以下三種處理方法：

(1) 不準轉船（Transhipment not to be allowed）。如：3/4 月份裝運，禁止轉運（Shipment during Mar. /Apr. transhipment is prohibited）。

(2) 準許轉船（Transhipment to be allowed）有以下兩種具體做法：

①準許轉船而不加任何限制。如：20××年 10/11 月份裝運，允許分批和轉船（Shipment during Oct. /Nov. 20××, With partical shipment and transhipment allowed）

②準許轉船但增加限制性規定。如：3/4 月份裝運，由香港轉運（Shipment during Mar. /Apr. to be transhipment at Hong Kong）

（五）裝運通知

裝運通知是買賣合同中必不可少的一項條款。規定這一條款的目的在於明確買賣雙方的責任，促使買賣雙方相互配合，共同做好船貨銜接工作。合同中的裝運通知包括備貨通知、派船通知和裝船通知。在以 FOB 條件成交的合同中，應訂明賣方備貨通知、買方派船通知和賣方裝船通知條款，而在以 CFR 和 CIF 條件成交的合同中，則應訂明賣方裝船通知條款。

（1）備貨通知，指賣方在預備交貨若干天前，將備貨情況電告買方，以便買方能安排接貨。

（2）派船通知，指買方收到賣方備貨通知，並辦好租船訂艙手續後，將船名、船籍、噸位、預計到港日期等通知賣方，以便賣方及時安排貨物出運和準備裝船。

（3）裝船通知，指賣方將貨物裝船完畢後，將合同號、貨物的品名、件數、重量、發票金額、船名及裝船日期等內容，以電報通知買方，以便買方辦理保險並做好接貨、卸貨的準備。這是賣方的一項法律責任，不論合同中有無規定，賣方在裝船後都必須及時發出裝船通知。如果漏發或未及時向買方發出裝船通知，賣方應對買方因漏保或未能及時投保而遭受的損失承擔責任。

（六）運輸單據

運輸單據又稱裝運單據，它是承運人或其代理人收到發貨人交來的貨物後，簽發給發貨人的書面收貨單據。運輸單據反應了與貨物有關的各當事人之間的契約關係。在出口國裝運地交貨條件下，它是賣方證明其已履行交貨義務的重要憑證。也是出口商向銀行進行議付和買方憑之支付貨款的主要依據之一。在對外貿易中，根據不同的運輸方式，有多種運輸單據，包括：海運提單、鐵路運單、航空運單、郵政收據、多式聯運單據等。其中，鐵路運單、航空運單、郵政收據與海運提單不同，不是代表貨物所有權的物權憑證，是不可轉讓的單據。而海運提單既是貨物收據，又是物權憑證，也是運輸合同的證明。海運提單是由船公司或其代理人簽發的，證明承運人已接管貨物或已將貨物裝上船，並保證在目的地交付貨物的憑證，是可以轉讓的單據。海運提單的種類繁多，現分述如下：

1. 按貨物是否已裝船，分為已裝船提單和備運提單

已裝船提單（Shipped Bill of Lading 或 On Board Bill of Lading）是指貨物裝船後，由承運人簽發給托運人的提單，提單上記載有裝船船名和裝船日期。

備運提單（Received for Shipment Bill of Lading）是指承運人在收到托運人貨物等待裝船期間向托運人簽發的提單。由於貨物尚未裝船，因而提單上沒有記載裝船日期和船名，買方一般不願接受這種提單。在跟單信用證支付方式下，銀行一般也不接受備運提單。

買賣合同中一般都規定賣方需提供已裝船提單，特別是在採用 C.I.F. 和 C.F.R. 術語下，賣方有義務向買方提供已裝船。備運提單由於貨物尚未裝船，買方一般不

願接受這種提單。在跟單信用證支付方式下，銀行一般也不接受備運提單。但若是集裝箱船運輸，銀行和買方也接受備運提單。

2. 按提單有無不良批註，分爲清潔提單和不清潔提單

清潔提單（Clean Bill of Lading）是指承運人在簽發的提單上未加貨物存在缺陷或包裝不良等批註的提單。不清潔提單（Unclean Bill of Lading）是指承運人在提單上加註了貨物存在缺陷或包裝不良等批註的提單。

在信用證支付方式下，賣方提供的提單必須是清潔提單，銀行才予接受辦理議付貨款。對於不清潔提單，除非信用證明確規定可接受者外，銀行爲了保障買方利益，一般都拒絕接受。

3. 按提單抬頭不同，分爲記名提單、不記名提單和指示提單

記名提單（Named Consignee Bill of Lading）是指在提單上收貨人欄內，具體填寫某一特定的人或公司的提單。這種提單只能由特定的收貨人提貨，不能轉讓，通常只對價值較高的或特殊用途的貨物才採用記名提單。

不記名提單（Bearer Bill of Lading）是指在提單上收貨人欄內留空不填，或填 To Bearer（交持票人）的提單。這種提單的持有人不須通過背書，就能憑提單轉讓貨物所有權或提取貨物，承運人只憑提單交貨。

指示提單（Order Bill of Lading）是指在提單收貨欄內填寫"憑指示交貨（To order）"或"憑某人指示交貨（To order of）"字樣的提單，它可以通過指示人的背書而進行轉讓。背書一般有兩種方法，一是空白背書，即轉讓提單時僅由轉讓人在提單的背面簽章，並寫上×年×月×日，不加其他字句，誰持有這種提單誰就擁有該批貨物所有權，誰就有權提貨。二是記名背書，即提單轉讓時轉讓人除在提單背面簽章外，還要註明受讓人（被背書人）的名稱，並寫上×年×月×日，這時被背書人有權提貨，也有權再用背書的方法指定他人提貨。

上述三種提單中，記名提單不能轉讓，因此在國際貿易中極少使用。不記名提單風險較大，在國際貿易中基本不使用。最常用的是指示提單。

4. 按提單內容的繁簡，分爲全式提單和略式提單

全式提單（Long Form Bill of Lading）是指提單上正面和背面內容都完備，全面記載了承運人和托運人的權利、義務等條款的提單。

略式提單（short Form Bill of Lading）指提單上只有正面必要的項目，而背面沒有記載承運人和托運人責任、義務和權利等條款的提單。

國際貿易中，使用簡式提單一般有兩種情況：一是租船合同項下的簡式提單，因其不是一個完整的、獨立的文件，要受租船合同的約束，所以銀行不願接受；二是班輪運輸下的簡式提單，它主要是爲了簡化手續，是一個完整、獨立的文件，銀行一般都予以接受。

5. 按運輸方式，分爲直達提單、轉船提單、聯運提單

直達提單（Direct Bill of Lading）是指承運人簽發的貨物自裝運港裝船後中途不轉船而直接運抵目的港的提單。這種提單上列有裝運港和目的港的名稱。凡合同和信用證中規定不準轉船者，賣方必須提供這種直達提單。

轉船提單（Transhipment Bill of Lading）是指由承運人在裝運港簽發的、貨物經由兩艘以上船舶運至目的港的提單。這種提單上一般都註明"在××港轉船"字樣。其轉船運輸的手續由第一承運人辦理，費用也由其負擔，但責任由各程船公司分段負責。

聯運提單（Through Bill of Lading）是指海陸、海河、海海或海空等聯運貨物，由第一承運人在啓運地簽發的全程提單。它的性質和轉船提單相似，途中轉運的手續和費用由第一承運人承擔，但責任由各段承運人分別負責。

6. 其他分類

提單除以上各種分類外，還有艙面提單、過期提單、預借提單和倒簽提單。

艙面提單（On Deck Bill of Lading）是指承運人註明將貨物裝載在艙面上的提單。裝載在艙面上的貨物風險大，貨物容易受損，加之《海牙規則》規定，艙面貨不屬於"貨物"之列，承運人對艙面貨的損失或滅失不負責任。所以，收貨人一般均不接受艙面提單；除非信用證特別授權，銀行也將拒收註明貨物已裝艙面或將裝於艙面的運輸單據。但對於有毒品、危險品、體積大或價值低的廢舊物品，艙面提單亦可結匯。

過期提單（Stale Bill of Lading）是指貨物裝船後，賣方向當地銀行提交裝船提單時，銀行按正常郵程寄單預計收貨人不能在船抵達目的地前收到的提單。又按《跟單信用證統一慣例》規定，在提單簽發日後21天才提交的提單也屬過期提單。產生過期提單的原因主要有兩方面：一方面是貨物裝船後，托運人延遲向銀行交單結匯；另一方面是短途海洋運輸致使提單不可能先於貨物到達目的地。由於銀行一般不接受過期提單，以防止買方拒付貨款時銀行受到損失。因此，在短途運輸時，賣方應要求買方在信用證中規定："過期提單可以接受"，以免日後引起爭議。

預借提單（Advanced Bill of Lading）是指信用證規定的裝船結匯日期已到，貨主因故未能及時備妥貨物裝船，托運人要求承運人先行簽發的已裝船提單。

倒簽提單（Anti-date Bill of Lading）是指由於貨物實際裝船日期遲於信用證規定的裝船日期，影響向銀行交單結匯，船方或其代理人應托運人要求，仍按信用證規定的裝船日期簽發的提單。

簽發預借提單和倒簽提單均屬違法，承運人需承擔由此可能產生的風險，特別是在貨價下跌時，收貨人可以"偽造單據"爲由，拒絕提貨並向法院起訴，要求扣留船舶及取得補償等，則出口方和承運人都要承擔法律責任。

第四節　支付條件

在國際貿易中，支付條件包括支付時間、支付票據和支付方式。

一、支付時間

在國際貨物買賣中貨款的支付時間應視交易金額的大小、交易對手的信譽狀況及交易商品的特點確定。買賣合同中支付時間的規定主要有以下三種：

(一) 交貨前付款（payment prior to delivery）

　　交貨前付款，是指合同簽訂後賣方尚未支付貨物之前買方即需付款，如國際貿易中採用的預付貨款。採用交貨前付款對賣方最爲有利，他可以在收到貨款後再購貨發運，對他來説是做一筆無本錢的生意。此外，因爲是收款後再發貨，主動權就在他手裡，根本没有什麽風險。但對於進口商來説，這種方法是最爲不利的，因爲先付出貨款，資金占用時間長，而且還承擔着付了款而收不到貨的風險。因此，除非賣方信譽極佳或賣方能夠供給非常搶手的貨物，作爲進口商一般不宜採用此種方法。

(二) 交貨時付款（payment against delivery）

　　交貨時付款應是一手交錢一手交貨，銀貨當面兩訖。但在國際貨物買賣中，由於交易雙方分處兩地，無法面對面地進行交易，因此通常是賣方交貨後將作爲貨權憑證的單據通過銀行向買方提示，買方一般只有付款後才取得貨權憑證，並憑以提貨或轉售，這種方法降低了買賣雙方的風險，對買賣雙方都較爲公平合理。國際貿易中普遍採用的即期信用證付款，以及即期付款交單等，都屬交貨時付款。

(三) 交貨後付款（payment after delivery）

　　交貨後付款是指賣方將貨物裝運出口，買方收貨後或收貨後再過一段時間付款。採用交貨後付款的付款方式有遠期信用證、遠期付款交單、承兑交單、貨到付款等。這種方法對買方最爲有利，他不但掌握主動權，而且資金負擔最少。但對賣方而言則最爲不利，因爲賣方先發貨，他就冒買方不付款的風險。因此，只有在買方信譽極佳，或有銀行擔保、或賣方爲開闢新市場的情況下才可採用。

二、支付票據

　　在現代國際結算中，不是直接使用現金，而是使用信用工具——票據來結算國際上的債權債務。票據是以無條件支付一定金額爲目的的可流通轉讓的有價證券。在國際貿易中使用的票據主要有匯票、本票和支票。其中以匯票使用最多。

(一) 匯票（Draft）

　　匯票是由出票人向另一人簽發的要求即期、定期或在可以確定的將來時間向指定人或根據其指示向來人無條件地支付一定金額的書面命令。根據《中華人民共和國票據法》的規定，匯票的必要項目有："匯票"的字樣；無條件支付命令；確定的金額；付款人名稱；收款人名稱；出票日期；出票人及其簽字。

(二) 本票

　　本票是一個人向另一個人簽發的，保證於見票時或在可以確定的某個時間對某人或某指定的人或持票人支付一定金額的無條件書面承諾。按《中華人民共和國票據法》，本票必須記載下列項目：表明"本票"的字樣；無條件支付的承諾；確定的金額；收款人名稱；出票日期；出票人簽章。

（三）支票

支票是銀行的存款儲戶對銀行簽發的授權銀行對某人或其指定人或持票人即期支付一定金額的無條件支付命令。《中華人民共和國票據法》規定，支票必須記載下列事項：表明"支票"的字樣；無條件支付的委託；確定的金額；付款人名稱；出票日期；出票人簽章。

三、支付方式

在國際貿易中常用的支付方式有匯付、托收和信用證。現分述如下：

（一）匯付（Remittance）

匯付又叫匯款，是匯款人通過銀行將款項匯交收款人的一種支付方式。匯付方式有四個當事人，分別爲：匯款人（Remitter）、收款人（Beneficiary）、匯出行（Remitting Bank）、匯入行（Paying Bank）。

1. 匯付的種類

匯付主要有三種：

（1）電匯（Telegraphic Transfer 簡稱 T/T）。電匯是匯出行應匯款人的請求，通過電報或電傳，委託匯入行向收款人解付匯款。

（2）信匯（Mail Transfer 簡稱 M/T）。信匯是匯出行應匯款人申請，將《信匯委託書》郵寄給匯入行，委託匯入行向收款人解付匯款。

（3）票匯（Demand Draft 簡稱 D/D）。票匯是匯出行應匯款人的申請，代匯款人開立以匯入行爲解付行的即期匯票，向收款人支付匯款。

電匯、信匯業務流程見圖 7-1，票匯業務流程見圖 7-2。

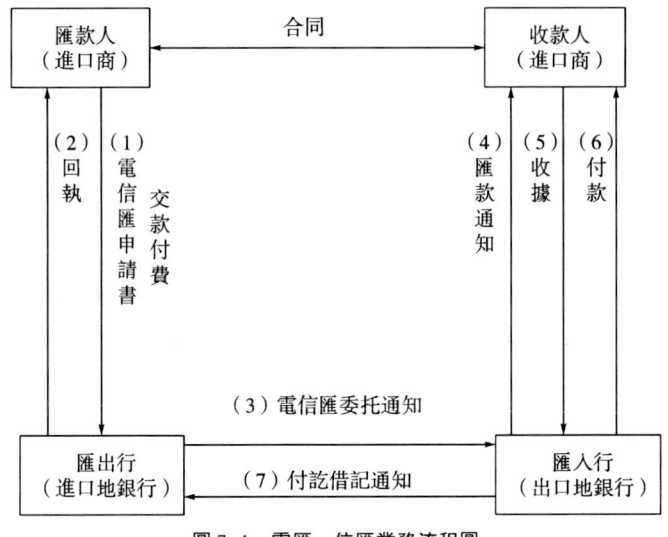

圖 7-1　電匯、信匯業務流程圖

```
                          合同
    ┌─────────────┐ ←──────────────→ ┌─────────────┐
    │   匯款人    │                   │   收款人    │
    │ （進口商）  │                   │ （進口商）  │
    └─────────────┘ ──────────────→  └─────────────┘
       │    │      （3）寄交銀行即期匯票    ↑    ↑
   （2）│（1）│                        （5）│（6）│
    銀  票 交                         交   付
    行  匯 款                         銀   款
    即  申 付                         行
    期  請 費                         即
    匯  書                            期
    票                                匯
                                      票
       ↓    ↓                         │    │
    ┌─────────────┐ ─────────────→  ┌─────────────┐
    │   匯出行    │ （4）寄票匯通知書（票根） │   匯入行    │
    │（進口地銀行）│ ←─────────────  │（出口地銀行）│
    └─────────────┘ （7）付訖借記通知  └─────────────┘
```

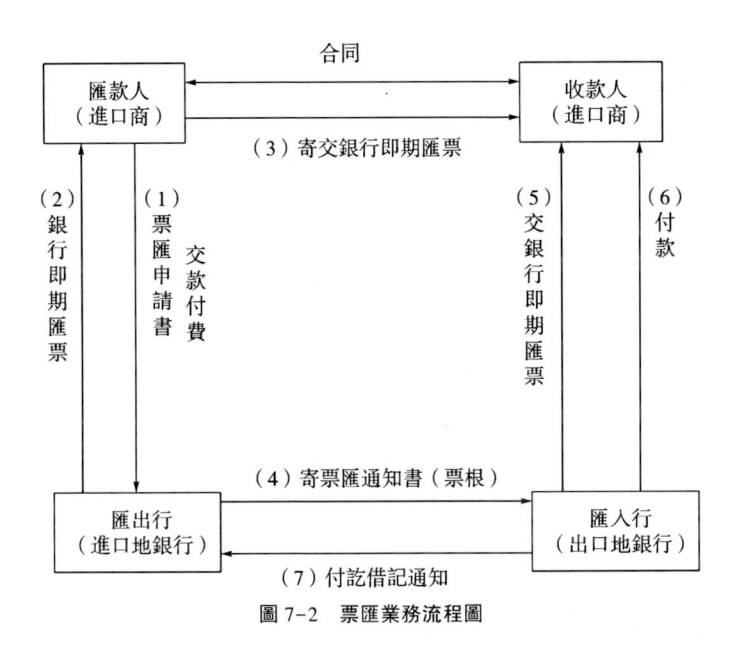

圖 7-2　票匯業務流程圖

2. 匯付的方式

在國際貿易中，以匯付方式結算買賣雙方債權債務時，根據支付貨款與交貨時間的先後不同，可分爲預付貨款和貨到付款兩種。預付貨款是指買方在訂貨時即匯付全部或部分貨款。在這種方式下，買方必須提早墊付資金，並承擔賣方可能遲延交貨的風險，所以對買方甚爲不利。貨到付款是買方在收到貨運單據或貨物後，按合同規定的時間和匯款方式，將貨款匯給賣方。這種方式與預付貨款相反，由於是賣方先發貨，如果買方拒不履行或延遲履行付款義務，賣方就將蒙受貨款落空或晚收貨款的損失，因而對賣方不利。

3. 匯付的特點

（1）風險大。無論是預付貨款的買方，還是貨到付款的賣方，採用匯付方式意味着要承擔較大的風險。因爲一旦付了款或發了貨就失去了約束對方的手段，他們能否及時安全地收到貨物或貨款，完全取決於對方的信譽，如果對方信譽不佳，就可能錢貨兩空。

（2）資金負擔不平衡。採用匯付方式，在整個交易中買賣雙方的資金占用極不平衡。如果是預付貨款，則整筆交易需要的資金幾乎全部由買方墊付；如果是貨到付款，則由賣方提供交易過程中需要的全部資金。

（3）手續簡便、費用小。匯款支付方式的手續是最簡便的，如同一筆單純的匯款業務，銀行只負責匯款，而對買賣雙方間的交易不負任何責任，因而銀行的手續費也最少，只有一筆數額很小的匯款手續費。

（二）托收

托收是由賣方開立以買方爲付款人的匯票，委託銀行向買方收取貨款的一種結算方式。托收是由賣方開立以買方為付款人的匯票，委託銀行向買方收取貨款的一種結算方式。在托收業務中一般涉及四個當事人：委託人（Principal）、托收行（Remitting Bank）、代收行（Collecting Bank）、付款人（Drawee）。

1. 托收的種類

托收可從不同的角度分類

（1）根據匯票是否跟隨單據，分為光票托收和跟單托收。

光票托收（Clean Bill for Collection），是指匯票不附帶任何貨運單據的托收，委託人向托收行辦理托收手續時，只提供匯票向付款人收款，並不跟隨貨運單據。光票托收的匯票，有即期、遠期之分，對於即期匯票，代收行收到後應立即向付款人作付款提示；對於遠期匯票，代收行收到後應立即向付款人作承兌提示，待匯票到期後再作付款提示。光票托收在國際貨物買賣中使用較少，一般用於收取出口貨款的尾數、樣品費、傭金及其他貿易從屬費用。

跟單托收（Documentary Bill for Collection），是匯票附有貨運單據的托收。委託人在向銀行辦理跟單托收業務時，不僅要提供匯票，而且要提供貨運單據。國際貨物買賣中的托收大都是跟單托收，之所以要跟單，就是為了要把作為貨權的貨運單據與貨款作一手來一手去的當面兩訖的交易。

（2）根據交單的條件不同，跟單托收又分為付款交單托收和承兌交單托收。

付款交單（Document against Payment 簡稱 D/P）是指委託人（賣方）交單以付款人（買方）的付款為條件，即委託人在委託托收行收款時指示，托收行必須在付款人付清票款之後，才能把全套單據交給付款人。

付款交單又可分為即期付款交單和遠期付款交單。即期付款交單（D/P at sight）是由委託人（賣方）開出即期匯票，通過托收行及代收行向付款人（買方）提示，付款人見票後即需付款，付清款項後領取貨運單據。遠期付款交單（D/P after sight）是由委託人（賣方）開出遠期匯票，通過托收行及代收行向付款人（買方）提示，由付款人承兌，於匯票到期日付清票款後領取貨運單據。

承兌交單（Document against Acceptance 簡稱 D/A）是指委託人（賣方）交單以付款人（買方）承兌匯票為條件。付款人承兌匯票後即可向銀行取得貨運單據，待匯票到期日才付款。因為只有遠期匯票才需要承兌，所以承兌交單條件只適用於遠期匯票的托收。

即期付款交單的業務流程見圖7-3，遠期付款交單的業務流程見圖7-4，承兌交單業務流程見圖7-5。

第七章　國際貨物貿易磋商內容

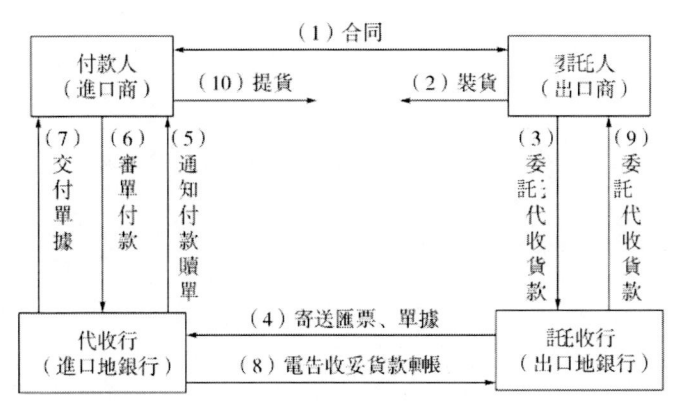

圖 7-3　即期付款交單業務流程圖

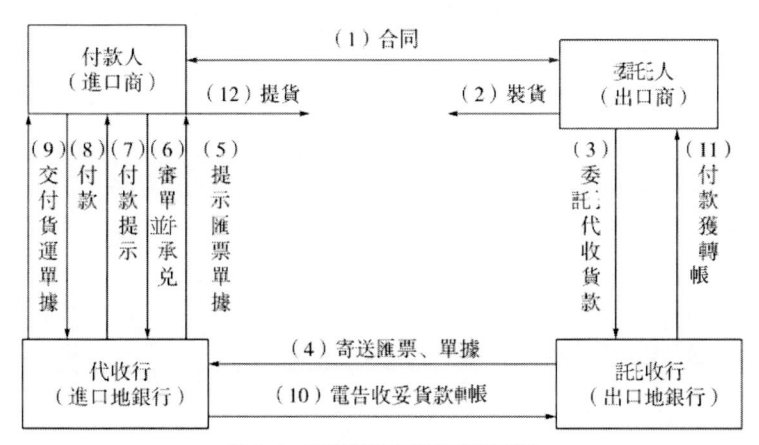

圖 7-4　遠期付款交單業務流程圖

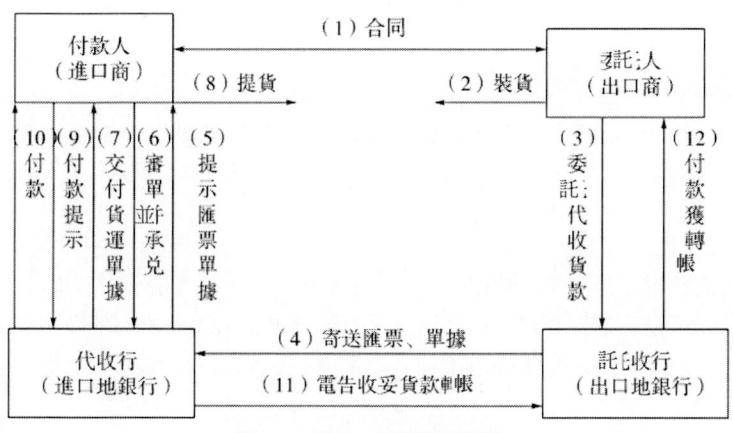

圖 7-5　承兌交單業務流程圖

143

2. 托收的特點

（1）比匯付安全。在跟單托收下，由於是付款交單或承兌交單，對出口商來說，就不會像貨到付款時，要承擔錢貨兩空的風險。而對進口商來說，托收比預付貨款更爲安全，因爲採用托收方式，只要進口商付清了貨款，就一定能得到貨運單據，並憑以提取貨物。

（2）收款依靠商業信用。在托收業務中，銀行作爲轉手交單的代理人，對匯票的付款人是否付款不承擔任何責任。出口商在發貨後能不能收取貨款，完全取決於進口商的信譽。因此，從其信用的性質而言，托收是建立在商業信用基礎上的。正因爲如此，對出口來講，採用托收結算方式有較大的風險。在付款交單情況下，如果進口商破產喪失付款能力，或因市場價格下跌進口商拒不贖單提貨，出口商不僅無法收回貨款，而且還要負擔貨到目的地後提貨、存倉和保險的費用，以及在當地降價出售貨物而發生的損失；如因外匯管制不能在當地轉售，則還需負擔貨物運往其他地區、國家或運回本國的運費、保險費。採用承兌交單，出口商的風險更大，因爲，在承兌交單條件下，進口商在匯票上承兌後就可以取得貨運單據，提取貨物，如果進口商破產倒閉，或提貨出售後拒不付款，出口商就將蒙受錢貨兩空的巨大損失。

（3）資金負擔不平衡。採用托收支付方式，買賣雙方的資金負擔是不一樣的。對出口商來說，資金負擔較重且時間較長，無論是付款交單或承兌交單，整筆交易的資金是由他墊付的。對進口商來說，採用跟單托收方式結算，其資金負擔遠比出口商小。在承兌交單時，進口商可在支付貨款前，經承兌匯票取得單據並提取貨物，用銷售貨物所得款項支付出口商的貨款，對他而言，實質上是做了一筆無本錢的交易。在付款交單時，進口商付清貨款即可得到單據並提取貨物，資金占用時間較短，如果是遠期付款交單，進口商可憑信托收據獲得銀行的資金融通，借出單據提貨出售，付款日用售貨款償還銀行。此時進口商也未墊付任何資金就完成了交易。因此，托收是對進口商比較有利的一種支付方式。

（4）手續稍多，費用稍高。托收要通過銀行向進口商提示單據，手續較匯付略多些，因此費用也比匯付高。

（三）信用證（Letter of Credit 簡稱 L/C）

信用證是銀行應買方的要求和指示，開給賣方的一種有條件付款的書面承諾。所謂有條件付款保證，是指當賣方在規定的期限內，提示符合信用證所要求的單據時，銀行須承擔向賣方支付規定數額款項的義務。其性質是：開證行負第一性的付款責任，信用證結算依靠的是銀行信用，出口商可以直接要求開證行付款而無需向進口商索款；信用證獨立於國際貨物買賣合同，開證人、受益人及其當事人只受信用證約束，不受合同約束；信用證業務是單據買賣，只要出口商向銀行提交信用證要求的合格單據，銀行必須付款。信用證業務的當事人有開證人、開證行、受益人、通知行、議付行、付款行。

採用信用證結算方式，程序如下：

（1）進出口雙方當事人在買賣合同中明確規定以信用證方式結算。

（2）進口商根據買賣合同的規定向開證行申請開立信用證，填寫《開證申請書》，交付一定的押金或提供其他保證。

（3）開證行根據《開證申請書》的內容，開立以出口商為受益人的信用證，並將信用證郵寄或加註密押以電報或電傳的形式拍發給出口商所在地的通知行，要求通知行通知或轉遞給出口商。

（4）通知行收到信用證後，按開證行的要求或者以自己通知書格式照錄全文通知出口商，或者將信用證直接轉遞給出口商。

（5）出口商接到通知行通知或轉遞的信用證後，嚴格審查信用證是否符合合同規定。如有不符，可以要求進口商通過開證行予以改正；如無誤，須按信用證規定裝運貨物。

（6）出口商裝運貨物後，備齊各項單據連同匯票，在信用證有效期內，按信用證規定送當地議付行議付貨款。

（7）議付行收到受益人送交的單據並按信用證條款審核無誤後，將匯票金額扣減自付日到估計收到票款日的利息及手續費後，付給出口商。

（8）議付行議付貨款後，將匯票和貨運單據寄給開證行，向開證行索匯。

（9）開證行收到單據後按信用證規定嚴格審核，如單證相符即償還議付行票款，同時通知進口商備款贖單。

（10）買方付款贖單時嚴格審核單據，如發現單據與信用證不符，有權拒付貨款和拒收單據，如單據相符，買方須付貨款，付清款項後取得貨運單據。

（11）進口商憑貨運單據提取貨物。

詳見圖7-6：

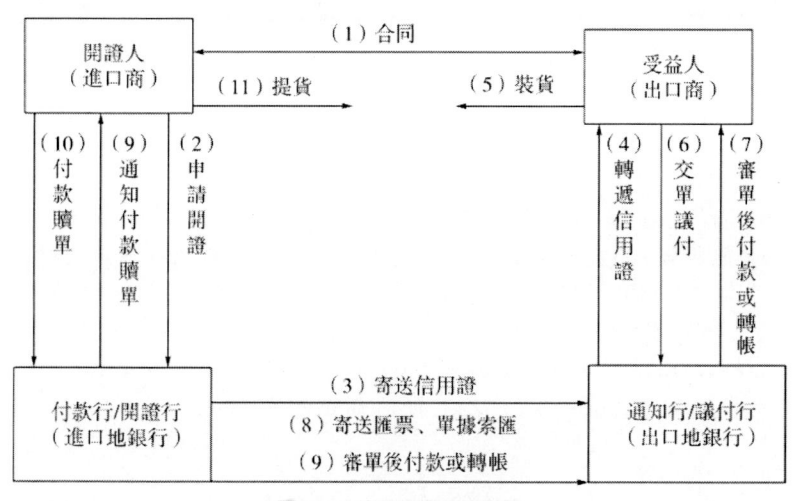

圖7-6 信用證業務流程圖

根據信用證的業務程序，可以看出信用證具備以下特點：

（1）交易依靠銀行信用。對於出口商來說，信用證收付方式明顯優於托收方式和貨到付款。因爲銀行承擔付款責任，只要出口商提供了符合信用證規定的單據，銀行就一定付款。所以在實際業務中，一旦出口商按合同規定履行了交貨義務，取得了合格單據，收款是有可靠保證的。對於進口商來說，只要他向銀行支付貨款，就一定能獲得貨運單據並憑以提取貨物。但由於在信用證結算中，銀行只負責審核單據表面上是否符合信用證的規定，而對單據上所載貨物是否已裝船、是否符合合同規定並無審查義務。因此，一旦出口商信譽不佳，通過僞造沒有貨物的假單據騙取貨款，進口商仍須付款贖單，遭受經濟上的損失。所以在貿易談判時，進口商一定要調查出口商的信用情況。

（2）資金負擔平衡。由於有開證行的信用作擔保，出口商出運貨物後即可把單據賣給出口地銀行獲得款項，從而使他的資金負擔比托收和貨到付款輕得多。此外，出口商收到信用證後，有時還可以通過出口地銀行預支款項。因此，對於出口商來說，信用證是一種非常有利於資金周轉的方式。對進口商而言，由於開證時通常只要交付部分押金，收到單據時才支付全部貨款，因而資金負擔輕於預付貨款。

（3）手續繁，費用多。信用證的手續要比托收煩瑣，爲使單證相符還需要技術性較強的嚴格審單。手續增多，不僅費時，而且開證、通知、議付等每個環節都要收取費用，增加了業務的成本。

第五節　保險、商檢條件

一、保險條件

保險條件的內容，包括保險金額、投保險別、保險費和保險單證等。國際貨物買賣中的運輸保險按照運輸方式的不同，分爲海運保險、陸運保險、空運保險以及郵政包裹運輸保險等，其中業務量最大的是海洋貨物運輸保險。本部分主要介紹海洋貨物運輸保險的相關內容。

（一）我國海洋貨物運輸保險的險別

我國海洋貨物運輸保險的險別，按照是否單獨投保分爲基本險、附加險和專門險三類。基本險所承保的主要是自然災害和意外事故所造成的貨物損失或費用，附加險承保的是其他外來風險所造成的損失和費用。

1. 海洋貨物運輸保險的基本險

我國海洋運輸貨物保險的基本險別分爲平安險（Free From Particular Average，簡稱 FPA）、水漬險（With Particular Average，簡稱 WA 或 WPA）和一切險（All Risks）三種。

（1）責任範圍。

平安險的責任範圍包括：①被保險貨物在運輸途中由於惡劣氣候、雷電、海嘯、地震、洪水等自然災害造成整批貨物的全部損失或推定全損。②由於運輸工具遭受擱淺、觸礁、沉沒、互撞、與流冰或其他物體碰撞以及失火、爆炸等意外事故造成貨物的全部或部分損失。③在運輸工具已經發生擱淺、觸礁、沉沒、焚毀等意外事故的情況下，貨物在此前後又在海上遭受惡劣氣候、雷電、海嘯等自然災害所造成的部分損失。④在裝卸或轉運時由於一件或數件貨物整件落海造成的全部或部分損失。⑤被保險人對遭受承保責任内危險的貨物採取搶救、防止或減少貨損的措施而支付的合理費用。但以不超過該批被搶救貨物的保險金額爲限。⑥運輸工具遭遇海難後，在避難港由於卸貨所引起的損失以及在中途港、卸貨港由於卸貨、存倉和運送貨物所產生的特別費用。⑦共同海損的犧牲、分攤和救助費用。⑧運輸契約訂有"船舶互撞責任"條款，根據該條款規定應由貨方償還船方的損失。

水漬險的承保責任範圍是：①平安險所承保的全部責任。②被保險貨物在運輸途中，由於惡劣氣候、雷電、海嘯、地震、洪水等自然災害造成的部分損失。

一切險的責任範圍，除包括平安險和水漬險的責任外，還包括被保險貨物在運輸途中由於一般外來原因所造成的全部或部分損失。具體地説，一切險的責任既包括平安險、水漬險，還包括一般附加險的全部險別。一般附加險的險別有：偷竊、提貨不着險、淡水雨淋險、短量險、混雜、沾污險、滲漏險、碰損、破碎險、串味險、受潮受熱險、鈎損險、包裝破裂險、鈎損險等11種。

（2）除外責任。

除外責任是保險人不負賠償責任的範圍。中國人民保險公司《海洋運輸貨物保險條款》中，對海運基本險的除外責任有以下五項規定：①被保險人的故意行爲或過失所造成的損失。②屬於發貨人的責任所引起的損失。③在保險責任開始前，被保險貨物已存在的品質不良或數量短差所造成的損失。④被保險貨物的自然損耗、本質缺陷、特性以及市價跌落、運輸延遲所造成的損失或費用。⑤戰爭險和罷工險條款規定的責任範圍和除外責任。

（3）責任期限。

責任期限是指保險人承擔責任的起訖時限。按照國際保險業的習慣做法，我國貨物基本險的保險期限，一般也採用倉至倉條款（Warehouse to Warehouse Clause，簡稱W/W Clause）。它的基本内容是：保險人對被保險貨物所承擔的保險責任，自被保險貨物運離保險單所載明的發貨人倉庫或儲存處所時開始生效，包括正常運輸過程中的海上、陸上、内河和駁船運輸在内，直至該貨物到達保險單所載明的目的地收貨人的倉庫或儲存處所爲止。如貨物未抵達收貨人倉庫或儲存處所，則以被保險貨物在最後卸貨港全部卸離海輪後起滿60天爲止。如在上述60天需將被保險貨物運到非保險單所載明的目的地時，則於貨物開始轉運時終止。

（4）索賠期限。

索賠期限是被保險貨物發生保險責任範圍内的風險與損失時，被保險人向保險人提出索賠的有效期限。中國人民保險公司《海洋運輸貨物保險條款》規定的索賠時效爲，自被保險貨物在目的港卸離海輪之日起算，最多不超過兩年。但按1993年7月1日施行的《中華人民共和國海商法》的規定，索賠時效爲自保險事故發生之日起算兩年。

2. 海洋貨物運輸保險的附加險

上述基本險所承保的是由於自然災害和意外事故所造成的風險損失。貨物在運輸過程中除可能遭受到此種風險損失外，還可能會遇到其他各種外來原因所引起的風險損失。因此，保險人在基本險條款之外，又制訂了各種附加險條款。這些附加險是對基本險的補充和擴大，不能單獨投保，投保人必須在投保一種基本險的基礎上才能加保一種或數種附加險。

目前，我國海洋運輸貨物保險的附加險有一般附加險和特殊附加險兩種。

（1）一般附加險。

一般附加險所承保的是一般外來風險所造成的全部或部分損失。中國人民保險公司承保的一般附加險主要有以下 11 種：①偷竊、提貨不著險（Theft pilferage and Non-delivery），②淡水雨淋險（Fresh Water&/or Rain Damage），③短量險（Risk of Shortage），④混雜、沾污險（Risk of Intermixture and Contamination），⑤滲漏險（Risk of Leakage），⑥碰損、破碎險（Risk of Clash and Breakage），⑦串味險（Risk of Odour），⑧受潮受熱險（Damage Caused by Sweating and Heating），⑨鈎損險（Hook Damage），⑩包裝破裂險（Breakage of Packing，⑪銹損險（Risk Of Rust）。

（2）特殊附加險。

特殊附加險主要承保由於特殊外來風險所造成的全部或部分損失。特殊附加險有下列險別：①交貨不到險（Failue to Delivery）；②進口關稅險（Import Duty Risk）；③艙面險（On Deck Risk）；④拒收險（Rejection Risk）；⑤黃曲霉素險（Aflatoxin Risk）；⑥貨物出口到香港（包括九龍在內）或澳門存倉火險責任擴展條款（Fire Risk Extension Clause for Storage of cargo at Destination Hongkong, including kowloon, or Macao）；⑦戰爭險（War Risk）；⑧罷工險（strikes Risk）。

（二）倫敦保險協會海運貨物保險條款

在世界保險業中，英國是一個歷史最悠久和最發達的國家，它所制訂的保險法、保險條款等對世界各國影響較大。目前，世界上仍有許多國家和地區的保險公司在國際貨物運輸保險業務中直接採用由英國倫敦保險業協會制訂的《協會貨物條款》。《協會貨物條款》（Institute Cargo Clauses 簡稱 ICC）制定於 1921 年，爲了適應國際貿易、航運、法律等方面發展的需要，該條款已先後多次進行補充和修訂，最近一次修訂完成於 1982 年 1 月 1 日，並於 1983 年 4 月 1 日正式實行。現行的倫敦保險協會的海運貨物保險條款共有 6 種險別，它們是（1）協會貨物（A）險條款（2）協會貨物（B）險條款；（3）協會貨物（C）險條款；（4）協會戰爭險條款（貨物）；（5）協會罷工險條款（貨物）；（6）惡意損害險條款。其中，協會貨物（A）險、協會貨物（B）險、協會貨物（C）險是基本險別，分別相當於中國保險條款的一切險、水漬險、平安險，其責任期限也採用倉至倉條款；協會戰爭險和協會罷工險則可獨立投保。

（三）進出口貨物的投保程序

在我國進出口貿易中，出口多以 CIF 或 CFR 術語成交，進口多以 FOB 術語成交。如果由我方負責投保，一般應按以下程序辦理：

1. 選擇投保險別

保險險別是保險人承擔保險責任的根據，險別不同，保險人承擔的保險責任不同，收取的保險費也不相同。因此，合理地選擇保險險別對投保人來說至關重要。它既可以使被保險貨物的安全得到充分的保障，還可以節省保險費用，避免不必要的費用支出。一般地說，由於進出口貨物運輸保險承保的基本風險是在運輸途中因自然災害和運輸工具遭受意外事故所造成的貨物損失，所以選擇保險險別應首先在基本險別中選擇水漬險或平安險，然後根據貨物的種類、性質、包裝、運輸路線、季節、氣候、港口情況及政治局勢等因素加保適當的附加險別。

2. 確定保險金額

保險金額是被保險人對保險標的實際投保金額，是保險人承擔賠償責任的最高限額，還是計算保險費的基礎。投保人在投保貨物運輸保險時，一般應向保險人申報保險金額。

在我國出口業務中，如按 CIF 或 CIP 術語成交，保險金額通常按 CIF 或 CIP 總值加 10% 計算，所加的百分率稱為保險加成率，作為買方的經營管理費用和預期利潤。出口貨物保險金額的計算公式為：

保險金額 = CIF 貨價 × (1+加成率)

由於保險金額是以 CIF 價格為基礎計算的，如我對外報價為 CFR 價，而對方要求改報 CIF 價，則不能以 CFR 價直接加保險費求得，而應按下列公式計算：

$$CIF 價 = \frac{CFR 價}{1 - [保險費率 \times (1 + 保險加成率)]}$$

在我國的進口業務中，貨物的保險金額原則上以 CIF 貨值計算，不另加成。由於我國進口合同大部分採用 FOB 或 CFR 術語，為簡化手續，方便計算，在進出口公司與保險公司簽訂的預約保險合同中，約定了平均運費率和平均保險費率。據此，就可按進口合同所採用的貿易術語計算保險金額，其計算公式如下：

以 FOB 價成交：

$$保險金額 = \frac{FOB 價 \times (1 + 平均運費率)}{1 - 平均保險費率}$$

以 CFR 價成交：

$$保險金額 = \frac{CFR 價}{1 - 平均保險費率}$$

3. 辦理投保手續

(1) 出口貨物的投保。出口合同採用 CIF 或 CIP 條件成交，保險由賣方辦理，賣方應在備妥貨物並確定裝運日期和運輸工具後，向保險公司辦理投保。我國出口貨物投保，一般需逐筆填寫投保單提出書面申請，投保單包括的主要內容有：被保險人名稱，被保險貨物名稱、數量、包裝及標誌，保險金額，投保險別，運輸工具名稱，起訖地點、起訖日期等。投保單經保險公司接受後，保險即開始生效。

(2) 進口貨物的投保。進口貨物如採用 CIF 條件，保險由賣方負責辦理，如採用 CFR 或 FOB 條件，則由買方自行辦理。我國進出口貨物大多採用訂立預約保險的辦法，經營進口業務的公司同保險公司簽訂預約保險合同。凡屬預約保險合同規定範圍內的進口貨物，一經起運，保險公司即自動按照既定條件承保。

4. 支付保險費

保險費是被保險人就其貨物保險而付給保險人的費用。它是保險合同生效的條件。保險費是以保險金額爲基礎，按一定保險費率計算出來的，其計算公式爲：

保險費＝保險金額×保險費率

5. 取得保險單證

保險單證是保險公司和投保人之間訂立的保險合同，也是保險公司出具的承保證明，它反應了保險公司與投保人之間的權利和義務關係。當發生保險責任範圍內的損失時，它是被保險人憑以向保險公司索賠和保險公司理賠的主要依據，同時它也是向銀行辦理結匯的重要單據之一。

二、商檢條件

進出口商品檢驗，就是對商品的品質和重量（數量）等進行檢驗和鑒定，以確定交貨品質、重量（數量）是否符合合同規定。在國際貨物買賣中，買賣雙方一般不能當面交接貨物和檢驗貨物，因而往往在商品品質和數量（重量）等問題上產生爭議。爲了解決這個問題，長期以來形成一種習慣，即由有資格的商檢機構在裝運港貨物裝運前或在目的港買方卸貨前進行檢驗，並出具檢驗證書，作爲賣方交貨符合合同規定的證明，或作爲買方對賣方交貨不符合同規定的索賠依據。因而買賣雙方需就檢驗時間和地點、檢驗機構、檢驗證書、檢驗方法和檢驗標準、復驗時間、地點和機構等問題進行磋商，這些內容就構成商品檢驗條款。

（一）商品檢驗時間和地點

在國際貨物買賣中，關於商品檢驗時間和地點的規定方法有以下幾種：

1. 在出口國於貨物裝運前檢驗

這種方法通常稱爲"離岸品質、離岸重量"，即買賣合同中規定貨物在裝運港（地）裝運以前，由賣方委託經買賣雙方同意的出口地的商檢機構，對商品的品質和重量（數量）進行檢驗，出具檢驗證書，作爲最後依據。這就意味着，貨到目的港後，買方即使再委託當地檢驗機構進行復驗，也無權向賣方提出任何異議。這種方法對賣方有利，而對買方不利。因爲它使買方失去了對貨物品質、重量（數量）提出異議的權利，並且貨物在運輸途中品質或重量（數量）發生變化的風險也由買方承擔。

2. 在進口國於卸貨後檢驗

這種方法通常稱爲"到岸品質、到岸重量"，即在買賣合同中規定，商品的品質和重量應在目的港（地）卸貨後進行檢驗，以目的港（地）簽發的檢驗證書作爲決定商品品質和重量（數量）的最後依據。也就是說，即使賣方在出口國以符合合同規定的商品交貨，但經復驗商品品質和數量與合同不相符時，買方有權提出異議。採用這種方法，實際上是由賣方承擔了貨物在運輸途中的品質和數量上的變化損失，因而對賣方不利，而對買方有利。

3. 在出口國檢驗，在進口國復驗

即以裝運港（地）的檢驗證書作爲議付貨款的依據，貨到目的港後，允許買方對

貨物進行復驗。採用這種方法時，貨物在出口國裝運前由裝運港的商檢機構進行檢驗，但出具的商檢證明不作爲最後依據，只作爲賣方向銀行議付貨款時的單據之一，貨到目的港卸貨後，買方有權復驗，買方可憑復驗結果向賣方索賠。這種方法較前兩種方法合理，前兩種方法均以單方提供的檢驗證書爲準，而第三種方法賣方有權檢驗，買方有權復驗，對雙方較爲公平，因而我國對外貿易合同有關檢驗地點和時間的條款，一般採用第三種方法。

（二）商品檢驗機構

商檢機構是對商品進行檢驗的機構即接受委託進行商品檢驗與公證鑒定工作的專門機構。在國際上的商品檢驗機構，有官方的，也有私人的，或同業公會的，或某些協會經營的，其中比較著名的有：英國勞氏公證行、瑞士日內瓦通用鑒定公司、美國食品藥品管理局、日本海事鑒定協會等。

（三）商品檢驗證書

商檢證書是商檢機構依照有關規定，對進出口商品進行檢驗鑒定後出具的證明文件。商品檢驗證書的種類繁多，歸納起來有以下幾種：

（1）品質檢驗證書（inspection certificate of quality）是證明進出口商品品質、規格、等級、成分等實際情況的證書，它具體證明進出口商品的品質是否與合同或信用證的規定相符。

（2）重量（數量）檢驗證書（inspection certificate of weight（quantity））是主要證明貨物的重量或貨物數量情況的證書。對出口來說，該證書是對外交貨、結算及計算運費的依據；對進口來說，該證書是對外進行數量、重量結算和發生短缺時對外辦理索賠的依據。

（3）獸醫檢驗證書（veterinary inspection certificate）主要證明動物產品，如凍肉、凍禽、皮張、毛絨類商品的衛生檢疫情況。

（4）衛生檢驗證書（sanitary inspection certificate）是證明出口動物產品、食品經過衛生檢驗合格的文件。適用於腸衣、罐頭、凍魚蝦、蛋品、乳製品等商品。

（5）消毒檢驗證書（disinfection inspection certificate）是證明出口動物產品已經過消毒處理的證書。它適用於豬鬃、皮張、山羊毛、羽毛和羽絨製品等。

（6）產地檢驗證書（inspection certificate of origin）是證明出口商品原產地的證書。它是各國執行貿易管制、差別關稅、進口配額制度必需的文件。

（7）價值檢驗證書（inspection certificate of value）是用來證明出口商品價值或發貨人所載商品價值的證書。

（8）殘損檢驗證書（inspection certificate on damaged cargo）是證明進口商品殘損情況的證書。它是進口商向有關責任方索賠的有效文件。

買賣雙方在簽約時，應對商檢證書的種類做出明確規定。

（四）檢驗的標準

檢驗標準是商檢機構檢驗和評定進出口商品是否合格的依據。如果沒有檢驗標準，就無法判定所交貨物是否合格。因此，在合同中必須對檢驗標準予以明確規定。在磋商和規定檢驗標準時應遵循下列原則：凡我國出口商品，一般應按我國法律、行政法規規定的強制性標準或其他必須執行的檢驗標準進行檢驗；法律法規未規定有強制性標準或其他必須執行的檢驗標準的，按國家標準（沒有國家標準按部級標準，無部級標準按企業標準）檢驗；目前尚無統一標準的，可以參照同類商品標準或者由我國生產部門與商檢部門商定的標準進行檢驗。如果對方要求按他們國家或第三國的標準進行檢驗時，必須在徵得我國商檢部門同意後再確定。凡我國進口商品，一般按生產國標準、有關國家標準、或者按買賣雙方商定的標準進行檢驗，國家另有規定的，按照有關規定辦理，但原則上不能以與我國沒有貿易關係的國家的標準作爲檢驗依據。

第六節　索賠、不可抗力、仲裁條件

一、索賠條件

索賠是指在進出口交易中，因一方違反合同規定，直接或間接地給另一方造成損失，受損方向違約方提出賠償要求，以彌補其所受損失。一方對另一方提出的索賠進行處理則是理賠。

索賠條件的內容包括：

1. 索賠依據

索賠依據是索賠的一方向違約方提出索賠要求時必須具備的證據以及出具證明文件的機構。一方索賠時，如果提供的證據不全或出證機構不符規定，對方有權拒賠。在規定索賠依據時，要與檢驗條款的內容相一致，不能互相矛盾。

2. 索賠期限

索賠期限是索賠的一方向違約方提出索賠要求的有效期限。逾期提出索賠，對方可不予受理。索賠期限的長短應視商品的特點來定，通常一般貨物的索賠期限爲貨到目的地後30-45天，食品、農產品等易腐商品的索賠期限可規定得短些，機器設備一般爲貨到目的地後60天或60天以上，通常不超過6個月。但對有質量保證期的機器設備，其索賠期限可根據保證期的長短來確定。總之，索賠期限的規定應根據不同種類的商品做出合理安排，不宜過長，也不宜過短。爲防止超過索賠期而被拒賠，可在合同中補充規定："如在有效期內，因檢驗手續或發證手續未能及時辦妥，可先電告對方延長若干天。"

如果買賣雙方在合同中對索賠期限未做具體約定，則索賠期限的長短將根據合同的適用法律來確定。按照《聯合國國際貨物銷售合同公約》（以下簡稱《公約》）規定，索賠期限爲自買方實際收到貨物之日起兩年內。按照我國《中華人民共和國合同法》規定，索賠期限爲自當事人知道或應當知道其權利受到侵犯之日起計算四年。可見，合同的適用法律不同，索賠期限長短不一。因此，買賣雙方在簽訂合同時，一定要具體約定索賠期限。

3. 索賠處理方法

由於違約的情況較為複雜，當事人在訂約時往往難以預料。因此，合同中關於索賠的處理方法一般只作原則性規定。

4. 罰金條款

該條款適用於賣方延期交貨或買方延期開信用證的索賠。其特點是在合同中規定賣方未能按期交貨或買方未能按期開立信用證時，其應向對方支付的一定數額的罰金或罰金的百分率，以彌補對方的損失。

罰金條款示例如下：

1. 如賣方不能如期交貨，在賣方同意由付款行從議付的款項中扣除罰金的條件下，買方可同意延期交貨。但是罰金不得超過貨物總值的 5%。罰金按每七天收取 0.5%，不足七天者按七天計算。如賣方延期交貨超過合同規定期限十周時，買方有權撤銷合同，但賣方仍應按上述規定支付罰金。

2. 如買方因自身原因不能按合同規定的時間開立信用證，應向賣方支付罰金。但是罰金不得超過買方應開信用證金額的 x%。罰金按遲開信用證每 x 天收取信用證金額的 x%，不足 x 天者按 x 天計算。

在外貿實務中，一般貿易合同中只規定異議和索賠條款，但在大宗貨物買賣合同和機械設備合同中，除訂明異議和索賠條款外，還須訂立罰金條款。

二、不可抗力條件

不可抗力又稱不可抗力事件，是指國際貨物買賣合同的當事人在訂立合同時不能預見，對其發生和後果不能避免且不能克服的事件。

在國際貨物買賣中，交易雙方簽訂合同以後，有時會因不可抗力事件的發生致使一方當事人不能履行合同的全部或部分義務，或不能按合同規定的期限履行其義務，如果合同中訂有不可抗力條款，則因不可抗力事件而未履行合同義務的一方可不承擔法律責任。

構成法律上允許免責的不可抗力事件必須具備兩個條件，一是事件的發生是合同的當事人在訂立合同時不能預見的；二是對事件的發生及後果合同當事人是無法克服的，兩者缺一不可。因此，當對方援引不可抗力條款要求免責時，我方必須慎重對待，以避免不必要的損失。

買賣合同中的不可抗力條件主要包括以下內容：不可抗力事件的範圍、不可抗力事件的法律後果、出具事件證明的機構發生事件通知對方的期限。

(一) 不可抗力事件的範圍

不可抗力事件一般包括兩種情況：一種是由於自然原因引起的，如火災、水災、颱風、大雪、暴風雨、地震等；另一種是由於社會原因引起的，如戰爭、政府禁運、罷工、騷亂等。由於不可抗力事件涉及面非常廣，而對哪些事件可以構成不可抗力事件，各國法律解釋不一，國際上也沒有一個統一的確切規定。因此，買賣雙方在訂約時必須對不可抗力事件的範圍做出明確規定。

不可抗力事件範圍的規定方法有三種：

（1）概括式，即在合同中不具體訂明哪些事件是不可抗力事件，而只作籠統規定。例如："由於公認的不可抗力原因而不履行合同義務的一方不負責任。"這種規定方法雖然全面，但比較含糊，買賣雙方容易因對不可抗力事件的解釋不一致引起糾紛。

（2）列舉式，即在合同中對哪些事件是不可抗力事件一一列舉出，凡合同中未列舉的則不屬不可抗力事件。例如："由於戰爭、洪水、水災、地震、暴風、大雪的原因而不能履行合同規定義務的一方可不負責任。"這種方法雖然明確規定了不可抗力事件的範圍，但由於不可抗力事件的範圍很廣，合同中不可能一一列出，一旦發生了合同中未列舉的事件，買賣雙方仍可能發生爭議。

（3）綜合式，即將概括式和列舉式相結合，在合同中將不可抗力事件一一列舉出來，再加上"以及其他人力不可抗拒的事件"或類似的文句。例如："由於戰爭、地震、嚴重的風災、雪災、水災、火災以及雙方同意的其他人力不可抗拒的原因而不能履行合同規定義務的一方可不負責任。"這種規定方法綜合了前兩種方法的優點，它將不可抗力事件逐一列舉，使之明確具體，而對未列明的不可抗力事件，雙方又有協商的餘地，具有一定的靈活性。因而實務中常採用這種方法。

（二）不可抗力事件的法律後果

不可抗力事件所引起的法律後果主要有兩種，一種是免除不履行合同的責任，一種是免除延期履行合同的責任。究竟是哪一種要視不可抗力事故對履行合同的影響程度而定。一般說來，如果不可抗力事故的發生只是暫時或在一段時間內影響合同的履行，就只能暫時中止合同，一旦事件消除後仍需履約，即免除延期履行合同的責任。如果由於不可抗力事件發生，完全排除了繼續履行合同的可能性，則可允許不再履約，即免除該方當事人不履行合同的責任，對於在哪種情況下應當免除不履行合同的責任，在哪種情況下只能延遲履行合同，買賣雙方應當在合同中予以明確規定。

（三）不可抗力事件的出證機構

在國際貨物買賣中，當一方援引不可抗力條款要求免除責任時，必須向對方提交有關機構出具的證明文件，以證明不可抗力事件確已發生。不可抗力條款中對出具事件證明文件的機構，一般規定為發生不可抗力事件地的商會或登記的公證人。在我國由中國國際貿易促進委員會出具。

（四）不可抗力事件的通知期限和方式

按照有關法律，當發生不可抗力事件影響合同履行時，當事人應及時通知對方。如《聯合國國際貨物銷售合同公約》規定：因不可抗力事件不履行義務的一方，必須將障礙及其對他履行義務能力的影響通知另一方。如果該項通知在不履行義務的一方已知道或理應知道此一障礙後一段合理時間內未為另一方收到，則他對由於另一方未收到通知而造成的損害應負賠償責任。《中華人民共和國涉外經濟合同法》對此也作了類似規定。因此，在買賣合同中應明確發生事件後通知對方的期限和方式。

三、仲裁條件

在國際貨物買賣中，當買賣雙方簽訂合同後，有時會因買賣雙方對合同條款的理解不一致，或因買賣雙方不能按合同規定履行義務而發生爭議，解決交易雙方發生爭議的方式有四種：協商、調解、仲裁和司法訴訟。在這四種方法中，仲裁具有顯著的優點：簡便、迅速、靈活、保密、費用低。因此，國際貨物買賣中的爭議解決常常採用仲裁方式。

仲裁是指買賣雙方達成協議，在雙方發生爭議時，如通過協商調解不能解決，自願將有關爭議提交給雙方同意的第三者進行裁決，裁決的結果對雙方具有約束力，雙方必須依照執行。

仲裁條件的內容包括仲裁地點、仲裁機構、仲裁程序、仲裁裁決的效力和仲裁費用的負擔等。

（一）仲裁地點

仲裁地點是當事人雙方在訂立仲裁條款時必須考慮的一個重要問題，它是仲裁條款的最主要內容之一。因為仲裁地點與仲裁時所適用的仲裁程序與法律有密切的關係。規定在哪一個國家或地區仲裁，就要適用該國或該地區的仲裁規則或有關法律。

在我國對外貿易中，仲裁地點的規定主要有以下三種形式：

1. 規定在中國仲裁。對於我國當事人來說這是最為理想的仲裁地點，因為在中國仲裁可按中國法律進行處理和裁決。

2. 規定在被訴人所在國仲裁。如果雙方不能就在中國進行仲裁達成協議，仲裁條款可規定在被訴人一方所在國的仲裁機構進行仲裁。

3. 在第三國仲裁。如果當事人不願意到對方所在國仲裁時，就可以共同選擇在第三國或地區的仲裁機構仲裁。在考慮把第三國作為仲裁地點時，我方當事人應當選擇在政治上對我友好、仲裁法律和做法比較公平，其仲裁機構享有一定聲譽並具有一定業務能力的國家。

（二）仲裁機構

仲裁機構主要負責仲裁活動的組織和審理工作。國際貿易的仲裁機構分為臨時仲裁機構和常設仲裁機構。

臨時仲裁機構是根據當事人雙方的仲裁協議而臨時設立的審理某一特定案件的機構。它是直接由雙方當事人指定的仲裁員自行組成，爭議解決後自動解散。由於臨時仲裁機構沒有固定的辦公地點和仲裁規則，因此，凡與仲裁審理有關的事項，包括仲裁庭的組成人員、仲裁適用的規則等，都應在仲裁協議或仲裁審理中做出約定。

常設仲裁機構是根據國際公約或一國國內法設立的負責通過仲裁方式處理商事爭議的機構。國際上主要常設仲裁機構有：國際商會仲裁院、瑞典斯德哥爾摩商會仲裁院、倫敦仲裁院、美國仲裁協會、蘇黎世商會仲裁院、中國國際經濟貿易仲裁委員會等。由於這些常設仲裁機構有固定的辦公地點、專門的仲裁員和仲裁規則，為仲裁案件的進行提供了各種方便，辦案質量和效率較高，所以大多數仲裁案件提交在常設仲裁機構審理。

至於選擇哪一個仲裁機構，須由買賣雙方根據仲裁地點協商確定，並在合同中做出明確規定。

(三) 仲裁程序

仲裁程序是指進行仲裁的手續和做法，它的主要作用是爲當事人或仲裁員提供進行仲裁的程序準則，其主要內容包括：如何提出申請、如何進行答辯、如何指定仲裁員、怎樣進行仲裁審理、如何做出裁決和裁決的效力等內容。各國常設的仲裁機構的仲裁規則對仲裁程序都有明確規定。爲便於仲裁，仲裁條款中應明確規定採用哪個仲裁機構的仲裁規則進行審理。一般來説，仲裁條款中規定在哪個機構進行仲裁，就按哪個機構制定的仲裁規則辦理。當然，法律上也允許買賣雙方約定採用仲裁地點以外的其他國家仲裁機構的仲裁規則進行仲裁。

無論是哪個機構的仲裁規則，其規定的仲裁程序大致相同，均包括以下幾個方面：①提出仲裁申請；②組成仲裁庭；③仲裁審理；④仲裁裁決。

(四) 仲裁裁決的效力

仲裁裁決的效力是指仲裁裁決是否具有終局性，對雙方當事人有無約束力，能否向法院起訴等。根據各國仲裁法和仲裁規則的規定，仲裁裁決具有終局性，對雙方當事人均有約束力。大多數國家不允許對仲裁裁決提起上訴，有些國家雖然允許當事人上訴，但法院一般只審查程序，而對裁決本身是否正確不予核查，法院只有在查出裁決在程序上有問題時，才有權宣布裁決無效。儘管如此，爲了明確仲裁裁決的效力，雙方當事人在訂立仲裁條款時仍應明確仲裁裁決是終局性的，對雙方當事人都有約束力，任何一方不得向法院起訴。

第八章　國際貨物貿易磋商程序

每一筆交易磋商的程序不完全相同，但在通常情況下，交易的磋商包括詢盤、發盤、還盤和接受四個環節。其中發盤和接受是交易達成和合同成立的必不可少的兩個環節。

第一節　交易磋商的一般程序

在國際貨物貿易中，交易磋商的一般程序，包括詢盤、發盤、還盤和接受四個環節。

一、詢盤（Inquiry）

詢盤是指買方或賣方擬購買或銷售某種商品，向對方發出的有關交易條件的詢問及要求對方發盤的要求。

詢盤可由買方發出，也可由賣方發出。由買方發出的詢盤習慣上稱作邀請發盤（Invitation to make an offer），由賣方發出的詢盤習慣上稱作邀請遞盤（Invitation to make a bid）。詢盤的內容，除價格、品名外，有時還可以包括規格、數量或交貨期等。在實際業務中，一般多由買方發出詢盤。

詢盤對於詢盤人和被詢盤人均無法律上的約束力，買方詢盤後無必須購買的義務，賣方也無必須出售的責任。但詢盤往往是交易的起點，所以應慎重使用和對待。作爲詢盤人，應在周密考慮後有針對性、有目的性地向一處或幾處發出，但不要過多，以便從其答復中進一步磋商，選擇條件最優者成交。作爲被詢盤一方，應對接到的詢盤予以重視，並作及時和適當的處理。

詢盤的通常用語是：

請告…（Please advise）

請電告…（Please advise by the telex…）

對××有興趣，請…（Interested in…please）

請報價…（Please quote…）

例1."可供東北大豆，三月裝，如有興趣請電告。"（Can supply northeast soybean March shipment cable if interested）

例2."擬購東北大豆，請電告最低價格和最早的交貨期。"（Intend booking northeast soybean please cable lowest price earliest delivery）

157

例 3. "對東北大豆有興趣，請發盤。"（Interestedin Northeast soybean please offer）

二、發盤（Offer）

發盤又稱發價，在法律上稱爲"要約"，它是買方或賣方向對方提出各項交易條件，並願意按照這些條件達成交易，訂立合同的一種肯定的表示。

在進出口貿易中，發盤通常是一方在收到對方的詢盤之後提出的，但也可不經對方詢盤，直接向對方發盤。發盤可以由賣方提出，稱爲賣方發盤或售貨發盤（Selling offer），也可以由買方提出，稱爲買方發盤或購貨發盤（Buying offer）。無論是買方發盤還是賣方發盤，其內容不是只講價格，必須提出主要交易條件，包括品質、數量、包裝、價格、交貨日期和地點、支付方式等，並且在發盤有效期內，發盤人不得任意撤銷和修改其內容，發盤一經對方在有效期內表示無條件接受，發盤人將受其約束，並承擔按發盤條件與對方訂立合同的法律責任。

由於發盤人在發盤有效期內受發盤的約束，因此，在交易磋商中應力爭讓對方先發盤，這樣可使自己處於主動地位，如對方發盤所例交易條件合理就予以接受，不合理則可以拒絕或繼續洽商。在實際業務中，由於大多數商品處於買方市場，所以由賣方主動發盤的較多。

發盤可用下列術語表明：

發盤（offer）

發實盤（offer firm）

報價（quote）

供應（supply）

訂購（book）

訂貨（order）

遞盤（bid）

遞實盤（bid firm）

例如："發盤中國鬆香 WW 級 100 公噸，每公噸 CFR 倫敦 500 英鎊，六月裝船不可撤銷即期信用證，15 日復到有效。"（offer Chinese rosin WW grade 100M/T sterling 500 CFR London June shipment irrevocable sight L/C subject reply here 15th）

三、還盤（Counter-offer）

還盤又稱還價，是受盤人收到發盤後，對發盤內容不完全同意而提出修改的表示。

在交易磋商中，還盤是受盤人對發盤的拒絕，一方的發盤經對方還盤以後即失去效力，即使發盤有效期未過，發盤人也不再受其約束。除非得到原發盤人同意，受盤人不得在還盤後再接受原發盤。還盤也是受盤人以發盤人的地位提出的一個新發盤，一項發盤經還盤後，當事人的關係即發生變化，此時還盤人成爲新發盤的發盤人，而原發盤人成爲新發盤的受盤人。

在實際業務中，還盤的內容較爲簡單。在通常情況下，受盤人只對發盤內容中不同意的部分提出修改意見，而對原發盤內容已經同意的，在還盤中一般都不再重複出現。

進行還盤時，可用還盤術語。

例1．"你10日電價太高還盤75英鎊七月份裝船20日復到有效。"（Yours 10th price too high counter offer sterling 75 July shipment reply here 20th）

例2．"你6日電可接受，但8月份裝船，電復。"（Yours 6th acceptable but Aug. shipment cable reply）

例3．"你4日電還盤126 000碼1月裝2.20港元CIFC3% D/P即期限9日復到。"（Yours 4th counter offer 126 000 Yards January shipment HK＄2.20 CIFC3% D/P sight subject reply 9th here）

原發盤人如果對受盤人的還盤內容不同意，也可以再進行還盤，俗稱再還盤。一筆交易往往經過還盤及往返多次的再還盤才能達成。

四、接受（Acceptance）

接受在法律上稱為承諾，是交易的一方對對方的發盤或還盤中的條件無條件地同意、並願意按這些條件與對方達成交易，訂立合同的一種肯定的表示。一方的發盤經另一方接受，交易即告達成，合同亦即成立，雙方均應履行其所承擔的義務。

接受可用下列術語表示：

接受（accept）、同意（agree）、確認（confirm）

在實際業務中，受盤人向發盤人表示接受時，一般不重複列出雙方協商一致的各項交易條件，而僅用上述術語簡潔地表示。但有時由於交易的金額較大，或交易磋商的時間較長，雙方往返磋商電文較多，為避免錯誤與誤解，受盤人在表示接受時，往往會將最後商定的各項交易條件一一列明。

例1．"你8日電接受"（Yours 8th accept）

例2．"你10日電傳我確認"（Yours telex 10th we confirm）

例3．"你5日電我接受中國鬆香WW級100公噸每噸CFR倫敦500英鎊6月份裝船不可撤銷即期信用證支付"（Yours 5th accept China Rosin WW grade 100 M/T sterling 500 CFR London shipment during June payment in sight irrevocable L/C）

此外，在實務中，賣方也有用"請開證""貨裝運中"，買方也有用"信用證開立中""請電告合同號碼"等表示接受。

以上是進出口交易磋商的一般程序，但在實際業務中，並非每筆交易都必須經過以上四個環節。有的需要經過"詢盤→發盤→還盤→再還盤"反復磋商才能達成交易，有的只需"發盤→接受"兩個環節就可達成交易。因此，發盤和接受是交易磋商不可缺少的兩個基本環節。下面將根據《公約》和有關國家的法律規定、並聯繫我國外貿實際，進一步介紹有關發盤和接受的具體內容。

第二節　發盤

交易達成的兩個必備環節，是一方的發盤和另一方的接受。一方（發盤人）發盤一經另一方（受盤人）接受，交易即告達成，合同關係即告成立。因此，不論是發盤人還是受盤人，掌握發盤的要點就十分必要。

一、發盤的必備條件

在國際貨物買賣中，發盤是一方當事人向另一方當事人發出的訂立一項合同的意思表示，但並非合同洽商中的任何意思表示都構成發盤，構成有效發盤必須具備一定的條件。《公約》第14條第1款規定："向一個或一個以上的特定的人提出的訂立合同的建議，如果十分確定並且表明發價人在得到接受時承受約束的意旨，即構成發價。一個建議如果寫明貨物並且明示或暗示地規定數量和價格或規定如何確定數量和價格，即為十分明確。"《公約》第15條第1款又規定："發價於送達被發價人時生效。"根據《公約》的上述規定，一項有效的發盤必須具備以下條件：

（一）必須表明訂立合同的意圖

發盤是發盤人以訂立合同為目的，向受盤人發出的願意以發盤所列條件購買或出售某種貨物的意思表示，必須表明有訂立合同的意圖，即發盤必須表明發盤人在得到受盤人的承諾時，將按發盤條件承受約束，而與受盤人訂立合同。是否具有訂立合同的意圖是判別一項發盤的重要因素。如果一方當事人在他所提出的購買或出售某種貨物的意思表示中未表明訂立合同的意圖，那麼該意思表示就不能構成發盤，只能視為發盤的邀請。

在發盤中表明"訂立合同的意圖"的形式有兩類：

第一，明示的表示，即在發盤中使用有關術語加以表明。如在發盤中採用發盤（offer）、"發實盤"（offer firm）、"實盤"（firm offer）、"遞盤"（bid）、"遞實盤"（bid firm）、"訂購"（book）或"訂貨"（order）等術語時，就表示了發盤人肯定訂立合同的意圖。

第二，暗示的表示，即在發盤中不使用上述術語或類似語句，而是通過其他方式如當事人之間確立的習慣做法，或當事人隨後的行為來表示。

因此，判別一項發盤是否有訂立合同的意圖，一方面要看發盤中是否使用了上述術語或類似的文句，另一方面也要分析發盤的全部內容，考慮與該發盤有關的一切情況，當事人確立的習慣做法以及當事人隨後的行為。在實務中，如果受盤人難以準確判定對方的發盤是否表明訂立合同的意圖，則可採用快捷的通訊方式，要求對方明確答復。

（二）必須向一個或一個以上特定的人提出

發盤必須指定可以表示接受的受盤人，即在發盤中指明受盤人的姓名或企業的名稱。受盤人可以是一個人或一家公司，也可以是數個人或數家公司。如果訂約建議不是向一個或一個以上特定人提出的，則該項建議不構成發盤，而只是發盤的邀請。如出口商向國外衆多客戶寄送商品目錄、價目表，或在報刊上登載廣告向社會廣大公衆進行宣傳等，這些就不能視爲發盤，而只是發盤的邀請。因爲商品目錄和價目表是寄發給衆多客戶的，而廣告則是面對廣大公衆的，這些對象都不屬特定的人，出口商採用這些做法，是爲了向社會公衆而不是向特定的人兜售商品。但是，如果出口商在採用上述方式時，明確做出"在得到接受時承受約束"的表示，那麽這種有明顯意向的作法就應視爲發盤。在實際業務中，當出口商向國外衆多的客戶寄發商品目錄、價目表等宣傳品時，應在所寄發的宣傳品上註明："所列價格僅供參考"或"上列價格經確認爲準"等文句，以防止發生誤解，引起不必要的爭議。

（三）內容必須十分確定

發盤的內容必須是十分確定的，這樣受盤人才可以對發盤所列的交易條件做出明確的判定，據此決定接受或不接受。

發盤的內容十分確定是指發盤的內容是明確的、完整的、無保留的。

所謂明確的，是指發盤的內容清楚具體，沒有含糊籠統的詞句，諸如，"每公噸約1 000美元""參考價每桶100英鎊CIF倫敦""估計2、3月份裝運"等。

所謂完整的，是指買賣商品的主要交易條件是齊備的。根據《公約》的規定，一項發盤至少應包括以下三項內容：①應載明貨物的名稱；②應明示或默示地規定貨物的數量或確定數量的方法；③應明示或默示地規定貨物的價格或規定價格的方法。

可見，從法律上看，一項發盤只要包含了貨物名稱、數量和價格三項內容，就是有效的發盤，只要受盤人對該發盤表示接受，雙方間的買賣合同即可達成。但在進出口業務中，爲了防止誤解和可能發生的爭議，在對外發盤中應明示或暗示地至少規定六項交易條件，即貨物的品質、數量、包裝、價格、裝運和支付條件。這有利於受盤人及時準確地瞭解發盤人訂立合同的條件，以便迅速做出是否接受發盤，否則會導致受盤人難以判定其將來的合同利益而拒絕接受，使發盤人喪失貿易機會。

需要指出的是，有時一項發盤所列的主要交易條件從表面上看是不完整的，但實際上是完整的，之所以如此，是因爲發盤中沒有列出的主要交易條件可從其他方面得到確認，具體的有以下三種情況：

（1）買賣雙方事先已訂有一般交易條件協議，即買賣雙方就適用於每筆交易的一些共同的基本交易條件達成書面協議，在雙方日後的交易中，作爲發盤和接受的基本內容。這種協議中如果包括了某些主要交易條件，那麽，發盤中就可以省略。例如，在一般交易條件協議中已列明："支付方式：憑不可撤銷即期信用證"，則在交易磋商時，除非擬作改動者外，可不在發盤列明上述支付條件。在這種情況下，發盤的內容表面上看來似乎缺少了某些主要交易條件，但實際上是完整的。

（2）援引有關磋商的函電及以前的合同。如果某些交易條件在過去雙方的磋商函電或合同中已經提及，雙方都很瞭解，則發盤人在發盤內往往不再重複這些交易條件，而只引述有關磋商的函電的日期和合同的號碼。例如："重新發盤1 500公噸其他條件同我 17 日電 22 日復到有效。"又如："發實盤大米 1 000 公噸 9 月裝其他條件同我 SL-4089 合同 10 日復到。"上述兩例發盤，前者只列明數量，後者只列明數量和裝運期，而其他主要交易條件雙方已達成一致意見，這時雖未重複，也應視同完整。

（3）買賣雙方在過去交易往來中已形成慣例。例如：付款條件採用不可撤銷即期信用證，價格條件採用美元 CIF 對方某港口等。這樣在雙方對這些習慣做法已熟知並達成共識的基礎上，發盤內對這些交易條件就不再重複了，這並不影響主要交易條件的完整性。

由此可見，判斷發盤的內容是否完整，不能孤立地以一函一電爲依據，應綜合以前的函電和合同、雙方就某些交易條件已達成的"一般交易條件"協議以及雙方之間已形成的習慣做法等來考慮，以免得出錯誤的結論。

所謂終局的，是指發盤人願毫無保留地按所提各項交易條件同受盤人訂立合同，如果一項發盤中附帶有："以我方確認爲準"（Subject to our confirmation）、"以未售出爲準"（Subject to prior sale）或"不受約束"（Without engagement）等條件，則該發盤所規定的各項交易條件不是終局的，因而不能視爲有效發盤。

（四）發盤必須送達受盤人

合同的成立是受盤人對有效發盤接受的結果，而一項發盤在送達受盤人時始生效，若發盤人發出的信件或電報因誤遞或途中遺失，以致對方沒有收到，則該發盤無效，由於發盤在送達受盤人之前尚未發生法律效力，即使受盤人已通過某種途徑獲悉該發盤的內容，也不能表示接受。

二、發盤的有效期

發盤的有效期是發盤人受所發盤約束的期限，亦是受盤人對發盤做出接受的期限。作爲一項發盤，都要有一個有效期。在發盤有效期內，發盤人受所發盤的約束，不得任意撤銷發盤，超過有效期，發盤人將不再受發盤的約束。受盤人的接受也必須在發盤有效期內做出，超過有效期的接受無效，買賣雙方之間的合同關係不能成立。

在實際業務中，發盤人對發盤有效期的規定有兩種方法：

（一）明確規定有效期

明確規定有效期的發盤自發盤被送達受盤人時開始生效到規定的有效期終了時爲止。常見的規定方法有以下兩種：

1. 規定最遲接受的期限，即發盤人在發盤中明確規定受盤人最遲表示接受的期限。例如：

發盤限 8 日復（Offer subject reply 8th）

發盤限 8 日下午 5 時復（Offer subject reply 8th five p. m.）

發盤有效至 8 日（Offer valid till 8th）

發盤有效至 8 日下午 5 時（Offer valid until 8th five P. m.）

2. 規定一段接受的時間，即發盤人在發盤中規定發盤在一定時期内有效。例如：

發盤有效五天（Offer valid 5 days）

發盤五天内復（Offer reply 5 days）

根據《公約》規定，發盤人在電報或信件中訂立的一段接受期間，從電報交發時刻或信件載明的發信日起算。發盤人以電話、電傳或其他可立即傳達到對方的方法訂立的一段接受時間，從發盤到達受盤人時起算。在計算一段接受時間時，這段時間内的正式假日或非營業日應計算在内。但是，如果接受通知在接受期間的最後一天未能送達發盤人的地址，因爲那天在發盤人的營業所在地是正式假日或非營業日，則這段時間應順延至下一個營業日。

按照國際慣例，凡規定了有效期的發盤，發盤人在規定期限内不得撤銷，受盤人必須在規定的有效期内表示接受才有效。由於各國法律對接受的生效時間有不同的規定，有的國家規定接受於接受通知到達發盤人時生效，而有的國家則規定，接受於接受通知發出時生效。爲了避免發生誤解，我國企業對外發盤時，一般應明確規定以收到接受通知的時間爲準。同時，鑒於我國與其他國家之間存在着時差，對大宗商品或價格波動較大的商品的發盤，還應明確規定以我方時間爲準。例如：

發盤限我方時間 8 日復到（Offer subject reply 8th our time here）

（二）不明確規定發盤的有效期

不明確規定發盤的有效期，即發盤人在發盤中不具體規定發盤的有效期限，而只作籠統規定。例如：

發盤……電復（Offer……cable reply）

發盤……即復（Offer……reply promptly）

發盤……速復（Offer……reply immediately）

發盤……急復（Offer……reply urgently）

發盤……盡快復（Offer……reply as soon as possible）

在這種情況下，按照英美法國家（包括英國、美國、加拿大、澳大利亞、新西蘭、愛爾蘭、印度、巴基斯坦、馬來西亞、新加坡等國和香港地區等）的習慣，受盤人應在"合理時間"内接受有效，按照大陸法國家（包括德國、法國、瑞士、義大利、奧地利、比利時、盧森堡、荷蘭、西班牙、葡萄牙等國）的規定，則應在"通常情況可期待得到承諾的時間"接受有效。但對何謂"合理時間"和"通常情況可期待得到承諾的時間"，各國法律並無統一明確的解釋。因此，爲了避免理解不一而產生糾紛，在我對外發盤中，一般不宜採用這種規定方法，如果採用了這種方法，應在一般交易條件協議中對"合理時間"或"可期待得到承諾的時間"做出明確規定。

三、發盤的撤回與撤銷

（一）發盤的撤回與撤銷的概念

發盤的撤回（Withdrawal）是指發盤人在其發盤送達受盤人以前，將該項發盤取消的行爲，發盤的撤銷（Revocability）是指發盤人在其發盤已經送達受盤人之後，將該項發盤取消的行爲。

發盤的撤回與撤銷雖只有一字之差，但性質卻截然不同。發盤的撤回是針對尚未生效的發盤而言的，它發生在發盤尚未生效之前。發盤的撤銷是針對已生效的發盤而言的，它發生在發盤生效之後。

(二) 對發盤的撤回與撤銷的法律規定

關於發盤能否撤回問題，各國法律規定基本一致，國際上也有統一解釋。按照《公約》的規定，一項發盤，即使是不可撤銷的，但在其到達受盤人之前即生效之前，一律允許撤回。發盤人撤回發盤的條件是，撤回發盤的通知必須於該發盤到達受盤人之前或同時送達受盤人。根據這一規定，在實際業務中，並非所有的發盤都可以撤回，只有採用信件或電報對外發盤時，由於信件和電報發出後需要經過一段時間才能送達受盤人，在這段時間間隔內，如果發盤人發現發盤內容有誤，才有可能採用更爲迅速的通訊方式，在原發盤到達受盤人之前，即生效之前通知受盤人撤回該發盤。如果發盤是採用電傳或傳真發出，由於電傳或傳真可隨發隨到，故不存在撤回發盤的可能性。

對於已生效的發盤能否撤銷，各國法律解釋不同，英美法國家認爲發盤在被接受前對發盤人沒有約束力，發盤人可以在發盤生效後受盤人接受前的任何時候撤銷其發盤，即使是不可撤銷的發盤，發盤人也可以在發盤有效期內的任何時候撤銷。而大陸法國家的法律認爲，發盤生效後，發盤人不得撤銷發盤，除非發盤人在發盤中註明不受約束。

《公約》對上述兩種法律體系的解釋做出了折中的規定。《公約》認爲，已爲受盤人收到的發盤，只要撤銷通知在受盤人發出接受通知前送達受盤人，也可予以撤銷。但在以下兩種情況下不得撤銷：①發盤是以規定有效期或其他方式表明爲不可撤銷的；②如受盤人有理由信賴該發盤是不可撤銷的，並已本着對該發盤的信賴行事。

四、發盤效力的終止

發盤效力的終止是指已生效的發盤失去法律效力。發盤效力的終止具有重要的法律意義，主要表現在兩方面：第一，發盤效力終止後，發盤人即不再受該發盤的約束；第二，受盤人失去了接受該發盤的權利。如果受盤人對已失效的發盤表示接受，則不能導致合同的成立，受盤人對已失效的發盤的接受應視爲新的發盤，須經原發盤人接受後才能達成合同。

導致發盤失效的原因很多，歸納起來主要有以下幾種：

(一) 發盤因有效期已過而終止效力

如前所述，發盤的有效期有兩種表示方法：一是在發盤中明確規定有效期限，一是在發盤中籠統規定有效期限。如屬前者，則發盤在規定的有效期限屆滿時自然失效；如屬後者，發盤在合理時間內未被接受即失效。以口頭（包括電話或面談）形式的發盤，實行"當時有效"的原則，即受盤人必須立即予以接受，否則發盤即失去效力。

(二) 發盤因受盤人的拒絕而終止效力

按照《公約》規定，一項發盤，即使是不可撤銷的，於受盤人的拒絕通知送達發盤人時終止。在進出口業務中，拒絕發盤可有兩種表示方式：

1. 明確拒絕

即受盤人表示不接受發盤的任何條件。例如："你 15 日電不能接受"（Yours 15th unacceptable），"你 20 日電抱歉無興趣"（Your cable 20th regret uninterested）。

2. 還盤

即受盤人不明確表示拒絕發盤，甚至對發盤表示接受，但在接受通知中對發盤的內容作了變更。例如："你 10 日電我接受，如 5 月份裝運。"（Your l0th accept if March shiprnent.）；"你 25 日電接受，但 D/P 見票 30 天。"（Yours 25th accept but D/P 30 days after sight.）

一項發盤一旦爲受盤人拒絕，即使發盤有效期尚未到，該發盤也因拒絕而告終止，受盤人不得於拒絕後再行接受。除非原發盤人同意，否則，原發盤人將不再受約束。

（三）發盤因發盤人的有效撤銷而終止效力

發盤人在有些情況下是可以撤銷已生效的發盤，撤銷行爲本身就是使發盤失去效力的行爲。因此，只要發盤人的撤銷行爲是有效的，發盤即告失效。

（四）發盤因發盤人喪失締約資格而終止

如果發盤人喪失了締結合同的資格，發盤人的發盤也隨之喪失效力。發盤人締約資格的喪失可能由以下幾種情況引起：發盤人因從事違反國家法令的行爲而被取消經營權；發盤人已破產；發盤人死亡或精神失常等。如屬上述情形之一者，發盤均自然失效。

五、實盤與虛盤

在外貿實務中，發盤有實盤與虛盤之分，前面所述發盤的內容，都是相對實盤而言的。因此，有關實盤的內容在此不再贅述，下面將着重介紹虛盤及其與實盤的區別。

所謂虛盤（offer without engagement）是指發盤人有保留地按所提交易條件達成交易的一種不肯定的表示。如果是虛盤，發盤人不受其約束，即使受盤人表示接受，發盤人也不須與其訂立合同，達成交易。

從結構上看，虛盤一般有下列特點：

（1）交易條件不肯定，即交易條件含糊。如在發盤中使用了諸如："參考價""指示性價格""可能接受的價格""數量視我供貨的可能"等詞句。例如："發盤：中國鬆香 WW 級，鐵桶裝 100 公噸，我參考價每公噸 200 英鎊 CFR 鹿特丹，12 月份裝船，不可撤銷即期信用證付款。"該發盤因價格不確定而屬虛盤，受盤人接受該發盤，不能導致交易的達成。

（2）交易條件不完整，即發盤中雖沒有含糊的詞句，但主要交易條件不齊備。例如："發盤：中國鬆香 WW 級，鐵桶裝、每公噸 200 英鎊 CFR 鹿特丹，12 月份裝船，不可撤銷即期信用證付款。"在這個發盤中，發盤人沒有列明數量這一主要交易條件，因而它不構成實盤，即使受盤人表示接受，交易也不能達成。值得註意的是，如果對發盤中未列明的數量條件，買賣雙方事先已達成協議，則該發盤不能視爲虛盤。

(3) 附有保留條件，即雖然發盤的交易條件肯定、完整，但附有保留條件。發盤中常用的保留條件有："以我方確認爲準"（subject to our confirmation）、"以未售出爲準"（subject to prior sale）、"以認可樣品爲準"（subject to approval of sample）。例如："發盤：中國鬆香 WW 級，鐵桶裝 100 公噸，每公噸 200 英鎊 CFR 鹿特丹，12 月份裝船，不可撤銷即期信用證以我方確認爲準。"這一發盤的交易條件不是終局，因而不是實盤。

可見，實盤和虛盤是有區別的，主要表現在以下兩個方面：第一，從法律效力來看，實盤對發盤人具有約束力，實盤一旦被受盤人接受，發盤人就要按實盤所列交易條件與對方訂立合同，否則發盤人將要承擔法律責任。而虛盤對發盤人不具約束力，對方對虛盤的接受不能導致合同的成立。第二，從內容上看，實盤的內容十分確定，其交易條件完整、肯定、不附任何條件。按《公約》規定它至少要包括貨名、價格和數量三項條件，在我國外貿實務中實盤一般要求具備品質、數量、價格、包裝、裝運、支付等六項條件。而虛盤的內容是不確定的，其交易條件不明確、不完整或雖明確完整，但附有保留條件。

六、對外發盤時應註意的問題

1. 要根據我方的經營意圖及對市場的瞭解程度決定發盤性質

如果我方對市場情況非常瞭解，也確有與對方按我方所提交易條件訂立合同的意圖，那麼對外發盤一定要符合實盤的基本要求，內容要清楚確切，主要交易條件要完備齊全，不能有任何限制條件。如果對市場狀況不瞭解，對外商購買或供貨能力不摸底，則可利用虛盤引出對方的底，在虛盤的基礎上討價還價，這樣，可使我方在交易磋商中有較大的回旋餘地。

2. 應明確規定發盤的有效期

在我方對外發盤中，應規定接受的具體期限，並應明確以收到時間爲準。發盤有效期的長短應根據商品的特點和市場價格變化的趨勢確定。一般說來，市場價格變化不大的新、小商品，有效期可長一些，例如五至七天；市場價格變化迅速的大宗商品、原料性商品或初級產品，有效期可短些，例如二天或三天；市場價格波動劇烈，交易額大的，應更短些，可以一天爲限，甚至可限當天幾點鐘前復到我方。

第三節　接受

同發盤一樣，接受也是達成交易的必備環節。一方的實盤經另一方接受，交易即告達成，合同亦即成立，發盤人和受盤人都不得任意更改或撤銷。

一、接受的必備條件

依照《公約》，一項有效的接受必須具備以下四個條件。

(一) 接受必須由受盤人向發盤人或其有權代理人做出

發盤是由發盤人向特定的人發出的，它表示發盤人願意按所發盤中的交易條件與受盤人訂立合同，但並不表示他願意按這些條件與任何人訂立合同，因爲對不同的客戶，交易條件是不同的。因此，接受必須由特定的人向發盤人或其代理人做出，任何特定受盤人以外的第三人對發盤做出的接受，或受盤人向任何發盤人以外的第三者做出的接受，都不是有效接受，均不能導致合同的成立。如甲向乙發盤，丙通過某種渠道得知發盤內容後，遂向甲發出接受通知，則該項接受無效。再如甲向乙發盤，乙的接受通知發給丙，而丙不是甲的代理人，則該項接受也無效。

(二) 接受必須表示出來

接受應由受盤人以某種方式表示出來，《公約》第 18 條第 1 款規定："受盤人聲明或做出其他行爲表示同意一項要約，即是承諾。緘默或不行動本身不等於承諾。"因此，如果受盤人在主觀上已願意接受對方的發盤，但默不作聲或不作任何表示，則不能構成接受。

在實務中，受盤人表示接受的方式可有兩種：

第一，明確表示接受發盤。即發盤人以聲明的方式表示接受。通常採用的術語有："接受"（accept，accepted）或"確認"（confirm，confirmed）。例如："你 5 日電接受"（yours 5th accepted），"你 5 日電確認"（yours 5th confirmed）。至於接受聲明是採用書面形式還是口頭形式，則須根據適用法律對合同形式的要求確定。如果適用的法律要求合同採用書面形式，則接受聲明也必須採用書面形式。如果適用的法律對合同的形式未作明確規定，則接受聲明既可以是書面的也可是口頭的。《公約》對買賣合同沒有提出任何特定形式的要求，無論採取書面形式還是口頭形式均爲有效，如果適用《公約》則接受聲明採用書面或口頭形式均可。我國《中華人民共和國合同法》規定："當事人訂立合同，有書面形式、口頭形式和其他形式。"因此，如果適用我國法律，接受聲明可採用書面形式，也可採用口頭形式。

第二，通過履行特定的行爲接受發盤，即通過賣方發運貨物或買方支付價款，或其他任何行爲如開始生產所買賣的貨物、爲發盤人採購有關貨物等來表示。受盤人在以行爲表示接受時，必須符合下述條件之一：①所實施的某種行爲必須符合發盤的要求。例如，發盤中要求"立即裝運"，受盤人在收到該發盤後，就可立即裝運貨物，以此表示對發盤的接受，而不必發出接受通知。②所實施的某種行爲必須符合雙方間已約定或確立的習慣做法。例如，根據雙方的長期習慣，進口商以開立信用證表示接受。如果進口商作爲受盤人，那麼只要他履行了開立信用證的行爲，接受即可成立。無論是上述哪種條件下的行爲，都必須在發盤明確規定的有效期內，或在合理時間內（如發盤未規定有效期）做出方可有效。

(三) 接受的內容必須與發盤的內容完全一致

接受必須無條件或無保留地同意發盤的全部內容。因此，附有添加、限制或修改的接受，不能視爲有效接受，而只是一種有條件的接受，構成一項還盤。

當然，接受與發盤的內容完全一致，並非要求受盤人在表示接受時絲毫不能修改發盤的內容。法律允許接受對發盤的內容有所改變，但這種改變必須是非實質性的，而不能是實質性的。根據《公約》的解釋，有關貨物價格、付款、貨物質量和數量、交貨地點和時間，一方當事人對另一方當事人的賠償責任範圍或解決爭端等的添加或修改，均爲在實質上變更發盤的條件，除此以外的其他方面的添加或修改爲非實質性變更。如果接受對發盤作了實質性變更，則這種接受就不能構成有效接受，而是對原發盤的拒絕。如果接受對發盤內容的改變屬於非實質性的，則只要受盤人在合理時間內沒有以口頭或書面通知提出異議，該接受仍爲有效接受，合同將按添加或變更後的條件成立。

(四) 接受必須在有效期內做出

接受應在發盤有效期內做出。如果發盤中明確規定了有效期限，則應在此期限內表示接受。如果發盤中未明確規定有效期限，則應在合理時間內表示接受。超過發盤有效期的接受無效。

這里涉及一個問題：即受盤人表示接受的函電應於何時生效。關於這個問題，各國的法律規定不一。英美法國家採取投郵生效原則：即以信件、電報表示接受時，只要受盤人把信件或電報交給郵局，接受即可生效。按照這一原則，即使載有接受內容的信件或電報在傳遞過程中發生延誤或遺失，致使發盤人未能收到，也不影響接受的生效。與此不同，大陸法國家則實行到達生效原則，即表示接受的信件或電報必須於到達發盤人時接受才生效。根據此原則，如果表示接受的信件或電報在郵遞過程中延誤或遺失，接受便不能產生法律效力，合同不能成立。

爲了協調英美法和大陸法對接受生效時間的分歧，《公約》對此作了統一規定。依照《公約》，如果受盤人以信件或電報表示接受，則接受生效時間採取到達生效原則，即表示接受的信件或電報到達發盤人時接受才生效。如果受盤人以行爲表示接受，則接受於受盤人做出該項行爲時生效。

二、接受的撤回

接受的撤回是受盤人在接受生效之前阻止接受發生效力的一種行爲。接受通知必須在其生效之前才能撤回，一旦接受生效，合同即告成立，受盤人不得撤回接受。如上所述，對於接受生效的時間，各國法律有不同的規定。英美法和《公約》都實行到達生效原則，即接受於表示同意的通知送達發盤人時生效。因此，在接受通知未送達發盤人之前，受盤人可隨時撤回接受，即阻止接受生效，但撤回的通知必須與接受的通知同時或先於到達發盤人，否則撤回無效。英美法實行投郵生效原則，即信件或電報一經發出，接受即已生效，即使用電話撤回或電報先於信件到達發盤人，撤回仍然無效。

發盤一經接受，合同即告成立，接受通知一經到達發盤人即不能撤銷，否則視爲毀約行爲。

三、逾期接受（late acceptance）

逾期接受是指接受通知到達發盤人的時間已超過了發盤規定的有效期或在發盤未規定有效期的情況下而超過合理時間。按照各國法律的規定，逾期接受不是法律上的有效接受，而是一項新的發盤，只有在原發盤人及時表示接受的情況下，合同才能成立。

必須指出的是，逾期接受有兩種情況，其法律效力不同，因此在處理上應嚴格地區別對待。

1. 因受盤人的遲延造成的逾期接受

按照《公約》這種逾期接受原則上沒有法律效力，但對這種接受，發盤人也可以承認其效力。如果發盤人願意接受該項逾期承諾，他必須毫不延遲地通知受盤人，通知的方式可以是口頭的，也可以是書面的。一旦經發盤人承認，該項逾期接受即構成有效接受。而如果發盤人不及時通知，該項接受就失去了效力。

2. 因郵遞失誤而造成的逾期接受

根據《公約》，這種逾期接受原則上具有法律效力，這是因爲這種逾期接受不是由於受盤人的遲延，而是由於郵遞失誤所造成的。也就是說，受盤人已按期發出了接受，如果傳遞正常的話本可以及時送達受盤人的。但發盤人也可拒絕這種逾期接受的效力，如果發盤人不願承認該逾期接受的效力，他必須毫不遲延地用口頭或書面形式通知受盤人。而如果發盤人沒有及時表態，而受盤人又能證明接受遲到不屬於他的責任，那麼接受就有效。

由此可見，無論是哪種原因導致的逾期接受，逾期接受的效力均取決於發盤人的選擇。

第四節　國際貨物買賣合同的簽訂

在交易磋商過程中，一方發盤經另一方接受，交易即告達成，雙方之間就建立了合同關係。但依據國際慣例，買賣雙方還需簽訂一定格式的書面合同，以進一步明確雙方權利和義務，便於執行。

一、書面合同的作用

按照法律程序，合同的成立取決於一方的發盤和另一方對發盤的接受。簽訂書面合同不是合同有效成立的必備條件。既然如此，爲什麼還要簽訂書面合同。這主要是因爲簽訂書面合同有以下幾方面的作用：

（一）書面合同是合同成立的證據

根據法律的要求，凡是合同必須得到證明，提供證據，包括人證和物證。在國際貿易中，交易磋商的方式可採用書面和口頭磋商兩種，對於採用書面方式即利用信件、電報、電傳等進行磋商達成的合同，書面證明不成問題。但對於通過口頭磋商達成的合同，舉證就比較困難。如果不用一定的書面形式加以確認，就難以得到法律的保護和監督。

(二) 書面合同是合同生效的條件

書面合同並不局限於某種特定的名稱和格式，買賣雙方在交易磋商時的往返信件、電報或電傳，也可構成書面合同。但是，如果在交易磋商時，一方當事人要求簽訂書面合同，則合同在簽訂了書面合同時方告成立。也就是說，在一方要求簽訂書面合同的情況下，即使交易雙方已對全部交易條件取得一致意見，但在書面合同簽訂之前，合同不能生效。此時，簽訂書面合同就成了合同生效的條件。《中華人民共和國涉外經濟合同法》明確規定："當事人採用信件、數據電文等形式訂立合同的，可以在合同成立之前要求簽訂確認書。簽訂確認書時合同成立。"此外，如果交易一方或雙方的合同須經政府機構審核批準時，也必須有一定格式的書面合同。

(三) 書面合同是履行合同的依據

國際貨物買賣合同的履行是一項複雜的工作。它跨越國境，涉及企業內外多個部門，過程複雜，時間較長，如果僅以口頭方式達成協議，不形成書面合同，幾乎無法履行。以函電方式達成的交易，雖然有關商品的交易條件已在買賣雙方的來往函電中明確規定，但它們是分散在多份函電中的，如不將這些商定的交易條件以文字形式逐一列明在書面上，往往很難做到全面正確地履行合同。因此，無論是以口頭形式還是函電形式進行磋商，在達成交易後均須將商定的交易條件，全面地、清楚地一一列明在有一定格式的書面合同上。這樣，可以進一步明確雙方的權利和義務，便於買賣雙方準確地履行合同。

二、書面合同的形式及內容

在國際貿易中，對貨物買賣合同的書面形式，並無特定的限制。買賣雙方可採用正式合同、確認書、協議，也可採用定單和委託訂購單。

(一) 合同 (contract)

合同是雙方經過交易磋商，就某種商品的買賣所達成的對雙方都有約束力的法律文件。其內容較為全面詳細。合同有銷售合同 (sales contract) 和購貨合同 (purchase contracts)，前者是由賣方草擬的，後者是由買方草擬的。無論是銷售合同或購貨合同，其主要內容包括三個部分：

(1) 合同的首部簡稱約首。包括合同名稱、編號、締約日期、締約地點、締約雙方的名稱和地址。

(2) 合同的主體。它規定了雙方的權利和義務，包括商品名稱、品質、數量、包裝、價格、交貨、支付、保險、檢驗、索賠、仲裁和不可抗力條款。

(3) 合同的尾部簡稱約尾。包括合同的份數、使用文字和效力的說明以及雙方的簽字等。

在實務中，合同使用文字用第三人稱語氣，即稱買方，賣方。

（二）確認書（confirmation）

確認書是合同的簡化形式，它只列以品名、質量、數量、包裝、價格、交貨期、裝運港、目的港等主要內容，省略某些一般性條款。賣方草擬的確認書稱爲銷售確認書或售貨確認書（sale confirmation），買方草擬的確認書爲購貨確認書（purchase confirmation）。確認書使用的文字是第一人稱語氣。

雖然合同和確認書二者在形式和內容上有些區別，但作爲合同主體的雙方協商一致的交易條件，都是完整的、明確的，經雙方簽署後，都是法律上的有效文件，對買賣雙方具有同樣的約束力。

在我國出口業務中，銷售合同或確認書一般均由我方根據雙方同意的條件製成一式兩份的正式合同或確認書，先在上面簽字，然後寄給對方。對方經審核無誤簽字後，保留一份，將另一份寄還給我方。如果對方未按要求將其中的一份簽字後寄回，一般並不影響雙方已達成協議的效力。但如果對方在簽回的合同或確認書上更改或添加條款，與原達成的協議內容相違背，我方應及時加以拒絕。

（三）協議（agreement）

協議也稱作協定或協議書，是合同的另一種形式。依據協議使用的情況不同，主要分爲兩種：

1. 屬於合同性質的協議

協議在法律上是"合同"的同義詞，因爲合同本身就是當事人爲了設立、變更或終止民事關係而達成的協議。如果雙方當事人簽署的文件，其內容對買賣雙方的權利和義務作了明確、具體和肯定的規定，已具備合同成立的要件，雖在文件上冠以"協議"的名稱，但這個文件在法律上即爲合同，對買賣雙方有約束力。

2. 作爲合同附件的協議

在主合同簽訂之後，往往還有些協議作爲主合同中訂明爲合同不可分割的組成部分，這些協議作爲主合同的附屬文件，與合同具有同等的法律效力。

此外，還有兩種協議，它們不屬合同性質：

（1）初步協議（preliminary agreement）：在雙方當事人有意簽訂正式合同的情況下，由於雙方所洽商的交易比較複雜，經過談判後，商定了一部分條件，另一部分條件尚需進一步商洽，可先簽訂一份初步協議，但在這種協議中應明確規定："本協議屬初步協議，正式合同有待進一步洽商後簽訂。"

（2）原則性協議（agree in general）：當事人雙方對具體的交易條件難以達成共同一致的意見，雙方對簽訂正式合同尚無明顯意向，可先簽訂一份原則性協議，待將來條件成熟後，再作進一步商洽。這種協議也不具有法律效力，不屬正式有效的合同，對此應在協議中予以明確。

（四）定單和委託訂購單

定單（order）是指進口商或實際買主擬制的貨物訂購單。委託訂購單（indent）

是指由代理商或佣金商擬制的代客購買貨物的訂購單。定單和委託訂購單依具體情況的不同，有的屬於合同性質，有的屬於發盤或發盤的邀請，如在出口業務中，儘管我方在交易達成後，都主動繕制銷售合同或確認書正本一式兩份，經簽署後寄送國外客户，要求其簽署後退回一份，以備存查。但是，國外客户往往仍將他們擬制的定單或委託訂購單寄來作爲我方履行合同的依據。有的還寄來正本一式兩份，要求我方簽署後退回一份。在此情況下寄來的定單或委託訂購單，實際上是國外客户的購貨合同或購貨確認書，具有合同的性質。我方在簽署時應仔細審核其條款內容與雙方達成的條件是否一致。如發現其中有些條款與雙方協商一致的不符或另有添加，則應分別情況予以處理。對不符情況較輕者我方可以接受。對涉及實質性變更，不符情況嚴重者，則我方不能接受，並應及時明確地向對方提出異議，否則將會被對方認爲我方已默認其定單或訂購單中所列的條款。另一種情況是，事先並未與我方進行過磋商，國外客户徑自寄來定單或委託訂購單。這類定單或訂購單按其具體內容不同可能是一項發盤，也可能是一項發盤的邀請。我方應認真研究其內容以決定是否與之交易，並及時答復對方。

第九章　國際貨物貿易履行

買賣雙方通過磋商達成交易，簽訂了具體的書面合同後，就進入履行合同階段。合同履行是指合同當事人按照合同規定履行各自義務的行爲。在實務中，儘管由於商品不同、貿易條件不同、所選用的慣例不同，每份合同中規定的當事人的義務也各不相同，但所有合同都對買賣雙方的基本義務作了明確規定。賣方的基本義務是按照合同規定交付貨物、移交一切與貨物有關的單據和轉移貨物的所有權；買方的基本義務是按照合同規定支付貨款和收取貨物。買賣雙方只有全面履行合同義務，依法全面貫徹合同要求，才能實現雙方當事人預期的經濟利益。

第一節　出口貿易的履行

出口合同的履行是指我國外貿企業根據合同的規定，履行自己的交貨等各項責任，直至收回貨款的全過程。

在我國出口業務中，除少數大宗交易有時採用 FOB 條件外，多數採用 CIF 和 CFR 條件成交，並採用信用證支付方式收款。這里僅以 CIF 和 CFR 術語和憑信用證支付的交易爲例，介紹履行出口合同的基本程序。履行出口合同一般要經過：準備貨物、落實信用證、安排裝運和制單結匯等四個主要環節，這四個環節的工作有着緊密的不可分割的内在聯繫，只有各個環節的工作相互配合，保持一致，才能確保出口合同的圓滿履行。

一、準備貨物

這一環節包括兩方面的具體工作：備貨和報驗。

（一）備貨

備貨就是根據出口合同的規定，按時、按質、按量地準備好應交貨物。根據《公約》規定，按照合同規定交付貨物，移交一切與貨物有關的單據和轉移貨物所有權，是賣方的三項基本義務。其中，按合同規定交付貨物是最基本的義務。因此，備貨這一工作環節，對出口商來說就顯得尤爲重要。

在備貨工作中，應註意以下幾點：

1. 貨物的品質規格必須與出口合同規定完全相符

如前所述，在買賣合同中表示商品品質的方法主要有兩種，一是用樣品表示，另一是用文字說明表示。

如果品質憑文字說明達成的合同，則賣方所交貨物的品質必須與合同中所規定的文字說明相符。這里的"相符"包括兩方面的含義：其一是所交貨物的品質不能低於說明，其二是所交貨物的品質不能高於說明。低於合同規定的文字說明是違約行為，但高於說明有時也會構成違約。

如果憑樣品成交的買賣，交付貨物的品質必須與達成交易的樣品相符，如賣方所交貨物與樣品不符，賣方就有可能因此而承擔違約責任。

如果是既憑樣品，又憑文字說明的交易，則賣方所交貨物的品質必須與樣品和文字說明都一致。如果只符合文字說明而與樣品不符，或者只符合樣品而與文字說明不一致，兩者均屬違約。

無論採用上述哪一種方法達成的交易，均要求賣方交付貨物的品質符合合同的規定，如賣方所交貨物與合同規定不符，買方有權拒收全部貨物，同時可向賣方提出賠償要求。在實務中，買方常因賣方交付貨物的質量低於合同規定而向賣方提出索賠甚至解除合同，但有時買方也會因賣方所交貨物的質量指標高於合同規定而向賣方提出異議。之所以如此，原因有以下幾方面：①因賣方交貨的品質指標高於合同的要求，買方在辦理進口手續時要多交關稅；②由於賣方所交貨物在品質上高於合同規定的要求，而使得貨物不能適應買方的使用目的，買方需重新加工後方能使用，這樣會增加買方的額外費用；③賣方交貨的品質高於合同的要求使買方在辦理海關手續時遇到麻煩，特別是在一些實行進口許可證制度的國家，買方會因貨證（進口許可證）不符而受到所在國海關的嚴厲罰；④由於市場行情變化，買方在訂立合同時認為合適的價格在合同履行時變得對買方不利了，買方即可以賣方交貨質量高於合同規定構成根本違約為由解除合同。因此，在國際貨物買賣中，賣方交貨質量應與合同規定嚴格相符，以避免不必要的損失。

必須註意的是，賣方所交貨物的品質不僅必須符合合同的明文規定，還應按情況適合通常的用途或特定的用途，這是根據國際貿易法律的要求，賣方對於買方必須承擔的默示的合同責任。所謂默示的合同責任是指雖然雙方當事人在合同中未作規定，而法律認為應包括在合同之內，只要買賣雙方在合同中沒有做出相反的規定，則法律上所規定的責任就可以依法適用於他們之間的買賣合同。賣方所承擔的默示的合同責任包括兩個方面：

（1）所提供的貨物必須具有同一規格貨物通常的用途。所謂具有通常的用途，即具有可銷性（Saleable）或商銷性。這一默示的合同責任，要求賣方所交貨物不應存在導致不合商銷的瑕疵，而這種瑕疵是在合理檢查時不易發現的，換句話說，賣方要對所交貨物存在有導致不合商銷的而在合理檢查時不易發現的瑕疵負責。瞭解這一規定，無論是對賣方還是買方都很重要。當我們在國際交易中作為賣方，固然要遵守這種可能會對我們提出的要求；在作為買方時，同樣可以援引這種規定，認真地保護我們的合法權益。

（2）所提供的貨物應適合於買方期待的特定的用途。賣方承擔該項默示的合同責任是有其前提條件的，它們是：①在訂立合同前，買方曾明示或暗示地通知賣方所需貨物的特定用途。如果賣方不能保證所交貨物符合買方所通知的特定用途，並在訂約告知買方，而買方仍慾購買該貨物，在這種情況下，賣方對所交貨物不符合買方的特定用途不負責任。②買方依賴賣方的技能和判斷力選購貨物。如果買方是憑他指定的商標選購貨物、或者使用高度技術性的規格來描述他所需要的貨物，那就意味着買方並非依賴賣方的技能和判斷力來選購貨物，而是憑對自己的自信來選購貨物。此時，賣方不承擔交貨的品質應適合特定用途的責任。

2. 貨物的數量必須符合出口合同的規定

交貨數量是合同的重要條件，賣方必須按合同規定嚴格辦理。根據各國法律，少交貨物買方可以拒收整批貨物，多交貨物也可能導致違反合同的法律後果。如英國和美國的法律都規定，如果賣方所交貨物多於或少於合同規定的數量，買方有權拒收全部，或接受全部，或接受約定的數量，而拒絕其餘。《公約》也對交貨數量與合同不符的法律後果作了明確規定，按照《公約》的解釋，如果賣方不交貨，買方可以宣告合同無效，同時有權要求賣方對因此而引起的損失給予損害賠償。如果賣方交貨數量少於合同規定，買方不能宣告合同無效，但有權要求賣方補交短缺的貨物，並向賣方提出索賠要求，但如果賣方少交貨物已構成根本違約，則買方有權宣告合同無效，並提出索賠要求。如果賣方交貨數量多於合同規定的數量，買方應收取合同規定的數量，而對於多交部分的貨物，買方可以收取也可以拒絕收取。一旦買方收取多交部分貨物的全部或部分，他必須按合同價格付款。如果買方拒收多餘的貨物，他可向賣方提出損害賠償的要求。

3. 貨物的包裝必須符合出口合同的規定和運輸要求

貨物包裝包括內包裝和外包裝，貨物的包裝必須符合合同的規定，這是賣方的義務。如交貨包裝與合同規定有所不符，將被視爲根本違約，買方有權拒收貨物並要求損害賠償。如果合同對包裝未做出明確規定，賣方則應根據雙方以往的習慣做法，過去買方對包裝的要求以及行業慣例辦理，而不能隨意包裝，否則就要承擔違約的法律責任。

4. 在交貨期限內交貨

賣方必須在合同及信用證規定的期限內裝運貨物，提前或延遲裝運均可能導致對方的拒收或索賠。因此，貨物備妥的時間，必須嚴格按照出口合同和信用證規定的交貨時間和期限，結合運輸條件進行安排。一般而言，爲防止發生意外，在時間上應適當留有餘地。

(二) 報驗

凡屬法定檢驗的商品或合同或信用證規定由商檢機構出具檢驗證書的商品，應在貨物備妥後，向商檢機構申報檢驗，只有取得商檢局發給的合格的檢驗證書，海關才準予放行。凡經檢驗不合格的貨物，一律不準出口。

申報商品檢驗的時間一般應按規定時間最遲於報關或裝運出口前十天辦理。報驗時應填寫出口商品申請單，其內容一般包括：品名、規格、數量（或重量）、包裝、產地等項。同時，還要送交商檢局合同及信用證副本一份，供其檢驗時參考。貨物檢驗合格，即由商檢局簽發檢驗證書，檢驗證書的名稱，應與信用證、發票上名稱一致。出口商應在檢驗證書規定的有效期內將貨物裝運出口，但不同種類的商品，檢驗證書的有效期是不同的。一般貨物從發證日起兩個月內有效，鮮果、鮮蛋等鮮活商品兩星期內有效，植物檢疫三星期內有效。如超過有效期裝運出口，應向商檢局申請展期，並由該局復驗合格後才能出口。

二、落實信用證

落實信用證包括催證、審證、改證三項內容。在憑信用證支付的交易中，信用證能否及時、正確地到達，是出口合同履行的關鍵。因此，必須做好信用證的催證、審證和改證工作。

（一）催證

催證是指賣方在買方未按合同規定開出信用證時，催促買方盡快開證。在國際貿易中，貨物買賣合同的有效履行，一方面取決於賣方按照合同規定交貨，另一方面還取決於買方按照合同規定辦理開立信用證或付款手續，按期開立信用證是買方應盡的義務。但在實際業務中，買方遇到資金短缺或市場變化等種種原因，有時可能拖延開證。在這種情況下，我方應催促對方遵守合同的規定及時辦理開證手續。催證的方法，一般可直接向國外買方發函電通知，必要時也可商請銀行或我駐外機構等有關機構或代理給予協助和配合代為催證。

（二）審證

審證是要對信用證進行全面審查，以確定信用證是否能被接受或需作哪些修改。信用證是以合同為依據開立的，信用證的內容應與合同條款相一致。但在實際業務中，有時由於國外客戶或開證行的疏忽，或由於買方對賣方國家的貿易政策不瞭解，或由於某些國家對開立信用證的特殊規定或習慣做法，常會出現國外來證的內容並不完全符合合同的規定，甚至與我國的政策相違背。因此，在接到對方開來的信用證後，必須對其進行全面、仔細地審核，以防導致經濟上和政治上對我不應有的損失。

信用證的審核，由銀行和出口企業共同承擔，銀行著重審核有關開證行資信，付款責任等方面的條款和規定。出口企業著重審核信用證的內容與合同是否一致。信用證審核內容較廣，其審核要點及應註意的問題有以下幾方面：

（1）開證行的政治背景和資金情況。來證國家必須是與我國有經濟貿易往來的國家和地區。政策規定我國不能與之進行經濟貿易往來的國家銀行開來的信用證，應拒絕接受。若信用證中載有對我歧視性條款，應根據具體情況，或退回或通知對方修改刪除。同時，開證行的資力必須同開出信用證義務相適應，對資信較差難以承擔開證行義務的，可要求其增加保兌銀行加以保兌，構成兩家銀行承擔付款責任，或要求對方重找可靠銀行另開信用證，以保證我方收匯安全。

（2）信用證的種類。我方能夠接受的信用證必須是不可撤銷的。信用證上明確列明是"不可撤銷"或未列明"不可撤銷"字樣，均為不可撤銷信用證。對於可撤銷信用證，我們不應接受。有的來證雖然註明"不可撤銷"，但銀行對其應負責任卻加了一些限制性條件，如"信用證下的付款要在貨物清關後才支付""在貨物到達時沒有接到配額已滿的通知才付款"等，對於這種信用證原則上不能接受，需要求對方改正。

（3）信用證中有無限制生效的條款。在實際業務中，常發生來證中規定有保留或限制性條款的情況，如信用證中規定："接到我方通知後生效"或"領取進口許可證後生效"等，凡是有這類限制性條款的信用證，就必須具備相應的條件，才可生效使用。這就意味着，出口商在接到有限制性條款的信用證時，應先滿足信用證條件使其生效，然後再裝運出口。否則，由於疏忽或急於發運，在信用證未生效前已把貨物裝運出口，就會造成收匯困難等經濟損失。

（4）信用證是否為有效的正本。信用證有信開和電開信用證兩種形式，前者是以信函方式開立的，內容完整，是信用證的有效文本。後者是以加註密押的電報或電傳方式開立的，如果電文完整且沒有任何附加條件，此電文可作為有效信用證文本，但如果電文雖完整但卻聲明"詳情後告"或"隨寄證實書"等類似的文句，則該電文不能視為信用證的有效文本。對此，出口商必須加強註意，否則會處於被動。

（5）信用證的支付貨幣及金額。信用證中所採用的貨幣應與合同規定相一致，如信用證來自與我國訂有支付協定的國家，使用貨幣應與支付協定規定相符。信用證金額一般應與合同金額相符，信用證金額中單價、總值的填寫要正確，總值的大小寫要一致，若不一致應要求改正。另外，如果合同內訂有商品數量的"溢短裝條款"時，信用證金額也應規定相應的機動幅度，否則不能多裝。

（6）裝運期、轉運和分批裝運條款。裝運期必須與合同規定相一致，如因買方遲開信用證導致無法按期裝運，可電請國外買方延展裝運期限。信用證中有關分批與轉運的規定應與合同規定相符。按照慣例，合同中未作允許轉運或分批裝運的規定，一般應理解為不準轉運或不準分批裝運；而信用證中對此不作規定時，則可視為允許轉運或允許分批裝運。因此，一般應要求信用證規定允許轉運和分批裝運或對此不作規定。如信用證中規定允許轉運或分批裝運，還應註意證內對此有無特殊限制或要求，如指定轉運地點、船名或船公司，或限定每批裝運的時間和數量。對上述限制性規定，一般不宜接受。

（7）有無信用證的有效期、交單期以及在何地到期。信用證必須規定有效期，否則該信用證無效。信用證的有效期同裝運期應有一定的間隔，以便裝運貨物後有足夠的時間辦理制單、交單議付等工作。在我國出口業務中，大都要求信用證的有效期在裝運期限後15天。與有效期相關，信用證應規定在何地到期，一般可規定在出口國、進口國和第三國到期。在實務中，通常要求來證規定在中國到期，而對在國外到期的信用證，因無法確切地掌握國外銀行收到單據的具體日期，一般不予接受。此外，按國際慣例，信用證還應規定一個具體的交單日期，即規定在貨物裝船後若干天內必須向銀行提交貨運單據。如果信用證對此未作規定，則提交單據的期限不得遲於提單或其他運輸單據簽發日期後的第21天，但以不超過信用證的最後有效期為限。若信用證規定的交單期距裝運期過近，則應提前交付貨物，或要求開證人修改信用證推遲交單日期，以保證能在交付貨物後如期向銀行交單。

（8）信用證中要求提供的單據。對於來證中要求提供的單據的種類和份數及填制方法等，要進行仔細審核。如發現不符合同規定的，應要求其改正，以避免發貨後，由於我方難以按來證要求制單，造成單證不符，不能及時收匯。

（9）開證申請人和受益人。開證申請人的名稱和地址應與合同規定相符，以防錯發錯運。受益人的名稱和地址也必須正確無誤，以免影響收匯。

（10）商品名稱、品質、數量和包裝。信用證中有關商品名稱、品質、數量、包裝等項內容必須和合同規定相符，如有差錯，應要求對方修改。尤其是貨物數量，如合同中規定有"溢短裝條款"，則在信用證中也必須列明，以免產生爭議。

（11）保險條款。信用證採用的保險條款、險別、投保金額必須與合同規定相一致，如有不能或不應接受之處應通知對方加以修改。

（12）商檢條款。應註意由何機構、在何地、用何種方法進行檢驗，以及出具何種證書等問題。信用證中有關這些問題的規定必須與合同完全相符。

（13）開證行負責付款條款。信用證內都應列有開證銀行擔保付款的保證文句，例如："凡根據本信用證並按照其所列條款開出之匯票，如及時提示，我行同意對其出票人、背書人及善意持有人履行付款責任。"若無類似保證文句，不宜接受。

（三）改證

對信用證中不能接受或不能執行或不能按期執行的條款，應及時向開證人提出要求進行修改。修改信用證應慎重，一般地說，對經過努力可辦到者應盡量不改，對非改不可的，則應堅決要求改正。在改證中應註意：

（1）改證的順序是：應由賣方直接向買方提出，即賣方→買方→開證行→通知行→賣方。具體地講，當出口商發現信用證某條款與合同不符時，應立即通知買方向開證行申請修改該項條款。買方如果同意則會向開證行申請修改信用證，開證行接受申請後，就會以電報或郵遞方式將修改通知書告知通知行，通知行再將修改通知轉告出口商，而不能由開證行直接通知或進口商徑寄出口商。

（2）修改信用證必須盡早辦理，以免由於時間緊迫來不及修改信用證。如果一份信用證中有多項內容需要修改，賣方應將需修改的各項內容，一次向國外買方提出，盡量避免由於我方考慮不周而多次提出修改要求。這樣既可以節約雙方的時間和費用，也可使對方持慎重態度。

（3）如果同一信用證修改書上涉及兩個以上的條款，出口商不能只接受一部分而不接受其餘部分。也就是說，出口商要麼全部接受，要麼全部拒絕。如果出口商希望接受一部分而拒絕另一部分時，應再次向有關方提出修改請求。

三、安排裝運

按照 CIF、CFR 或其他貿易術語成交的出口合同，必須由我方負責裝運的，在備妥貨物和落實信用證後，我方就應履行裝運貨物的義務。安排裝運涉及的工作較多，包括托運、投保、報關、裝運和發裝運通知等，下面以 CIF 和 CFR 合同為例，介紹裝運工作的具體程序。

(一) 托運

以海運方式的貨物運輸，除了數量較大需要整船運輸貨物要委託外運機構辦理租船外，一般均通過班輪運輸由外運機構按照貨物的特性和數量代訂班輪艙位。出口貨物托運的程序如下：

1. 出口企業填寫托運單，預訂船隻與班輪艙位

出口企業將出口貨物備妥，收到的信用證審核無誤或經修改可以接受後，就要立即辦理托運手續，填寫托運單。托運單的主要內容包括貨物的名稱、收貨人、通知人、裝貨港、航程路線、卸貨港、嘜頭、件數等。這些內容的填寫必須與信用證完全相符，因為它們都將在提單上顯示。此外，托運單上還須填寫貨物的毛重、淨重、體積、運費預付或運費到付等，為外運機構和船公司進行租船、訂艙和核算運費提供根據。托運單作為租船、訂艙依據，在截止收單期（即外運機構接受委託的最後日期）前遞交外運機構。

2. 外輪代理公司簽發裝貨單

外輪機構收到托運單後，會同中國外輪代理公司，根據貨物"合理配載"原則，結合船期、貨物性質、貨物數量、裝運港、目的港等情況，統籌安排船只和艙位，然後由外輪公司簽發裝貨單，俗稱"下貨紙"，作為通知船方辦理收貨及裝運的憑證。

(二) 投保

在履行 CIF 出口合同時，在確定船名後，出口企業應於貨物運離倉庫以前，辦理保險。投保時應按照合同或信用證規定的保險條款，向中國人民保險公司辦理投保手續。投保時要填寫投保單，將貨物名稱、保額、運輸路線、運輸工具、開航日期、投保險別等一一列明。保險公司承保後，簽發保險單或保險憑證。

如果按 CFR 術語成交的合同，由於租船是賣方的責任，而保險則由買方負責。因此，賣方應在裝船之後及時通知買方，以便使買方及時辦理投保手續。如果因賣方未能及時通知導致買方沒有及時辦理投保手續，一旦貨物在運輸途中遇到風險而遭受損失，應由賣方負全部責任。

(三) 報關

報關有出口報關和進口報關之分。出口貨物的報關是出口貨物的收貨人或其代理人，向海關申報，交驗規定的單據文件，請求辦理出口手續的過程。貨物裝運出口前，必須先向海關申報，經海關檢驗後同意放行，才能裝運出口。出口貨物報關的程序包括申報、納稅、查驗、放行四個環節。

1. 申報出口

根據《中華人民共和國海關法》（以下簡稱《海關法》）第八條規定，出口貨物的發貨人，除海關特準的外應當在裝貨的 24 小時以前，向海關申報。報關人申報出口時，需填制出口貨物報關單，並應提交其他必要單據。

出口貨物報關單的主要內容包括以下幾個方面：

(1) 出口口岸：即貨物出境的口岸。

（2）經營單位：指經營出口貨物業務即對外簽訂或執行合同（協議）的中國境內的企業或單位。

（3）指運港（站）：指出口貨物的目的港。

（4）合同（協議）號：指本批貨物或協議的詳細年份、字頭和編號及附件號碼。

（5）貿易性質（方式）：分別指"一般貿易""國家間、國際組織援助物資""補償貿易""寄售貿易""對外承包工程貨物""進口貨退回"等。

（6）貿易國別（地區）：即成交國別（地區）。

（7）消費國別（地區）：指出口貨物實際消費的國家和地區。

（8）收貨單位：即國外收貨的企業。

（9）運輸工具名稱及號碼：指船名及航次。

（10）裝貨單或送貨單號。

（11）收結匯方式：即銀行實收結匯方式。

（12）起運地點：指出口貨物實際發貨單位的所在地。

（13）海關統計商品目錄編號：按《中華人民共和國海關統計商品目錄》的規定填寫。

（14）貨名、規格、貨號按合同規定填寫。

（15）標記嘜頭、件數及包裝種類。

（16）數量：實際出口貨物的數量和數量單位。

（17）重量：按合同規定填寫。

（18）成交價格：即合同（協議）規定的人民幣或外幣價格和價格條件。

（19）離岸價格：指貨物離開我國國境時的價格。

（20）備註：出口貨物需要說明的事項。

（21）隨附單據：隨附單、證的名稱及其編號。

（22）申報單位。

（23）海關放行日期。

報關人員在填制報關單時應註意以下問題：①對報關單各欄項目要詳細填寫，內容要齊全、正確，字跡要清晰。②不同合同的貨物，不能填報在一份報關單上。③一張報關單上如有多種不同商品，應分別填報清楚，但以不超過五項海關統計商品編號的貨物為宜。④報關單上有關項目的填寫必須與相關單據上的內容相符，必須與實際出口的貨物相符。⑤報關後，由於各種原因致使實際貨物發生變化而與原來填寫的內容有出入，應向海關辦理更正手續，填寫報關更正單予以更改。

隨同出口貨物報關單向海關遞交的單據有：

（1）出口貨物許可證和其他批準文件。如果根據規定可以免予申領出口許可證的，應交驗相應的批準文件。

（2）裝貨單（非海運貨物則為運單）。這是海關加蓋放行章後發還給報關人憑以發運貨物的憑證。

（3）發票。這是海關審定完稅價格的重要依據。

（4）裝箱單。單一品種且包裝一致的件裝貨物或散裝貨物可免交。

(5) 減稅、免稅或免驗的證明。
(6) 海關認爲必要時應交驗的貿易合同，產地證明和其他有關單證。
(7) 對應實施商品檢驗、文物鑒定或其他管制的出口商品，還應交驗有關主管部門簽發的證明。

2. 查驗貨物

海關接受申報後，將對出口貨物進行查驗。海關的查驗是以已審核的報關單、許可證等爲依據，對出口貨物進行實際的核對和檢查，以確保貨物合法出口。根據《海關法》的規定，進出口貨物除經海關總署批準的以外，都應當接受海關的查驗。海關通過對出口貨物的查驗，檢查核對實際出口貨物是否與報關單和出口許可證相符，確定貨物的性質、成分、規格、用途等，以便準確依法計徵關稅。出口貨物的檢驗，一般是在海關規定的時間、場所，即海關的監管區域內的倉庫、場所進行。對於礦砂、糧食、原油、原木等散裝貨物，以及化肥、水泥、鋼鐵等大宗貨物或危險品，爲了方便運輸，有時也在船邊等現場驗放。有的貨物在海關規定地區進行查驗有困難的，經報關人申請，海關可以派員到監管區域以外的地點進行查驗，就地查驗放行貨物。依據《海關法》第五十四條的專門規定，海關查驗時損壞被查驗貨物，應當賠償實際損失。

3. 繳納出口稅

出口貨物經海關查驗情況正常，按規定應當繳納出口稅的，在繳清稅款或提供擔保後，海關方可簽章放行。納稅人應當在海關簽發稅款繳納書的次日起（星期日和假日除外）7 日內，向指定銀行繳納稅款。逾期不繳納的，由海關自第 8 天起至繳清稅款日止，按日徵收稅款總額的千分之一的滯納金。對超過 3 個月仍未繳納稅款的，海關可責令擔保人繳納稅款或者將貨物變價抵繳，必要時，可以通知銀行在擔保人或者納稅人存款内扣款。當納稅人對海關使用稅則稅率，審定的完稅價格持有異議時，應當先按海關核定的稅款額繳納稅款，然後自海關填發稅款繳納書之日起 30 天內，向原徵稅海關書面申請復議，海關應當自收到復議申請之日起 15 天內做出復議決定。納稅人對原納稅海關復議決定不服的，可以自收到復議決定書之日起 15 天內向海關總署申請復議，對海關總署做出的復議決定仍不服的，可以自收到復議決定書之日起 15 天內，向人民法院起訴。

4. 出口放行

出口貨物在辦完向海關申報、接受查驗、繳納稅款等手續以後，由海關在裝貨單或運單上簽印並退回出口單位，出口單位必須憑海關蓋章的裝運單據發運貨物。

(四) 裝船

出口商在辦理了托運、投保和報關手續，待承運船舶抵達裝運港後，即可將出口貨物裝船。裝船完畢，由船長或大副簽發大副收據即收貨單，托運人憑大副收據向外輪代理公司換取提單。貨物裝船後，出口商應及時向買方發出裝船通知，以便對方準備付款贖單，辦理進口報關和收貨手續，如爲 CFR 成交的合同，由買方自辦保險，更應及時發出裝船通知，以便買方及時投保。

四、制單結匯

貨物發運後，我出口企業應立即按照信用證的要求，正確無誤地繕制各種單據，在信用證規定的交單有效期內憑單據向銀行辦理議付貨款結匯手續。

（一）制單

在信用證支付方式下，出口企業需備制的單據很多。爲避免因繕制的單據不符要求而遭銀行拒付，出口商製作單據時必須做到正確、完整、簡明、整潔、及時。所謂正確是指"單證一致"和"單單一致"，即單據的名稱、份數及內容與信用證的規定相符，所有單據上相同項目的填寫都一致。完整是指必須按照信用證的要求製作各種單據，不能缺少，而且每個單據的內容要完備無缺。簡明是指單據的內容，應按信用證和國際慣例的要求填寫，要簡單明了，切忌煩瑣。整潔是指單據表面必須清潔，字跡清晰。及時是指要在信用證規定的時間內繕制單據，並將其送交銀行結匯。出口商只有按上述要求製作單據，才能保全信用證賦予的權利。

在實際業務中，信用證支付方式要求賣方提供的單據有：發票、匯票、提單、保險單、裝箱單、重量單、檢驗證書、產地證明書等。現對上述幾種單據及制單時應註意的問題扼要介紹如下：

1. 匯票

有關匯票的詳細內容，前面已作了簡述，這里僅就匯票的繕制方法作一介紹：

（1）出票根據（Drawn under）。這一項目應填寫開證行的名稱與地址。如信用證有規定，則應按信用證要求，原句照填。

（2）信用證號碼和開證日期。應按信用證規定填寫。如來證要求不填信用證號碼，也可照辦。

（3）匯票金額。匯票上的金額有大寫和小寫之分。在"Exchange for"，後填小寫金額，在"The sum of"後填大寫金額。在一般情況下，匯票金額應與發票金額完全一致，但如果信用證有特殊規定，則應按規定辦理，但匯票金額不得超過信用證金額，並且所填制的貨幣名稱也必須與信用證規定的貨幣名稱一致。另外，信用證項下的匯票的大、小寫金額必須一致，否則就是單證不符，造成拒付票款。

（4）付款期限。匯票的付款期限有兩大類，即期付款和遠期付款。即期付款應在付款期限欄內填"At sight"。遠期付款則有四種：

"見票後×天付款"填："At × days after sight"

"出票後×天付款"填："At × days after date"

"提單日後×天付款"填："At × days after date of B/L"

"某固定日付款"如：2013年3月15日爲付款日，則填"on 15th May. 2013"

上述四種填法，均應將匯票上印就的"sight"劃掉。

匯票的付款期限應按信用證的規定填寫，如匯票上未明確付款期限，則以即期付款處理。

（5）受款人。在信用證支付方式下，匯票的受款人一般爲銀行，可以是開證行，也可以是議付行。至於填哪家銀行，須根據信用證要求確定。如果信用證中未指定受款人，一般應填寫議付行的名稱和地址。

（6）付款人。信用證下的付款人應按信用證規定填制，信用證未明確付款人的，應填寫開證行的名稱和地址。

（7）出票人。在信用證支付方式下，匯票的出票人必須與信用證的受益人的名稱完全一致，但如果是可轉讓的信用證，其匯票的出票人可以與原證的受益人不一致。匯票必須經出票人簽字或蓋章後方能生效。

（8）出票地點和日期。信用證方式項下的匯票的出票地點應爲議付地點，一般在印刷匯票時提前印就。出票日期一般爲議付日期，在信用證支付方式下，出票日期不能遲於信用證規定的交單日期和信用證的有效期。在實務中，出票日期一欄由銀行填寫。

2. 發票

發票的種類很多，常見的有商業發票、海關發票、領事發票、樣品發票、廠商發票、形式發票等。

（1）商業發票（Commercial Invoice）是出口商對進口商開出的詳細説明裝運貨物的清單。在國際貿易中，商業發票是賣方必須提供的單據之一。商業發票的作用在於：它是進口商憑以核收貨物、支付貨款，賣方憑以向銀行辦理結匯、向保險公司辦理投保和進出口商憑以記帳、報關納税的依據。

在國除貿易中商業發票並無統一格式。就是我國內各出口貿易企業單位的商業發票也不一致。但其項目和基本內容是相同的，主要包括以下項目：

①發票名稱。單據上應該表明它的名稱如：發票（Invoice），商業發票（Commercial Invoice）。

②出票人名稱和地址。在信用證支付方式時，一般應是出口商即受益人。

③發票抬頭人。除非信用證特別規定，發票的抬頭人均應填寫來證的開證申請人。

④發票號碼與日期。發票號碼由出口公司自行編制。發票日期可以早於信用證開證日期，而一般應在開證日期之後，但不能晚於匯票日期和信用證的有效期。

⑤信用證號碼和合同號。信用證支付方式的發票，一般都填列信用證號碼和合同號，信用證未指明合同號者可以不填。

⑥船名、裝貨港、卸貨港。必須按信用證規定填寫，並與提單相符合。

⑦商品名稱和規格。在信用證支付方式下，發票上商品名稱和規格必須與信用證中的描述嚴格相符，不可擅自簡化。如果信用證中未規定詳細品質或規格，必要時可按合同規定加註一些説明，但不能與信用證的內容相矛盾。

⑧嘜頭、件數、數量。發票上這些項目必須與其他單據的這些項目一致，不能有絲毫差錯。同時，發票上的數量、重量、件數既要與實際裝運貨物相符，還要符合信用證要求。

⑨單價與總值。發票表示的單價必須完全與信用證規定一致，單價中的計價貨幣與貿易術語需按信用證規定填寫無誤。否則會遭銀行拒付。發票的總值必須與匯票金額一致，除非信用證另有規定，總值不能超過信用證的總金額幅度，否則銀行將予以

拒收。

⑩許可證號或外匯許可號及有關買方參考號。有些信用證中規定，發票註明進口許可證號、外匯許可號或其他參考號，都應按規定在發票上相應註明。

⑩出口商的簽字與蓋章。發票必須簽字蓋章才有效。在信用證方式時，簽字人必須是受益人。出口商所使用的圖章和簽字必須與其他所有單據簽字、圖章相一致。如信用證中要求手簽時，必須照辦。

（2）海關發票（Customs Invoice）是進口國家海關為了掌握進口商品的原價值和原產地情況而制定的一種特定格式的發票。海關發票由出口商負責填制。

海關發票的主要作用是，便於進口國海關核實貨物的原產國，並根據不同原產國徵收差別關稅；便於海關核查在出口國國內市場的售價，考核貨物是否屬於傾銷；供進口國海關徵稅、統計之用。

繕打海關發票時應註意：①各個國家或地區的海關發票都有專用的固定格式，對不同國家或地區要用不同的格式，不能混用。②海關發票與商業發票共同的項目，填寫時兩者的內容必須一致。③個人簽字必須手簽，否則無效。

（3）廠商發票（Manufactures Invoice）是由出口貨物的制造廠商所出具的以本國貨幣計算價格，用來證明出口國國內市場的出廠價格的發票。其主要作用是供進口國海關作為對進口國商品進行估價和徵收關稅及反傾銷之用。

（4）領事發票（Consular Invoice）由進口國駐出口國領事認證或出具的發票。領事發票有的根據進口國家規定的固定格式填制，再由進口國駐出口國領事簽證，有的利用商業發票向進口國駐出口國領事簽證。

領事發票主要用於進口國核定該商品的產地國別，以便採取不同的國別政策，徵收不同的關稅。或通過簽證手續，起到進口許可證的作用，以控制某些商品的進口。

（5）樣品發票（Sample Invoice）是出口商把樣品寄給進口商時出具的發票，供進口商清關使用。

（6）形式發票（Proforma Invoice）在貨物出運前由出口商開立的發票。這種發票主要供進口商向當局申請進口許可證或進口外匯之用，只起參考性作用，雙方均不受其約束。

在上述發票中，商業發票是賣方必須提供的單據之一，而其他類型的發票只有在進口商要求時才出具。

3. 提單

提單是所有單據中最為重要的，其主要內容和繕制要求如下：

（1）托運人（Shipper），即委託運輸的人。在信用證方式下，托運人欄目一般應填受益人的名稱。但除非信用證另有規定，必要時也可以受益人以外的第三者為托運人。

（2）收貨人（Consignee），提單上收貨人一欄可以有各種不同的填法，包括記名式、不記名式和指示式。在信用證支付方式下，一定要嚴格按照信用證規定填制收貨人。一般信用證支付方式多使用指示式。

（3）被通知人（Notify Party），被通知人是收貨人的代理人，承運人在貨到後通知其辦理提貨前的有關事項。所以應按信用證中的規定，把被通知人的名稱和地址詳細地填寫在這一欄中。信用證中如未規定被通知人，爲保持單證一致，提單正本的這一欄留空不填，但提交給船方的副本提單的這一欄中應列明開證申請人的名稱和地址。

（4）裝運港（Port of Loading），填寫實際裝貨港的名稱。信用證支付方式下，裝運港要符合信用證的要求。

（5）卸貨港（Port of Discharge），信用證項下的卸貨港一定要按信用證規定辦理。如信用證中規定有兩個以上的卸貨港，除屬選擇港外，一般應選擇其一卸貨和填制單據。

（6）船名（Ocean Vessel），填實際承運船舶的名稱。如果是班輪運輸，信用證中要求加註航次號者，可加填。

（7）嘜頭（Mark&Number），提單內的運輸標誌，應照信用證規定的填寫，並應與實際裝運貨物的嘜頭一致。

（8）貨物名稱及件數（Description of Goods&Number of Package），提單上的貨物名稱既要與信用證相符，又要與商業發票及其他單據一致。如果信用證規定品名繁多，提單上貨物名稱可用統稱。件數一欄的填寫應與實際貨物一致。

（9）重量和體積（Weight & Measurement），除非信用證另有規定，提單上貨物的重量以毛重表示。毛重一般以公噸爲計量單位，體積以立方米爲單位，並保留二位小數。

（10）運費（Freight），除非信用證另有規定，提單上運費一欄都不填寫運費的數額。而只填明運費已付（Freight Paid）或"運費預付"（Freight Prepaid）或"運費到付"（Freight Collect）。在 CIF 或 CFR 等術語下應填"運費預付"或"運費已付"。在 FOB 等術語下應填"運費到付"。

（11）簽發提單的地點及日期（Place & Date of Issue）簽發提單的地點應與實際貨物裝運的港口或接受有關方面監管的地點相一致。提單的簽發日期就是貨物實際裝運的時間或已經接受船方監管的時間，這一時期不能晚於信用證規定的裝運期。

（12）承運人或其代表簽字（Signature of the Carrier）提單必須經承運人或其代理人手簽後生效。

（13）正本提單的份數（Number of Original B/L）在信用證支付方式下，正本提單的份數一定要與信用證規定的相一致。

4. 保險單

保險單的主要內容及繕制方法如下：

（1）保險人名稱。即保險公司名稱，信用證內如有規定，必須與之相符。

（2）被保險人名稱。在信用證支付方式下，如採用 CIF 術語，被保險人應填受益人名稱。如信用證有其他規定，應按信用證規定製作。

（3）貨物名稱、包裝數量與嘜頭。這些內容的填寫必須符合信用證的規定，同時也要與發票、提單等其他單據一致。

（4）保險金額。一般爲發票價值的110%。信用證支付方式下的保險單，按信用證規定填列。

（5）承保風險，即保險險別。它是保險單內容中最主要的部分，信用證支付方式項下的保險單的險別一定按信用證規定辦理。

（6）運輸工具要與運輸單據上的船名相同。

（7）開航日期及起訖地點。開航日期與起止港口應與提單上相應的項目一致。

（8）賠付地點應按信用證規定填制。

（9）保險勘查代理人，即保險公司在目的港的代理人，一般由保險公司選定，必須列明詳細的地址，以便貨物出險時，收貨人及時通知其代理人檢驗貨物，分析出險原因和辦理賠款事宜。

（10）簽發日期和地點。保險單簽發日期必須早於運輸單據簽發日期，否則銀行不予接受。保險單簽發地點應爲受益人所在地。

（11）保險人簽章。保險公司簽章後保險單方能生效。

5. 裝箱單和重量單

裝箱單（Packing List）是載明每件包裝內貨物的名稱、重量、尺碼等內容的單據。重量單（weight Note）是詳細地表示每件包裝內貨物的毛重、淨重和皮重的單據。

裝箱單和重量單的作用都是爲彌補發票的不足，便於收貨人核對貨物。裝箱單和重量單上的貨物名稱、數量、重量等一切內容必須與信用證、發票、提單等其他單據保持一致。

在實際業務中，賣方是否需要提供裝箱單和重量單，要根據國外來證和商品的具體情況來決定。

6. 產地證（Certificate of Origin）是證明貨物的制造地或生產地的證件

其作用是爲進口國對不同進口商品實行不同的關稅和進口外貿管制提供依據。一般不用海關發票的國家，則要求提供產地證明。

產地證填寫的內容必須符合信用證的有關規定，並與其他單證相一致。

7. 檢驗證書

商品檢驗證書種類繁多，主要有品質檢驗、重量檢驗、數量檢驗、獸醫檢驗、衛生檢驗、消毒檢驗及動植物檢疫等證書。這些檢驗證書分別用以證明商品的品質、數量、重量和衛生情況。

在我國，上述各類檢驗證書的內容基本相同，都有以下各項：①編號和出證日期；②發貨人；③受貨人；④品名；⑤標記及號碼；⑥報驗數量和重量；⑦檢驗結果。出口商提供的商檢證書上的各項目必須與信用證的規定相符，也要與其他單據的各相應的項目保持一致，檢驗結果應與合同及信用證規定相同，出證日期不得晚於提單簽發日期。

（二）結匯

外貿企業在將貨物裝運之後，即應按信用證的規定，正確繕制各種單據。在信用證規定的交單有效期內，送交銀行辦理議付結匯。

目前，我國出口結匯的辦法有兩種：

（1）收妥結匯：是指出口地銀行收到外貿企業交來的出口單據後，經審核無誤，將單據寄往國外付款行索取貨款，待收到國外付款行將貨款撥入出口地銀行的貸記通知書時，即按當日外匯牌價，折成人民幣交付給外貿企業。在這種方式下，銀行未向外貿企業融通資金，因而不利於促進外貿公司擴大出口。入受益人（出口商）的匯票和單據，從票面金額中扣除從議付日到估計收到票款之日的利息，將餘額按議付日外匯牌價折成人民幣，付給外貿企業。議付行買入跟單匯票，即成為匯票的持票人，可憑此匯票向國外付款行索取貨款。採用這種方式，由於銀行給予外貿企業資金融通，使其在交付單據時即可取得貨款，因而有利於外貿企業的資金周轉和擴大出口。

（2）定期結匯，是指出口地銀行根據向國外付款行索償所需時間，預先確定一個固定的結匯期限，到期後主動將票款金額折成人民幣交付外貿企業。

第二節　進口貿易的履行

在我國進口業務中，多數商品是以 FOB 條件成交，少數商品按 CFR 或 CIF 條件成交，支付方式基本上都採用信用證方式。現以 FOB 海運進口合同為例，介紹進口合同履行的基本程序。

一、開立信用證

在信用證支付方式下，進口企業應按合同規定，向銀行申請開立信用證。開證申請人申請開證時，一般需交納信用證金額一定百分比的押金或提供其他保證，交納開證手續費。開證申請必須採用書面形式，即填寫開證申請書。開證申請書是銀行開出信用證的依據。開證申請書一般包括兩部分：

1. 開證申請人的開證指示

此外主要是開證申請人對信用證的要求，包括信用證的種類、金額、有效期限、裝運方式及裝運期限、保險條件、對貨物的要求、對單據的要求以及交單付款的條件等項內容。這部分內容是銀行憑信用證對賣方付款的依據，必須與合同條款完全一致。特別是商品的品名、質量、數量、價格、包裝、交貨期、裝運條件及貨運單據等，均應以合同為依據，在開證指示中詳細列明。

2. 開證申請人對銀行的聲明

此處主要是明確開證人與開證行雙方的責任。這一部分包括以下內容：①開證人特別聲明進口單據及貨物的所有權屬於開證銀行。②開證銀行只審查單據的表面是否合格，對其真偽不負責，對貨物的真偽或損壞也不負責。③單據在郵遞過程中的遺失、延誤及電訊延誤等，開證銀行不負責。④開證人到期一定贖單。⑤開證行有權隨時要求追加押金，開證人一定照辦。⑥開證行有權決定、代辦保險及增加保險險別，保險費由開證人負擔。⑦在開證行錯誤地收下不符合信用證規定的單據時，開證人有權拒絕贖單，並於信用證到期時收回押金。⑧開證行錯誤地把符合信用證的單據當作不符單據而對外拒付時，開證人可對開證銀行提出責問和要求賠償損失。

開證行接受開證人的開證申請書後，根據開證申請書的內容，開出以賣方為受益人的信用證，將信用證正本和副本寄給通知行，要求其轉遞給賣方。同時，開證行將另一副本交開證申請人。

買方在申請開立信用證時，應注意以下問題：

（1）開證時間要適宜。開證時間不要早於合同規定的時間，也不要晚於合同規定的時間，應按合同規定辦理。如果合同規定在賣方確定交貨期後開證，或規定在賣方領到出口許可證後開證，或支付履約保證金後開證，則買方應相應在接到賣方交貨期通知後開證，或收到對方已領到許可證的通知後開證，或收到履約保證金後開證。如果合同中沒有規定具體的開證日期，按國際慣例，買方應於合同規定的裝運期前將信用證開抵賣方。

（2）文字要完整明確，內容應與合同完全相符。買方要求銀行在信用證上載明的事項，必須完整、明確，不能使用模棱兩可的文字，以避免銀行在處理信用證業務或賣方履行信用證條款時無確切依據可循。同時，信用證的內容必須以合同為依據，信用證中關於商品的品名、品質、規格、數量、價格、裝運條件等內容必須與合同內容完全相符。否則，賣方收到信用證後將要求改證，這不僅給買方帶來麻煩，而且會增加費用。

（3）對賣方提出的改證要求應根據不同情況予以考慮。信用證開出後，如賣方來函來電要求我方修改證內某些內容，對於賣方提出的要求，應視其是否合理，是否我方過錯等情況，考慮是否應作修改。若同意，應由我方及時通知開證銀行辦理修改手續；若不同意，則應通知出口商，並應敦促其按原證條款履行。

二、安排運輸

根據進口合同的規定，負責運輸的一方應按合同規定租船訂艙。以 FOB 條件成交的進口合同，應由買方負責租船訂艙。目前，我國進口貨物的租船訂艙工作，除個別情況外，大多數是由外貿企業委託外運公司代辦。一般手續是：外貿企業在接到賣方的備貨通知後，即填制"進口租船訂艙聯繫單"，其內容包括：貨名、重量、尺碼、合同號、包裝種類、裝卸港口、交貨期、買貨條款、發貨人名稱和地址等，連同訂貨合同副本送交外運公司，委託其代為租船或訂艙。至於是租船還是訂艙，由買方根據進口貨物的性質和數量決定。凡需整船運輸的，則洽租適當船舶承運；小批量的或零星雜貨，則大都採用洽訂班輪艙位。

租船訂艙的時間應按合同規定。在我方訂購合同中多數規定，賣方應在交貨前的一定時間內將預計裝船日期通知買方。我方外貿企業在接到上述通知後，應及時向外運公司辦理租船訂艙手續。辦妥租船訂艙手續後，應及時向賣方發出派船通知，將船名、船期及租船訂艙情況通知賣方，以便對方備貨裝船。同時，我方外貿公司還應隨時瞭解和掌握對方備貨和裝船前的準備工作，必要時應催促賣方按時運載。

三、保險

按 FOB 條件成交的進口合同，貨物運輸保險由買方辦理，因此在買方接到賣方的"貨物已裝船"的通知後，應及時辦理保險手續。

我國進口貨物的保險，一般採用兩種方式：

1. 簽訂預約保險合同

我國大部分外貿企業和中國人民保險公司簽訂了海運、空運和郵運貨物的預約保險合同。預約保險合同對外貿企業進口商品的投保險別、保險費率、適用的保險條款、賠償的支付方法、保險期限以及保險人承擔每艘船舶每一航次的最高保險責任作了具體規定。必須註意的是，如果承運貨物超過預約合同中規定的最高限額，應於貨物裝船前書面通知保險公司，否則，仍按原定限額價爲最高賠償金額。此外，保險公司對預約保險責任的起訖，一般是從貨物在國外裝運港裝上船舶起生效，到卸貨港轉運單所載明的國內目的地收貨人倉庫終止。保險公司對貨物在卸貨港港口的責任，以貨物卸離船舶後60天爲限，如不能在此期限內轉運，可向保險公司申請延期，延期最多爲60天。

同保險公司訂有預約保險合同的外貿企業，在收到國外賣方的裝船通知後，只要把船名、提單號、開航日期、估計到達時間及航線、商品名稱、數量、價格、裝運港、保險金額等內容及時通知中國人民保險公司，即算完成了投保手續，該公司便自動承保。

2. 逐筆投保

對未與中國人民保險公司簽訂預約保險合同的外貿企業，其進口貨物就需逐筆投保。外貿企業在接到賣方的裝貨通知後，必須立即向保險公司辦理投保手續，即填制進口貨物國際運輸預約保險起運通知書，交付保險公司，保險公司接受承保後給外貿企業簽發保險單。如果外貿企業未及時辦理投保和支付保險費，貨物發生損失時，保險公司不負賠償責任。

四、審單付款

國外賣方將貨物裝運後，將匯票與全套單據經國外銀行寄交我方開證銀行收取貨款。我方開證銀行收到國外寄來的單據後，根據"單證一致"和"單單一致"的原則，按照信用證的規定，對單據的種類、份數和內容進行仔細核對。如相符，開證銀行或信用證所指定的付款行向國外議付行付款，開證行經審單後付款即無追索權。如經開證銀行審核國外單據，發現單證不符或單單不符，應由開證銀行與我進口企業聯繫後，立即向國外議付行提出異議，並根據不同情況採取必要的處理辦法，或由國外議付銀行通知發貨人更正單據，或由國外議付銀行書面擔保後付款，或改爲貨到檢驗後付款，或拒付。

開證行在確認單證相符和單單相符並償還議付行墊款後，即行通知進口企業付款贖單。進口企業收到開證銀行通知後，在其付款贖單之前，也應嚴格審核賣方憑以議付的全套單據。如果發現單據與信用證有任何不符，買方有權拒付貨款和拒收單據，即使開證行已償付墊款，也不影響買方拒付的權利。如果單證相符，買方就得照付貨款。買方付款後，即使在收到貨物時發現貨物與合同不符，也不能向開證行追索貨款。買方只能根據不同的情況，採取相應的補救措施，如向賣方、輪船公司或保險公司索賠等，索賠不成，買方也可根據貨物買賣合同的規定，通過仲裁或訴訟途徑解決。因此，進口企業對單據的審核要認真對待，決不能疏忽大意。

五、進口報關

進口貨物到港後，由進口企業或委託外運公司辦理進口報關手續。進口報關的程序與出口報關相類似，有以下幾個環節：

(一) 進口申報

根據《中華人民共和國海關法》的有關規定，進口貨物的收貨人應當自運輸工具進境之日起 14 日內，向海關申報。進口貨物的收貨人超過 14 天期限未向海關申報的，由海關徵收滯報金。滯報金的日徵收金額爲進口貨物到岸價格的千分之零點五，滯報金的起收日期爲運輸工具申報進境之日起第 15 天。進口貨物自運輸工具申報之日起超過三個月還未向海關申報的，其進口貨物由海關提取變賣處理。如果屬不宜長期保存的，海關可以根據情況提前處理。變賣後所得價款在扣除運輸、裝卸、儲存等費用和稅款後尚有餘額的，自貨物變賣之日起一年內，經收貨人申請，予以發還，逾期無人申領，上繳國庫。

進口企業在報關時，應填寫進口貨物報關單。報關單是向海關申請報關的必備書面文件，其內容包括：

(1) 進口口岸：貨物入境的口岸。

(2) 經營單位：經營進口貨物業務的公司，即對外簽訂或執行合同的中國境內企業。

(3) 收貨單位：指進口貨物的收貨人。

(4) 合同（協議）號：本批貨物合同或協議的詳細年份、字頭和編號及附件號碼。

(5) 批準機關及文號：指進口審批單位及批準文件號碼。

(6) 運輸工具名稱及號碼：指船名及航次。

(7) 貿易性質（方式）：同出口基本相同，但多了"來料加工裝配貿易""進料加工貿易""外商投資企業作爲投資進口的設備、物品""外商投資企業進口供加工內銷產品的料、件"等項。

(8) 貿易國別（地區），即成交國別（地區）。

(9) 原產國別（地區）：指生產或製造該項進口貨物的國家（地區）。

(10) 外匯來源：指進口貨物所用外匯的種類，包括："中央外匯""地方外匯""地方留成外匯""中央各部留成外匯""貸款外匯""國外投資""免費"等。

(11) 進口日期：即運輸工具申報進口的日期。

(12) 提單或運單號。

(13) 運雜費及保險費：按實際支付金額填寫。

(14) 標記嘜頭、件數及包裝種類：按合同規定填寫。

(15) 重量：按合同規定填寫。

(16) 海關統計商品目錄編號：按《中華人民共和國海關統計商品目錄》規定填寫。

(17) 貨名、規格、貨號：按合同規定填寫。

（18）數量：指實際進口貨物的數量和數量單位。
（19）成交價格：即合同規定的人民幣或外幣價格和價格術語。
（20）到岸價格：指貨物到達我國國境（關境）時的價格，包括貨價、運費、保險費及其他一切費用。
（21）關稅及工商稅欄目，由海關負責填寫。
（22）備註：進口貨物需要說明的事項。
（23）集裝箱號：指集裝箱運輸貨物的箱號。
（24）隨附單據：報關所交單據的名稱及其編號。
（25）申報單位簽章。

報關時，除要填寫進口貨物報關單外，還要交驗有關單證。包括：進口貨物許可證、提單或運單、商業發票、裝箱單、減稅、免稅或免驗的證明，海關認爲有必要提供的進口合同、產地證明及其他條件。

報關單中的各項內容必須與實際貨物以及所附單證相一致，如發現瞞報、僞報或申報不實的，構成走私和違反海關監管規定的違法行爲，一經查實將受到制裁。

進口貨物的報關單連同其他單據，應在規定時間內遞交海關。海關根據進口貨物收貨人的書面申請和隨附交驗的單據，審核貨物的進口是否合法，並確定關稅的徵收或減免。

（二）查驗貨物

進口貨物向海關申報後，即應當接受海關查驗。海關對進口貨物查驗的目的，是檢查核對實際進口貨物是否與報關單和進口許可證等隨付單據相符，確定貨物的性質、成分、規格、用途等，以便準確依法計徵關稅，進行統計歸類。

海關查驗，一般是在海關規定的時間、場所，即海關監管區域內的倉庫、場所進行。爲了加速驗收，海關對海運進口的散裝貨物（如礦砂、糧食、原油、原木），大宗貨物（如化肥、鋼材、食糖）和危險品等，可在船邊現場驗放，以方便運輸。而對於成套設備、精密儀器、貴重物資、急需急用的物資和集裝箱運輸的貨物等，在海關規定地區查驗有困難的，經收貨人的申請，海關核準，海關可以派員到監管區以外的地點，就地查驗放行貨物。

（三）繳納進口關稅

準許進口的貨物，除另有規定者外，由海關根據我國《中華人民共和國海關進出口稅則》和《海關條例》規定的稅率，徵收進口稅。我國進口稅的徵收採用從價稅，即以完稅價格乘以適用的關稅稅率作爲應繳稅款。進口貨物的納稅人，應當在海關簽發稅款繳納書的次日起（星期日和假日除外）向指定的銀行繳納稅款。逾期未繳的，將依法追繳並按遲納天數按日徵收欠繳稅款額的千分之一作爲滯納金。

（四）進口放行

進口貨物在辦理完向海關申報、接受查驗、繳納關稅等手續後，由海關在貨運單據上簽印放行。收貨人或其代理人必須憑海關簽印放行的貨運單據才能提取進口貨物。未經海關放行的海關監管貨物，任何單位或個人不得提取或發運。

(五) 商品檢驗

根據國家規定，一切進口商品都必須在合同規定的有效期內由商檢機構或指定的檢驗機構進行檢驗。檢驗合格方可銷售、使用。

屬下列情況之一者，必須在卸貨港向商檢局報請檢驗：①法定檢驗的進口商品；②合同中規定在卸貨港檢驗的商品；③合同中規定貨到檢驗後付款的商品；④合同中規定的索賠期限較短的進口商品；⑤商品卸離海輪後已發現殘損或異樣或提貨不着。凡檢驗合格的，由商檢部門出具檢驗證書，凡檢驗不合格的，則由商檢部門對外簽發索賠證書。

對於不屬上述情況，而用貨單位又不在卸貨港所在地的進口商品，應由用貨單位向所在地區的商檢機構申報自行檢驗或請商檢機構進行檢驗。如自行檢驗發現問題，應迅速向商檢機構申請復驗出證，以此作爲對外索賠的憑證。

(六) 進口索賠

在進口業務中，由於種種原因，有時收到的貨物與合同規定不符，遇到這種情況應及時找出原因，並向有關責任方索賠。

根據貨損原因的不同，進口索賠主要有以下三種：

（1）貿易索賠，即向賣方索賠。如貨物品質、規格、原裝數量與合同不符；包裝不良而使貨物受損；未按交貨期交貨或拒不交貨等，均可向賣方提出索賠。

（2）運輸索賠，即向船方索賠。如貨物數量少於提單上所載數量；提單是清潔提單，而提貨時發現有貨損貨殘的情況；貨物因船方的失職而造成的其他損失等，均可向船方提出索賠。

（3）保險索賠，即向保險公司索賠。如由於保險責任範圍內的自然災害、意外事故或運輸的其他事故的發生致使貨物受損或支出費用，均可向保險公司索賠。

進口索賠應註意以下問題：

（1）備齊索賠證件。進口索賠必須提交完整的索賠證件，包括商檢局簽發的檢驗證書、發票、裝箱單、提單副本等。同時還要根據不同的索賠對象，另附有關證件，如向船公司索賠，需附船長及港務局簽署的理貨報告及短缺殘損證明；向保險公司索賠，需附保險公司和買方的聯合檢驗報告；如向賣方索賠，需附保險單。

（2）提出索賠清單。索賠清單應詳細列明貨物損失項目及索賠金額，索賠金額應包括商品本身貨損部分的金額和其他各項因此而產生的費用如倉儲費、利息等。提出的索賠金額要有理有據。

（3）在索賠期限內提出索賠。進口索賠必須在合同規定的期限內提出，逾期無效。如果商檢工作確有困難，可能需要較長時間，因而在檢驗期內來不及提供檢驗憑證的，可在合同規定的索賠有效期限之內向對方要求延長索賠期限，或在合同規定的索賠期限內向對方提出保留索賠權。否則，對方將有權拒賠。

一般說來，對於進口索賠工作，屬於船方或保險公司責任的，進口企業通常委託運輸公司代爲辦理，屬於賣方責任的，由進口企業直接辦理。因而，爲了及時、有效地搞好進口索賠，需要進口公司、外運公司、保險公司、商檢部門等有關方面密切配合，力爭減少我方損失或使損失受到補償。

第十章　國際貨物貿易糾紛類型

　　所謂國際商務糾紛是國際商務主體之間在國際商務活動中所產生的糾紛。以最典型的國際商務行為——國際貨物貿易來看，國際貨物貿易糾紛類型可分為四種：一是國際貨物買賣糾紛；二是海上運輸糾紛；三是海上運輸保險糾紛；四是國際貨物買賣支付糾紛。

第一節　國際貨物買賣糾紛

　　國際貨物買賣糾紛就是指當事人在履行國際貨物買賣合同的過程中所發生的糾紛。糾紛是紛繁複雜的，既可能因為賣方或買方的違約而引起，如賣方不按合同規定的時間和地點交貨，不交付或遲延交付與合同有關的裝運單據，所交貨物不符合合同規定，出售自己無權出售的貨物；買方拒絕或遲延接收貨物，不支付或遲延支付貨款等；也可能因為合同約定的不明確而使買賣雙方發生解釋上的分歧，產生糾紛。前一種情況下的糾紛，除了事先審慎選擇交易夥伴和在對方違約後依據合同或法律積極索賠外，別無良策。而對於後一種情況下的糾紛，卻可以在訂立合同時採取措施加以預防。本書將以此為重點，闡述貨物的品質、數量、價格糾紛。

一、貨物品質糾紛

　　貨物的品質是買賣雙方共同關心的問題之一。買方總是希望買到質優價廉的貨物，而賣方卻總是想出售質平價高的貨物。同時，買方擔心所購貨物不符合自己的要求，而賣方卻也擔心所交貨物難以符合合同的過高要求而承擔違約責任。因此，準確合理地規定合同的品質條款，是買賣雙方的共同願望。

　　國際貨物買賣合同的品質條款可以採用的表示貨物品質的方法主要分為：①憑樣品買賣；②憑規格買賣；③憑等級買賣；④憑標準買賣；⑤憑牌號或商標買賣；⑥憑產地名稱買賣；⑦憑說明書和圖樣買賣。應當指出，上述表示貨物品質的方法各有自己的使用範圍，買賣雙方應當根據交易貨物的具體情況，選擇適當的表示方法。

　　從國際商務實踐來看，買賣雙方就貨物品質發生的糾紛主要有以下三種情形：

（一）合同沒有品質條款

　　合同中的品質條款是合同的重要條款之一。它既是構成貨物說明的重要組成部分，又是買賣雙方衡量貨物品質的重要依據。國際貨物買賣合同應當明確規定品質條款。

但是在實踐中，合同没有規定品質條款的情況並不是罕見的。在合同未規定品質條款的情形下，賣方會認爲自己即使交付劣質貨物也不違反合同，而買方則會因爲貨物不符合自己的用途而要求賠償；也可能出現這樣的情形，賣方認爲自己交付的貨物屬優質貨物應當提高價格，而買方卻不以爲然。如此等等，糾紛在所難免。

在這種情形下，如何確定貨物的品質標準？一般來說，如果合同對貨物的品質沒有做出具體規定，賣方應按合同使用的法律的有關規定承擔品質擔保義務。各國法律基本上都規定了賣方的默示品質擔保義務。《公約》第35條規定，在合同中無品質條款時，賣方所交貨物應當符合下列要求，否則即認爲其貨物與合同不符。

（1）貨物應適用於同一規定貨物通常使用的用途。

（2）貨物應適用於訂立合同時買方曾明示或默示地通知賣方的任何特定用途，除非情況表明買方並不依賴賣方的技能和判斷力，或者這種依賴對他來說是不合理的。

（3）貨物的質量應與賣方向買方提供的貨物樣本或樣式相同。

（4）貨物應按同類貨物通用的方式裝入容器或包裝，如無此種通用方式，則應按足以保全和保護貨物的方式裝進容器或包裝。

以上四項義務是在當事人無另外協議時，由《公約》加諸於賣方身上的。他們反應了買方在正常交易中對購買的貨物所抱有的合理期望。因此，合同中無品質條款，並不意味着賣方不必承擔品質擔保義務，更不意味着賣方可以以次充好，以假亂真，以劣頂優。

（二）合同的品質條款不完備

國際商務實踐中，合同品質條款不完備主要有三種情形：

（1）品質條款表示貨物品質的方法單一，不足以確定貨物的品質標準。如憑商標或牌號說明貨物的品質，比如，"購買SONY牌手提電腦1 000臺"，這種規定方法就不太完備。SONY牌手提電腦的型號有經濟型、時尚型等，究竟購買哪一種，單純依據國際商務條例難以確定。

（2）品質條款表示貨物品質的標準含義不清，易生分歧。對於初級產品的國際貿易，實踐中常採用憑標準的方法表示貨物品質。例如，出售小麥時，通常使用美國農業部制定的小麥標準。但是，由於各國制定的產品標準經常修改和變動，同一部門制定的產品標準也可能有年份的不同、版本不同，內容也異。因而，在採用憑標準買賣的方法時，應載明所採用標準的年份和版本，以免引起爭議。

（3）品質條款採用多種品質表示方法，但內容不一致而引起糾紛。有時，買賣雙方爲了準確表示貨物品質，而採用兩種或兩種以上的表示方法。如合同採用既憑樣品，又憑說明書買賣，則要求交貨品質與兩者同時相符，這對於賣方來說，有時是難以辦到的。而且，在樣品與說明書不符時，極易發生品質糾紛。因此，品質表示方法不是多多益善，而只要能準確表示貨物品質即可。

（三）其他情形下的品質糾紛

無論合同品質條款能夠如何準確地表示貨物的品質，買賣雙方仍有可能就貨物品質發生糾紛。最主要的是，要求賣方所交貨物與合同要求百分之百的一致，這是不可能的事。因爲貨物品質要受到貨物特性、生產加工條件、運輸條件、氣候等諸多因素的影響。爲了避免交貨品質與合同稍有不符就構成違約，保證交易的順利進行，可以在品質條款中做出某些變通規定：

（1）交貨品質與樣品大體相符或其他類似條款。在憑樣品買賣的情況下，所交貨物是否與樣品相符，往往是買賣雙方爭執的焦點。爲避免爭議，賣方可要求在品質條款中加上"交貨品質與樣品大體相符"之類的條文。

（2）品質公差條款。品質公差是指國際上公認的產品品質的誤差。爲明確起見，合同中應訂明一定的公差幅度。如，尺碼或重量允許有3%～5%的合理公差。對於某些難以用數字或科學方法表示的，可以採取"合理差異"這種籠統規定。例如，質地、顏色允許有合理差異。至於何謂"合理差異"難下具體定義，所以執行起來較爲困難，使用時應當慎重。

（3）品質機動幅度條款。這種條款允許賣方所交貨物的品質指標在一定幅度內有靈活性，主要適用於一些初級產品的交易。例如，漂布，幅闊35～36吋；籼米，碎粒最高爲35%；水分最高爲15%；薄荷油，薄荷腦含量最少爲50%等。賣方所交貨物只要在上述幅度內，均視爲符合合同。

二、貨物數量糾紛

貨物的數量是買賣雙方交接貨物的依據，也是國際貨物買賣合同中不可缺少的主要條款之一。按照世界各國的法律規定，合同的數量是合同的法定主要條款之一，缺少數量條款的合同是不成立的。《公約》也規定，訂約建議必須"明示或默示地規定貨物的數量或如何確定數量的方法"才能夠成爲要約。因此，因合同缺少數量條款而導致的糾紛是經常存在的。

從國際商務的實踐來看，買賣雙方就貨物數量發生的糾紛有以下兩種情況：

（一）因合同數量條款不明確而發生的糾紛

在國際商務中，由於貨物的種類、特性和各國度量衡制度的不同，合同數量條款採用的計量單位和計量方法也多種多樣。對這兩者約定不明往往導致買賣雙方的糾紛。

由於世界各國的度量衡制度不同，所以，同一計量單位所表示的數量也不一樣。例如，就表示重量的噸而言，實行公制的國家一般每公噸爲1 000公斤；實行英制的國家一般採用長噸，每長噸爲1 016公斤；實行美制的國家一般採用短噸，每短噸爲907公斤。鑒於世界各國的度量衡制度存在如此大的差異．在合同的數量條款中只規定"購買東北產大米1 000噸""購買山東產棉花800包"是不科學的。爲了避免糾紛的發生，應明確計量單位是採用公制、英制、美制、國際單位制或某個國家習慣採用的或法定的計量單位。

在國際商務中，採用不同的計量單位，往往需採用不同的計量方法。從國際商務的實踐來看，按重量計量的貨物占很大的比重。以重量計量貨物，牽涉貨物包裝重量的計算問題。根據一般的商業習慣，測算重量的方法通常有以下幾種：①毛重；②淨重；③公重；④理論重量。對於包裝本身重量的計算，國際上也有幾種常用方法：

①實際皮重；②平均皮重；③習慣皮重；④約定皮重。由於貨物與其包裝物的價值往往是不同的，所以正確規定計量方法就十分重要。例如，"購買山東產花生米100公噸，雙層尼龍袋裝"，這種規定就不夠準確。賣方當然希望將尼龍袋以花生米的高價出售，而買方顯然要堅持以花生米的淨重計算貨款。但採用何種方法測量尼龍袋的重量呢？如前所述，國際上有多種計算皮重的常用方法，買賣雙方應根據貨物的性質、所使用包裝的特點、合同數量的多寡以及交易習慣，事先在合同中加以明確規定，以免事後引起爭議。針對上面的例子，採用實際皮重，逐件計算尼龍袋的重量顯然耗時費力，不太合適。所以，買賣雙方可以約定以習慣皮重，也可以約定以平均皮重計算尼龍袋的重量。同時，買賣雙方也可以直接通過協議約定尼龍袋的種類，如每個尼龍袋重100克。但是，在實踐中，對於一些低值的貨物大可不必如此煩瑣，可以以毛重作價，或規定以毛作淨。例如，甲方購買乙方蠶豆1 000公噸，單層麻袋裝，以毛作淨，每公噸600美元。

(二) 賣方多交或少交貨物引起的糾紛

國際商務價格波動很大。對於一些在訂立合同時和交貨時價格波動劇烈的貨物，賣方常常會在價格上漲時少交貨物，價格下跌時多交貨物，以求獲得額外的經濟利益。對於此種行為，《公約》規定，如果賣方交貨數量大於約定的數量，買方可以拒收多交的部分，也可以收取多交部分的一部分或全部，但應當按照合同價格付款。如果賣方交貨數量少於約定數量，賣方應當在規定的交貨期滿前補交，但不得使買方遭受不合理的不便或承擔不合理的開支。同時，買方保留要求損害賠償的權利。

《公約》的規定顯然是保護買方的利益，使其不致因賣方的有意行為而遭受損失。但是，國際商務實踐很複雜，多交或少交貨物很可能不是由於賣方的有意行為所導致的。例如，在糧食、礦砂、化肥和食糖等大宗貨物的交易中，由於貨物特性、貨源變化、船艙容量、裝載技術和包裝等因素的影響，要求買方準確按照約定數量交貨，是很困難的。因此，賣方可以要求在合同中訂立數量增減條款或稱溢短裝條款。但買方又擔心賣方此條款的意圖是有意多交或少交貨物而使自己受損，所以，訂立此條款應注意以下問題：

1. 數量機動幅度的大小應當適當

數量機動幅度通常以百分比來表示，百分比的大小應視貨物特性、行業或貿易習慣和運輸方式而定。

2. 應當規定機動幅度選擇權的歸屬

一般來説，是賣方選擇。但如果涉及海洋運輸，由於交貨量的多少與承載貨物的船只的艙容關係密切，所以，一般是由負責安排船只的一方選擇，或者干脆由船長根據艙容和裝載情況做出選擇。例如，FOB條件下，由買方選擇；CIF、CFR條件下，由賣方選擇；或由船長選擇。

3. 應當規定溢短裝數量的計價方法

對於機動幅度範圍內多交或少交的貨物，買方應當接受並支付貨款，這是没有疑問的。但是，多交或少交貨物的價格如何計算？一般是按照合同價格結算，但買賣雙方也可另外協議，以裝船時或貨到時的市場價格結算。若對市場價格達不成共識，可以通過仲裁或訴訟解決。

三、貨物價格糾紛

貨物的價格與買賣雙方的經濟利益密切相關，而且它也是國際商務活動中買賣合同的主要條款之一。大多數國家的法律認爲，價格條款是合同的主要條款，缺少該條款合同不能成立，但不要求必須規定固定價格，只需規定作價方法即可。《公約》也規定，國際商務合同必須"明示或默示地規定貨物的價格或如何確定價格的方法"。

在國際貿易實踐中，貨物價格糾紛主要有以下三種情況：

(一) 因採用非固定價格作價而引起的糾紛

在國際貨物買賣中，作價方法主要分爲固定價格和非固定價格兩種。固定價格明確、具體、肯定、便於核算，不易產生糾紛，但買賣雙方要承擔從訂約到交貨付款以至轉售時價格變動的風險。非固定價格，也稱活價，有以下幾種分類：

1. 合同中只規定作價方式，具體價格留待以後確定。它又可分爲兩種：一是價格條款中明確規定定價時間和方法。例如，"按提單日期的國際商務價格計算"。二是只規定定價時間。例如"雙方在2017年7月1日協商確定價格"。

2. 暫定價格。在合同中先訂立一個初步價格，作爲開立信用證和初步付款的依據，待雙方確定最後價格後再進行最後結算，多退少補。例如"單價暫定CIF紐約，每公噸2 000美元；作價方式：以某交易所3個月期貨，按裝船月份月平均價加8美元計算，買方按本合同規定的暫定價開立信用證"。

3. 部分固定價格，部分非固定價格。例如"第一批50公噸，2017年8月交貨，FOB倫敦，每公噸100美元；第二批、第三批各50公噸，價格在裝船月份前20天，參照國際商務價格水平，由雙方協商確定"。

採用非固定價格作價易引起買賣雙方的糾紛，商品交易所的月平均價是多少？採用最高價、最低價或是平均價，國際商務價格如何確定？在貨物價格發生波動的情況下，買賣雙方的協議也難達成。因此，非固定價格的做法，不可避免地給合同帶來較大的不穩定性，存在着雙方在作價時不能取得一致意見，發生糾紛，甚至使合同無法執行的可能。但是，我們也絕不可"因噎廢食"，必要時仍需視情況採用此種作價方法，審慎周密爲之。

(二) 因傭金和折扣的計算而發生的糾紛

國際商務中買賣合同的價格條款中，有時會涉及傭金和折扣。傭金是代理人或經紀人爲委託人進行交易而收取的報酬。折扣是賣方給予買方的價格減讓。貨價中是否包含着這兩者以及這兩者比例的大小，都會影響貨物的價格，從而影響買賣雙方的實際收益。因此，應當正確運用傭金和折扣，以免發生糾紛。

買賣雙方在傭金或折扣問題上發生糾紛的是計算方法和支付方法。以"FOB上海1 000美元，傭金3%"爲例。一般來說，傭金是合同價格乘以傭金率得出傭金額，即爲30美元。但是，這樣計算存在着一定重複計算的成分，因上述計算方法是（淨價+

佣金）×佣金率=佣金。科學的計算方法是（淨價+淨價的3%）= 1 000 美元，算出淨價爲970.87 美元，佣金額即爲29.13 美元。這兩種算法之爭，實際上是佣金的計算應以合同價格還是貨物淨價作爲計算基礎的問題。兩種算法都不無道理，但第一種算法較爲簡便，所以多採用第一種算法。

實踐中，還有這種規定，"CIF 1 000 美元，佣金3%，以 FOB 值計算"。此時，佣金的計算，應以 CIF 價格扣除運費、保險費，求出 FOB 值，再乘以3%，得出佣金額。計算過程中，應註意運費、保險費的數額必須合理、準確，否則易發生糾紛。

關於支付方法的糾紛，主要是佣金或折扣應在買方付款前扣除還是買方按合同價格付款後由賣方另行支付的問題。在佣金或折扣數額較大的情況下，這牽涉買賣雙方的資金周轉和融通的問題。所以，也應在合同中明確規定。

(三) 機動幅度內的品質差異和數量差異的作價糾紛

在國際商務的買賣合同中，爲了保證合同的順利履行，常常定有品質機動幅度條款和數量機動幅度條款。如果貨物品質發生機動幅度內的差異，貨物應如何作價？如果賣方在機動幅度內多交或少交貨物，多交或少交部分應如何作價，這需要在合同中做出明確規定，不然，也會發生糾紛。

第二節 國際貨物海上運輸糾紛

海運是國際貨物運輸的主要方式，其運量占國際貨物運輸總量的80%以上。國際海運可以分爲班輪運輸和租船運輸。租船運輸又可分爲定期租船、航次租船和光船租船運輸。其中，光船租船運輸屬於純粹的財產租賃，不是運輸合同。由於這種租船運輸方式比較複雜，當前國際商務中很少使用。

一、班輪運輸合同糾紛

使用班輪運輸，托運人和承運人之間不簽訂單獨租船合同，雙方的權利、義務與責任豁免，以船方簽發的提單條款作爲依據。所以，班輪運輸就是以提單作爲運輸合同的運輸，班輪運輸合同糾紛實際上就是有關提單的糾紛。

關於提單的糾紛，主要可分爲兩大方面：

(一) 買賣雙方提單糾紛

《公約》規定，賣方有義務交付與貨物有關的裝運單據，主要有提單、保險單和商業發票。因此，儘管提單的內容主要體現托運人或提單受讓人與承運人之間運輸方面的權利義務關係，但買賣雙方之間也可能就提單本身發生糾紛。不過，這種糾紛性質上屬於買賣合同糾紛，而不是運輸合同糾紛。

糾紛發生的原因多是賣方不履行提交提單的義務或者所交提單與買賣合同或信用證的規定不符。

由於提單具有物權憑證的作用，所以，它是買方提取貨物、辦理報關手續、轉售貨物以及向承運人索賠所必不可少的文件之一。同時，買賣合同也往往規定，以賣方移交提單等裝運單據作為買方支付貨款的對等條件。因此，賣方按照買賣合同規定的時間、地點和方式移交提單等裝運單據，無論是對買方還是對賣方都具有重要的意義。如果賣方只按合同規定的時間和地點將貨物交給承運人，但未向買方移交提單，則即使貨物已運至合同規定的目的港，也不能認為賣方已履行了交貨義務，因為在這種情況下，買方仍無法取得貨物。

賣方所交提單必須符合買賣合同或信用證的要求。一般來說，備運提單、不清潔提單、記名提單，買方都不願接受。

(二) 因提單所載權利義務所發生的糾紛

提單具有流通性。提單的合法持有人可通過轉讓提單來轉移貨物的所有權以及提單所體現的權利和義務。在國際業務中，托運人（通常是賣方）收到提單後，通常都用背書方式把它轉讓給收貨人（通常是買方）。收貨人受讓提單後，可根據需要將之再度轉讓給第三人（提單受讓人或提單持有人），第三人又可再度轉讓。因此，因提單所載權利義務所發生的糾紛可能發生在托運人、收貨人或提單受讓人與承運人之間。

1. 船舶是否適航

船舶適航與否直接影響貨物能否安全無損地到達目的地。1924年《海牙規則》要求承運人承擔提供適航船舶的義務。所謂船舶的適航性首先是指船舶必須在設計、結構、條件和設備等方面經受得起航程中的一般風險；其次還要配備合格、健康的船長和合格足夠的船員，航行所用的各種設備必須齊全，燃料、淡水、食品等供應品必須充足，使船舶能安全地將貨物運往目的地；同時，船舶還必須適宜載貨，即適宜於接受、保管和運輸貨物。

按照《海牙規則》的規定，承運人對船舶適航性的責任，並不是要求承運人保證船舶在整個運輸過程中絕對的適航，而只要求他謹慎處理使船舶在開航前和開航時適航。如果承運人能夠證明船舶不適航是由於某種雖然經過謹慎處理但仍然不能發現的潛在缺陷所造成的，就可以免除賠償責任。

承運人的這項義務經常引起糾紛。承運人是否進行了謹慎處理的責任？怎樣做才算是謹慎處理，船舶不適航是開航前和開航時即已存在的還是後來發生的？船舶不適航是由明顯的缺陷還是由潛在的缺陷造成的，什麼樣的缺陷屬於潛在的缺陷？這些問題從理論上容易回答，但在實踐中卻不易區分，也難以舉證。糾紛發生後，只能由仲裁機關或法院根據具體案情做出裁決。

2. 承運人對貨物是否盡了謹慎之責

《海牙規則》規定，承運人應當適當和謹慎地裝載、搬運、積累、運送、保管、照料和卸下所承運的貨物。當發生貨損時，是否是因為承運人未盡到上述各項責任所造成的？承運人怎樣做才算盡到了謹慎之責？這也只能由仲裁機關或法院做出裁決。

3. 托運人提供的情況是否真實準確

托運人有義務把約定的托運貨物及時運到承運人指定的地點，並應在提單上把貨物的品名、標誌、號碼、件數、重量、裝貨港與目的港的名稱及收貨人的名稱填寫清楚。如果托運人提供的貨運資料不準確，如錯填目的港或收貨人，而使承運人遭受損失，托運人應負責賠償。當貨物運到目的港後，如果貨物的實際狀況與提單上所載的品名、標誌、號碼、件數、重量等不一致，應當由誰承擔責任？這一問題的出現可能是由於托運人錯填錯報所造成的，也可能是由於承運人在運輸途中的過失所造成的。托運人和承運人會互相推脫責任，收貨人應區別不同情況採取索賠措施。

4. 運費糾紛

運費的數額和支付時間在提單中都有明確規定，托運人負有支付運費的義務。但當貨物中途滅失或受損壞時，運費是否仍需支付？主要區別不同的運費支付辦法來處理。預付運費，不論貨物滅失與否，概不退還。到付運費，若貨物中途滅失，未運到目的港，無須支付；但如果貨物受損後仍運到目的港，收貨人應足額支付運費。比例運費，按船舶航行的實際里程與全程之間的比例支付。至於貨物所受到的損失，承運人應按合同規定承擔責任。

5. 有關承運人免責事項的糾紛

為了維護承運人的利益，提單背面都載有承運人的免責事項。《海牙規則》第四條就規定了 17 種承運人可以免除責任的情況，但同時又規定承運人可以放棄這些免責權利，或加重自己的責任。由於《海牙規則》的有些免責事項已不再適應航海形勢發展的需要，目前承運人在提單中規定的免責事項都有所修改，一般參照 1978 年《漢堡規則》的規定。

當貨物發生損失後，承運人總是力圖歸之於自己的免責事項，而托運人、收貨人、提單持有人卻會認為承運人負有責任，並要求他賠償損失，因而發生糾紛是很常見的。究竟承運人可否免責，要視具體情況而定。但托運人對那些自己負有舉證責任的易生糾紛的事項，在投保時應加以考慮。

二、租船運輸合同糾紛

租船運輸合同可以分為定程租船合同、定期租船合同和光船租賃合同。在海運業務中，通常都是採用定程租船或定期租船的方式進行運輸，採用光船租賃的情況很少。

因租船合同發生的糾紛主要是承租人和出租人就合同權利義務發生的糾紛，但國際貨物買賣合同的雙方也可能應負有租船訂艙義務的一方是否按時履行了義務而發生糾紛。這種糾紛實際上也屬於買賣合同糾紛，而非租船合同糾紛。

(一) 定程租船合同糾紛

定程租船合同糾紛主要有以下幾個方面：

1. 出租人提供的船舶是否符合規定

在租船合同的開頭通常都載有船舶特徵的陳述，包括船名、船籍、種類、船級、載重量以及訂約時船舶所處的位置等項內容。陳述由出租人做出，因而他有義務保證其真實性。若陳述不正確，承運人有權撤銷合同和索賠。承租人在選擇船舶時，應註意船舶的適航性，尤其是該船是否適宜運載有關貨物。否則，在出租人提供的船舶符合合同中的陳述，但不適宜載貨時，容易引起糾紛，而結果很可能對承租人不利。提供約定船舶是出租人的義務。出租人不得擅自以其他船舶代替，除非經承運人同意或合同另有規定。

2. 船舶是否按期到達裝貨港

定程租船合同通常都規定船舶應到達裝貨港的最後日期。逾期到達的，承租人有權解除合同，所以，這個日期的最後一天稱爲解約日。由於承租人的解約權是絕對的，不受租船合同內一般免責條款的影響，所以，出租人在到港日期的問題上應特別慎重，一般不宜規定具體日期，如"2017年8月1日到達裝貨港"，而應規定一個大概的時間，如"2017年8月份到達裝貨港"，這樣，8月31日是解約日，出租人就有一段機動的時間。

當船舶遲於解約日到達裝貨港，或雖已到達裝貨港但尚未做好裝貨準備時，承租人會視市場運價的高低決定是否解除合同。當市場運價低於合同價格時，承租人就會要求解除合同，但船舶逾期到達很可能是由於不可抗力造成的，對此，一般的租船合同都規定，承租人仍有權解除合同，但無權要求賠償損失。這種規定顯然對承租人極爲有利。出租人爲保護自己利益，應當在簽訂合同時對承租人的解約權加以限制。

3. 裝貨港口和泊位是否安全

指定安全的港口和泊位是承租人的一項義務。租船合同中規定有具體的裝貨港口時，出租人應註意審查該港口是否安全，否則，船舶到達該港口而受損時容易發生糾紛。在租船合同中不規定具體的裝貨港口，而只指定若干港口或船舶的航線方向時，承租人有權在合同規定時間內自行選定具體的港口。此時，承租人負有保證該港口絕對安全的責任。因港口不安全而使船舶受損，承租人應負有賠償責任。

4. 滯期費和速遣費糾紛

定程租船合同中都規定有裝卸時間。承租人必須在此期間內完成裝卸作業。如果超過約定的裝卸時間，就要向出租人支付滯期費。但如提前完成，則可向出租人索取速遣費。這是因爲裝卸貨物的速度直接影響船舶的周轉，影響出租人利用其獲取經濟利益。

滯期費或速遣費的支付或索取與裝卸時間密切相關。合同的裝卸時間條款應對裝卸期間的起、止做出明確規定。裝卸期間即是指允許完成裝卸任務所約定的時間。在規定裝卸期間時，應註意以下問題：①裝卸期間應扣除節假日和因天氣狀況惡劣無法進行裝卸作業的時間。例如"裝卸作業應在15個好天氣工作日完成，星期日和節假日除外"。但如果只規定"裝卸作業應在15天內完成"，就對承租人極爲不利，因爲這15天包括星期日和節假日在內，也可能有某幾天因壞天氣而無法作業。承租人實際作業時間不夠15天。此外，有些國家實行5天工作制，星期六是否應扣除要視具體情況而定。②裝卸期間可不以具體的天數或小時數計算，而規定每日裝卸貨物的數量，即裝卸率。裝卸率的具體確定，一般應按港口習慣的正常裝卸速度，掌握實事求是的原則，不宜過高或過低。同時，對於節假日是否也需完成規定的裝卸貨數量，應加以明確規定。③裝卸期間不宜採用"按港口習慣速度盡快裝卸"之類的規定。有些租船合同不按天數或每天裝卸貨的數量來規定裝卸時間，而只是規定"按港口習慣速度盡快裝卸"。這種規定不明確，容易引起爭議，故採用時應審慎行事。關於裝卸時間的起算，各國法律規定或習慣並不完全一致，一般規定在船長向承租人或其代理人遞交了"裝卸準備就緒通知書"以後，經過一定的規定時間後，開始起算。關於止算時間，各國習慣上都以貨物裝卸完畢的時間作爲裝卸期間的止算時間。

滯期費和速遣費糾紛還涉及兩者的金額和支付時間問題。合同中應予以明確規定。關於兩者的金額，按照航運習慣，一般是以船舶每天的維持費計算滯期費，而以滯期費的半數作爲速遣費。滯期費可在支付運費時一並支付，速遣費可在運費中扣除。

5. 貨物損害賠償責任糾紛

1924年《海牙規則》規定了承運人的責任、義務和免責事項，但租船合同，除非承運人向托運人簽發了提單，是不受海牙規則約束的。因此，定程租船合同內有關貨物損害賠償責任的條款，可由出租人與承租人自由商定。

貨物損害賠償責任條款應對承運人的義務、賠償責任以及免責事項做出明確合理的規定。目前在國際租船市場上普遍採用的是"金康"程租船合同格式。按其規定，船舶所有人應對貨物的滅失、殘損、延遲交貨負責，但僅以滅失、損害、或延誤是由於記載不良或疏忽所造成的，或由於船舶所有人或其經理人本身未恪盡職責使船舶在各方面保持適航性並保持適當的船員、設備和供應所造成者爲限。這種規定顯然低於《海牙規則》對承運人的要求。所以，承租人應力爭把《海牙規則》的有關規定寫進合同中。

6. 運費糾紛

定程租船合同下的運費糾紛，與班輪運輸的情形大體相似。合同應對運費的數額和支付時間做出明確規定。預付運費，一般在承運人接管貨物或簽發提單時由托運人支付，不論貨物或船舶是否滅失，一律不予退還。到付運費，原則上是在船舶抵達目的港交貨前由收貨人付清。交貨和支付運費是對等條件。除非貨物中途滅失，收貨人都應支付運費。在合同所規定的運費、空艙費和滯期費未付清以前，船舶所有人對貨物享有留置權。

與班輪運輸不同的是，定程租船合同採用預付方式支付運費時，遇有下列三種情況，出租人必須退還預付運費：①未能提供適航船舶在合理時間內開航；②貨物由於免責條款以外的事故而遭受損失；③貨物在預付運費的付款期截止前已經滅失。

(二) 定期租船合同糾紛

定期租船合同糾紛主要有以下幾個方面：

1. 出租人提供的船舶是否符合約定

與定程租船合同一樣，定期租船合同中也應載有船舶特徵的陳述，諸如船名、船籍、船級、載重量等。但是，定期租船合同中還應載明航次租船合同中無需具有的內容，如耗油量和航速等。耗油量的大小影響營運成本的高低，航速的快慢關係船舶的周轉速度。這兩者都與承租人的經濟利益密切相關。如果出租人所提供的船舶不符合合同的要求，應當承擔賠償責任。出租人提供的船舶應當具有適航性並適宜載貨。與班輪運輸不同的是，出租人不僅應在起租時使船舶適航，而且在整個出租期間都要保持船舶的有效狀態。船舶發生故障的修理費用由出租人負擔，因船舶故障使承租人不能有效使用船舶達若干小時以上時，承租人有權停付此期間的租金。

2. 船舶的使用是否超出約定範圍

在定期租船合同中，船舶的經營管理權屬於承租人，出租人雖然有權任命船長和選任船員，但不能對船舶進行直接控制，所以，合同中都規定有船舶使用的海域範圍，以保證船舶的安全。船舶的使用區域應規定得具體明確，在此區域內，承租人可以指示船舶行駛任何航線，開往任何港口。

實踐中較易出現糾紛的情況是船長將船舶駛離約定的航行區域，應當由誰承擔責任？如果船長是按照承租人的指示而行事，即使他有權拒絕而未拒絕，也應由承租人承擔責任，因為船長在業務上受承租人的領導。如果船長自行駛離約定的航行區域，承租人無須負責，因此而產生的一切後果由出租人承擔。

3. 租期糾紛

定期租船合同都訂有租期條款，該條款除了規定租船的具體期限外，還應規定交換船的時間和地點，即期限的起止算。

租船期限可視需要而定，可以是數月、一年或數年，一般不會出現什麼糾紛。糾紛出現的是交、還船的時間和地點。

（1）交船的時間和地點。出租人應在合同規定的時間把船舶駛往指定的交船港。從交付之日起，租期開始計算。延遲交船，超過了合同規定的解約日，承租人有權解除合同。延遲接船，承租人應照付租金。

（2）還船的時間和地點。租期屆滿時，承租人應在約定的還船港把船舶交還給出租人。

從還船之日起，租期止算。合同不宜要求承租人必須在租期屆滿的那一天交還船舶，因為海運的特點決定了這種要求是不現實的。合同應根據具體情況對逾期還船規定相應的處理方法。一般來說，只要承租人對最後一個航程的安排是合理的，即使該航次未能在租期屆滿前完成，也不算作是違約。還船期限可延長至該航次完成時為止。但是，對於超出租期的時間，承租人應按合同費率支付租金。反過來說，如果因最後一個航次的安排不合理而致使逾期還船，則承租人需承擔違約責任。當租船市場費率上漲時，按照市場費率支付租金；當租船市場費率下跌時，按照合同費率支付租金；給船主造成其他損失的，還應當予以賠償。

4. 出租人是否應對貨物損害承擔賠償責任

承租人租進船舶後，自己負責船舶的營運活動，既可以用船舶來運輸自己的貨物，也可以用船舶來承運第三者的貨物。如果貨物遭受損失，出租人是否應當承擔責任，在什麼情況下才承擔責任？這需由租船合同加以規定。各國法律並無統一的規則，1924年《海牙規則》也不適用於定期租船合同。但當事人可參照《海牙規則》的規定來規定出租人的責任。

在承運第三者的貨物時，承運人會要求船長為其簽發提單給有關的貨物托運人。在這種情況下，承租人和出租人都處於承運人的地位，對第三者的貨物損失承擔連帶責任。如果出租人根據提單對第三者所承擔的責任超過了他依據租船合同所承擔的責任，可以在對第三者進行賠償後，向承租人追償超額部分。

5. 租金糾紛

定期租船合同的租船費用成爲租金。租金多按時間計算，一般以月爲單位，按月預付。數額由當事人約定。如果最後一個月所使用的時間不足一個月，預售的租金應按每月 30 天的比例退還。

發生租金糾紛的情形多是船舶不能使用時租金是否還需支付的問題。這要區別不同的原因加以處理：①如果訂立合同後，由於不可歸責於雙方的原因，致使合同不能履行。預付的租金應予退還。②如果由於船舶本身的原因，如船運或船用品不足、機器故障、船殼損壞或其他人爲事故，阻礙船舶有效工作，則承租人有權停止支付租金，直至船舶在有效狀態下恢復工作爲止。③除了①、②所述原因外，不論承租人在租期內是否使用了船舶，都應按期預付租金。即使遇到惡劣天氣，船舶不能開航，租金仍需照付。如果不按期支付租金，出租人有權撤船，並可對船上貨物行使留置權。

第三節　海上運輸保險糾紛

在國際商務中，貨物能否完好無損地由賣方運交買方，是買賣雙方共同關心的重要問題之一。由於國際貨物運輸具有面廣、線長、環節多、風險大的特點，所以運輸過程中，貨物遭到自然災害或意外事故而受損或滅失往往在所難免。爲了在貨物遭受損失時能得到一定的補償，國際貨物買賣合同通常都規定貨物的賣方或買方負有投保運輸險的義務。

國際商務貨物運輸保險中，以海上運輸保險歷史最爲悠久、業務量最大、影響最爲深遠。與其他國際貨物運輸保險一樣，海上保險也屬於財產保險的範疇。凡可能遭受海上風險的財產（如船舶、貨物）、取得的收入（如運費、傭金）以及對第三者應負的責任（如船舶碰撞責任），都可以作爲保險標的向保險人投保。因而，海上保險又有船舶保險、貨物保險、運費、傭金保險、船舶碰撞責任保險等種類，本書將只論及與國際商務貨物買賣合同直接有關的海上貨物運輸保險。

一、買賣合同中的保險條款糾紛

國際貨物買賣合同多規定有保險條款，其目的在於確定賣方或買方訂立海上貨物運輸保險合同的義務以及對該項保險合同內容的基本要求。如果賣方或買方所訂立的保險合同不符合保險條款的要求，就容易導致買賣雙方之間的糾紛。

保險條款的內容必須完備準確。一項完備的保險條款至少應當包括誰負有投保義務、投保金額、保險險種以及以哪一個保險公司的保險條款爲準等項內容。例如，採用 CIF 條件成立時，買賣合同中應訂明，"由賣方按發票金額的 x% 投保 XX 險，XX 險按照 XX 保險公司某年某月某日的有關海洋運輸貨物保險條款爲準。"

（一）投保的義務主體糾紛

由賣方還是由買方負責訂立海上貨物運輸保險合同，一般以國際貨物買賣合同所採用的貿易術語加以確定。採用不同的貿易術語，辦理投保的人不同。例如，採用 FOB 或 CFR 條件成交時，買賣合同中應當訂明由買方負責投保；採用 CIF 或 CIP 條件成交時，買賣合同中應規定由賣方負責投保。

值得註意的是，國際貨物買賣合同中規定了貿易術語，並不足以完全確定辦理投保的義務主體。《2010 年國際貿易術語解釋通則》（以下稱《通則》）只明確規定了 CIF 或 CIP 條件下賣方負有訂立保險合同的義務，對於 DDU、DDP 條件下的保險義務未予規定，而對於其他的貿易術語也只規定了"賣方訂立保險合同的義務"。《通則》的規定是有道理的。因爲 CIF 和 CIP 以外的貿易術語中不包括保險費，賣方自然沒有訂立保險合同的義務；而且，應該認爲，訂立保險合同是承擔運輸風險的一方的權利。在對方無義務訂立保險合同的情況下，是否投保由承擔運輸風險的一方自由決定。未予投保而發生貨損時，由該方自己承擔責任。但《通則》的規定並不意味着，採用 CIF 或 CIP 以外的貿易術語時，國際貨物買賣合同完全不必規定保險條款。爲避免糾紛的發生和便於合同的履行，應該視具體交易的具體情況協商確定。至少應確定由誰負責辦理保險及對方應提供的協助。

(二) 保險金額糾紛

保險金額是保險人所應承擔的最高賠償金額，也是核算保險費的基礎。保險金額並不一定等於合同價款，一般是按 CIF 或 CIP 總值加 10% 計算。所加的百分率稱爲保險加成率，它作爲買方的經營管理費用和預期利潤而加進。賣方必須按照保險條款規定的保險金額足額投保，不得擅自降低。不然，當貨物發生損失時，買方不能從保險公司取得預期的保險賠償，從而引發買賣雙方的糾紛。

(三) 保險險別糾紛

保險險別是保險人對風險和損失的承保責任範圍。它是保險人與被保險人履行權利與義務的基礎，也是保險人承保責任大小和被保險人交付保險費多少的依據。買賣雙方在協商確定保險險別時應註意以下問題：

1. 國際上並無統一使用的保險險別

不同國家的保險公司對保險險別的稱謂是不一致的，承保的風險也不完全相同。例如，中國人民保險公司的保險險別分爲基本險和附加險兩大類，基本險包括平安險、水漬險和一切險。因此，買賣合同在規定保險險別時，應註意所使用的保險合同條款應與相應的保險公司保險條款相一致。

2. 保險險別決定了保險費率的高低和保險費的多少

按照《通則》的規定，在 CIF、CIP 的條件下，賣方只有義務辦理貨物在運輸途中最低險別的海運保險並支付保險費。如果買方要求賣方投保更高級別的海運保險，則必然要多支付保險費。多支付的保險費由哪一方負擔？買賣合同中應做出明確規定。否則，賣方投保低限別的海運保險，就要承擔違反合同的責任，甚至將收不到貨款；而如果賣方按合同約定的較高保險級別投保，就要承擔多支付的保險費，從而影響自己的經濟效益。因此，在買方要求賣方投保較高險別的保險時，賣方可在約定合同價格時將可能多支付的保險費考慮在內，或者在合同的保險條款中規定，多支付的保險費由買方負擔。

（四）保險條款標準糾紛

世界各國的保險公司都制定有自己的保險條款，其內容是不完全一致的。目前，我國通常採用中國人民保險公司1981年1月1日生效的貨物運輸保險條款爲依據，但有時經國外客戶特別要求，也可採用在國際保險業具有較大影響的英國倫敦保險業協會貨物保險條款。

國際商務的貨物買賣合同中約定以哪一個保險公司的保險條款爲準，既事先規定了行將訂立的保險合同的保險人，又事先規定了行將訂立的保險合同的基本內容。這樣可使賣方訂立保險合同時有所依據，又可使買方預知保險合同的內容。

二、海上保險合同糾紛

海上保險合同就是由被保險人向保險人支付約定的保險費，而在保險標的物發生承保範圍內的海上風險遭受損失時，由保險人給予被保險人賠償的合同。

海上保險合同的內容主要包括：保險人和被保險人的名稱、保險標的、保險價值、保險金額、保險責任、除外責任、保險期間、保險費等。其中，保險雙方當事人最易發生糾紛的是保險人的保險責任、除外責任和保險期間條款，具體表現爲：

（1）保險標的物遭到何種危險而受損，保險人應當承擔賠償責任；哪種危險所導致的損失，保險人無須賠償。這涉及保險人的承保風險和除外責任。

（2）保險標的物因保險事故發生損失，哪些損失是應當由保險人負責賠償的。即保險人承保的損失範圍。

（3）保險標的物在什麼時間發生保險責任範圍內的損失，應由保險人負責賠償。這是保險人的保險責任期間問題。

（4）在保險人負有賠償責任的情況下，被保險人經過什麼程序才能取得賠償，保險標的物所受損失如何計算。也就是保險的索賠和理賠問題。

（一）承保風險糾紛

海洋貨物運輸保險的保險人承保的風險即海運風險，主要是海上風險和外來風險兩類。

1. 海上風險

海上風險包括自然災害和意外事故。自然災害是指不以人的意志爲轉移的自然界的力量所引起的災害。但在海洋貨物運輸保險業務中，自然災害並非指一切由於自然力量引起的災害，而僅指惡劣氣候、雷電、海嘯、洪水、地震、火山爆發、浪擊落海等人力不可抗拒的自然力所造成的災害。意外事故（accident）是指不屬於意料中的原因而造成的事故。在海上貨物運輸保險業務中，意外事故也並非指海上發生的所有意外事故，而僅是指運輸工具的擱淺、觸礁、沉沒、破船、碰撞、失蹤、失火、爆炸等。

2. 外來風險

外來風險是指海上風險以外的其他外來原因所造成的風險。這里的外來原因是指必須是意外的事先難以預料的而不是必然發生的外來因素。外來風險可分爲一般外來風險和特殊外來風險兩大類。一般外來風險包括：失火、偷竊、提貨不着、短量、淡水雨淋、滲漏、破碎、受潮受熱、串味、鉤損等。特殊外來風險是指由於政治、軍事、國家、法令、政策及行政措施等外來原因造成的風險。常見的有：戰爭、罷工、武裝衝突、交貨不到、拒收等。

保險人對被保險人承保的海上風險都在保險單的條款中列明。不同的保險險別所承保的風險是不同的。因此被保險人在投保時，應當根據對該次海上運輸的貨物可能遇到的各種風險的預測，對照保險人提供的保險單條款，慎重選定適當險別的保險，以防漏保或支付不必要的保險費。

中國人民保險公司承保的風險分爲平安險、水漬險和一切險三個基本險別。

平安險的承保責任範圍包括：保險人對自然災害和意外事故造成的全損和共同海損負責，而不負責賠償被保險貨物所遭受的單獨海損損失。水漬險的承保責任範圍除了包括平安險各項責任外，還負責由於自然災害所造成的部分損失。一切險的責任範圍，除包括平安險和水漬險的責任外，還包括被保險貨物在運輸途中由於一般外來原因所造成的全部或部分損失。具體地說，一切險的責任既包括平安險、水漬險，還包括一般附加險的全部險別。當然，一切險的承保責任也是有一定的範圍的，保險人並非對任何風險所造成的損失都負賠償責任，對因貨物的內在缺陷和自然損耗，以及運輸延遲、戰爭和罷工所導致的損失，保險人均不負賠償責任。

3. 除外責任

除外責任是保險人不負賠償責任的範圍。中國人民保險公司《海洋運輸貨物保險條款》中，對海運基本險的除外責任有以下五項規定：

（1）被保險人的故意行爲或過失所造成的損失。

（2）屬於發貨人的責任所引起的損失。

（3）在保險責任開始前，被保險貨物已存在的品質不良或數量短差所造成的損失。

（4）被保險貨物的自然損耗、本質缺陷、特性以及市價跌落、運輸延遲所造成的損失或費用。

（5）戰爭險和罷工險條款規定的責任範圍和除外責任。

鑒於保險人承保風險的類別、內容和含義相當複雜，即使保險合同的規定十分明確，保險當事人之間也難免發生糾紛。在承保風險的問題上，必須注意以下幾個問題：第一，必須弄清保險人所承保的每一種風險的含義；第二，必須弄清保險人所承保風險的確切範圍。

（二）承保損失糾紛

海上運輸貨物發生損失時，保險合同雙方除了關心損失的發生原因外，損失的性質和範圍也是雙方關註的焦點。因爲前者與保險人是否應當支付保險賠償有關，而後者則關係到保險人應當賠償的損失範圍。

保險標的物因發生承包範圍內的風險而給被保險人造成的損失，除了貨物本身的損失外，還包括爲營救貨物而支出的費用損失。其中，貨物損失又可以分爲全部損失和部分損失兩種。

1. 全部損失

全部損失包括實際全損和推定全損。實際全損是指保險標的物全部毀滅，或保險標的物受損以至失去原有的用途，或被保險人已無可挽回地喪失了保險標的物，或船舶失蹤，經過一段合理時間之後仍無音訊。推定全損是指貨物受損後，對貨物的修理費用，加上續運到目的地的費用，估計將超過其運到後的價值。

2. 部分損失

部分損失包括共同海損和單獨海損。共同海損是指在海上運輸途中，船舶和貨物遭遇到共同的海上危險，船方爲了船貨的共同安全，使同一航海中的財產脫離危險，有意和合理地做出的特殊犧牲或支出的特殊費用。單獨海損是指保險標的物由於承保的風險所引起的，不屬於共同海損的部分損失。

3. 單獨費用

單獨費用是指爲了防止被保險的貨物應承保範圍內的風險而遭到損害或滅失所支出的各項費用，包括施救費用和救助費用。施救費用是被保險人爲搶救被保險的貨物所支出的費用。救助費用是指被保險人以外的第三人爲搶救被保險的貨物而向被保險人索取的費用。

應該指出，保險標的物因遭受海上風險所受的損失是錯綜複雜的。損失發生的原因可能是由一種海上風險引起的，也可能是由一種以上的海上風險引起的。其中，有的可能屬於承保風險，有的則可能不屬於承保風險。因此，必須首先確定海上風險與保險標的物損失之間是否存在因果關係。在確定貨物時因承保風險發生損失後，還需確定損失的性質和範圍，以便判斷是否處於承保範圍內的損失。爲此，應註意以下幾個方面的問題：

1. 不同的保險險別所承保的損失範圍是不同的

保險險別實際上是由兩部分構成的，一部分是承保風險，另一部分是承保損失。只有在這兩點上都符合保險合同的要求，才能確定保險人的賠償責任。例如，中國人民保險公司的平安險，又稱單獨海損不賠。它所承保的損失包括實際全損、推定全損、共同海損以及由意外事故造成的單獨海損。而對於因自然災害造成的單獨海損，除非在此之前運輸工具發生意外事故，否則是不予賠償的。而水漬險承保的損失則包括因自然災害造成的單獨海損在內。

2. 必須正確區分共同海損與單獨海損

同一航海中的財產遭遇到的海上風險，可能只危及船舶或貨物一方的安全，也可能危及船舶或貨物雙方共同的安全。船舶或貨物一方遭受的損失可能是因自身遭受海上風險所造成的，也可能是爲了船舶和貨物雙方的共同利益而人爲造成的。前一種損失屬於單獨海損，後一種損失屬於共同海損。由於共同海損是爲了同一航海中的財產的共同利益而做出的，所以不應由受損失的一方單獨承擔，而應由獲救的財產方共同分擔。單獨海損則只能由受損失的一方自行負擔。因此，在實踐中，正確區分共同海損與單獨海損具有重要意義。

3. 單獨費用只有在保險單予以承保時才能向保險人取得補償

保險單上一般都載有"訴訟與營救條款"。對於被保險人向造成損失的責任方提起訴訟所支付的費用，以及爲了防止保險標的物因承保風險遭受損失進行營救的費用，保險人也負責賠償。這樣，即使保險單中未明確規定單獨費用屬於承保損失，被保險人也可以得到補償。值得注意的是，依據訴訟與營救條款，如果經營救後，貨物還是全部滅失，保險人所應賠付的數額可能要超過保險金額。

單獨費用應與共同海損費用相區別。單獨費用只是爲了防止船舶或貨物一方發生損失而支出的，而共同海損費用則是爲了防止危及船貨各方共同利益的損失而支出的。

應該指出，從理論上區分實際全損、推定全損、共同海損、單獨海損、單獨費用是容易的。但國際海上運輸實踐極爲複雜，保險人和被保險人又不能跟蹤觀察和監督海上運輸的全過程，所以，在保險標的物發生海上損失後，損失性質的認定是很困難的，往往需要做大量複雜、煩瑣的調查取證工作。這不僅需要豐富的海商法知識，更需要對海上船舶運輸業務的深刻瞭解。

(三) 保險責任期間糾紛

保險責任期間就是保險人承保海上運輸貨物的責任期限。保險標的物必須是在保險責任期間內因承保風險發生承保損失，才足以確定保險人的賠償責任。因此，保險責任期間條款也是保險雙方經常發生糾紛的條款。

按照國際保險業的習慣做法，我國貨物基本險的保險期限，一般也採用"倉至倉條款（Warehouse to Warehouse Clause，簡稱 W/W Clause）"。它的基本內容是：保險人對被保險貨物所承擔的保險責任，自被保險貨物運離保險單所載明的發貨人倉庫或儲存處所時開始生效，包括正常運輸過程中的海上、陸上、內河和駁船運輸在內，直至該貨物到達保險單所載明的目的地收貨人的倉庫或儲存處所爲止。如貨物未抵達收貨人倉庫或儲存處所，則以被保險貨物在最後卸貨港全部卸離海輪後起滿 60 天爲止。如在上述 60 天需將被保險貨物運到非保險單所載明的目的地時，則於貨物開始轉運時終止。

(四) 保險賠償糾紛

保險賠償是一項艱鉅而又複雜的工作，包括保險索賠和保險理賠兩個方面。保險索賠是指被保險人或保險單受讓人（索賠人）在保險標的物中遭受承保風險後，向保險人請求賠償損失的行爲。承保風險發生後，索賠人應當及時將風險發生和貨物受損的有關情況通知保險人，並在保險單規定的期限內明確提出索賠要求。索賠人在索賠時應提供各種索賠單證，如保險單或保險憑證正本、運輸合同、發票、裝箱單或重量單、向承運人等第三者責任方請求索賠的函電或其他證明文件、貨損貨差證明、海事報告和索賠清單等，以便保險人進行審查。此後，索賠人還應積極配合保險人的理賠工作；保險理賠是指保險人接受索賠人提出的索賠要求，確定賠償責任，進行保險賠償的有關行爲。保險人收到索賠人的索賠要求後，應當立即查對保險合同，對雙方有保險合同關係的，予以立案。並派專人進行調查，瞭解損失情況及原因。保險人要對索賠人提供的各種單證進行認真審核，以確定單證是否真實全面；要審查受損失的財產是否是保險標的物，損失是否是因承保風險而發生的，損失是否發生在保險責任期間內，以確定是否屬於保險人的賠償責任範圍。當保險責任確定後，保險人還要具體計算損失數額、施救、整理費用，以確定賠償數額。最後，保險人要向索賠人支付保險賠償。

由於保險賠償與保險人和被保險人的經濟利益緊密相關，所以它是海上運輸保險合同履行過程中糾紛發生最多的環節。實際上，前面所述的承保風險糾紛、承保損失糾紛、保險責任期間糾紛等，這些與保險責任直接相關的糾紛往往都是發生於保險賠償過程中的。下面論及與賠償數額有關的兩個問題：

1. 賠償數額糾紛

一般情況下，保險標的物所發生的承保損失的數額就是保險人賠償責任的數額。但是，必須註意的問題是，保險人的賠償責任是以保險金額爲限的。在保險標的物損失超過保險金額的情況下，被保險人或保險單受讓人只能獲得相當於保險金額的賠償。只有在被保險人或保險單受讓人所支付的單獨費用依據"訴訟與營救條款"而計算在承保損失範圍時，保險金額才有可能被突破。

如何計算保險標的物所受損失的數額是一項複雜細緻的技術性工作，需要由具有專門知識的人員來進行，同時也需要保險合同雙方的密切配合。在計算保險標的物的損失數額時，共同海損的計算尤爲複雜。由於共同海損的犧牲和費用是爲了使船舶、貨物、運費擺脫共同危險和獲得共同安全而做出的，因此，不應由受損的一方單獨負擔，而應由獲得救助的財產，即幸存的船舶、貨物和運費按照其獲救後的價值比例進行分攤。這種分攤稱爲共同海損分攤。爲了計算共同海損犧牲和費用的數額，估算獲救財產的價值，確定有關各方應分攤的數額，所進行的複雜計算工作稱爲共同海損理算。目前，國際上多採用1974年約克—安特衛普共同海損理算規則來進行共同海損理算工作。

2. 代位權與委託糾紛

代位權是保險人在支付保險賠償後從被保險人處取得的向有過失的第三者進行索賠的權利。在實際業務中，保險貨物的損失可能是由於第三者（例如承運人）的過失或疏忽造成的。如果保險人對此種風險予以承保，被保險人就可取得保險賠償。但被保險人是否仍有權向有過失的第三者請求賠償？鑒於保險合同是一種補償合同，保險賠償應與保險標的物的損失相適應是一項原則。所以，被保險人在取得保險賠償後，應該把對第三者的損害賠償請求權轉讓給保險人，由保險人代爲行使被保險人的一切權利和追償要求。如果被保險人一方面從保險人處取得保險賠償，另一方面又向有過失的第三者索賠，就會獲得雙倍於保險標的物的收入。這樣，保險就會成爲牟利的手段，與各國保險法的原則不符。

無論保險標的物發生全部損失或部分損失，只要保險已經支付了保險賠償，保險人就有權取得代位權。但在賠付全部損失的情況下，保險人除可取得代位權外，還有權取得殘存的保險標的物的所有權。

實踐中較易發生糾紛的問題是，如果保險人向第三者索賠得到的數額大於保險賠償時，超額部分歸誰所有？這要區別不同情況加以處理。如果保險人賠償的是全部損失，即使索賠得到的數額和殘存標的物的價值超過保險人支付的保險賠償，超額部分也應歸保險人所有，被保險人無權要求退還。但如果保險人只賠償部分損失，超額部分就應歸還給被保險人。

委託不同於代位權。它是指被保險人在保險標的物發生推定全損時，把保險標的物的所有權轉讓給保險人，而向保險人請求賠償全部保險金額的行為。委付適用的場合僅限於保險標的物發生推定全損。在發生實際全損時，保險標的物即已實際全損，就無委付的可能和必要。在委付時，被保險人通常要向保險人發出委付通知書，以轉讓保險標的物的所有權。但保險標的物的所有權發生轉移時，保險人是否可當然取得代位權？一般認為，保險人取得代位權的前提條件是支付保險賠償，而委託卻無須以此為條件。因此，保險人要想取得代位權，必須先支付保險賠償，由被保險人出具代位轉讓書。被保險人將殘存保險標的物的所有權轉讓給保險人，並不等於保險人取得代位權。

第四節　國際貨物買賣支付糾紛

國際貨物買賣支付就是指國際商務中貨款的收付。由於國際貨物買賣的特點，國際貨物買賣支付涉及的問題要比國內貿易支付複雜，主要體現為支付票據的使用，以及各國票據法的衝突問題；而且還涉及不同的貿易支付方式的使用問題。由於國際貿易支付直接關係到國際貨物買賣雙方的切身利益，因此，無論在合同訂立時，還是在合同履行過程中，都是買賣雙方關注的焦點。為了保證賣方安全收款和買方安全收貨，避免錢貨兩空的風險，買賣雙方在磋商交易中，對於使用什麼貨幣以及採用何種支付方式付款的問題，都必須慎重考慮，達成一致意見，並在合同中明確加以規定。

一、支付貨幣糾紛

國際貨物買賣合同中使用的貨幣包括計價貨幣和支付貨幣兩種。計價貨幣是用於計算貨物價格的貨幣，支付貨幣是買方用來支付合同價款的貨幣。通常情況下，國際貨物買賣合同中只規定計價貨幣，而不規定支付貨幣。這時，計價貨幣和支付貨幣是相同的。比如，合同中規定貨物總價款為 1 萬美元，採用信用證方式付款。但有時買賣雙方也可能約定與計價貨幣不同的支付貨幣。例如，貨物價款為 1 萬元人民幣，買方應以美元付款。

支付貨幣可以選擇使用的幣種與計價貨幣一樣，既可以是出口國、進口國或第三國的貨幣，也可以是某種記帳單位。選擇幣種時應着重考慮貨幣本身的穩定性和可兌換性，防止因匯率變動的風險而遭受損失，防止收到的貨幣無法兌換使用。

（一）匯率風險

匯率就是某一國貨幣與另一國貨幣兌換的比率，如某年 6 月 18 日人民幣兌美元匯率中間價報 6.832 1。世界上有些國家實行外匯管制，由外匯管理機關確定和公布外匯匯率。但多數國家實行市場浮動匯率，如中國 1994 年 1 月 1 日開始實行，每天中央電視臺、英文的《中國日報》等新聞媒介都公布外匯牌價。

由於國際貨物買賣雙方分處異國，各國使用的貨幣不同，同等數量的不同貨幣所代表的價值是不同的，匯率又不是一成不變而是不斷變化的，所以，買賣雙方都要承擔匯率變動的風險。例如，中國甲公司從美國乙公司進口機器設備，總價款爲 20 萬美元，甲公司以美元付款。但甲公司自己沒有美元，只有人民幣，這就需要到外匯市場上進行兌換，假設訂約日 100 美元兌換人民幣 683.21 元，付款日 100 美元兌換人民幣 693.51 元。甲公司就要多支付。相反，如果付款日美元下跌，甲公司就可以少支付人民幣。

在支付貨幣與計價貨幣不同的情況下，存在的匯率風險更爲明顯。例如，中國甲公司向美國乙公司出口對蝦，總價款爲 68 萬元人民幣，乙公司以美元付款。假設合同簽訂之日，100 美元兌換人民幣 680 元，付款之日，100 美元兌換人民幣 700 元。這時，甲公司收回的實際貨款就會減少，因爲合同簽訂之日貨款折合 10 萬美元，而在付款之日僅折合 97 143 美元，因而甲公司將損失（100 000－97 143）＝ 2 857 美元。相反，如果付款之日美元下跌，乙公司將遭受損失。

鑒於匯率風險直接影響買賣雙方的切身利益，在約定支付貨幣時應註意以下幾點，以避免糾紛的發生和便於糾紛的解決。

（1）買賣雙方約定支付貨幣時，應當選擇在合同履行期限內，預計幣值變化不大的貨幣，以便把風險減少到最小。選擇時，不要迷信某一種貨幣，美元、英鎊等也不總是堅挺的，其幣值在某一段時間內可能波動很大，應審時度勢而定。

（2）在支付貨幣與計價貨幣不同時，合同必須約定以何時何處公布的匯率爲準進行折算，否則，容易發生糾紛。例如，合同可以約定"以付款日倫敦外匯市場美元對人民幣的匯率進行折算"。

（3）買賣合同中可以訂立保值條款，以排除匯率變動帶來的風險。目前，國際商務中經常使用的保值條款是匯率條款。即在訂立合同時，明確規定計價貨幣與另一種貨幣的匯率，付款時，該匯率如有變動，則按比例調整合同價格。

（二）貨幣的可兌換性

所謂貨幣的可兌換性是指貨幣能夠在某個國家兌換成該國可自由流通使用的貨幣，例如，美元可在我國兌換人民幣。沒有任何國家的貨幣可以在世界上所有國家使用。賣方應當註意收到的貨幣能否在本國得以兌換。如果不能兌換，賣方就需到國際外匯市場上去兌換成可以在本國使用的貨幣，這不僅需要承擔匯率風險，還需耗費大筆的費用。

二、有關票據的糾紛

票據和貨幣都是國際商務支付的主要工具，貨幣可以兌換、結算和支付，而票據僅用於結算和支付。在國際商務中，一般不採用現金結算的方式，而採用票據進行結算和支付，因而研究、預防和解決票據糾紛的方法具有重要意義。國際商務中使用的票據主要有匯票、本票和支票。其中，使用最廣泛的是匯票。因此，本書只涉及有關匯票的糾紛。

匯票在國際商務中進行流通時，可能發生的糾紛表現在以下三個方面：

(一) 匯票的有效性糾紛

匯票的有效性即是指匯票本身是否有效的問題。要想使匯票發生其應有的法律效果，也就是使受票人承擔無條件付款的責任，首先其本身必須有效。匯票的有效要件可以概爲：

(1) 必須由合格的出票人出票。並不是所有的人都有權利出票。出票人和受票人之間必須具有合法的債權債務關係，這種關係被稱爲票據的基礎法律關係。如果沒有這種關係，出票人向一個與自己無關的人開出匯票，並將之轉讓，進行流通，從而牟取暴利，實際上屬於欺詐行爲。

(2) 必須符合法律規定的形式。匯票是一種要式證券，必須載明法定事項，具備法定的形式要件，才能生效。按照各國的法律規定，匯票必須以書面形式做成，但對於匯票應記載的事項，各國法律規定卻很不一致，出票人在出票時必須注意相關國家的法律規定，否則匯票不能產生法律效力。

(3) 必須交付受款人。匯票的出票由兩個行爲構成：一是出票人製作匯票；二是將匯票交給受款人。如果出票人制成匯票後留在自己手中，不交付給受款人，則匯票尚不能生效，匯票的流通過程也無法開始。

在匯票的支付上，必須注意的問題是匯票的獨立性，即匯票是一種無因性的流通證券。匯票所載的權利不受其基礎法律關係的影響，匯票當事人之間的權利義務完全以票據上的文字記載爲準。即使買賣合同的雙方當事人就買賣合同發生糾紛，匯票持票人仍享有要求受票人無條件付款的權利。但是，不要因並不意味着匯票可以脫離其基礎法律關係而產生，而是說，匯票的權利不受其基礎法律關係糾紛的影響，這是保證匯票流通性的需要。

(二) 匯票的背書糾紛

匯票的背書是由持票人在匯票簽上自己的名字，並將匯票交付給受讓人的行爲。背書的法律後果是匯票所載權利由背書人轉讓給被背書人。

匯票背書人和被背書人之間產生了一定的法律關係。前者要對後者承擔下述義務：一是保證得到承兌或付款。如果匯票遭受票人拒付，背書人有權向以前的任何一個背書人追索匯票金額，除非背書人在背書時加註"不得追索"字樣。二是保證在他以前的背書人簽字的真實性和背書的連續性。

匯票的背書糾紛可能涉及以下方面：

(1) 背書是否有效？匯票的背書必須符合法定條件才能生效。背書的一般做法是，由背書人在匯票背面寫上被背書人的名字，或者在被背書人的名字後面再加上"或其指定的人"字樣，並簽上自己的名字（記名背書）；但也可只在匯票背面簽上背書人而不寫明被背書人（空白背書）。但無論採用何種方式背書人只能把匯票金額全部轉讓給一個被背書人，而不能分割轉讓；而且轉讓不能附有條件，所附條件無效；背書還必須是連續的。

（2）背書人的權利瑕疵可否影響被背書人的權利？爲了保證匯票的順利流通，各國法律一般都規定，凡是善意並支付了對價而取得匯票的人，包括背書受讓人，可享有優於其前手（背書人）的權利，背書人的權利瑕疵不影響被背書人享有的匯票權利。也就是說，被背書人對背書人的權利瑕疵不承擔任何責任，第三人不得以對抗背書人的事由來抗辯被背書人的權利。

（3）匯票遭拒付，背書人應否對被背書人承擔責任？匯票的一個重要特點是，誰在匯票上簽過名，誰就應對匯票承擔責任。因此，匯票上的背書人越多，持票人的權利就越有保障。在匯票拒付時，持票人（包括被背書人）可以向以前的背書人包括出票人在內進行追償。

(三) 匯票的付款糾紛

匯票的付款是指匯票的持票人於匯票到期日，向受票人（付款人）提出匯票，要求支付匯票金額，受票人按匯票規定予以支付的行爲。

在付款之前，持票人通常需向受票人提出匯票，即向受票人出示匯票，要求其付款。提示有承兌提示和付款提示兩種。即期匯票屬於見票即付，所以無需作承兌提示，只需作付款提示。遠期匯票則必須先向受票人作承兌提示，然後再於匯票到期時做付款提示。

無論是承兌提示還是付款提示，都需要在法定期限內進行。逾期則出票人和背書人都可解除付款責任，持票人不能再向他們追索匯票金額，只能請求受票人付款。而且付款要求也必須在法定期限內提出，逾期則持票人將喪失全部票據權利。

持票人向受票人出示匯票時，如果屬於承兌提示，受票人可在匯票正面橫寫"承兌"字樣，簽上自己的名字並註明承兌日期，這表明受票人願意接受出票人的付款指示，同意承擔付款義務。從此，受票人成爲匯票的債務人，而且是主債務人。但出票人和背書人對匯票仍負有責任，如果匯票到期時受票人拒絕付款，持票人有權向受票人、前手背書人或出票人起訴。

如果屬於付款提示，受票人同意付款時，可支付匯票金額，並由出票人在匯票人註明"收訖"字樣，受票人收回匯票，從此，匯票法律關係宣告消滅。

匯票並不總能得到受票人的承兌或付款。當受票人拒付匯票時，便會有糾紛發生。持票人將如何保護自己的權利？拒付有拒絕承兌和拒絕付款兩種情況。當受票人拒絕承兌時，持票人可不必等到匯票到期日就可向其前手背書人或出票人追索匯票金額，但由於受票人尚未承兌，不是匯票的債務人，所以不能對之起訴。當受票人拒絕付款時，持票人也有權向前手背書人或出票人追索匯票金額。在受票人承兌匯票卻拒絕付款時，持票人還有權向受票人起訴，在匯票遭到拒付時，持票人向前手背書人以及出票人請求償還匯票金額的權利，通常稱爲追索權。行使追索權時，一般需製作拒絕證書。拒絕證書是由付款地的公證機關、法院或銀行等做成的，正面是付款人拒付的書面文件。拒絕證書必須在法定時間內做成，否則持票人喪失追索權。而且，持票人還必須在法定期限內將拒付的事實通知其前手背書人，並在法定期限內行使追索權，逾期，追索權也將喪失。

三、有關支付方式的糾紛

在國際商務中，買賣雙方往往難以互相信任，因而，總是力求在貨款的收付方面獲得較大的安全保障。盡量減少錢貨兩空的風險，並想在資金周轉方面得到某種融通，例如，賣方總想先收款後交貨，而買方則想先收貨後付款。爲了解決貨款收付中的安全保障及資金融通等問題，買賣雙方應當選擇適當的國際商務支付方式。

國際商務支付方式主要包括匯付、托收和信用證三種，在國際貿易中以 FOB、CFR、CIF 術語成交時，所使用的支付方式主要是托收和信用證。

(一) 銀行托收糾紛

銀行托收涉及四個當事人之間的關係，即委託人（賣方）、托收行（接受賣方委託的出口地銀行）、代理行（接受托收行委託的進口地銀行）和付款人（買方）。它們之間的權利義務關係，國際商會在 1978 年《托收統一規則》中有具體的規定。雖然它沒有普遍的法律拘束力，但目前國際貿易中已廣泛被承認和使用。

1. 委託人與托收行之間的糾紛

委託人與托收行之間是委託代理關係，他們之間的糾紛要依代理法的一般原則來解決。委託人在委託銀行辦理托收時，都要填寫一份托收委託書，具體規定對托收方的指示和雙方的責任。托收委託書是委託人與托收行之間的代理合同。托收行應按照委託書的指示行事，並有權收取費用；如果托收行違反指示行事，給委託人造成損失的，應當承擔賠償責任。

2. 托收行與代收行之間的糾紛

托收行和代收行之間也是委託代理關係。代收行應當按照托收行的指示及時向匯票上的付款人（受票人）作付款提示或承兌提示，並應於遭到拒付時及時把詳情通知托收行。如果代收行未按托收行的指示行事，應當對托收行承擔責任。

3. 委託人與代收行之間的糾紛

委託人與代收行之間不存在直接的合同關係。所以，即使代收行違反托收行的指示行事，致使委託人遭受損失，委託人也不能直接對代收行起訴，而只能通過托收行對其起訴，請求賠償。

4. 委託人與受票人之間的糾紛

委託人與受票人之間的關係是國際貨物買賣合同雙方的關係。因此，如果受票人對匯票拒付，委託人可按買賣合同規定要求賠償。

但受票人拒付時，托收行或代收行是否要對委託人承當責任，在銀行托收業務中，托收行或代收行所承擔的責任，只限於及時向付款人提示匯票並於遭到拒付時及時把情況通知委託人（賣方）。因此，除非銀行未及時提示匯票或未經及時通知拒付事由，或與受票人（買方）惡意串通，在未得到買方承兌或付款時就將代表貨物所有權的單據交付買方，銀行是無需對委託人承擔責任的。至於賣方能否收回貨款，則全賴買方的商業信譽，銀行並不給予賣方以任何保證。所以，在採用托收方式時，賣方在收取貨款方面還是有很大風險的。

(二) 銀行信用證糾紛

在現代的國際貿易中，使用信用證付款是最主要的支付方式。因爲信用證是一種銀行的付款保證，屬於銀行信用，它比採用托收或買方直接付款等方式，對賣方安全收匯較有保障，並能較爲公平地解決買賣雙方的資金融通問題。

信用證運作程序是十分複雜的，它涉及的當事人有開證人、開證行、受益人、通知行、議付行、付款行。有的信用證還包括保兌行。這些當事人之間的關係是錯綜複雜的，權利和義務也各不相同，所以信用證運作過程中發生糾紛是在所難免的。

1. 買賣雙方就信用證發生的糾紛

當國際貨物買賣合同規定以信用證方式支付貨款時，買方就承擔了開立信用證的義務。

一般情況下，買賣合同都規定，買方開立信用證是賣方履行其交貨義務的前提條件，如果買方不開立信用證，賣方就可以不履行其交貨義務。而且，賣方有權要求買方賠償由此而造成的損失，並可宣告解除合同。因此，買方必須按照合同中信用證支付條款的規定履行其開徵義務。

2. 買方或賣方與銀行之間的糾紛

(1) 買方與銀行之間的糾紛。買方與銀行之間的糾紛主要是指買方與開證行之間的糾紛。因爲買方與通知行、議付行或付款行之間不存在直接的合同關係，如果通知行、議付行或付款行在銀行信用證運作過程中違反開證行的指示而行事，買方只能通過開證行向其提出賠償要求。

買方（開證申請人）與開證行之間的關係是以開證申請書的形式建立起來的合同關係。買方應當按照信用證支付條款的要求，在申請書中具體寫明信用證的種類、金額、有效期限、裝運方式及期限、保險條件、商品名稱、對單據的要求以及交單付款的條件等項內容。開證銀行一旦接受申請開出信用證，雙方的合同關係即告確立。

在信用證項下，開證銀行承擔的義務有：合理小心地審核賣方提交的一切單據，以確定單據表面上是否符合信用證條款；對提交符合信用證條款單據的賣方按規定期限付款。同時享有下述權利：要求開證申請人支付它所支付的款項；有權收取本金的利息及開證費用；開證行爲了保護自身利益，還可要求開證申請人在銀行有一定的存款或提交一定數額的開證押金。開證申請人負有償付開證行支付的信用證金額；繳付利息、開證費用；提交開證押金或存款等項義務。同時享有收取信用證項下的單據，在單據表面上與信用證不符時向開證行索賠等項權利。

應當註意的問題是，信用證獨立於買賣合同，開證行對買賣雙方交易的具體過程是不負任何責任的，如貨物是否符合買賣合同的規定，單據是否真實等問題，開證行概不負責。也就是說，開證申請人與開證銀行之間的法律關係是完全獨立於買賣合同的，買賣雙方履行買賣合同的情況對信用證交易不發生任何影響。除賣方所交單據與信用證要求不符或有明顯的欺詐行爲外，買方無權要求開證行拒付信用證項下的跟單匯票，也不能拒絕償還開證行對信用證已付出的款項。

（2）賣方與銀行之間的糾紛。賣方與銀行之間的糾紛主要表現爲賣方與開證行或付款行之間的糾紛。一般而言，賣方與開證行之間的關係是以信用證爲依據建立起來的合同關係，依據信用證，開證行有權審查賣方所提交的一切單據是否與信用證相符，並負有支付信用證所載金額的義務。開證行審查單據時，應遵守嚴格相符原則，即單據必須在表面上完全符合信用證的要求，才能予以付款。否則，買方會拒絕付款贖單，銀行就會遭受損失。作爲賣方，自然應按照信用證的要求準備和提交有關單據，並且應注意各種單據表面上應當一致，不能互相矛盾。在提交符合信用證要求的有關單據時，賣方有要求開證行或付款行付款的權利。而且，即使買方拒絕付款贖單，開證行或付款行也不能向賣方拒付。

3. 銀行之間的糾紛

與信用證有關的銀行包括開證行、通知行、保兌行、議付行和付款行，其中某一銀行可能同時擔任兩個以上的角色。他們之間的關係是錯綜複雜的。在信用證運作過程中，他們必須嚴格履行本角色所承擔的義務。

開證行與通知行之間是委託代理關係。通知行作爲開證行的代理人，負有及時把開出的信用證通知給受益人的義務，並應合理謹慎地檢驗他所通知的信用證的表面真實性，即信用證上的簽名或押碼的真實性。通知行與受益人之間不存在合同關係，因通知行未及時履行通知義務而給受益人或開證申請人造成的損失，由開證行負責承擔。

保兌行是在開證行開出的信用證上加上自己的保兌責任的銀行。信用證經保兌後，就有兩家銀行對受益人負責，一家是開證行，另一家是保兌行，而且首先是保兌行對受益人負責，即保兌行是信用證的第一付款人。保兌行與開證行之間是保證關係，保兌行支付信用證金額後，可憑有關單據向開證行索償。

議付行是願意買入或貼現受益人按信用證開出的匯票的銀行。議付行對受益人的跟單匯票議付後，即處於匯票合法執票人的地位，有權向匯票的付款人請求支付信用證金額。匯票上的付款人可以是開證行或其指定的銀行，也可以是買方。但即使付款人爲買方，開證行也仍需要承擔到期付款的責任。付款行即信用證上指定的付款銀行，一般是開證行。也是最終支付信用證金額的銀行。保兌行支付信用證金額後，或議付行議付賣方匯票後，都可以憑單據向付款行請求付款，付款行應予以支付。

4. 信用證交易中的欺詐行爲

鑒於信用證是獨立於買賣合同的交易，銀行只負責審查賣方提交的單據表面上是否符合信用證的要求，而對於任何單據的形式性、完整性、準確性、真實性、僞造或法律效力等概不負責。對買賣雙方履行合同的具體細節也概不負責，所以，利用信用證進行欺詐，騙取錢財的行爲日漸盛行。例如，中國甲公司與美國乙公司簽訂一項機械設備進口合同，合同規定採用信用證方式進行付款。甲公司在合同簽訂後，按時向中國銀行北京分行申請開立了信用證。信用證規定乙公司應當出具匯票，提交提單、保險單、商業發票等單據，並指定中國銀行紐約分行爲議付行，中國銀行紐約分行收到乙公司提交的上述單據後，經審查單據表面上完全符合信用證要求，即對乙公司的跟單匯票議付，並將單據寄交北京分行，取得了匯票金額。甲公司在北京分行付款贖單後，等着提貨，但長達半年未見貨到，因而進行查詢，得知乙公司並無生產合同規定的機械設備的能力，實際上也並未發運機械設備，提單、保險單、商業發票均是僞造的，且乙公司已宣告解散。甲公司無奈，向中國銀行北京分行要求退還貨款，該銀行是否應退還貨款？

　　上面的例子就屬於信用證交易中的欺詐行爲。根據1984年國際商會《跟單信用證統一慣例》的規定，銀行是不需對甲公司承擔任何責任的，因爲銀行沒有義務去調查乙公司是否有欺詐行爲。甲公司所遭受的貸款損失只能自負。有鑒於此，一些國家的法律和判例，如美國認爲，如果賣方（受益人）確有欺詐行爲，買方可以要求法院下令禁止銀行對信用證付款。但這並不是各國普遍採用的法律規則，而且申請法院的禁止令必須在銀行付款之前，這就要求地處異國的買方及時審查賣方有無欺詐行爲，實際上是有一定困難的。

　　如何預防和解決信用證交易中的欺詐行爲，是一個非常複雜的問題。加重銀行的負擔是不太可行的，因爲這將使銀行介入買賣合同糾紛。調查賣方有無欺詐行爲也並非易事，而且一旦錯誤拒付，銀行就需承擔責任，其信譽會受到損害，從而危及正常的信用證交易。要預防和解決信用證交易中的欺詐行爲，還是要由賣方對單據進行公證，要求賣方提交信譽卓著的商品檢驗機構出具的品質、數量檢驗報告等。同時，這方面的立法工作也要加強，美國法律和判例所確立的規則對防止賣方弄虛作假還是有一定作用的，可供借鑒。

第十一章　國際貨物貿易糾紛解決

第一節　國際貨物貿易糾紛處理適用的法律

一、適用的法律法規概述

由於國際貨物貿易的當事人一般身處不同的國家和地區，接受不同的法律和制度的約束，因此，在國際貨物貿易活動中，處理國際貨物貿易糾紛的法律法規也有較大不同。概括起來，國際貨物貿易糾紛處理所適用的法律法規與慣例主要有國際條約、國內法和國際貿易慣例。

(一) 國際條約

國際條約在廣義上是指兩個或兩個以上國家之間，或國家組成的國際組織之間，或國家與國際組織之間，共同議定的在政治、經濟、科技、文化、軍事等方面，按照國際法規定他們相互間權利和義務關係的國際法律文件的總稱，包括條約、專約、公約、協定、議定書、換文以及憲章、規約等。條約的主體必須是國際法主體。現代國際法和國際締約實踐公認國家和國家組成的國際組織是國際法主體，他們都有締約權。還在爭取獨立的被壓迫民族的政治組織在一定範圍內也是國際法主體，有權締約。

在狹義上是指具體名稱定為條約的國際法律文件，往往是國家間議定的政治性的、最重要的、規定根本關係的文件，其締結和生效的形式及程序比較隆重，一般需經批准和交換或交存批准書，簽字人級別比較高，有效期比較長。

國際條約一般要經過談判、簽字、批准和交換批准書等締約程序，且經全體締約國或條約約定的一定數目的國家批准或明確表示承受約束後生效。國家批准一項條約，即意味着將受該條約的約束，與其他締約國共同享受條約所賦予的權利，承擔條約所施與的義務，因此大多數條約參加的國家都是有限的。

(二) 國內法

由於國際條約和慣例並不能包括國際貨物貿易的一切問題，因此國內法在國際貨物貿易活動中仍占重要地位。

國內法是指由某一國家制定或認可，並在本國主權管轄內生效的法律。由於從事國際貨物貿易當事人地處不同的國家或地區，具有不同的法律制度，訂立合同時，經常會涉及適用何國法律作為爭議處理依據的問題。

（三）國際貿易慣例

國際貿易慣例是指在國際貿易中經過反復長期實踐形成的並經過國際組織加以解釋和編纂的一些行爲規範或習慣做法。《聯合國國際貨物銷售合同公約》第 9 條對國際貿易慣例解釋爲："在國際貿易上有關特定貿易所涉商務合同的當事人所廣泛知道並爲他們所經常遵守的規則。"

1. 構成國際貿易慣例的三個條件

從上述定義中，我們可以得出構成國際貿易慣例應具備以下三個條件。

（1）國際貿易慣例是一定範圍內的人們經長期反復實踐而形成的某種商業方法或通例或行爲規範。

（2）國際貿易慣例必須是明確肯定的，並被許多國家和地區所認可。

（3）國際貿易慣例是在一定範圍內衆所周知的，從事該行業的人們認爲其是具有普遍約束力的。

2. 國際貿易慣例的作用

（1）國際貿易慣例有利於買賣合同的順利磋商和訂立。使用國際貿易慣例可以簡化進出口交易的相關手續，節省費用支出，縮短國際商務談判時間。

（2）國際貿易慣例有利於解決履行合同中的爭議與糾紛。訂立國際貿易合同有時會出現措辭不嚴謹、法律適用不明確的情形，當出現爭議與糾紛時，當事人可以援引國際貿易慣例解決。

（3）通過運用國際貿易慣例有利於國際貿易中各環節的相互銜接。它有效解決銀行、船公司、保險公司、海關、商檢機構等處理進出口業務中所遇到的各種問題。

（4）國際貿易慣例是國際貿易法律淵源之一，在國際經濟與貿易領域不僅可以彌補國際公約、國內法的不足，而且一旦當事人在合同中援引國際貿易慣例，該慣例即擁有法律的效力。

3. 國際貿易慣例的原則

法律與國際貿易慣例在本質上是不同的，國際貿易慣例不是法律，其適用是以當事人的自願爲基礎的。因此，國際貿易慣例不具有強制約束力。但採用國際貿易慣例已經成爲國際範圍內的一種趨勢。

在國際貿易實踐中運用國際貿易慣例應遵循以下原則：

（1）國際慣例不能與相關的法律和社會公共利益相衝突，在運用時應對國際慣例成立的事實進行必要的審查。

（2）國際慣例不宜與合同明確規定的條款相衝突。

（3）當事人未明確主張使用國際貿易慣例時，法官或仲裁員無權主動使用有關的國際貿易慣例。對於同一爭議有幾個不同的慣例存在，則應考慮採用與具體交易有密切聯繫的國際慣例。

二、國際法律法規

(一) 國際貨物貿易中的主要國際公約

1. 關於國際貨物買賣的公約
(1)《國際貨物買賣統一法公約》(海牙, 1964);
(2)《聯合國國際貨物銷售合同公約》(維也納, 1980);
(3)《聯合國國際貨物買賣時效期限公約》(紐約, 1974)。

2. 關於國際貨物運輸的公約
(1)《統一提單的若干法律規則的國際公約》(簡稱《海牙規則》, 1924);
(2)《有關修改統一提單的若干法律規則的國際公約的議定書》(簡稱《維斯比規則》1968);
(3)《聯合國海上貨物運輸公約》(簡稱《漢堡規則》, 1978);
(4)《統一國際航空運輸某些規則的公約》(簡稱《華沙公約》, 1929);
(5)《修改華沙公約議定書》(簡稱《海牙議定書》, 1955);
(6)《國際鐵路貨物聯運協定》(簡稱《國際貨協》, 1951);
(7)《關於鐵路貨物運輸的國際公約》(簡稱《國際貨約》, 1961);
(8)《聯合國國際貨物多式聯運公約》(1980)。

3. 關於國際支付的公約
(1)《匯票、本票統一法公約》(日內瓦, 1930);
(2)《解決匯票本票法律衝突公約》(日內瓦, 1930);
(3)《統一支票法公約》(日內瓦, 1931);
(4)《解決支票法律衝突公約》(日內瓦, 1933);
(5)《聯合國國際匯票、國際本票公約》(日內瓦, 1988)。

4. 關於對外貿易管理條約
主要有《世界貿易組織協定》(馬拉喀什, 1994)。

5. 關於貿易爭端的公約
(1)《關於承認和執行外國仲裁裁決的公約》(紐約, 1958);
(2)《關於爭端解決規則和程序的諒解》(馬拉喀什, 1994)。

6. 關於國際投資的公約
(1)《解決一國與他國國民投資爭議的公約》(簡稱《華盛頓公約》, 1965);
(2)《多邊投資擔保機構公約》(簡稱《漢城公約》, 1985)。

7. 關於知識產權的公約
(1)《保護工業產權巴黎公約》(巴黎, 1979);
(2)《商標註冊馬德里公約》(馬德里, 1995);
(3)《伯爾尼公約》(伯爾尼, 1971);
(4)《世界版權公約》(日內瓦, 1971)。

(二) 國內法

目前我國的國內法所涉及的有關國際貨物貿易的主要法律有以下五種。

1. 關於適用於國際貿易買賣的立法

即《中華人民共和國合同法》(1999年3月15日通過，1999年10月1日生效)。

2. 關於適用於國際貨物運輸與保險的國內立法

即《中華人民共和國海商法》(1992年11月7日通過，1993年7月1日生效)。

3. 關於適用於國際貨款收付的國內立法

即《中華人民共和國票據法》(1995年5月10日通過，1996年1月1日生效)。

4. 關於適用於對外貿易管理的立法

即《中華人民共和國對外貿易法》《中華人民共和國海關法》《中華人民共和國商品檢驗法》等。

5. 國際商務中用於國際商事仲裁的國內立法

即《中華人民共和國仲裁法》。

(三) 國際貿易慣例

常用的國際貿易慣例有：

1. 國際貿易術語

(1) 國際商會制定的《2010年國際貿易術語通則》；

(2) 國際法協會制定的《1932年華沙-牛津規則》；

(3) 美國全國對外貿易協會制定的《1990年美國對外貿易定義》。

2. 國際貨款收付規則

(1) 國際商會制定的《跟單信用證統一慣例》2007年修訂本；

(2) 國際商會制定的《托收統一規則》1995年修訂本。

3. 運輸與保險條款

(1) 英國國際商務協會制定的《倫敦保險協會保險條款》；

(2) 中國人民保險公司制定的《國際貨物運輸保險條款》；

(3) 國際海事委員會制定的《約克-安特衛普規則》。

4. 國際仲裁規則

聯合國國際貿易法委會制定的《聯合國國際貿易仲裁規則》

三、與解決國際貨物貿易糾紛緊密相關的國內法

隨著我國開展國際貿易活動的不斷深入和我國國際貿易的日益向前發展，在我國國際貿易地位大幅度提高的同時，許多國家和地區與我國也產生了貿易摩擦，甚至大規模的國際貨物貿易糾紛。如何有效地依法解決這些糾紛，促進我國國際貿易的持續健康發展就成爲至關重要的問題。這裡我們選擇了與解決國際貨物貿易糾紛關係最密切的兩部國內法，即《中華人民共和國海商法》(以下簡稱《海商法》)《中華人民共和國對外貿易法》，試圖對正確解決我國國際貨物貿易糾紛提供初步的法律基礎。

(一)《中華人民共和國海商法》

1. 海商法的定義

《中國大百科全書（法學卷）》將海商法定義爲，調整海上運輸中船舶及其所有人與其他有關當事人間權利、義務關係的法律規範的總稱。

2. 海商法的性質

在我國，對於海商法的性質，主要有以下觀點：

（1）海商法是民法的特別法。海商法所調整的海上運輸關係和與船舶有關的關係，都是平等民事主體之間的橫向財產關係、經濟關係，當事人的合法權益主要通過依法訂立與履行合同和依法承擔違約責任。由其調整的法律關係的特性決定，海商法屬於民事法律範疇，具有民事法律的一般特徵。但是，海商法的調整範圍和內容有其自身特點，它的某些規定與民法不可能完全一致，此外，海商法的許多問題民法中沒有涉及，如共同海損、海難救助、船舶優先權、特殊的時效制度等。海商法採用的責任制度和賠償制度不同於民法。民法採用過錯責任和無過錯責任，而海商法採用不完全過失責任。民法採用按實際損失賠償的原則，而海商法採用法定的責任限制。

（2）海商法是一個獨立的法律部門。海商法針對其調整對象，設立了一系列獨有的法律制度，形成了完整的法律體系。這一觀點認爲，海商法所調整的對象，既包含海上運輸當事人之間平等的權利義務關係，也包含了國家政府機構組織和管理海上運輸企業的縱向關係，它不能爲單一的民法或經濟法所調整。海商法所涉及的船舶優先權制度、海難救助制度、共同海損制度、海事賠償責任限制制度，是其他法律不能取代和規定的。

也有學者認爲，繼續把海商法視爲民法的特別法，或者商法的特別法，恐怕與現代海商法的發展不符。海商法已自成體系，成爲一門融行政管理法律規範和民事法律規範於一體的獨立的法律部門。另外，也有觀點認爲，海商法是國際經濟法的一個分支。海商法是國內經濟法兼有國際經濟法性質的法律。

3. 海商法的特點

（1）海商法是以船舶使用作爲調整中心的法律規範體系。

海商法以海上運輸關係和船舶關係爲其調整對象，海上運輸關係和船舶關係都離不開船舶，圍繞船舶的使用產生了各種各樣的權利義務關係，形成了一系列特有的海商法律制度，使海商法具有了區別其他法律部門的獨特特徵。

（2）海商法具有較強的技術性。

由於海商法是有關海上運輸和船舶的法律規範。這些規範中涉及關於船舶、船員、航海、貨物運輸和管理、拖帶、船舶碰撞、共同海損及理算以及海上保險中有關保險費用、保險金額、保險標的和諸行爲規則等大量的技術性規範內容。

在海商法中形成的一系列特殊專門制度，如船舶優先權制度、海難救助制度、共同海損制度、海事賠償責任限制制度等，這些制度都是由海上運輸的特殊風險決定的。

（3）海商法具有較強的國際性。

由於船舶的航行及海上運輸往往超越一國範圍，因此，海商法所調整的關係大部分是具有國際因素的關係，同一法律事實可能涉及不同國家或地區的當事人。海商法的淵源除了國內法外，還包括國際航運公約和國際海事慣例。海商法的效力範圍涉及本國水域的外國船舶、外國水域的本國船舶以及外國水域的外國船舶和外國當事人。

我國《海商法》第四章在充分考慮我國實際國情的基礎上，根據海上貨物運輸國際性強的特點，在很大程度上也參考並借鑒了《海牙規則》、《維斯比規則》和《漢堡規則》這三個關於海上貨物運輸的國際公約中符合國際航運實際和發展趨勢的有關規定。其中，在承運人責任制度方面，基本採納了《海牙規則》和《維斯比規則》中的不完全過錯責任規則，以及《維斯比規則》中關於單位責任限額的規定。而在其他問題上又汲取了《漢堡規則》的合理規定，如參照《漢堡規則》引入了實際承運人的概念，爲貨方向船方索賠提供了便利；同時，還明確規定了承運人關於遲延交付的責任。我國《海商法》這種立法方式，具有現代氣息濃厚、與國際接軌的好處，但是也有不足之處，如與我國現有的民商法體系和有關理論不能很好地銜接，以及參考有關國際公約時缺少正確理解，從而無法很好地解決實際中的問題。

(二) 中華人民共和國對外貿易法

《中華人民共和國對外貿易法》已由中華人民共和國第十屆全國人民代表大會常務委員會第八次會議於 2004 年 4 月 6 日修訂通過，自 2004 年 7 月 1 日起施行。限於篇幅原因，這裡就不詳述了。

第二節　國際貨物貿易糾紛的解決方式

國際貨物貿易糾紛的解決方式有多種，下面我們選擇常用的、主要的四種方式進行介紹。這四種糾紛解決方式是協商解決方式、調解解決方式、仲裁解決方式、訴訟解決方式。

一、協商解決

(一) 協商的概念和特點

協商是指國際貨物貿易糾紛發生後，在沒有第三方參加的情況下，當事人雙方基於平等、善意、信任、互諒互讓地直接談判商討，就爭議事項達成和解的方式。應該説，在解決國際貨物貿易糾紛的所有方式中，協商是最簡便易行、效果最爲理想的方式。當然，採用這種方式，首先要求當事人雙方必須具有平等對待對方的根本觀念，具有與人爲善、真心誠意解決問題的願望，信任自己，也信任對方，這是協商的基礎。有了這樣的基礎，然後雙方採取互相體諒對方、互相禮讓對方的態度，心平氣和地坐到一起，直接面對面進行談判和商討，才能就所爭議的事項達成和解，實現協商解決。

概括起來，協商有如下主要特點：

1. 沒有第三方參加

發生國際貨物貿易糾紛，是在當事人雙方之間；協商解決國際貨物貿易糾紛，只能由當事人雙方直接進行。從另一種意義上說，除非第三方也是當事人，否則，無利害關係的第三方是不能參加協商的。倘若有無利害關係的第三方參加時，那種解決國際貨物貿易糾紛的方式，就不能稱之爲協商了。由此不難看出，這里講的第三方，實際上指的是與該糾紛無利害關係的人或者單位。

2. 雙方必須自願

由於協商是當事人雙方自己解決自己的糾紛，沒有第三方參加，故而雙方都必須自願才行。只要有一方不自願，就不能採用協商解決的方式，因爲雙方地位平等，哪一方也不能將自己的意志強加於對方；即使試圖將自己的意志強加於對方，對方也不會接受，反而可能增加新的糾紛。

3. 和解協議對雙方都沒有強制力

一方面，協商是當事人雙方自願實施的行爲，協商成功後達成的和解協議，任何一方當然可以履行，也可以不履行，哪一方都無權強迫另一方非履行不可。另一方面，協商不是法律規定的、不具有法律效力的執法方式和程序，也不是執法機關的執法行爲，故而協商成功後達成的和解協議，沒有強制性。

(二) 協商解決國際貨物貿易糾紛的原則

1. 平等、自願、互利原則

在協商解決糾紛時，當事人雙方的地位是完全平等的，沒有高低、貴賤之分，沒有強弱、大小之別。要堅持自願協商，不能由一方對另一方通過各種手段實行強制或者脅迫。要堅持共贏互利，不能由一方對另一方實行盤剝。只有嚴格遵循這項原則，才能採用協商的方式來解決國際貨物貿易糾紛，協商解決才會有成功的希望。

2. 合理原則

協商不但要求互利，而且要求合理。經濟權利的享有和行使要合理，經濟義務的承擔和履行要合理，協商的時間、地點、內容要合理，參加協商的人數及其級別要合理，和解協議的形式、具體內容、寫法、措辭以及履行要合理，總之，凡涉及協商的一切，均應合理。不管哪個地方、哪個環節上出現不合理的情況，協商成功的可能性都會不同程度地減少，直至消失，這已爲無數的事實所證實。

3. 不損害他人與國家利益原則

採用協商方式解決國際貨物貿易糾紛的當事人，雖然協商結果雙方都互利了，對於雙方來講也都合理了，但是，卻損害了他人的利益或者國家的利益，這當然是不行的。因爲，協商結果直接或間接侵犯了他人的合法權益，或者損害了國家利益，無疑是違法行爲，必須承擔相應的法律責任，這種協商結果顯然不能成立。故通過協商來解決國際貨物貿易糾紛，必須以不損害他人利益、國家利益爲前提及原則，並且必須認真堅持。

(三) 協商的優缺點

1. 優點：體現了"和爲貴"的精神内核

(1) 程序簡便、形式靈活。各方可以往來傳真、電話、當面磋商、舉行會議等各種方式來協商。

（2）商業效率高。避免商業中斷的損失或影響，加深瞭解合作。
（3）更易於獲得自動履行。各方一般能自動履行協商確定的方案。
2. 缺點：完全依賴自動履行，不具有法律強制執行力

協商達成一致，不過是達成一個新的合同，不像仲裁書或判決書那樣在對方不自動履行時可以申請法院強制執行。

二、調解解決

（一）調解的概念和特點

解決國際貨物貿易糾紛方式之一的調解，是指國際貨物貿易糾紛發生後，由第三方居中調停和排解，使當事人雙方互相信任、互相諒解，從而就爭議事項達成和解的方式。調解是化解矛盾、處理爭議、維護正常的社會經濟秩序的有效方式，歷來爲國家和公衆所重視，十分樂於採用。

概括起來，調解有如下主要特點：

1. 有第三方參加

有沒有第三方參加，是區別調解與協商的重要標誌：有第三方參加，顯然是調解；沒有第三方參加，則顯然是協商。在調解中，參加進來的第三方（與該糾紛無利害關係的人或者單位），處於調解主持人的地位，其任務是居中對當事人雙方進行調停和排解，努力使雙方互相信任對方、互相諒解對方，以便達到最終就爭議事項達成和解的目的。

2. 當事人雙方必須自願

採用調解的方式解決國際貨物貿易糾紛，無論哪方當事人都必須自願，不能強迫。強迫進行的調解，違背當事人的意志，勢必有損當事人的合法權益，在法律上是無效的。

3. 調解協議（調解書）不一定具有法律效力

調解協議（調解書）有的具有法律效力，有的則不具有法律效力。它是否具有法律效力，不取決於調解本身，而主要取決於調解人（即調解主持人）的情況和雙方當事人承認並簽收的情況。例如，由法院主持進行的調解，調解書經雙方當事人簽收之後，依法便有了法律效力，當事人必須履行。任何一方當事人拒絕履行，對方當事人均可向法院申請執行。又例如，由非執法單位或者個人主持進行的調解，調解達成的協議一般均不具有法律效力，當事人可以履行，也可以不履行。

（二）調解的基本原則

採用調解的方式解決國際貨物貿易糾紛，應當遵循下述基本原則。

1. 自願原則

《中華人民共和國民事訴訟法》第八十五條和第八十八條，對這項原則作了明確的規定，必須嚴格遵照執行。

2. 合法原則

調解是法律規定的、解決經濟糾紛（含國際貨物貿易糾紛）和民事糾紛的一種方

式，一種制度。《中華人民共和國民事訴訟法》第八章內容是調解，對調解作了專門規定。即使是非執法單位或者由個人主持進行的調解，也不能違法，也不能損害他人利益和國家利益。故此，調解必須遵守合法原則。特別是對外方當事人，要求其在調解全過程中，有關行爲必須符合各國法律的規定，這是維護法律尊嚴和國家主權的必然要求。

3. 公正原則

這項原則主要是對調解人的要求。當事人雙方請求進行調解，當然希望調解主持人能夠根據該糾紛的事實、根據有關的法律和政策，公正地進行調解，公正地解決該糾紛。調解主持人也應當居中公正地進行調解，不偏不倚，在查清該糾紛事實的基礎上，分清是非，明確責任，依照有關法律和政策的規定妥善地解決該糾紛。倘若調解主持人偏聽偏信，祖護和遷就一方，壓制和損害另一方，那就顯然違反公正原則了。不管祖護和遷就的一方是中方還是外方，也不管壓制和損害的另一方是外方還是中方，一概都是錯誤的。遵守公正原則不僅關乎調解人的形象，有時甚至關乎國家的聲望，決不應漠視或者忽視。

(三) 調解的優缺點

1. 優點

（1）調解程序具有靈活性，無須像訴訟或仲裁那樣囿於嚴格的程序。

（2）有法律機構介入，處理結果可能會更加合理合法，與訴訟相比，費用、程序都會減少很多。

（3）可以具有強制執行效力。可以將調解協議內容做出仲裁裁決書，從而轉變爲具有強制執行力的仲裁裁決書。

2. 缺點

（1）涉及第三方可能會增加雙方解決爭議的成本。

（2）外來人員或機構參與，可能會影響爭議雙方以往的良好信任。

（3）民間調解不具法律效力。

三、仲裁解決

(一) 概述

仲裁，也稱爲公斷。國際仲裁，即國際公斷，是指國際仲裁機構根據法律的規定，依照一定的程序，對當事人雙方的爭議，在事實方面做出判斷，在權利義務方面做出裁決的一種方式。通過仲裁的方式來解決國際貨物貿易爭議，是當前國際上的普遍趨勢，正方興未艾。

我國在有關法律中，在國際經濟活動中，均對仲裁給予了高度重視，同當前國際上的普遍趨勢是合拍的。

1. 仲裁裁決的概念

仲裁裁決是仲裁庭按照《仲裁規則》審理案件，根據查明的事實和認定的證據，對當事人提交仲裁有關爭議的請求事項做出的予以支持、駁回或部分支持、部分駁回的書面決定。

(二) 國際貨物貿易糾紛仲裁的特點

　　1. 案件受理嚴格實行雙方自願和依法仲裁的原則

　　國際仲裁機構根據中外當事人雙方在合同中約定的仲裁條款，或者雙方事後達成的書面仲裁協議，並由一方提出書面申請時，才能受理案件，進行仲裁。沒有仲裁協議，一方卻申請仲裁，國際仲裁機構不予受理。當事人雙方已達成仲裁協議，仲裁協議又有效，而一方卻向法院起訴，法院應當不予受理。

　　2. 雙方當事人均享有對仲裁人員的指定權

　　雙方當事人有權按照規定，各自在仲裁委員會仲裁員名冊中，指定一名仲裁員或者委託仲裁委員會主席指定一名仲裁員，共同審理案件；雙方當事人也可以在仲裁委員會仲裁員名冊中，共同指定一名仲裁員或者委託仲裁委員會主席指定一名仲裁員作爲獨任仲裁員，單獨審理案件。

　　3. 實行一裁終局的制度

　　仲裁是一次性的，仲裁裁決是終局性的。裁決書自做出之日起，即發生法律效力，任何一方當事人再就同一糾紛申請仲裁或者向法院起訴，國際仲裁機構或者法院依法均不予受理。

　　4. 國際仲裁機構是民間性質的社會團體

　　它不是國家行政機關，也不是國家審判機關。我國的國際仲裁機構，目前有兩個：

　　（1）中國國際經濟貿易仲裁委員會。設立在中國國際貿易促進委員會內，成立於1956年。中國國際經濟貿易仲裁委員會是專門從事仲裁國際經濟貿易糾紛的團體，屬於民間機構的性質，地址設在北京，並在深圳、上海、天津和重慶分別設有貿仲委華南分會、上海分會、天津國際經濟金融仲裁中心（天津分會）和西南分會。根據1988年9月12日，中國國際貿易促進委員會第一屆第三次委員會會議通過的《中國國際經濟貿易仲裁委員會仲裁規則》的規定，受理案件的範圍，是"產生於國際經濟貿易中的貿易案件"。

　　（2）中國海事仲裁委員會。也設立在中國國際貿易促進委員會內，成立於1989年。中國海事仲裁委員會是專門從事仲裁有關海事爭議的社會團體，屬於民間機構的性質，地址設在北京，在上海設有分會。根據1988年9月12日，中國國際貿易促進委員會第一屆第三次委員會會議通過的《中國海事仲裁委員會仲裁規則》的規定，受理案件的範圍，是下列海事爭議案件：①關於海上船舶互相救助、海上船舶和內河船舶互相救助的報酬的爭議；②關於海上船舶碰撞、海上船舶和內河船舶碰撞或者海上船舶損壞港口建築物或設備所發生的爭議；③關於海上船舶租賃、代理、拖航、打撈、買賣、修理、建造業務以及根據運輸合同、提單或者其他運輸文件辦理的海上運輸業務和海上保險所發生的爭議；④關於海洋環境污染損害的爭議；⑤雙方當事人協議要求仲裁的其他海事爭議。

(三) 國際仲裁的基本原則

　　國際仲裁，除了應當遵循仲裁的一般基本原則外，尤其應當遵循具有自身特殊性的基本原則。這些具有自身特殊性的基本原則是：

1. 獨立自主的原則

這項原則要求在國際仲裁中，必須獨立自主地受理仲裁申請，使用本國的仲裁規則進行仲裁，依照本國的仲裁程序查明案情，使用本國法律做出仲裁裁決，不受任何外國的影響和干涉。這項原則是維護國家主權原則在國際仲裁上的具體體現，是每一個獨立的主權國家都必然會極端重視的。

2. 平等互利的原則

這項原則要求，對發生爭議的當事人雙方一律平等相待，決不因國家大小、強弱、貧富不同而厚此薄彼。充分尊重當事人雙方約定的合同條款，只要這些條款不違反法律、政策和社會公共利益，就予以承認和保護，維護雙方的正當權益。

3. 適當參照國際慣例的原則

為了利於妥善解決當事人雙方的爭議，為了進一步完善國際仲裁制度，適當參照某些已在國際上廣泛流行的慣常做法和先例，是完全必要的。當然，這些國際慣例不應當與我國法律和政策相抵觸，不應當與我國的社會公共利益相悖，否則，便不能參照了。

4. 調解與仲裁相結合的原則

這項原則，是我國在國際仲裁中一貫加以堅持的原則，受到各國當事人的高度好評。這裡的調解，主要不是一般的調解，而是聯合調解。在中國國際經濟貿易仲裁委員會與義大利仲裁協會簽訂的仲裁合作協議中，便有關於聯合調解的規定。事實證明，在國際仲裁中實行調解與仲裁相結合的原則，無疑顯示了國際仲裁方面的重要中國特色。

(四) 國際仲裁的申請、受理、財產保全、審理和裁決

1. 國際仲裁的申請和仲裁庭的組成

根據我國國際仲裁機構制定的仲裁規則，提出國際仲裁申請的條件是：①有雙方當事人在爭議發生之前或者在爭議發生之後達成的、將爭議提交國際仲裁機構仲裁的仲裁協議。所謂仲裁協議，指的是當事人在合同中訂立的仲裁條款，或者以其他方式達成的提交仲裁的書面協議。②有一方當事人的書面申請。

仲裁申請根據中國國際仲裁機構仲裁規則的規定，有如下具體要求：

（1）提交仲裁申請書。仲裁申請書是申請人依據仲裁協議，將已經發生的爭議提請國際仲裁機構審理並做出裁決的一種法律文書。

仲裁申請書的內容一般包括以下幾項：

①申請人和被申請人的名稱、地址、郵政編碼、電傳；

②申請人所依據的仲裁協議；

③申請人的仲裁請求及所依據的事實和證據；

④如果委託代表或代理人辦理仲裁事項或參與仲裁的，應提交書面委託書。申請人和被申請人必須是訂立含有仲裁條款的合同的仲裁當事人。不是當事人的，即使與爭議有關，也不得列為第二申請人或第二被申請人。當事人名稱有變動的，應出具變

更證明。

（2）提交仲裁申請書時，應當附具申請人請求所依據事實的證明文件，根據"誰主張，誰舉證"的原則，申請人提出申請，必須有證據支持。申請書應當附具與仲裁有關的合同、仲裁協議、往來協議、往來函電、證據等的原本或副本。其中證據包括書面證據、實物證據和視聽證據等。書面證據和證明文件均應一式五份。如被訴人一方有兩人或兩人以上的當事人的，所附材料應多備相應的份數。

（3）在仲裁委員會仲裁員名冊中指定一名仲裁員，或者委託仲裁委員會主席指定。

（4）按照仲裁委員會制定的仲裁費用表的規定預繳仲裁費。仲裁費的計算是按爭議金額的大小採取百分比遞減的方法計算的。

上述提出國際仲裁申請的條件，也是國際仲裁機構受理案件的前提條件。國際仲裁機構收到申訴人的仲裁申請書及其附件後，經審查認為申訴人申請仲裁的手續完備，應即將申訴人的仲裁申請書及其附件，連同國際仲裁機構的仲裁規則和仲裁員名冊各一份，寄送給被訴人。被訴人應在收到仲裁申請書之日起20天內，在國際仲裁機構仲裁員名冊中指定一名仲裁員，或者委託仲裁委員會主席指定，並應在收到仲裁申請書之日起45天內，向國際仲裁機構提交答辯書及有關證明文件。被訴人對國際仲裁機構已受理的案件，如果有反訴，亦應在收到仲裁申請書之日起45天內提出。

當事人向國際仲裁機構辦理有關仲裁事項，可以委託代理人進行。代理人既可以由中國公民充任，也可以由外國公民充任。接受當事人委託的代理人，應向國際仲裁機構提交授權委託書。

國際仲裁機構可以根據當事人的申請和中國法律的規定，提請被訴人財產所在地或者國際仲裁機構所在地的中國法院，做出關於保全措施的裁定。

雙方當事人各自在國際仲裁機構仲裁員名冊中指定或者委託仲裁委員會主席指定一名仲裁員後，仲裁委員會主席應在國際仲裁機構仲裁員名冊中，指定第三名仲裁員為首席仲裁員，組成仲裁庭，共同審理案件。在必要時，雙方當事人也可以在國際仲裁機構仲裁員名冊中，共同指定或者委託仲裁委員會主席指定一名仲裁員作為獨任仲裁員，成立仲裁庭，單獨審理案件。

2. 仲裁的受理

（1）仲裁的受理

它是指仲裁機構接到申請人的仲裁申請書後，就其形式要件進行審查，然後決定對其立案審理的程序。《仲裁規則》第十五條規定，仲裁委員會秘書局收到申請人的仲裁申請書及其附件後，經過審查，認為申請仲裁的手續不完備，可以要求申請人予以完備；認為申請仲裁的手續已完備的，應立即向被申請人發出仲裁通知，並將申請人的仲裁申請書及其附件，連同仲裁委員會的仲裁規則、仲裁員名冊和仲裁費用表各一份，發送給被申請人。仲裁機構是否立案受理的關鍵是對仲裁申請的形式審查，這種審理工作由秘書局承擔。

（2）答辯和反請求

答辯是被申請人為維護自己的權益，對申請人就仲裁申請書的要求及所依據的事實、證據和理由所作的答覆以及對自己有利的辯解。被申請人在收到仲裁通知書之日起20天內，應在仲裁員名冊中指定一名仲裁員，或者委託仲裁委員會主席指定。如逾期不指定，仲裁委員會主席有權爲被申請人指定一名仲裁員。被申請人應在收到申請書後45天內做出答辯，向仲裁委員會秘書局提交答辯書及有關證明文件。被申請人不按期提交書面答辯的，申請人對被申請人的反請求沒提出書面答辯的，仲裁程序可以按照仲裁規則的規定進行，不影響案件的審理。

反請求是仲裁程序中被申請人對申請人提出獨立的反請求。被申請人對已經受理的案件，可以提出反請求，但最遲必須在收到仲裁通知書之日起60天內以書面提交仲裁委員會秘書局。被申請人提出反請求時，寫明具體的反請求、反請求緣由以及事實和證據，並附具有關證明材料。提出反請求的，同樣應按照仲裁委員會制定的仲裁費用表的規定預繳仲裁費。

申請人可以對其申訴請求提出修改，被申請人也可以對其反請求提出修改。但是，仲裁庭認爲其修改的提出過遲而影響仲裁程序正常進行的，可以拒絕所提出的修改。

當事人提交申請書、答辯書、反請求書和有關證明材料及其他文書時，除應向仲裁委員會秘書局提供一份外，還應當按照對方當事人人數和組成仲裁庭的仲裁員人數出具副本。

3. 國際仲裁中的財產保全

爲了保護一方當事人的利益，可根據仲裁案件當事人的申請，就有關當事人的財產採取臨時性的強制措施，以保證將來做出的裁決能夠得到執行。

一般來講，採取強制措施應當具備以下條件：

（1）仲裁案件的當事人應提出申請。如果當事人不提出申請，仲裁機構不會主動做出保全措施的決定。這與訴訟保全不同，在訴訟程序中，除了當事人的申請外，法院考慮到審理案件的需要，也可以依照職權做出訴訟保全的決定。

（2）申請保全措施應有正當的理由。當事人申請保全措施時，一般都要求對對方當事人的財產採取強制性的保護措施，限制或禁止當事人對財產進行處分。這樣，採取保全措施之後，對方的民事行爲會因此受到限制。因此，保全措施事關重大，必須有充分、正當的理由。

（3）申請人要提供擔保。由於強制措施是根據當事人的申請，根據事態的可能性做出的，目的在於保全申請人的合法權益。因此，如果事後證明根本沒有保全的必要，或者仲裁庭裁決申請人並無需要保全，甚至申請人在案件審結後敗訴時，申請人均應承擔保全不當的責任。也就是說，如果申請有錯誤，申請人應當賠償被申請人因財產保全所遭受的損失。爲了保證申請人能夠有效地承擔可能發生的責任，避免保全措施的濫用，做出採取保全措施決定的仲裁機構通常要求申請人提供擔保，不提供擔保的，駁回申請。

仲裁中財產保全的決定一般由仲裁機關轉交由法院做出。《仲裁規則》第二十三條規定："當事人申請採取財產保全，仲裁委員會應將當事人的申請提交被申請人住所地或財產所在地的中級人民法院做出裁定。"《中華人民共和國民事訴訟法》（以下簡稱《民事訴訟法》）也作了相同的規定。由此我們可以看出：①將申請提交法院裁決的是仲裁委員會，而不是由當事人直接提交法院；②對決定財產保全的法院必須是中級人民法院，因爲國際仲裁較複雜，影響也大，所以要由中級人民法院對財產保全做出裁決；③做出了財產保全的決定後，也由該法院對其決定予以執行。

4. 國際仲裁的審理

（1）仲裁庭審理案件，應當開庭。但是，經雙方當事人提出申請，或者徵得雙方當事人同意，也可以不開庭審理，而只依據書面文件進行審理（即書面審理），並做出裁決。

（2）仲裁庭開庭審理案件，不公開進行。倘若雙方當事人要求公開審理，由仲裁庭做出同意與否的決定。

（3）仲裁庭開庭審理的日期，由仲裁庭仲裁委員會秘書處決定，並於開庭前30日通知雙方當事人。

（4）已經受理的案件，應當在仲裁委員會所在地進行審理；如經仲裁委員會主席批準，也可以在其他地點進行審理。

（5）當事人有舉證的責任，即應對其申訴、答辯、反訴所依據的事實提出證據。仲裁庭認爲必要時，可以自行調查、收集有關證據。所有有關證據，均由仲裁庭審定。

（6）仲裁庭可以就案件中的專門問題，向有關專家諮詢或者指定鑒定人進行鑒定。有關專家和鑒定人，可以是中國的機構或者公民，也可以是外國的機構或者公民。

（7）仲裁庭開庭時，倘若有一方當事人或者其代理人不出席，仲裁庭可以缺席審理和做出缺席裁決。

（8）仲裁庭開庭時，由仲裁委員會秘書處做出庭審筆錄或者錄音。

（9）已經受理的案件，倘若雙方當事人自行達成和解，申訴人應當及時申請撤銷案件。案件的撤銷，如果發生在仲裁庭組成以前，由仲裁委員會主席做出決定；如果發生在仲裁庭組成以後，則由仲裁庭做出決定。案件撤銷後，倘若當事人就已撤銷的案件再次向仲裁委員會提出仲裁申請，由仲裁委員會主席做出受理或者不受理的決定。

5. 國際仲裁的裁決

國際仲裁的裁決，是指仲裁庭在案件審理終結後，爲解決當事人之間的國際經濟糾紛，依法所做出的裁判性質的決定。書面形式的裁決稱爲裁決書。

仲裁庭應當在案件審理終結之日起45日內，做出仲裁裁決書。由3名仲裁員組成的仲裁庭審理的案件，裁決實行少數服從多數的原則做出，少數國際貨物貿易糾紛作成記錄附卷。仲裁庭認爲必要時，或者當事人提出要求經仲裁庭同意時，仲裁庭可以在仲裁過程中的任何時候，就案件的任何問題做出中間裁決或者部分裁決。

國際仲裁的裁決是終局的，任何一方當事人均不得向法院起訴，也不得向其他機構提出變更仲裁裁決的請求。

對已受理的案件，仲裁委員會和仲裁庭均可依法進行調解。調解成功，應當製作調解書或者裁決書。

當事人應當依照裁決書規定的期限，自動履行國際仲裁機構做出的裁決；倘若裁決書未規定期限，則應當立即履行。

我國國際仲裁機構以中文爲正式語言。在仲裁庭開庭時，如當事人或者其代理人、證人不懂中文，可由仲裁委員會秘書處提供譯員，也可由當事人自行提供譯員。對當事人提交的各種文書和證明材料，當仲裁委員會秘書處認爲必要時，可以要求當事人提供相應的中文或者其他語言的譯本。國際仲裁的裁決書用中文製作。

(五) 對國際仲裁裁決的承認及執行

國際仲裁的裁決做出後，當事人最爲關心的當然是執行問題，即真正落實的問題。由於仲裁庭、國際仲裁機構本身沒有強制執行的法定權力，當一方當事人不履行生效的裁決時，另一方當事人只能依據中國法律的規定，向中國法院（限於被申請人住所地或者財產所在地的中國法院）申請執行。

對於國際仲裁機構做出的裁決，倘若被申請人提出證據證明仲裁裁決有下列情形之一，經法院組成合議庭審查核實，依法裁定不予執行：

1. 當事人在合同中沒有訂有仲裁條款或者事後沒有達成書面仲裁協議的。

2. 被申請人沒有得到指定仲裁員或者進行仲裁程序的通知，或者由於其他不屬於被申請人負責的原因未能陳述意見的。

3. 仲裁庭的組成或者仲裁的程序與仲裁規則不符的。

4. 裁決的事項不屬於仲裁協議的範圍或者仲裁機構無權仲裁的。倘若當事人提出證據證明仲裁裁決有上列情形之一，經法院組成合議庭審查核實，依法裁定撤銷。此外，法院如認定執行該仲裁裁決違背社會公共利益時，依法裁定不予執行。

國際仲裁的裁決被法院裁定不予執行後，當事人可以根據雙方達成的書面仲裁協議，重新申請仲裁，也可以向法院起訴。

中國國際仲裁機構做出的發生法律效力的仲裁裁決，當事人請求執行，但被執行人或者其財產不在中華人民共和國領域內，應當由當事人根據 1958 年《承認及執行外國仲裁裁決公約》或者中國締結或參加的其他國際條約，直接向有管轄權的外國法院申請承認和執行。

1986 年 12 月 2 日，我國第六屆全國人民代表大會常務委員會第十八次會議通過了我國加入 1958 年《承認及執行外國仲裁裁決公約》（簡稱《1958 年紐約公約》）的決定。1987 年 1 月 22 日，我國正式申請加入該公約；1987 年 4 月 22 日，該公約開始對我國生效。我國加入該公約時，公開作了互惠保留和商事保留的聲明（即只適用該公約於在另一締約國領土內做出的仲裁裁決和只適用該公約於根據中國的法律認定爲屬於商事的法律關係所引起的爭議）。爲了切實有效地執行該公約，我國最高人民法院於 1987 年 4 月 10 日發出了《關於執行我國加入的〈承認及執行外國仲裁裁決公約〉通知》，作了 5 項具體規定。

總而言之，中國國際仲裁機構做出的發生法律效力的仲裁裁決，在我國領域外的承認及執行，是一個牽涉面很廣、情況很複雜的問題。

(六) 仲裁的優缺點

在國際貿易實踐中，當事人大多不願採用司法訴訟解決爭議。主要是因爲國際訴訟比較複雜。國際訴訟，是一項專業技術最複雜的糾紛解決方式，不論法院的選擇、程序的複雜、法律的適用，還是判決執行不確定等，都是國際貿易糾紛採取訴訟方式致命之處。這就是爲什麼我國許多國際貿易面臨國際訴訟時不得不放棄的原因。

1. 優點：避免訴訟難題，吸收調解與訴訟的優點

（1）國際可執行性。根據聯合國《關於承認及執行外國仲裁裁決公約》的規定，該公約成員國有義務承認及執行外國的仲裁裁決，如果裁決做出後，一方不自動履行，另一方就可以依據該公約向有管轄權的法院申請強制執行。到目前爲止，已經有136個國家和地區參加了該公約，所以仲裁裁決得以執行的可能性和現實性都比較有保障。

（2）自願與強制性優點的結合。仲裁事項、仲裁機構、仲裁地點、仲裁規則，甚至仲裁員都是雙方可以自願選擇的，而結果裁決書卻和判決書一樣可由法院強制執行。

（3）獨特的優勢。中立性，即一般不受兩國司法制度和公共政策的影響；專業性，仲裁員由業務專家或知名人士擔任；保密性，審理過程和裁決結果一般不公開；一裁終局，不同於訴訟二審或三審程序，節省時間成本和費用。

2. 仲裁的缺點

（1）依賴於仲裁條款或協議。仲裁必須基於當事人的約定，因此，對仲裁協議以外的人，仲裁庭通常無管轄權。與法院不同，仲裁庭一般無權強迫證人作證或提交文件，或要求第三人參加仲裁，或裁決第三人得做或不得做某事。

（2）財產保全不易。仲裁程序申請財產保全，需要向法院申請，與仲裁委員會的仲裁程序脫節。容易造成仲裁申請書已寄送被申請人，法院還未啓動財產保全程序，使財產保全的被申請人有時間轉移財產，造成保全失敗。

（3）對仲裁結果有異議時，沒有上訴權利，比較被動。

四、訴訟解決

（一）概述

1. 訴訟

訴訟，俗稱打官司，是指司法機關（法院）和案件當事人在其他訴訟參加人的配合下，爲處理案件而進行的全部有關活動。國際貨物貿易糾紛訴訟，是訴訟的一種，是具有國際因素（外國因素）的、屬於民事（包括經濟）性質的訴訟。國際貨物貿易糾紛訴訟的解決，也稱爲司法解決，有時還被稱爲起訴解決。

訴訟一般包括三個基本階段，起訴、審判、執行。訴訟活動的法律性質，在於行使訴訟權利，履行訴訟義務。

2. 國際經濟訴訟的基本原則

我國没有經濟訴訟法，進行經濟訴訟（包括國際經濟訴訟在内）適用《中華人民共和國民事訴訟法》。在國際經濟糾紛的訴訟中，除了應當遵循民事訴訟法確立的一般基本原則外，還應當遵循下述國際貨物貿易糾紛處理的基本原則：

（1）實行國民待遇和對等原則。《中華人民共和國民事訴訟法》第五條規定；"外國人、無國籍人、外國企業和組織在法院起訴、應訴，同中華人民共和國公民、法人和其他組織有同等的訴訟權利義務。""外國法院對中華人民共和國公民、法人和其他組織的民事訴訟權利加以限制的，中華人民共和國法院對該國公民、企業和組織的民事訴訟權利，實行對等原則。"

（2）必須遵守中國法律的原則。凡在中國領域内進行國際經濟訴訟，必須遵守中國的有關法律。特別是，中國法律規定由中國法院管轄的國際經濟案件，任何外國法院均無權管轄。這些都是維護國家主權原則的具體要求。

（3）國際條約優先的原則。倘若我國締結或者參加的國際條約同《中華人民共和國民事訴訟法》有不同規定時，適用該國際條約的規定，也即國際條約優先。但是，我國聲明保留的條款，我國不受其約束。

（4）必須委託中國律師代理訴訟的原則。外國人、無國籍人、外國企業和組織在法院起訴、應訴，需要委託律師代理訴訟時，依法必須委託中國的律師。因爲，中國法律至今尚未允許外國律師在中國執業，故而不能委託外國的律師前來中國代理訴訟。還因爲中國的律師熟悉中國法律，也熟悉有關的國際條約和國際慣例，能夠出色地依法維護委託人的合法權益。歸根結底是因爲律師制度是一個國家司法制度的組成部分，一個國家的司法制度一般只在本國領域内實行，律師一般也只能在本國領域内執業，這是關乎司法權獨立不獨立的大問題。確立這項原則，表明中國的司法權是獨立的，是不容許破壞的。

（5）使用中國通用的語言、文字的原則。法院審理國際經濟糾紛案件，依法應當使用中國通用的語言、文字。倘若當事人要求提供翻譯幫助，所需費用由當事人負擔。使用本國語言、文字審理國際經濟糾紛案件，不僅方便、效率高，而且關乎國家和民族的自尊、自重，是世界上各主權國家處理國際貨物貿易糾紛堅持的重要原則，中國也不例外。

(二) 管轄

民事（包括經濟）訴訟中的管轄，是指確定各級法院之間、同級法院之間受理第一審民事（包括經濟）案件的權限和分工，亦即各級法院受理第一審民事（包括經濟）案件範圍的劃分。

對於國際貨物貿易糾紛案件的管轄，我國法律的主要規定是："因合同糾紛或者其他財產權益糾紛，對在中華人民共和國領域内沒有住所的被告提起的訴訟，如果合同在中華人民共和國領域内簽訂或者履行，或者訴訟標的物在中華人民共和國領域内，或者被告在中華人民共和國領域内有可供扣押的財產，或者被告在中華人民共和國領域内設有代表機構，可以由合同簽訂地、合同履行地、訴訟標的物所在地、可供扣押財產所在地、侵權行爲地或者代表機構住所地法院管轄。"（《中華人民共和國民事訴訟法》第二百四十三條）

國際合同或者國際財產權益糾紛的當事人，可以用書面協議的方式，選擇與爭議有實際聯繫的地點的法院管轄。這里的"與爭議有實際聯繫的地點的法院"，包括被告住所地的法院、原告住所地的法院、合同簽訂地的法院、合同履行地的法院、訴訟標的物所在地的法院、侵權行爲實施地和侵權結果發生地的法院等。當事人可以協議選擇由外國法院管轄，也可以協議選擇由中國法院管轄。凡協議選擇中國法院管轄的，不得違反《中華人民共和國民事訴訟法》關於級別管轄和專用管轄的規定。

專利糾紛案件，由最高法院確定的中級人民法院管轄。海事、海商案件，由海事法院管轄。鐵路運輸合同糾紛及與鐵路運輸有關的侵權糾紛，由鐵路運輸法院管轄。

由於在中國履行中外合資經營企業合同、中外合作經營企業合同、中外合作勘探開發自然資源合同發生糾紛提起的訴訟，由中國法院管轄。

國際民事（包括經濟）訴訟的被告，倘若對法院管轄不提出異議，並應訴答辯，依法視爲承認該法院爲有管轄權的法院。

(三) 起訴、反訴、審判和執行

1. 起訴與受理

起訴，就是提起訴訟，俗稱告狀，是指當事人（原告）因其權益受到侵害或與他人發生爭議，以自己的名義，請求法院行使審判權，依法給予保護的法律行爲。起訴是訴訟活動的開端，可以引起訴訟程序的發生；倘若起訴不符合法律規定的條件，法院不予受理，則不能引起訴訟程序的發生。

根據民事訴訟法的規定，起訴必須符合下列條件：①原告是與本案有直接利害關係的公民、法人和其他組織；②有明確的被告；③有具體的訴訟請求和事實、理由；④屬於法院受理民事（包括經濟）訴訟的範圍和受訴法院管轄。

國際貨物貿易糾紛案件的起訴，必須向法院遞交書面起訴狀，並按照被告人數提出相應份數的副本（遞交法院的爲正本）。

受理，是指法院對原告的起訴，經審查後，認爲符合法定條件，決定接受立案並準備進行審理的行爲。受理與起訴有着密切的聯繫：沒有原告的起訴，便沒有法院的受理；沒有法院的受理，原告的起訴便不會產生法律效力，案件便不會進入訴訟程序。

案件經法院受理後，法院在法定期限內即通知對方當事人（被告）應訴，訴訟程序便依照法律的規定有條有理地進行下去，直至結束。

2. 反訴

反訴，是指民事（包括經濟）糾紛案件的訴訟程序開始以後，被告認爲自己的有關權益受到原告的侵害或者與原告發生爭議，以原告作被告，依照起訴的程序，向受理本訴的法院提出的獨立訴訟。這里的本訴，指原告向法院提出的、請求保護其有關權益的訴訟，即與反訴相對稱的、在先的那個原本的訴訟。反訴是法律賦予被告的重要權利，也是當事人法律地位平等的具體體現。

顯而易見，反訴與本訴有着對抗的性質，目的在於抵銷、駁回或者吞並本訴中原告的訴訟請求。反訴經法院審查並受理後，可以與本訴合並審理。

3. 審判

(1) 審判權。這是指憲法和法律規定的、由法院獨立行使的、審判民事（包括經濟）案件的權力。《中華人民共和國民事訴訟法》第六條明文規定，民事（包括經濟）案件的審判權，由法院行使。法院依照法律規定對民事（包括經濟）案件獨立進行審判，不受行政機關、社會團體和個人的干涉。

(2) 兩審終審制度。這是指一起案件，經過兩級法院審判以後，即告終結的制度。在我國，除專門法院外，全國的法院分爲基層人民法院、中級人民法院、高級人民法院和最高人民法院四級。一起案件，經過這四級法院中的兩級審判以後就宣告終結的制度，由此也可稱爲四級兩審制度。以國際貨物貿易糾紛案件爲例，第一審法院做出的判決或者裁定，中外當事人如不服，在法定期限內可以上訴至第二審法院，第二審法院做出的判決或者裁定，是終審的判決或者裁定，一經做出就發生法律效力，中外當事人不得再行上訴，任何國際貨物貿易糾紛案件就此均告終結。應當着重說明的是，並不是所有的案件都必須經過兩級法院進行審判，不經過兩級法院進行審判的案件也不少：如第一審法院的判決或者裁定做出後，當事人服判不上訴，法定期限屆滿後，判決或者裁定即發生法律效力，案件便宣告終結。實踐中，這種情況比較多見。此外，由最高法院作爲第一審法院審判的案件，其判決或者裁定，是終審的判決或者裁定，做出後即發生法律效力，當事人不得上訴，案件也就終結了。據上不難看出，案件至多兩審即須結案，但也可以一審便結案。

案件審理結束，法院應當依法做出判決或者裁定。

4. 執行

執行，也稱強制執行，是指法院的執行組織和執行人員，在義務人拒不履行生效的法律文書所確定的義務時，依照法律規定的程序，強制義務人承擔其應承擔的義務的司法行爲。執行與履行是兩個不同的概念：執行帶有強制性，義務人主觀上是不情願的；履行是義務人自動承擔其應承擔的義務的行爲，義務人主觀上顯然是情願的。兩個概念不應任意混爲一體。

執行的根據，是法院依法做出的、業已發生法律效力的法律文書，以及法律規定由法院負責執行的其他法律文書。這里的法律文書，包括判決書、裁定書、調解書、支付令等。這里的其他法律文書，包括仲裁裁決書、公證債權文書等。上述法律文書，一般由第一審法院執行，上述其他法律文書，一般由被執行人住所地或者被執行的財產所在地的法院執行。執行工作，由執行員具體進行。

執行程序結束，整個訴訟程序就結束了，圍繞某一案件進行的訴訟活動也就終止了。

（四）訴訟的優缺點及應註意的問題

1. 優點

（1）法院判決較爲迅速，能爲爭議雙方節約寶貴的商業時間；

（2）按照國家法律法規裁決，平等性、公平性高，結果更合理；

（3）具有極高的約束力、強制性，保證裁判決執行。

2. 缺點

（1）程序複雜，需要支付相關的訴訟費用，增加成本；

（2）各國的法律法規存在差異性和不完善性，並不一定能妥善解決所有的貿易糾紛。

（3）將評判權力交給法律公共部門，可能會影響爭議雙方以往良好的社會信譽。

3. 在當事人通過法律手段解決爭端時，要慎重權衡以下幾個方面：

（1）訴訟的成本。法律訴訟是一個耗費精力和財力的較長過程，對於跨國訴訟來說，聘請律師一項的費用就可能令中小型企業望而卻步。

（2）雙方的合作關係。對雙方合作關係的考慮要建立在合作對方商業價值分析的基礎上，防止因小失大。

（3）勝訴的可能性。訴訟的目的是維護自己合法的國際貿易利益，要對案情和涉及的國際和當事國家的法律仔細研究，不打無把握之仗。

（4）判決結果執行的可能性。勝訴不是爲了鬥氣，對執行地法律、法律環境和爭端對手的情況在訴訟前就要認真分析，確定判決結果能否執行。

（5）其他方式解決的可能性。畢竟訴訟成本高、影響雙方的合作關係，只要有方便和對雙方關係不利影響小的解決方式，就應不選擇訴訟。

第十二章　國際市場行銷

第一節　國際市場行銷概述

一、國際市場行銷的含義

　　從歷史和邏輯的路徑來考察，企業的市場行銷首先是從國內市場開始的。在市場經濟發展的早期，社會生產水平較低，企業生產的產品只能滿足國內市場乃至國內較小區域市場的需要，跨越一國邊界的交換只是偶然和零星的行爲。隨著 18 世紀以蒸汽機爲標誌的第一次科技革命或產業革命的出現，社會生產實現了突飛猛進的發展，一國企業的產品開始超越了本國的邊界，實現了經常性、大規模的國際交換，由此產生了真正意義上的國際市場行銷。隨著社會經濟的繼續發展以及以電力爲標誌的第二次科技革命，國際市場行銷繼續向深度和廣度發展。第二次世界大戰以後國際政治經濟新秩序的建立以及 20 世紀中期以電子技術爲標誌的第三次科技革命，形成了經濟全球化的趨勢，大量跨國公司的出現及其迅猛發展，加速了商品、服務、資本全方位的國際流動，國際市場行銷也進入了其發展的高級階段——全球市場行銷。

　　一般而言，國際市場行銷是指企業跨越國界，以國際市場爲目標市場的行銷行爲和過程。換言之，國際市場行銷是指一國的企業跨越了本國國界，以其他國家和地區作爲目標市場，對產品和服務的設計、生產、定價、分銷、促銷活動，通過主動交換以滿足需求、獲取利潤的行爲和過程。

　　菲利普·科特勒的定義：國際市場行銷是指對商品和勞務流入一個以上國家的消費者或用戶手中的過程進行計劃、定價、促銷和引導以便獲取利潤的活動。

　　具體說來，國際市場行銷的概念包括以下幾個方面：

（一）國際市場行銷的主體

　　國際市場行銷的主體是各種類型的國際市場行銷企業，包括跨國公司、國際性服務公司、進出口商等，其中跨國公司在現代國際行銷中發揮著最積極、最重要的作用。

（二）國際市場行銷的對象

　　國際市場行銷的對象是國際區域乃至全球的消費者，國際市場行銷的核心就是滿足國際消費者的需求。由於各國的社會文化、經濟發展水平的環境存在較大差別，國際消費者比之國內消費者的需求也更爲複雜多樣。

(三) 國際市場行銷的客體

國際市場行銷的客體是產品和服務。隨著科技進步以及市場經濟的發展，產品和服務的範圍越來越廣泛，一切實體產品、資本、技術以及其他服務都屬於國際市場行銷的範疇。

(四) 國際市場行銷的目的

國際市場行銷的根本目的是利潤。如同其他企業一樣，國際市場行銷企業的根本目的是獲得最大化的利潤。當然，在具體的操作中，圍繞利潤最大化的目的，國際市場行銷企業在不同的情況下會選擇市場占有率最大化、產品質量最優化等具體目標。

二、國際市場行銷的發展階段

國際市場行銷是在國際經濟交流日益頻繁、國際競爭日益激烈的形勢下產生和發展起來的。各企業行銷目標、經濟實力以及行銷經驗不同，其國際行銷發展的程度也會不同。爲此，可以把國際市場行銷的演進分爲五個階段；

(一) 國內行銷（domestic marketing）——前國際行銷階段

這類企業的目標市場主要在國內，其內部既未設專業的出口機構，也不主動面向國際市場，只是在外國企業或本國外貿企業求購訂貨時，產品才進入國際市場。這類企業的產品雖然進入國際市場，但顯然是被動而非主動行銷，因此屬於前國際市場行銷階段。這類企業持有典型的本國中心論的理念，認爲企業的目標市場是國內市場，進入國際市場是一種偶然的行爲。

(二) 出口行銷（export marketing）——國際行銷的初級階段

出口行銷最初產生於國外客戶或國內出口機構的訂單，這類企業起初的目標市場仍然在國內，一般也不設立對外出口的機構，而是通過出口代理機構或間接出口的方式進行產品的出口業務。在積累了相當的國際行銷經驗以後，這類企業認識到了開拓國際市場的意義，進而採取了更爲積極的態度，並成立專門的出口機構開展國際行銷。當然，這類企業仍然持有本國中心論的理念，認爲國際市場只是國內市場的延伸。

(三) 跨國行銷（international marketing）——國際行銷的成長階段

這類企業的目標市場確定於國際市場，甚至把本國市場視爲國際市場的一個組成部分。它們一般在本國設立公司總部，制定國際市場行銷戰略，在國外成立分銷機構，甚至發展參股比例不等的子公司，專門開發國外消費者所需的產品，並針對國際市場行銷環境，制定國際市場行銷組合策略，參與國際競爭，企圖在國際市場上建立持久的市場地位。這類企業持有國際市場中心論的理念，把國際市場的開拓作爲企業持續的目標取向。

(四) 多國行銷（multinational marketing）——國際行銷的高級階段

多國行銷的早期稱爲多母國行銷（multidomestic marketing），即在多個國家建立較爲獨立的子公司，各子公司獨立運作，在不同的國別市場上形成不同的產品線及行銷策略。多國行銷的進一步發展稱為多區域行銷（multi-regional marketing），即按區域進行國別整合，形成不同的國際區域市場，建立區域行銷形象，在不同的國際區域市場上形成不同的產品線及行銷策略。這類企業持有的當然是國際市場中心論的理念，只不過早期具有多國中心論的色彩，後期具有國際區域中心論的色彩。

（五）全球行銷（global marketing）——國際行銷的發達階段

這類企業把全球市場作為一個統一的市場，在全球一體化的視野中實現企業的資源全球配置，進一步擯棄多國行銷中產生的成本低效和重複勞動，實行全球範圍內的資源整合，以求全球範圍內的收益最大化。這類企業持有的仍然是國際市場中心論的理念，其全球中心的色彩尤為明顯。

以上五個階段反應了國際市場行銷演進的歷史進程。由於各個企業處於國際市場行銷發展的不同階段，因而必須明晰所處的發展階段，確定適合自身特點的行銷策略，以便有效實現國際市場行銷的目標。

三、國際市場行銷的動因

由於經濟發展水平不同，發展中國家和發達國家進行國際行銷的動因不盡相同。同時，企業從事國際行銷與政府的政策導向也不盡一致。一般而言，企業從事國際行銷的根本動因可以歸結於經濟利益，即利益最大化的動機引致了企業的國際市場行銷。政府的某些政策會鼓勵企業的國際市場行銷，而政府對國家競爭力及國家安全的考慮，也會限制某些企業的國際市場行銷行為。具體來看，國際行銷的動因主要有以下幾個方面：

（一）企業擴張動因

企業在國內市場充分發展的基礎上，往往具有向外擴張的衝動，這是資本的本性所決定的。企業擴張表現為產品、服務、技術、資本的擴張。企業國際行銷的動因起初可能是通過向國外出口產品和服務來擴大其市場份額，從而獲取更多的利潤；進一步，可能是通過技術乃至資本的輸出，在更深層面上實現生產要素的國際市場行銷，從而實現企業向國際市場的擴張。

（二）規避風險動因

積極開展國際市場行銷可以在本國經濟不景氣時積極開拓國際市場，尋求有利的市場機會，在一定程度上避開國內市場飽和與競爭過度給企業帶來的損失。同時，對於跨國公司來說，開展多國的市場行銷，可以在全球範圍內選擇有利的市場機會，保證企業的健康發展。

（三）利用資源動因

世界各國經濟、技術發展不平衡，特別是科學技術高度發展的今天，任何一個國家都不可能擁有發展本國經濟所需要的一切資源，更不可能擁有發展所需要的所有先進管理經驗。企業開展國際市場行銷的動因，還來自於有效運用國際資源方面——既可能是獲得國外廉價勞動力的原因，也可能是獲得國外先進技術、雄厚資本的原因，還可能是獲得國外先進的管理經驗的原因。通過國際市場行銷，可以促進企業所需資源在較大範圍乃至全球的有效配置。

(四) 政府政策動因

政府通過政策鼓勵企業開展國際市場行銷，是因爲通過企業的國際行銷可以加速企業成長狀大、平衡進出口貿易、參與國際分工，從而促進本國經濟發展。

第二節　國際市場行銷產品策略

國際市場行銷的產品必須適應國際目標市場的需求。因此，產品的設計、包裝及商標、新產品開發等，都必須符合特定國家和地區的社會文化以及消費者購買偏好。與此相適應，在國際市場行銷產品策略中，有三方面的內容很具有特殊性：即出口產品的應變策略；產品生命週期在國際市場的改變及運用；國際專業化生產策略。

一、出口產品的應變策略

一般來說，企業都是將自己現有的產品出口，特別是對初次進入海外市場的企業更是如此。

因爲現有的產品是企業所熟悉的，比較有把握獲得成功。但是有些因素可能迫使企業或吸引企業對出口產品進行改變。大致會有以下三種情況：

(一) 強制性的適應性改變

爲了保護本國消費者的利益或者某些集團的利益，或者爲了維持已有的商業習慣，政府會對在市場買賣的商品制定出一些特殊的法律、規則或要求。有的是永久性的，有的是臨時性的，有的是專爲進口商品制定的。產品要想出口到某國，就必須符合該國的這些特殊要求，否則連海關也過不了，更不用說進到國內去銷售。比如日本的商品規格就可分爲強制規格和任意規格兩種。強制規格是指商品在性質、形態、大小和檢查試驗方法上必須滿足特定的標準，否則就不可能在日本進行制造和銷售，藥品、化妝品、食品、電器等都屬於強制規格範圍。這種類型的適應性改變，有些較容易做到，只要在成分上、產地上或外觀等方面略加改動即可，但有些改動則要花較大的工夫和代價才能做到。

(二) 環境的適應性的改變

出口到海外的產品由於受到當地氣候、物理、資源、標準等影響，也可能要做出相應的改變，大眾汽車公司與中國合資生產的桑塔納轎車，是在德方充分考慮了中國的公路狀況、氣候條件、使用頻率後經過多次試驗，搜集大量數據後，在原來的型號上加以改進設計而成的。

(三) 市場環境適應性的改變

出口產品的價值在於滿足國際市場上消費者的需求，由於經濟水平和文化背景的差異，不同國家的消費者的需求可能會大相徑庭。市場條件不一樣，滿足這種需求的方式也會不一樣。比如長絨毛玩具，出口到非洲，簡易的、透明的軟塑料包裝袋包裝就可以了，因爲那里的消費者更註重的是產品的内核；同樣商品的同樣包裝出口到美國，只能放在地攤上出售，如改用竹盒包裝，竹盒上配有圖案，再開個窗口可見到毛絨玩具，價格可貴出8倍。總的來說，市場環境適應性的改變是非强制性的，是可變可不變的，做出這一決定的標準是改變帶來的收益是否超過改變帶來的成本。

國際市場產品適應策略還可以和廣告結合起來，組合成不同的策略。

(一) 產品直接延伸策略

即同一產品，同一廣告，面向世界。這一策略對國際企業是具有吸引力的，成本低、利潤高。

(二) 產品溝通適應策略

用原有產品輸向國外市場，只是修改廣告的形式和内容，以適應當地的民情風俗、習慣偏好。如自行車在中國是一種主要的代步工具，而在美國、歐洲則主要滿足體育、健身的需求，所以在銷往這些市場時，在廣告、促銷上加以調整，强調對當地的適應功能。

(三) 產品適應溝通延伸策略

此策略是指改變產品以迎合目標市場的情況與偏好，但無須改變廣告和促銷手段。如麥當勞在不同國家銷售的漢堡包，根據當地消費者的口味對材料配比加以調整，但依然使用公司標準的廣告宣傳，邀請人們在金色拱形標誌下享用漢堡包。

(四) 雙重適應策略

當產品使用的外界環境的條件和產品所發揮的功能都有差異時，使產品和廣告都適應當地條件，以提高產品在國際市場的接受能力。

(五) 產品創新

當存在潛在的、特殊的巨大市場時，使產品創新或設計一種全新的產品以滿足特定需求或功能。如爲光照特别充足的地區設計太陽能淋浴器，爲缺水地區設計超聲波洗衣機。

二、產品生命週期在國際市場的改變和運用

產品生命週期是把一個產品的全部銷售歷史稱爲產品生命週期，一個完整的產品生命週期包括了產品的導入期、成長期、成熟期和衰退期。產品在每個時期都表現出不同的市場特徵和不同的銷售量，每個時期面臨着不同的複雜任務和機會，要求執行不同的市場行銷策略。根據產品生命週期的概念，涉外商務行銷部門應確定產品生命週期每一時期的商務行銷計劃，並隨著產品的生命週期的變化調整其商務行銷策略和計劃。

隨著商品的國際化和生產國際化的發展，把產品的生命週期放到一個更廣闊的市

場空間去考慮，產品生命週期仍然有效，但會呈現出一些新的特點。

1. 產品生命週期不同階段的行銷策略的新內容

當處在產品創新階段，由於生產該產品的企業很少，規模又較小，又是新產品，所以在市場上幾乎沒有競爭對手，這時應以滿足國內市場為主，並出口一部分到國外市場。到了產品成熟階段，產品技術趨於完善，產品也已定形，生產企業在不斷增加，規模也在不斷擴大，消費者能夠從不同商標、型號的同類產品中進行價格和質量上的選擇，對企業來說，成本和價格問題變得日益重要。這時，想以繼續維護簡單的貿易出口來達到最佳經濟效益的路子已行不通。因此，選擇對外直接投資，即到國外建立子公司，就地生產，就地銷售，成為擴大出口、保證經濟利益的最佳途徑。第三階段是產品標準化（衰退）階段，此時技術和產品都已相當成熟並已標準化了，參與此類產品生產的企業一般也都積累了許多經驗，市場競爭更加激烈，成本和價格問題顯得十分突出，在這種情況下，就應對各個國家、地區的市場、資源和勞動力價格進行比較，而選擇生產成本最低的地區建立子公司就變得十分必要。

2. 通過市場的變換，使產品生命週期得以延長

當企業把其產品打入到國際市場上以後，其產品生命週期通常比僅局限在國內市場要長，特別是對耐用消費品、機電產品等。這是由於各國的經濟發展程度不一樣，從而市場需求的發展也不一樣，在 A 國已達到衰退階段的產品可能在 B 國剛剛進入成熟階段，而在 C 國可能才被引進，因此，如 A 國的企業抓住時機將產品迅速推向 B 國和 C 國，則極有可能延長該產品的生命週期。

由於技術進步的速度和消費者需求變化的節奏都大大加快，產品的生命週期都顯著地縮短了。對國際企業來說，注意這一點非常重要。一些國家的消費者善於改變他們的購買習慣，改變他們對產品好壞的標準，改變他們的價值觀念。能夠迎合這些變化的企業，將能繼續售出他們不斷變化的產品；不能適應這些變化的企業，將失去這個市場。

三、國際專業化生產策略

20 世紀 70 年代以後，許多國際企業為了在競爭中奪取有利地位，採取了一種新的產品策略。這就是一種產品並不是在本國發展起來後才轉移到國外去生產的，而是從一開始就根據世界先進的科技水平和專業分工來安排國外的投資，在全球範圍內配置專業化分工網路，定點生產，分工製造部件，然後集中運到有利的地點，定點定向銷售。

這種在國際範圍內實行專業化生產的策略，必須在生產技術穩定、各工廠的產量相近，以及各國市場的產品規格一致的情況下，才能充分發揮其效率。同時，採用這種策略，在運輸費用上也會增加一些負擔，有時也會遇到關稅和非關稅壁壘的限制。但是由於它能夠廣泛採用最新技術，充分利用當地資源，大大降低產品成本，獲得大規模生產的有利經濟效益，因而在市場競爭中占有極大的優勢，在短期內即可給壟斷資本帶來巨大的高額利潤。近年來，在國際市場競爭空前激烈，產品銷售較困難的情況下，製造新產品的任何遲緩都會招致競爭的失利，因而許多國際公司採取了這種產

品策略，在運輸設備製造業、電子工業等產品中更是廣泛被採用。

第三節　國際市場行銷價格策略

價格是國際市場行銷中最為敏感的決策。價格的高低不僅僅會直接影響到企業的經濟效益，而且也會直接影響到競爭對手的市場行為。特別是在以買方為主的國際市場上，強手林立，競爭激烈。所以，價格的作用就顯得更為明顯，價格的制定也就越發要慎重。在國際市場上，企業還要考慮可能與競爭對手達成某種協議價，要考慮產品產地對價格的影響。

一、國際定價的制約因素

任何市場價格的定位都受到以下三個基本因素的約束：成本——決定價格的低限；競爭——決定價格的高限；以及需求——取決於顧客的支付能力或需求彈性。

除此之外，國際商務從業人員還須面對兩類因素：

(一) 國際性的制約

包括上述三種基本因素在各國市場上的差異、各國政府的稅收政策和要求，政府的管制法令（如反傾銷法令、轉移價格規定，以及限價政策等），國際上的運輸成本，延長了國際分配渠道中的中間商、多國性顧客的同等價格要求，各個利益集團的壓力等。

(二) 公司內部價格目標的衝突

公司內部各部門的價格目標是有差異的，如產品部門要求價格能使本部門的利潤最大；而國際商務經理則希望價格在世界市場上有競爭能力；財務經理則強調利潤；而稅務經理則關心定價政策對公司的課稅負擔、課稅延遲機會，以及政府的轉移價格規定所產生的影響；法律顧問擔心國際定價是否會引起反托拉斯調查和反傾銷調查。因此，企業高層領導者對定價問題不得不負決策責任。

對標準化產品或無差別性（通用）產品，價格全由市場決定，賣者無法控制。受政府管制的價格，或專利授權協議下的固定價格，公司高層亦無權決定。由於國際企業活動大多建立在差別化產品上，只要市場未受政府管制，則生產者必須自行定價。在這種情況下，公司在定價政策方面可能有兩種態度：一種認為價格只是企業決策中的一個表態成分或一個固定因素（體現為成本加價法）。另一種認為價格是達成市場行銷目標的一項積極工具或一個重要變量。相比企業在國內市場定價而言，在國際市場定價要受到一些特殊成本因素和市場因素的影響。

主要有以下幾個因素：

1. 關稅

儘管各國都有種種稅種，諸如購置稅或貨物稅、增值稅或流轉稅，這類稅在相當程度上提高了商品的最終價格，但是這類稅通常不能歧視國外產品，也不能對國外商品起決定性的影響。相比之下，關稅是最重要的歧視稅，它在很大程度上會削弱外國企業產品同當地企業的競爭力，所以企業在進行國際經營時，必須非常重視關稅對商品價格的影響。

2. 金融成本和風險成本

國際經營所遇到的風險大多數是國際性的，如通貨膨脹、外匯匯率的波動等，這類國際性金融風險必然影響到商品的成本、企業經營的成本，甚至於產品價格的確定方法等。特別是要考慮到外匯匯率波動對商品價格的影響。尤其是在訂貨和交貨之間有一定的時間間隔，外匯匯率波動對成本，進而對價格都會有一定的影響。

3. 需求差異性

一般情況下，企業定價是以生產國的需求作爲價格制定的基礎，但實際上目標市場國，即消費國的需求對定價來說更重要。國際企業面臨的需求是非常複雜的，因爲每個國家的需求不是抽象的概念，而是具體的購買行爲。這種經濟與消費行爲背後有社會經濟、收入分配、文化背景等多種因素的交互作用。這些因素有些是可以量化的，要深入分析這些影響因素，採取針對性的定價策略和價格定位。

4. 市場競爭者

企業活動的國際市場通常是國際寡頭壟斷結構的競爭市場，在這種市場上，壟斷企業爲了避免價格競爭帶來各自的損失，往往在一定時期內結成公開或隱蔽的聯盟，來共同操縱價格和市場。但是過剩的生產能力常常迫使企業採取一些應急措施或數量上的折扣等。因此，在直接競爭中，價格更多的是被競爭者的價格所影響，而不是市場需求本身的影響。

5. 政府的干預措施

企業進入各國市場進行經營活動時，會遇到各國政府控制價格的各種限制和法規，諸如限制邊際利潤；規定價格的最低限或最高限；限制價格變動；政府直接參與市場競爭；政府以補貼的形式支持本國企業在世界市場上進行降價競爭等。

二、定價方法與策略

企業在國際定價方面首先要決定是按邊際成本還是完全成本定價，同時必須決定它在通貨膨脹、匯率貶值或升值的環境中如何定價，以及在發展中國家如何定價等問題。下面作些簡要的介紹。

(一) 邊際成本定價 (marginal cost pricing)

國際企業在國外市場銷售的產品主要考慮其邊際成本或增量成本，因爲假定國外銷售（出口）只是公司的附帶業務，只要收入超過邊際成本，即可能對固定成本和利潤有所貢獻。

(二) 全部成本或成本加價定價 (full cost)

基礎穩固、具有實力的企業常常採用這種定價方法。此法不要求每個市場都能收回成本，但就整個企業來說則必須收回。此法優點是比較簡單，不需要競爭者的市場信息，而且還可按不同市場情況而略加調整。成本加價定價法的缺點很多，首先是其完全忽視目標市場的需求和競爭情況，因而未能使企業在每一國家市場的銷售額（或收入）或利潤達到最大；其次，成本的測試或估計難以正確，甚至會歪曲事實。

(三) 通貨膨脹環境中的定價

在通貨膨脹下，企業成本不斷上升，需不時調整價格，否則入不敷出，更談不上盈利。在通貨膨脹中，企業存貨成本的計算一般不用先進先出法，而以後進後出法較爲合適。但急劇的通貨膨脹下，最適當的辦法就是 NIFO（Next In, First Out）法，即按照估計的未來進貨價格先出。

(四) 匯率貶值或升值情況下的定價

匯率貶值的國家，其產品的對外價格將較前降低，但如該國有相當的進口，則進口價將上升。所以其出口品價格降低的程度將低於貶值程度。此時，從該國出口產品需評估外國市場對該產品的需求彈性及出口市場的行銷地位；如需求無彈性，則國外市場售價無須減價或僅作少許減價（此時以本國貨幣表示是價格自然較前增加）；反之，則減少，以求從增加了的銷量中增加利潤。通貨升值時則情況與上述相反，出口商可將以外幣表示的價格增加轉嫁給外國顧客，或設法降低市場行銷費用以自行吸收價格增加的部分，或降低國內價格以自行吸收以外幣表示的價格增加部分，或不降低市場營業的費用而讓行銷所得利潤減少。

(五) 在發展中國家定價

發展中國家人均收入很低，產品銷量有限，國際商務行銷人員常試圖用廣告和其他促銷手段來擴大銷路，美國公司就習慣用這種非價格形式進行競爭。結果是銷貨成本增加，使其產品成爲奢侈品，因價格過高反而談不上績效。反之，在低價的情況下，發展中國家的市場會具有很大的彈性。所以如果擴大生產規模，產品適銷對路，則發達國家的大量消費物品也可成爲發展中國家的大量消費物品，國際企業的經營績效將大爲不同。不少國際企業之所以在發展中國家設廠製造，就地推銷，實際是採用了低價格、高產量的路線，實踐證明，這常常是行之有效的。

第四節　國際市場分銷渠道策略

無論產品面對哪個國家、哪一類市場，也不論其是消費品還是工業品，國際商務人員都必須設法通過分銷渠道將產品送達消費者或最終使用者的手中。所謂銷售渠道也常常稱爲分銷渠道或產品流通渠道。它是指產品從生產領域進入另一個生產領域或消費領域的流通途徑，它不僅是指商品實物形態的運動路線，還包括完成產品運動的、交換的結構形式。國際分銷渠道的特別之處不僅在於結構上的選擇，而且在於那些影響渠道決策的經營及市場因素的無窮變化。

一、國際分銷系統

(一) 國際分銷渠道的結構與長度

把產品銷售到海外市場，不僅要經過本國的分銷渠道，還要通過進口國的分銷渠道，才能送達進口國的最終用戶。國際經銷中常見的分銷渠道包括三個環節：第一個環節是本國的分銷渠道，它由生產企業和批發中間商組成；第二個環節是出口國的出口商和進口國的進口商之間的分銷渠道，即由本國進入進口國的分銷渠道；第三個環節是進口國的分銷渠道。要使產品打入國際市場，公司能使用任何一種出口渠道。這些可供選擇的渠道之間，根本區別在於是否存在位於母國的、獨立的出口媒介。當制造業公司使用國內中間商時，它自己不從事出口，在其產品的國外行銷中至多有個臨界作用，通常把通過國內中間商的出口稱之爲間接出口。

制造企業的出口可以有多條選擇途徑：

（1）通過本國批發商再到本國出口商出口，這條途徑直接用於數量不大的消費品。

（2）直接通過本國出口商出口，這條途徑適用於買主和賣主都比較集中的大宗交易。

（3）直接出口給國外中間商，如國際市場中經常交易的大宗商品。

（4）直接出口給國外批發商和代理商，如需要利用他們的市場力量來擴大市場覆蓋面的商品。

（5）直接出口給國外零售商，如國外大規模零售商訂購的商品。

（6）直接售予國外客戶，如原材料性商品、政府企業的訂貨、郵寄銷售等。

（7）在進口國設立海外生產裝配部門，由海外生產裝配部門把生產出來的產品售予進口國分銷渠道各環節。

可見，國際分銷渠道的三個環節是一般的進出口產品的流向，並不是每一次交易行爲都要通過出口商或進口商組成的第二個環節。不論採用何種選擇，銷售方必須對分銷渠道施加影響。在國內，銷售方通常通過公司的國際行銷部來溝通國與國之間的各個分銷環節。在國外，銷售方還必須監督向最終用戶供應商品渠道。當然，最理想的是公司能控制各個渠道直到最終用戶的整個分銷過程，但在實際上，由於各種條件的限制，並不能完全做到，但是要盡可能地通過直接和間接的手段對整個渠道加強控制。公司外部可利用的各種中間商可分爲兩種基本類型：一種是自營中間商；另一種是代理中間商。在對國內和國外中間商進行分析時，首先要區分是代理中間商還是自營中間商。在實際商務活動中，那些分工明確、性質單一的實體並不多見，有不少公司既經營出口又經營進口，既充當代理中間商又是自營中間商，有的還承擔貨物轉運業務，提供金融服務，對這類公司歸屬分類就不是一件容易的事。在整個銷售過程中，每經過一個對產品擁有所有權或負有銷售責任的中間商機構，就形成一個層次，層次越多，分銷渠道就越長；層次越少，分銷渠道就越短。對中間商分銷層次的確定，生產企業要綜合考慮進出口條件、國際市場容量（特別是目標市場容量）、中間商銷售能力、產品特點、生產企業本身的狀況和要求、消費者購買要求以及其他的國際市場環境。

(二) 國際分銷渠道的寬度

通過考慮各種因素的影響，決定了銷售渠道的長短之後，還要確定銷售渠道的寬度，即分銷渠道各個層次中使用的中間商數目的多寡，這也是銷售渠道策略要解決的重要問題，在銷售渠道的寬度上有三種選擇：

1. 廣泛分銷

即盡可能多地使用中間商，企業對每個中間商負責的地區範圍不做明確規定，對其經營能力不嚴格要求。這種策略的主要目的是使國際市場的消費者和用戶能有更多的機會，方便購買其產品。在國際市場上，日用品、食品等價格低，購買率較高，每次購買數量少的商品以及具有高度統一標準的商品，如小工具、緊固件和潤滑油等，多採用這種分銷策略。外銷企業選擇廣泛分銷策略，一般要付較高的廣告和其他形式的推銷費，使成本上升。分銷渠道太寬，對價格、分銷和銷售形式等企業也較難控制。

2. 選擇分銷

精選少數符合要求的中間商，由外銷企業把產品售給經過精選的一定區域的少數中間商，故要求每個中間商銷售能力強、信譽高。這種分銷方式適用於大部分商品，特別是消費品中的選購品、特殊品和工業品中的零件。因爲這些商品的消費者往往注重產品的牌子，這種分銷方法可以與第一種分銷方法配合使用，先用第一種方法，通過廣泛宣傳，提高該產品在廣大消費者中的知名度，然後通過淘汰效率低、作用小的中間商，改用第二種方法，以減少銷售費用，增加利潤。另外當企業缺乏國際市場經營的經驗、在進入國際市場的初期，也可選用幾家中間商進行試探性的分銷。待企業有了一定的國際市場經驗，或其他條件成熟以後，再調整市場分銷策略。採用選擇分配方法。中間商減少了競爭對手，削價競爭的壓力減少，因而樂於爲制造廠商銷售，甚至可同意負擔一部分廣告費用。

3. 獨家分銷

即外銷企業在目標市場上或目標市場的一部分地區內僅指定一家中間商經營其產品。通常雙方簽訂書面合同。規定雙方的權利和義務，生產企業保證持續供貨，價格優惠，並不在該地區另辟銷售途徑。中間商則保證努力推銷該項商品並不得再代銷其他競爭性的商品。特殊品的制造商多採用獨家經銷，尤其是名牌產品，很多中間商樂於獨家經營有名氣的企業產品，借以提高自己的身價。需要現場操作表演和介紹使用方法的機械產品和其他工業品，需要加強售後服務的耐用消費品，也適合此法。對於制造商而言，獨家經銷能提高中間商的積極性和推銷效率，做好售後服務工作；易於控制產品的零售價格；促銷工作易於獲得獨家經銷商的合作。對於中間商而言，獨家經銷時可憑名牌產品樹立市場上的聲望和地位，與制造商維持良好的關係，獨家產品推銷不必作削價競爭，從而確保了營業收益；同時，易獲得制造商廣告活動的支持。

銷售渠道的選擇往往隨企業的發展、市場的變化及東道國條件的改變等因素做出調整。

但一般來說，各種渠道的利用有其相對的穩定性，一種渠道的建立往往要花費大量的人力、財力，而一旦放棄，卻又不大容易恢復。每家國際公司都有自己獨特的風格，在分銷渠道的選擇上也是如此。例如，麥克唐納公司採用直接銷售和特權經銷的方式，它認爲本公司的分配體制是神聖不可侵犯的，而給予當地經銷商的權力很小。但也有些跨國公司，如可口可樂公司，則更多地利用中間商銷售，並給予較高的自由度。

分銷渠道的選擇沒有絕對優劣之分，公司在考慮分銷渠道的選擇時，不僅要考慮市場及公司自身條件的要求，也應從行銷組合角度出發，使分銷渠道決策與產品、定價及促銷等組合因素相互配合，形成整體上的效益。

二、國際分銷渠道的管理和控制

企業選擇了國際分銷渠道和中間商以後，還要加強對分銷渠道的管理和監控，以謀求企業和中間商之間的相互支持和友好合作。對國際市場分銷渠道（特別是對中間商）的管理，主要包括專門管理、健全檔案、適當鼓勵、定期評估、有效監督和及時調整等幾項工作。

(一) 專門管理

出口企業，尤其是經常開展國際市場行銷活動的大型企業，一般應設立國際市場分銷渠道的專門機構，至少要有專人負責這項工作，以加強對分銷渠道的專門化、系統化管理。國外許多大型公司都設有這類機構，專門負責對中間商的聯繫、溝通、監督和管理工作，效果很好。

(二) 健全檔案

與國內外商務、貿易、銀行、信息以及政策管理機構等保持經常性的聯繫，不斷搜集、分析、整理有關中間商（重點是本企業客戶）的諮詢材料，包括中間商的地理位置、發展歷史、資本大小、經營範圍、經營特色、業務能力、資信狀況、管理水平以及雙方的關係、合作的態度、利弊分析等，還要對這些材料加工整理，分門別類，做到系統完整，簡明扼要，便於查閱。

(三) 適當鼓勵

對中間商給予適當的鼓勵，目的是促使雙方友好合作，互惠互利，融洽感情。

鼓勵的方法主要有：

(1) 給中間商提供適銷對路的優質產品。這是對中間商最好的鼓勵。

(2) 給予中間商的賺頭要比競爭對手給得多，以提高其經銷的積極性，尤其是初進入國際市場的產品和知名度不高的產品。

(3) 協助中間商進行人員培訓。

(4) 給予經銷商獨家專營的權利。

(5) 雙方共同開展廣告等促銷活動，並共同承擔有關費用。

(6) 給成績突出的中間商一定的獎勵。

更重要的是，一個精明的企業首先要認真研究目標市場的情況，客觀地衡量本企業與中間商雙方的得失，共同議定銷售策略，建立長期的夥伴關係。

（四）定期評估

這要做兩方面的工作：一是對分銷渠道模式和分銷渠道結構進行評估，這種評估的標準主要是經濟效益；二是對客戶的評估，主要是對客戶的履約率、資信狀況、銷售能力、合作態度、經營效率等做出鑒定，必要時可對客戶進行調控。

（五）適時調整

由於市場環境、分銷渠道和企業內部條件等經常發生變化，所以，對分銷渠道的適當調整是必要的。比如，目標市場已經轉移，中間商信譽較差，企業改變了產品結構，競爭者的分銷渠道衝突等。國際分銷渠道調整可採用增減渠道或中間商的方式進行。

第五節　國際市場行銷促銷策略

國際促銷是企業與國外最終用戶的一種信息溝通行為。它是企業將產品或服務的有關信息通過傳播，幫助消費者認識商品或服務所能帶來的利益，誘發消費者的需求，激發他們的慾望，促進他們採取購買行動，以實現銷售的活動。

國際市場競爭激烈，這種競爭不僅表現為產品質量的競爭、價格競爭、服務競爭，而且還表現為信息傳播的競爭，當商品在性能、價格、服務等方面相仿時，加強信息傳送就顯得格外重要。某種商品信息傳播先為人知，廣為人知，深為人知，就能佔據有利的銷售地位。

國際市場商品信息既可以通過銷售人員面對面地向目標顧客直接傳播，又可以通過運用一定媒體向目標顧客進行廣泛地、間接地傳播。通過人員傳送商品消息，引導顧客購買的行銷活動稱為人員促銷，也叫人員推銷。通過媒體傳送商品信息，引導顧客購買的活動稱為非人員促銷，這類促銷主要有三種形式，即廣告、公共關係和營業推廣。與國際商務行銷活動的其他方面比較，促銷活動在世界各地呈現的相似之處最多，與此同時，促銷活動與文化背景有關的獨特問題也可能最多。因此使促銷戰略適應世界各國市場的文化差異乃是國際商務行銷人員所面臨的一個複雜課題。

一、國際廣告策略

國際廣告的目的是通過各種適應國際廣告市場特點的廣告形式，使出口商品能迅速地進入國際市場，贏得聲譽，擴大銷售。一般而言，進行國際廣告宣傳活動，尤其是先導性的產品市場的目標廣告宣傳活動，由於直接目標是開拓國際產品市場，向陌生的市場和陌生的消費者介紹產品，起著對外貿易產品的國際商務活動的開路先鋒作用，因此，在廣告宣傳策略上，應該直接採用競爭性策略。在採用競爭性廣告策略的過程中，應該把握住兩個重點：一是對產品的新特性做出明確的承諾；二是做好引導消費者改變消費習慣的工作。

(一) 對產品的新特性做出明確的承諾

在國內市場上，一般消費者對同類商品都有一定的認識，當新產品投放市場時，由於廣告宣傳，日常的接觸，相互傳誦推薦和介紹，對商品特徵比較容易認識。但在國際市場上，則由於地理、地域、文化的隔絕，當地市場消費者除了對一些傳統外貿出口產品有一定的認識外，對多數商品都是一無所知的。只有進攻性的廣告，才是他們瞭解新上市商品的唯一渠道。因此，在出口商品首次進入國際市場時，就可以考慮用廣告來迅速提高商品的知名度，增強當地消費者對商品的認識，才能使產品順利進入國際市場行銷。同時，國際市場競爭異常激烈，發達國家和地區被商品充斥，以買方市場為市場導向，消費者的購買力強，購買彈性大，選擇性較強。為了爭奪市場占有率，各廠商間開展激烈的廣告戰，爭奪消費者。所以在這種激烈的競爭中，應發揮廣告宣傳力量，通過廣告活動強化產品的特性，向消費者做出明確的產品新特性的承諾，以在廣告宣傳上先聲奪人，在當地消費者中樹立深刻的商品形象和企業形象。當然，一個產品進入一個新市場，其廣告的投入應大一些，以增加媒介種類和頻率，造成強大的廣告攻勢。

(二) 加強對消費者消費習慣的引導

在國際市場上，同類產品競爭激烈，在這種濃烈的商品競爭氛圍中，消費者已形成了參考廣告來選購商品的習慣。據香港廣告商會的調查，70%的香港居民在購物時參考有關廣告所提供的資料。在現代市場中，人們購買商品，除了重視商品的使用價值外，還十分講究商品的社會價值，他們追求名牌，追求新潮和時尚，在購買商品時，首先考慮商品能賦予自己什麼形象。同時，在不斷推陳出新的國際市場中，國際廣告應為外貿出口商品的國際市場行銷活動發揮良好的促銷作用，對消費者進行引導和爭取，引導其改變消費習慣，轉而改用廣告產品，以致成為不斷購買的再消費者。

引導消費者改變消費習慣的具體方法應視市場所在國或地區的社會經濟發展、文化習慣等因素而定，通過市場調查和研究分析，尋求心理訴求的突破口。例如，針對現代西方社會的復古思潮，可以考慮強化外貿出口商品的古典、淡雅；針對消費者的追求奇異的心理，則可以在宣傳中強化異國情調等。

(三) 制定國際廣告策略的要點

同行銷組合的其他決定因素一樣，國際廣告也面臨著集中還是分散進行的決策：把所有的決定集中由母公司做；分散到在各國外市場的子公司；代理商或當地中間商去做。

決定權集中就意味著母公司選擇廣告宣傳手段，確定預算和安排整個廣告宣傳。這樣做在下述情況下是可能的：一家大企業把廣告宣傳工作委託給一家在各國設有公司的廣告公司去做；產品標準化程度極高；購買動機在各市場極為相似。

另外集中的情況只在少數國外市場出售的中、小企業也很常見。在這種情況下，這一政策是出自把廣告宣傳與產品特點緊密相連的需要，出自盡可能節約的需要。

另外，分散化（當地化）的廣告策略可以使廣告宣傳更好地適應當地消費者需求，適合於當地市場的特點。在採用這一策略時不要忽略下述要點：

（1）完全把廣告的責任交給進口商或代理商是不可取的。

（2）儘管廣告宣傳可以因國而異，但一些特點（如保持不變的商標、顏色）的規定還是必要的，以避免在各市場廣告宣傳的負責人離開企業的總政策過遠。

（3）在具體選擇廣告公司時，最好選擇其工作人員都是土生土長的公司，以便地道地在當地開展廣告。

二、其他方式的促銷策略

（一）人員推銷

在國際市場行銷中不通過廣告而通過企業的專業人員參與在買賣雙方，或賣方中間商之間進行溝通也是被經常採用的促銷方式。有種種理由促使企業在國外市場採用人員推銷的方式：這種促銷方式的長處是使宣傳更為靈活，銷售人員可以介紹產品特點，建議選擇某種產品，推薦某種售後服務的形式等，從而適應最終買方的具體需求。對於生產資料、耐用產品則要求提供詳細使用說明和周到的售後服務，使買方與銷售人員最終接觸意味着增加成功的可能。在某些商品不能做廣告，或者是因為法律禁止，或因潛在買方數量太少，不足以回收廣告宣傳經費的，可採取人員推銷。

銷售人員一般在國外市場主要用來發展三方面的關係：

（1）中間商，向他們介紹產品特點，說服他們儲存產品並把產品"推入"銷售渠道，在銷售和售後階段向他們提供幫助。

（2）說服最終買方直接或向中間商索購。

（3）使不用該產品者信服其質量，或者說服不購買產品的人去信服它，因為他們可以影響他人決定購買。

在推銷人員的選擇方面需強調的是搞促銷的人最好是當地人，使用當地語言，對產品的使用和推銷技術訓練有素。為使銷售人員具有良好的水平，國際經營的企業都需對自己的銷售人員定期舉辦培訓班和進修班。

（二）國內及國際博覽會、展銷會

通過參加國內及國際博覽會、展銷會來進行促銷，對於那些規模不大，無須建立直接銷售網的企業來說，是一種很重要的手段。

參加博覽會有以下好處：

（1）介紹產品及其特點比信件往來，有時甚至比訪問參觀有效得多。

（2）可在向市場最終推出產品之前，對產品出售的可能性進行檢驗。

（3）為想搜集競爭情報，與中間商進行接觸的企業提供重要的機會。

在主要市場舉辦的博覽的機會有時很多，選擇哪些地區參加，這取決於產品（每個行業都有一兩個專業性博覽會）、國家和意慾出售產品的所在地區，以及想接觸的專業貿易人員（買方、代理商、其他中間商）。

參加博覽會須遵循一些基本原則：

（1）必須研究市場，展出使參觀者感興趣的產品。參考頭一年舉辦的博覽會，瞭解誰去參觀，展品有哪些，如何展出是有益的。

（2）必須明確參加博覽會的目標，是爲企業樹立形象，還是介紹新產品、探測市場的吸引能力；或是爲了銷售。根據選定的目標，參加博覽會的方式也不一樣。

（3）必須精心考慮如何介紹產品，因爲與一個企業及其產品的首次接觸必然會給顧客留下難忘的印象。

如果參加博覽會是爲了向市場推出產品，那麼就應該立即備好產品，以便銷售。如果在介紹了產品的用法及其特點後，銷售產品還未做好準備，而使顧客還不能買，那就有使參加博覽會的工作前功盡棄的危險。

參考文獻

1. 薛榮久. 國際貿易（第五版）[M]. 北京：對外經濟貿易大學出版社，2008.
2. 韓玉軍. 國際商務 [M]. 北京：中國人民大學出版社，2011.
3. 王煒瀚，王健. 國際商務（第2版）[M]. 北京：機械工業出版社，2015.
4. 托馬斯A普格爾. 國際貿易（第15版）[M]. 北京：中國人民大學出版社，2014.
5. S塔默·卡瓦斯基爾，加里·奈特，約翰R里森伯格. 國際商務新進展（第二版）[M]. 馬述忠，宋海英，孫華平，等，譯. 北京：中國人民大學出版社，2012.
6. 查爾斯WL希爾，威廉·埃爾南德斯·雷克霍. 現代國際商務（原書第7版）[M]. 北京：機械工業出版社，2015.
7. 王建華，鄒志波，曹細玉. 國際商務——理論與實務 [M]. 北京：清華大學出版社，北京交通大學出版社，2006.
8. 錢榮堃，陳平，馬君潞. 國際金融 [M]. 天津：南開大學出版社，2002.
9. 馬君潞，陳平，範小雲. 國際金融 [M]. 北京：科學出版社，2005.
10. 易綱，海聞. 國際金融 [M]. 上海：上海人民出版社，2004.
11. 王曉光. 國際金融 [M]. 北京：清華大學出版社，2013.
12. 白曉燕. 人民幣匯率制度改革歷程及邏輯 [J]. 世界經濟研究，2008（12）：29-34.
13. 金永軍，陳柳欽. 人民幣匯率制度改革評述 [J]. 國際金融研究，2006（1）：73-79.
14. 雷繼唐. 試談制定人民幣匯率的依據 [J]. 天津金融月刊，1992（4）：27-29.
15. 楊晋麗，李仲明. 國際收支調節理論研究概述 [J]. 金融教學與研究，2006（5）：25-27.
16. 國際貨幣基金組織. 國際收支和國際投資頭寸手冊（第六版）[R]. 2009.
17. 中華人民共和國國務院. 中華人民共和國外匯管理條例 [R]. 2008（8）.
18. 約翰D丹尼爾斯，李H拉德巴赫，丹尼爾P沙利文. 國際商務環境與運作（原書第13版）[M]. 石永恒，譯. 北京：機械工業出版社，2012.
19. 王煒瀚，王健，梁蓓，等. 國際商務（第2版）[M]. 北京：機械工業出版社，2016.
20. 韓玉軍. 國際商務 [M]. 北京：中國人民大學出版社，2016.
21. 查爾斯·希爾. 國際商務（第9版）[M]. 王薔，等，譯. 北京：中國人民大學出版社，2016.

22. 李軍, 溫必坤, 尹非. 貨物進出口實務 [M]. 成都: 西南財經大學出版社, 2013.

23. 查爾斯·希爾. 國際商務（第9版）[M]. 王薔, 等, 譯. 北京: 中國人民大學出版社, 2014.

24. 王煒瀚. 國際商務（第2版）. 北京: 機械工業出版社, 2015.

25. 唐納德 A 鮑爾, J 邁克爾·吉林格, 等. 國際商務 [M]. 邱月, 譯. 北京: 北京聯合出版公司, 2016.

26. 田明華. 國際商務 [M]. 北京: 電子工業出版社, 2007.

27. 閆國慶. 國際商務（第二版）[M]. 北京: 清華大學出版社, 2007.

28. 孫國輝, 曲揚. 國際商務管理 [M]. 北京: 清華大學出版社, 2007.

29. 王建華. 國際商務——理論與實務 [M]. 北京: 北方交通大學出版社, 2006.

30. 金潤圭. 國際商務 [M]. 北京: 立信會計出版社, 2006.

31. 胡鬆華. 國際商務管理 [M]. 廣州: 中山大學出版社出版, 2006.

32. 黃麗鳴. 國際商務 [M]. 北京: 立信會計出版社, 2003.

33. 葉德萬. 國際貿易實務案例教程 [M]. 廣州: 華南理工大學出版社, 2011.

34. 王曉川. 國際貿易爭議與仲裁 [M]. 北京: 中國人民大學出版社, 2008.

35. 楊愷鈞, 呂佳. 國際貿易慣例與公約教程 [M]. 上海: 復旦大學出版社, 2009.

36. 呂伯濤. 中國國際商事審判熱點問題探析 [M]. 北京: 法律出版社, 2004.

37. 司玉琢. 海商法學案例教程 [M]. 北京: 知識產權出版社, 2008.

38. 唐廣良, 程輝. 商務糾紛的預防及解決 [M]. 濟南: 山東人民出版社, 2005.

39. 賈金思. 國際貿易理論政策實務 [M]. 北京: 對外經濟貿易大學出版社, 2008.

40. 菲利普 R 凱特奧拉, 等. 國際市場行銷學 [M]. 北京: 機械工業出版社, 2012.

41. 湯定娜. 國際市場行銷（第二版）[M]. 北京: 高等教育出版社, 2015.

42. 李爽, 劉文杰, 張墨等. 國際市場行銷 [M]. 北京: 人民郵電出版社, 2015.

43. 王曉東. 國際市場行銷 [M]. 北京: 中國人民大學出版社, 2015.

44. 李亞雄, 張啟明, 徐劍明. 國際市場行銷 [M]. 杭州: 浙江大學出版社, 2012.

45. 姚小遠. 國際市場行銷理論與實務 [M]. 北京: 立信會計出版社, 2007.

46. 李永平. 國際市場行銷管理 [M]. 北京: 中國人民大學出版社, 2010.

47. 史建軍, 張慶閣. 國際市場行銷 [M]. 成都: 西南財經大學出版社, 2012.

48. 吳曉雲. 國際市場行銷 [M]. 天津: 天津大學出版社, 2004.

49. 崔新健. 國際市場行銷 [M]. 北京: 高等教育出版社, 2008.

國家圖書館出版品預行編目(CIP)資料

國際商務/ 李軍、謝長春 主編. -- 第一版.
-- 臺北市：崧燁文化，2018.07

　面；　公分

ISBN 978-957-681-309-2(平裝)

1.國際貿易

558.7　　　　107010938

書名：國際商務
作者：李軍、謝長春 主編
發行人：黃振庭
出版者：崧燁文化事業有限公司
發行者：崧燁文化事業有限公司
E-mail：sonbookservice@gmail.com
粉絲頁　　　　　　網址：
地址：台北市中正區重慶南路一段六十一號八樓815室
8F.-815, No.61, Sec. 1, Chongqing S. Rd., Zhongzheng Dist., Taipei City 100, Taiwan (R.O.C.)
電　話：(02)2370-3310　傳　真：(02) 2370-3210
總經銷：紅螞蟻圖書有限公司
地址：台北市內湖區舊宗路二段121巷19號
電話：02-2795-3656　傳真：02-2795-4100　網址：
印　刷 ：京峯彩色印刷有限公司（京峰數位）

　　本書版權為西南財經大學出版社所有授權崧博出版事業股份有限公司獨家發行電子書繁體字版。若有其他相關權利需授權請與西南財經大學出版社聯繫，經本公司授權後方得行使相關權利。

定價：450 元
發行日期：2018 年 7 月第一版
◎ 本書以POD印製發行